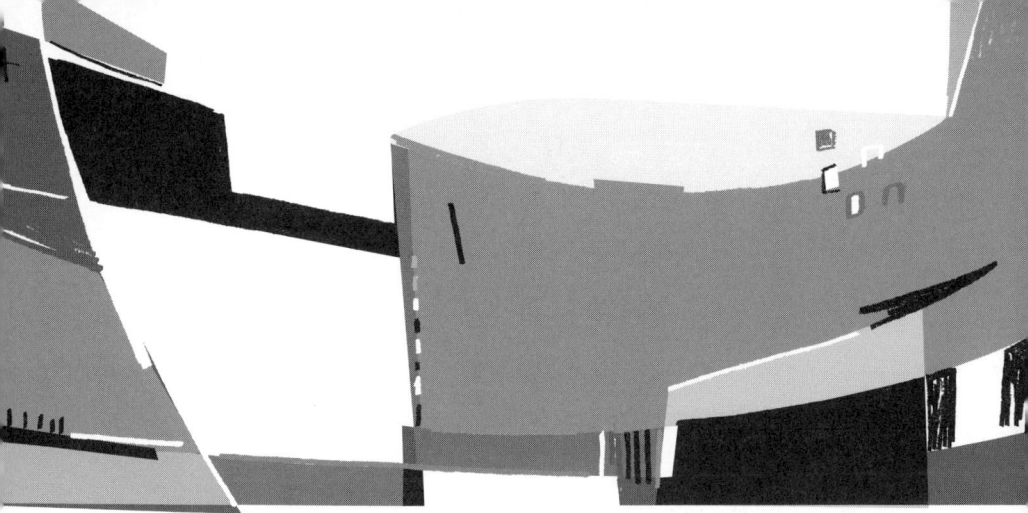

New Frontiers in Refugee and Forced Migration Studies

難民・強制移動研究のフロンティア

Edited by Kei Hakata, Akiko Sugiki, Josuke Ikeda and Ai Ozawa
墓田桂・杉木明子・池田丈佑・小澤藍［編著］

現代人文社

目　次

序　論　難民・強制移動研究の新たな課題……………………………………8
　　　　墓田 桂

序　章　庇護と保護の理念　その内容と変遷……………………………………23
　　　　池田 丈佑

第1部　難民・強制移動をめぐる史的・制度的展開

第1章　難民保護の歴史的検討　国際連盟の挑戦と「難民」の誕生……………43
　　　　舘 葉月

第2章　「移民」と「難民」の境界の歴史的起源
　　　　人の移動に関する国際レジームの誕生……………………………………60
　　　　柄谷 利恵子

第3章　無国籍者の問題とUNHCRによる対応……………………………………75
　　　　金児 真依

第4章　UNHCRと国内避難民支援の開始……………………………………83
　　　　赤星 聖

第5章　国内避難民の保護とUNHCR
　　　　クラスター・アプローチにみる政策決定過程……………………………………89
　　　　副島 知哉

第6章　［政策レビュー］難民保護におけるUNHCRとNGOの連携……………112
　　　　小坂 順一郎

2

第2部　難民保護の地域的展開

第1章　日本における難民の状況と社会統合の課題 ……………………………… 125
　　　　石川 えり

第2章　日本における難民第三国定住パイロット事業　難航の背景を探る ……… 144
　　　　滝澤 三郎

第3章　韓国の難民保護政策 ……………………………………………………… 164
　　　　新難民法と脱北者（北朝鮮難民）の定住支援政策を中心に
　　　　松岡 佳奈子

第4章　タイにおける難民保護 …………………………………………………… 173
　　　　小池 克憲

第5章　中南米における庇護と難民保護　その「伝統」を中心として ………… 180
　　　　加藤 雄大

第3部　難民・強制移動をめぐる多様な課題

第1章　長期滞留難民と国際社会の対応　アフリカの事例から ………………… 189
　　　　杉木 明子

第2章　自発的帰還と再定住 ……………………………………………………… 208
　　　　中尾 秀一

第3章　大量難民　国際法の視点から …………………………………………… 229
　　　　山本 哲史

第4章　混在移動　人身取引と庇護の連関性 …………………………………… 244
　　　　橋本 直子

第5章　出入国管理施設における適正運用確保と人権侵害防止の取り組み
　　　　イギリスとフランスの先例と日本 …………………………………… 263
　　　　新津 久美子

第6章　難民の健康問題　健康の社会的決定要因の視座から……………………282
　　　　森谷 康文

第7章　ケニア・ダダーブ難民キャンプの生計支援に関する一考察…………301
　　　　副島 知哉

第8章　国内避難民キャンプという生活空間の動態
　　　　スーダン・西ダルフール州モルニ国内避難民キャンプにおける考察………309
　　　　堀江 正伸

第9章　「忘れられた危機」における難民保護
　　　　チャド共和国および中央アフリカ共和国における国際平和維持部隊の展開………327
　　　　小澤 藍

第10章　パレスチナ難民問題の歴史的諸相……………………………………346
　　　　佐藤 寛和

第11章　[問題提起] ビジネスと難民支援
　　　　「人間の安全保障志向のビジネス」の可能性……………………………365
　　　　佐藤 安信 / 墓田 桂

第12章　国内避難民/国内強制移動問題の諸相
　　　　〈人の移動と脆弱性の視点〉へ……………………………………………373
　　　　墓田 桂

第4部　難民の声、市民社会の声

第1章　難民の声………………………………………………………………393
　　1．解説……………………………………………………………………393
　　2．難民の声………………………………………………………………394

第2章　市民社会の声…………………………………………………………399
　　1．特定非営利活動法人 かながわ難民定住援助協会　桜井 弘子………399
　　2．特定非営利活動法人 難民支援協会　石川 えり……………………400

3．特定非営利活動法人 なんみんフォーラム　石川 美絵子⋯⋯⋯⋯⋯⋯⋯⋯401
　　4．難民ナウ！　宗田 勝也⋯⋯⋯⋯⋯⋯⋯⋯⋯⋯⋯⋯⋯⋯⋯⋯⋯⋯⋯⋯⋯⋯402

研究機関の紹介⋯⋯⋯⋯⋯⋯⋯⋯⋯⋯⋯⋯⋯⋯⋯⋯⋯⋯⋯⋯⋯⋯⋯⋯⋯⋯⋯⋯⋯404

あとがき　池田 丈佑⋯⋯⋯⋯⋯⋯⋯⋯⋯⋯⋯⋯⋯⋯⋯⋯⋯⋯⋯⋯⋯⋯⋯⋯⋯⋯406

編者・執筆者紹介⋯⋯⋯⋯⋯⋯⋯⋯⋯⋯⋯⋯⋯⋯⋯⋯⋯⋯⋯⋯⋯⋯⋯⋯⋯⋯⋯410
Contents⋯⋯⋯⋯⋯⋯⋯⋯⋯⋯⋯⋯⋯⋯⋯⋯⋯⋯⋯⋯⋯⋯⋯⋯⋯⋯⋯⋯⋯⋯⋯⋯411
About the Editors and Contributors⋯⋯⋯⋯⋯⋯⋯⋯⋯⋯⋯⋯⋯⋯⋯⋯⋯⋯⋯⋯414

主要略語・用語一覧

〔略語〕

AU	African Union	アフリカ連合
CSR	corporate social responsibility	企業の社会的責任
DDR	disarmament, demobilization and reintegration	武装解除・動員解除・社会統合（社会復帰）
DHA	Department of Humanitarian Affairs	（国連）人道問題局
EU	European Union	欧州連合
IASC	Inter-Agency Standing Committee	機関間常設委員会
ICC	International Criminal Court	国際刑事裁判所
ICJ	International Court of Justice	国際司法裁判所
ICRC	International Committee of the Red Cross	赤十字国際委員会
IDP	internally displaced person	国内避難民
IFRC	International Federation of Red Cross and Red Crescent Societies	国際赤十字・赤新月社連盟
IGCR	Intergovernmental Committee on Refugees	政府間難民委員会
ILO	International Labour Organization	国際労働機関
IOM	International Organization for Migration	国際移住機関
IRO	International Refugee Organization	国際難民機関
JAR	Japan Association for Refugees	難民支援協会
MINURCAT	Mission des Nations Unies en République Centrafricaine et au Tchad	国連中央アフリカ・チャド・ミッション
NGO	non-governmental organization	非政府組織
OAU	Organization of African Unity	アフリカ統一機構
PKO	peacekeeping operation	平和維持活動
PLO	Palestine Liberation Organization	パレスチナ解放機構
PRS	protracted refugee situation	長期滞留難民の状況
PTSD	post-traumatic stress disorder	心的外傷後ストレス障害
QIP	quick impact project	即効プロジェクト
RHQ	Refugee Assistance Headquarters	難民事業本部
RSD	refugee status determination	難民認定審査
UNDP	United Nations Development Programme	国連開発計画
UNDRO	Office of the United Nations Disaster Relief Coordinator	国連災害救済調整官事務所
UNESCO	United Nations Educational, Scientific and Cultural Organization	国連教育科学文化機関（ユネスコ）
UNHCR	Office of the United Nations High Commissioner for Refugees	国連難民高等弁務官事務所
UNICEF	United Nations Children's Fund	国連児童基金（ユニセフ）
(UN)OCHA	United Nations Office for the Coordination of Humanitarian Affairs	国連人道問題調整事務所
(UN)OHCHR	United Nations Office of the High Commissioner for Human Rights	国連人権高等弁務官事務所
UNRRA	United Nations Relief and Rehabilitation Administration	連合国救済復興委員会（機関）

UNRWA	United Nations Relief and Works Agency for Palestine Refugees	国連パレスチナ難民救済事業機関
WFP	United Nations World Food Programme	国連世界食糧計画
WHO	World Health Organization	世界保健機関
4Rs	repatriation, reintegration, rehabilitation and reconstruction	帰還・再統合（再定住）・再建・復興

〔用語（条約等）〕

難民の地位に関する条約（Convention relating to the Status of Refugees）、1951年7月28日採択、1954年4月22日発効、189 U.N.T.S. 150

難民の地位に関する議定書（Protocol relating to the Status of Refugees）、1967年1月31採択、1954年10月4日発効、606 U.N.T.S. 267

アフリカにおける難民問題の特殊な側面を規定するアフリカ統一機構条約（Organization of African Unity Convention Governing the Specific Aspects of Refugee Problems in Africa）、1969年9月10日採択、1974年6月20日発効、1001 U.N.T.S. 45

難民に関するカルタヘナ宣言（Cartagena Declaration on Refugees）、1984年11月22日採択、Annual Report of the Inter-American Commission on Human Rights, OAS Doc. OEA/Ser.L/V/II.66/doc.10, rev. 1, at 190-93 (1984-85)

国内強制移動に関する指導原則（Guiding Principles on Internal Displacement）、UN Doc. E/CN.4/1998/53/ Add.2, 11 February 1998

アフリカにおける国内避難民の保護と援助のためのアフリカ連合条約（カンパラ条約）（African Union Convention for the Protection and Assistance of Internally Displaced Persons in Africa (Kampala Convention)）、2009年10月22日採択、2012年12月6日発効（2013年11月現在、U.N.T.S.には未登録）

Preface *Refugee and Forced Migration Studies: New Agendas and Challenges*

序論
難民・強制移動研究の新たな課題

墓田 桂 *Kei Hakata*

キーワード：難民研究、難民・強制移動研究、「強制移動」概念の限界、学際性、人道の理念
Keywords: Refugee Studies, Refugee and Forced Migration Studies, limits of the 'forced migration' concept, interdisciplinarity, humanitarian ideals

はじめに

　難民・強制移動研究（Refugee and Forced Migration Studies）は比較的新しい研究領域でありながら、世界的に豊かな広がりを見せてきた。そうした世界的な広がりの一端が、今回、上梓した本書、『難民・強制移動研究のフロンティア』である。
　従来行われてきた難民問題に関する研究は、1990年代以降、「強制移動（forced migration）」という包括的な概念のもと、難民のみならず、国内避難民を含めた、多種多様な「強いられた移動」の研究へと発展してきた。日本においても、本書に寄稿した研究者や実務者たちはすでに堅実な研究を行ってきたところであるが、そうした個々の研究の営みを統合しつつ、研究成果を世に問おうというのが本書の目的である。それは、我々にとっても新たな境地、〈フロンティア〉を開拓する試みなのである。

1．難民・強制移動研究の変遷

(1) 研究の源流

　本書の学術的な位置付けを確認するためにも、まずは簡単に研究の変遷を概観しておきたい。今でいう「難民」の事象が太古から存在してきた一方で、難民の処遇に関する国際的な制度が本格的に整備されるのは20世紀に入ってからのことである（この点は本書のいくつかの章で詳しく論じられることだろう）。確認できる範囲では19世紀にすでに庇護（asylum）に関する研究が行われているものの、

ここでは戦間期以降の20世紀の研究動向を見ていくのが現実的だろう[1]。ただし、以下に紹介するのは数多ある中のごく一部の英語圏の文献であり、また、膨大な数の論文は除いてあることを断っておく。

　国際的な難民保護の制度化への試みと重なり合うように、Gilbert Murray, *Refugees*（1931年）やJohn Hope Simpson, *Refugees: Preliminary Report of a Survey*（1938年）といった戦間期の文献は、この当時すでに難民に対する関心が高まっていたことを窺わせる。セピア色の紙面には今の時代にも通用するような人道の理念が読み取れる。第二次世界大戦後の文献としては、Jacques Vernant, *The Refugee in the Post-War World*（1951年）や、John G. Stoessinger（日本人外交官・杉原千畝の「命のビザ」の受給者の一人であった）による *The Refugee and the World Community*（1956年）、さらにはLouise W. Holborn, *The International Refugee Organization*（1956年）が挙げられよう。また、ホルボーンの遺作である *Refugees: A Problem of Our Time*（1975年、全2巻）は、1951年から1972年にかけての国際連合（以降、本書では「国連」と略す）難民高等弁務官事務所（UNHCR）の活動を考察する。歴史研究の分野では、A.J. Sherman, *Island Refuge: Britain and Refugees from the Third Reich 1933-1939*（1973年）といった著作がある。これらの文献は、難民をテーマとした研究が大きなうねりとなっていく以前の段階にある、黎明期の（しかし本格的な）著作と言って良いだろう。

　国際法学者による難民法に関する研究も大きなうねりの源流を用意した。Atle Grahl-Madsen, *The Status of Refugees in International Law*（1966年、1972年、全2巻）はその好例であろう。その系譜にあるのが、Guy S. Goodwin-Gill, *The Refugee in International Law*（初版は1983年）であり、James C. Hathaway の *The Law of Refugee Status*（初版は1991年）である。もっとも、「難民の地位に関する条約」（以下、難民条約）という既存の法制度が研究の枠組みを提供した一方で、移動を余儀なくされ、難民と同じような苦難を経験していても、こうした制度の枠外にある者は研究対象から外されるという側面があった。難民を対象としたものではあるが、国際法以外の文献ではBarbara E. Harrell-Bond, *Imposing Aid: Emergency Assistance to Refugees*（1986年）は、人類学の手法を用い、援助が生み出す権力構造を批判的に考察するなど、難民支援のあり方に疑問を投げかけた一冊であった。実際に調査が行われたのは30年以上も前のアフリカであり、事実関係は古くなっているものの、*Imposing Aid* で語られる内容

の多くは人道支援の実施にあたっての教訓として傾聴に値する。また、1980年代には、Gil Loescher and John A. Scanlan, *Calculated Kindness: Refugees and America's Half-Open Door, 1945-Present*（1986年）がアメリカ政府のこれまでの難民政策がいかに政治的であり、打算的であるかを論じた。

⑵　「難民研究」の誕生、「強制移動研究」への展開

　個々の研究はやがて一つの大きな潮流に結び付いていく。1980年代、主に英語圏において「難民研究（Refugee Studies）」なるものが形成されていく。1982年にはB．ハレルボンド（Harrell-Bond）らが主導する形で、イギリスのオックスフォード大学の国際開発センター（クイーン・エリザベス・ハウス）に「難民研究プログラム（Refugee Studies Programme）」が設けられる（2000年には現在の「難民研究センター（Refugee Studies Centre）」となる）[2]。1988年にはR．ゼッター（Zetter）[3]を編集長として、難民研究に特化した学術誌である『難民研究ジャーナル（*Journal of Refugee Studies*）』がオックスフォード大学出版局から創刊される運びとなった。翌1989年には法学系の『難民法国際ジャーナル（*International Journal of Refugee Law*）』も同出版局から創刊されている。またカナダにおいては、1981年にヨーク大学に設けられた「難民ドキュメンテーション・プロジェクト（Refugee Documentation Project）」が1988年には「難民研究センター（Centre for Refugee Studies）」に発展している[4]。今や同様の研究機関は世界各地に存在するが、オックスフォード大学とヨーク大学の双方のセンターが難民研究に関する東西の拠点となり、この分野での研究を牽引してきたことを付け加えておきたい。そして、1996年には、国際的な学会組織であるInternational Association for the Studies of Forced Migration（IASFM）がその前身のInternational Research and Advisory Panel（IRAP）を基に発足する。また、1998年には、研究者や実務者などに意見交換の場を提供する目的で、専門誌*Forced Migration Review*が創刊された。ちなみに、創刊号は国内避難民（internally displaced persons）の特集である。このように1980年代から1990年代の展開はダイナミックで、目を見張るものがあった。なお、難民研究が移民や人口移動の研究（Immigration/Migration Studies）の潮流とは異なる動きとして自律的に発展してきたのは特筆すべきだろう（ただし、研究の分割・専門化の弊害には後ほど触れたい）。

　そして、難民問題に関する研究は、1990年代以降は「強制移動研究（Forced

Migration Studies)」という幅広い研究を扱う学問領域に包摂される傾向にあった（このことに対する批判は後述する）。R．コーエン（Cohen）とF．デン（Deng）が発表した国内避難民に関する一連の文献はそうした流れを助長するものであった。端的に言えば、「強制移動（forced migration）」[5]という包括的な概念のもとで、狭義の難民に限定せず、移動を強いられた人びとやその様態、それらの人に関する制度や政策を研究しようというものである。条約上「難民」と認定されない、または「難民」と認識されていないものの、実質的には難民化した人たちの状況がこうして通説化されることとなる。なお、その際に、馴染みのある「難民」という言葉の意味を拡大してその他の人びとを含めるという現実的な対応[6]とともに、先述の専門誌*Forced Migration Review*のタイトルのように、「強制移動」という新しい概念を用いる動きが見られるようになった。

(3) 多様な対象者、多様な学術的背景

　では具体的に何をもって「強制移動」、または「強制移動民（forced migrants）」とするのだろうか。この研究領域においては、難民や庇護申請者（asylum seekers）はもとより、紛争などを原因とした国内避難民や、開発によって移転を余儀なくされた人びとが対象とされてきた。しかし、それ以外にも、人身取引の被害者や、また2000年代に入ってからは、自然災害や気候変動によって避難・移動する人びとの状況が論じられる機会が増えてきた[7]。また、明白な迫害は受けてはいないが、内政の混乱を背景に生計手段を求めて移住を決意するような、言うなれば「難民と移民の中間者」の存在や、難民とさまざまな移動者が混在するような移動も議論の対象となっている[8]。

　難民・強制移動研究の特徴は、対象者が多様であるばかりか、学術的背景も多様である点にある。この研究領域には、法学や文化・社会人類学のみならず、政治学、哲学、社会学、歴史学、教育学、国際機構論、国際関係論、地域研究、開発学、保健衛生学、心理学、地理学など、さまざまな学問を背景とする研究者が集い、その学問的関心や研究手法を持ち込んだ。「人の移動」という共通項で結ばれるとはいえ、扱うテーマは多様であり、多角的な考察も必要とされる。難民・強制移動研究が優れて学際的になるのも必然であろう。巨視的に見れば、特定の学問領域で隔てられていた人間や社会に関する知見がこのテーマに関して再編成されたと言うべきかもしれない。しかし、そのような見方が可能である反面、1990年代、難民が置かれた状況、とりわけ庇護権の縮小が懸念される中で、学際的研究の展

開とともに難民の権利保護への関心が相対的に薄れることへの危惧が示された。そして、そうした危惧とともに、難民研究が強制移動研究と融合することに対する異議も表明されたのである。

　学術的背景の異なるさまざまな研究者に加え、職業的背景の異なるさまざまな実務者が一つの研究領域の下に集うことによって、学び合う関係が生まれたのは事実である。実務と研究の双方の世界を行き来する者も多く、学術的な自立性の維持という課題はありつつも、実務と研究との間の相乗効果は今後も期待できるところである。本書はすでにその可能性を示している。ではなぜ学び合いが重要なのか。難民や国内避難民をめぐる諸課題の解決においては、現実には幅広い視点に立った対応が求められる。例えば、法は人間の営みに関わる問題の解決に有効な解決をもたらすが、法の射程範囲に入っているのは社会的課題の一部である場合が多い。難民などの問題についても、法的側面や法学的な手法が重要だとしても、それに固執しすぎると問題の全体像を見失ってしまう危険性がある。多面的な視点が求められる中で、自らが見落としているものを教示してくれるパートナーの存在は貴重である。それは実践の現場に通じた実務者であるかもしれないし、特定の領域に精通した研究者であるかもしれない。しかし、学び合いはすべてにおいて効果的なのだろうか。「移動」という共通項があるものの、難民・強制移動研究においては、それぞれに異なる状況に直面した人びとが研究対象となっている。そのような中で、学び合いが単なる自己啓発に終わってしまい、実践に何ら貢献しないことは皆無と言い切れるだろうか。顕著な例は、外国に庇護を求める個人の移動と、自国におけるダム建設に伴う住民の移動である。両者は、背景も異なれば、解決法も異なる問題である。移動という共通項があるとはいえ、「異なる性質の問題群を一つの枠組みに入れて学び合ったところで、解決にどれだけ資するのか」といった指摘もありうるだろう[9]。このように、難民・強制移動研究の課題の一つは、いかにして多彩な手法を多様な現象に結びつけ、実効的な対応へと結びつけていくかという点にある。

(4) 日本の状況

　さて、ここまで主に諸外国の事例に言及してきたが、ここで日本の状況について簡単に述べておきたい。日本においてもこの分野では国際法学者が庇護法の研究を通じて多大な知的貢献を行ってきた。川島慶雄、島田征夫、芹田健太郎、本間浩といった法学者の先駆的な功績は特筆に値しよう。その次の世代では国際人権

法を専門とする阿部浩己や村上正直らが精力的に論考を発表している。法律家として難民支援に関わってきた渡邉彰悟、大橋毅、関聡介、児玉晃一といった弁護士による研究も力強い。しかし、法学を専攻する者にとどまらず、多様な背景の研究者が難民や人の移動の諸相を論じてきたことに留意したい。この分野をいち早く日本に紹介した小泉康一や、日本語教育の観点からベトナム難民と向き合ってきた川上郁雄といった研究者の名が挙げられよう。あるいは国際関係史の立場から上海のユダヤ難民を研究した丸山直起もその一人である。また、難民に関する学際的な研究の試みとしては、国連大学・創価大学アジア研究所共編『難民問題の学際的研究―アジアにおける歴史的背景の分析とその対策』（御茶の水書房、1986年）、加藤節・宮島喬編『難民』（東京大学出版会、1994年）[10]、難民問題研究フォーラム編『難民と人権』（現代人文社、2001年）といった文献がすでに存在している。そして、研究者出身の実務者が最前線から発信したものとして、第8代国連難民高等弁務官（任期は1991年〜2000年）を務めた緒方貞子による一連の著作を忘れてはなるまい。

　近年では難民・強制移動研究の対象は広がりを見せ、本書の執筆者を含めて、研究者や研究に強い関心を寄せる実務者の層も厚くなってきている。それに従い研究発表と交流の場も拡充する傾向にある。この分野ではこれまで日本平和学会の「難民・強制移動民研究分科会」が学術的な発表の場を提供してきたが、2008年に設立された移民政策学会においても日本の難民政策に関する研究発表が行われている。また、日本唯一の研究・教育機関として、2009年、CDR (Documentation of Refugees and Migrants) が創設され、東京大学において寄付講座「難民移民」を運営している。そして、2010年には研究機関である難民研究フォーラム (RSF) が発足し、2011年にはその機関誌として『難民研究ジャーナル』が創刊されている。

　難民を中心としつつも、難民という狭義のカテゴリーにとどまらず、国内避難民などを含め、厳しい状況を背景に移動する人びとや、関連する事象を広く研究しようという潮流は日本においても定着しつつあるように思われる。

2.「難民・強制移動研究」の枠組みを巡る議論

(1)　「難民研究」対「強制移動研究」の論争

　ここまで自明のものとして言及してきた「難民・強制移動研究」について、も

う少し詳しく説明しておく必要があるだろう。この領域での研究が充実するにつれ、この枠組み自体も議論の対象となったことは特筆に値しよう。そのような議論の代表例は、J．ハサウェイ（Hathaway）とB.S. チムニ（Chimni）による論争である。庇護法の大家であるハサウェイは、国内避難民といった難民以外のカテゴリーに関する研究が難民研究を浸食しつつある状況に懸念を示し、難民研究を強制移動研究から切り離すことを唱えた。彼は「デートに留めておきませんか」という通俗的な表現を用いて、異なる領域に関心を持つことには賛意を示しつつも、難民研究の強制移動研究への融合（彼流に言えば「結婚」）に異を唱えた[11]。これに対しては強制移動研究の立場から多くの反論が寄せられた。その中でも、難民研究者でありつつも、欧米主導の難民研究に異を唱えるチムニは、難民研究を含む形での「強制移動研究」の誕生を一応は歓迎するのである[12]。強制移動研究の論者の中にはハサウェイの主張を「難民中心の法律主義（refugee-centric legalism）」と捉える向きがあるが[13]、難民保護の特殊性に関して言えば、ハサウェイは正論を唱えていると筆者は考える。

　ただ、難民研究が、公的な制度によって難民と認識された（されうる）者に着目し、それ以外の多数の移動者を見過ごしがちだったことは否めないだろう。そうした中で、従来の難民研究の方向性への反省を込めて、難民という既存のカテゴリーにとらわれない分析枠組みとしての「強制移動研究」は支持されてきたように思われる。また、「強制移動研究」に加えて、「難民」の存在をより強く意識した「難民・強制移動研究」という語法も多用されている。本書もその一例である。現在（2013年）、オックスフォード大学の難民研究センターにはRefugee and Forced Migration Studiesの修士課程が設置されており、同様の名称を冠したカナダの学会（Canadian Association for Refugee and Forced Migration Studies: CARFMS）も存在する。また、オックスフォード大学出版局から刊行される予定のハンドブックの題名も*The Oxford Handbook of Refugee and Forced Migration Studies*となっている。「難民・強制移動研究」という枠組みは、「難民研究」と「強制移動研究」との間に一定の緊張関係を持ち続けながらも、学術界で根付いてきたと言えよう。

(2) 「強制移動」概念の限界

　しかしながら、これまで十分に議論されてこなかったものの、学問領域のアイデンティティやその方向性を左右しかねない重要な論点が存在する。それは「強

制移動」という概念を用いることの妥当性である。

　まず、「強制移動」で言及するところの移動が果たしてどれだけ「強制的」なのかという問題がある。自明のごとく使われる強制移動（forced migration）という用語の「forced」はしばしば議論の的になってきた。例えば、手足を縛られて拉致されたのであればほぼ完全な強制性が認められるが、気候変動などによって生計手段に変化が生じ、やむを得ず移住を決意した場合など、強制性が薄れる移動も存在する。先に述べた「難民と移民の中間者」の場合もそうである。強制的（forced）と自発的（voluntary）の境界線を引くのは難しく、移動においては大小の差はあれ両方の要素が入り混じっているのが実際のところではなかろうか。一見、強制的に見える移動であっても、ある種の意識性が認められるかもしれない。民族浄化のように強制性が明白である場合に、移動者の意識性を「自発的」と呼ぶのは確かに難しい。だが問題なのは、さまざまな理由が共存する状況の下で行われた移動であるにもかかわらず、それらが「強制」（または「非自発的」）として一括りに概念化されてきたことである。この研究領域における最大のラベリング[14]と言えるかもしれない。確かに、対象者の立場に寄り添い、彼ら・彼女ら（以降、「彼ら」と称す）の権利を唱えるのなら、「強制」という形容詞は大いに価値はあるだろう。「強制移動」をタイトルに掲げた本書にもそうした姿勢は多分に反映されている。ただ、目的達成のために正当化されるとしても、対象者の自発性を無視するかのように「強制」と一括りにする姿勢は十分に実証的で科学的であるかという問いは残る。客観的に眺めれば、「強制移動」の概念自体が対象者の自発性を後景化させているのに、その概念の中で自発性を明らかにしようとするのはそもそも困難なのかもしれない。

　これに加えて、これまでの「強制移動」の言説において移動できない状況（immobility）がどのように扱われてきたかも問われなければならないだろう。「強制移動」の枠組みにおいては、移動した人に焦点が当てられる一方で、移動しない、移動できない人は看過される傾向がある[15]。しかしながら、「脆弱性（vulnerability）」、身近な言葉で言えば「脆さ」「弱さ」を経験するのは何も移動者だけではない。非移動者も、あるいは彼らこそ、脆弱性を抱えているのではなかろうか。移動者に着目する姿勢は、国際機関、とりわけUNHCRの職務権限や政策を忠実に反映したものかもしれないが、その姿勢に問題はないのだろうか。なるほど、国境を越えた難民ばかりに着目し、国内にとどまる避難民に十分な関心を寄せてこなかった従来の難民研究への批判と反省が強制移動研究には込められ

ている。しかし、その強制移動研究（または難民・強制移動研究）さえも難民研究と同じ過ちを繰り返してはいないだろうか。

「強制」と「移動」を軸にして専門化された研究が視界の狭さを招くとしたら、そのことは物事の全体像を俯瞰する上でも、実際の政策[16]を構想する上でも障害となりうるのである。事実、問題設定や対象把握にあたっては一種の境界画定（boundary work）を行う訳であるが、その作業は政治学で言うところの「包摂と排除（inclusion and exclusion）」の論理と決して無縁ではない[17]。そう考えると、すでに設定された学術的な境界は果たして妥当なのか、包括的と思われる研究領域であっても知識生産の過程で見落としているもの、見捨てているものはないのか[18]——そうした問いは避けて通れないのである。寄せられる批判への応対、あるいは弛みない自問自答の中でこそ、この研究は鍛えられていくだろう。ただし、上述の移動における強制性と、移動できない状況に関する議論はいずれも研究領域のアイデンティティに関係するものであり、議論の帰結は想像以上に重要である。筆者自身は、「強制移動」の概念を、試行錯誤を伴いながらも正答に近づく一つの手掛かり、つまりヒューリスティック（heuristic）な存在として捉える一方で、次なる枠組みの構築も必要ではないかと感じている（この点は第3部第12章で論じる）。

(3) 今後の展開

今後、難民・強制移動研究はどのように展開するのだろうか。究極的には、この世界から難民や避難民を流出させる要因がなくなり、この研究そのものが消滅することが望ましい。しかし、*homo movens*（「移動する人」）という黒川紀章の言葉が示唆するように、人類の歴史は移動の歴史でもあった。そして我々は、その移動の様態の一部に着目し、「難民」や「強制移動」と概念化し、議論を交わしているのである。21世紀に入ったからといって現実の世界から排除や抑圧、迫害、紛争が消えてなくなった訳ではないし、人類の長い移動史が完結するとも考えられない。現在の状態が今後も続くとするならば、問題発生の原因を探求し、国家や社会のあり方を含めて多角的な解決を模索することが求められよう。その意味では、本書が提示するそれぞれの研究は意味を持ち続けるだろう。

しかしながら、研究が拡充し、さらなる知が生み出されるにつれ、別の意味での難民・強制移動研究の限界が生じているようにも感じられる。その限界は、「子どもが成長するにつれ小さくなった洋服」と表現しても良いかもしれない。現在、

難民・強制移動研究においては、難民や国内避難民に限らず、移民と難民との混在状況、無国籍あるいは国籍・市民権の問題に至るまで、さまざまなテーマを対象とした研究が行われ、活況を呈している。先に指摘したような、強制性の低い移動や、移動のない状況といった問題が研究の対象となる機会も増えるだろう。しかし、いかに拡大された概念が用意されたとはいえ、扱う問題群に比較すれば、既存の「難民・強制移動研究」の枠組みはいささか窮屈であるようにも思われる。研究者の中にはそうした窮屈さ、あるいは不一致感を覚えつつも、この枠組みに間借り（または同居）している者もいるのではなかろうか。

　多様な人的カテゴリーを対象とし、多様な学術的・実務的背景を持つ研究領域ゆえに、さまざまな方向に研究が発展、分岐、純化する力学が働いていることは否定できないだろう。とりわけ「強制移動」の概念の揺らぎが今後どのように推移し、この研究領域に影響を与えるのかは注視する必要がある。もっとも、現在の形の難民・強制移動研究が単なる問題領域を超えて学問分野に発展するには高いハードルが待ち構えているように思われる。なぜならそれは、自明とされる所与の言説を対象化し、単一的なカテゴリーに基づく議論を超えて社会問題を多面的・多元的に見ることができるかという、研究領域のあり方自体を問い直す論議にほかならないからである（ただし、そうした「発展」はむしろ退化であるとする見方も当然あるだろう）。この先、学際研究として深化し、統合的な理論を確立していくのか、それとも再編成に向かうのか。現時点で研究領域の行く末を占うことが難しいとしても、内在する発展性、緊張感、流動性といったダイナミックな様相も難民・強制移動研究の特徴であり、紛れもない学問的魅力であることだけは確実に言えるだろう。

3. 本書について

(1) 経緯と目的

　本書は、2010年度から2012年度の3カ年にわたって成蹊大学アジア太平洋研究センターの助成を得て行われた共同研究の成果物である。成蹊大学アジア太平洋研究センター叢書として出版されるにあたり、センターから助成を受けた。プロジェクトの採択から出版に至るまで、センター所長、職員、所員の各位からご理解とご尽力を賜ったことに心から感謝を申し上げたい。

　共同研究プロジェクトでは、この分野での第一線の研究者と実務者が、難民・

強制移動の現象やこれをめぐる政策的・学術的動向を研究し、研究会の機会などを通じて学び合ってきた。筆者自身もプロジェクト・メンバーとの知的対話を通じて着想を得たところが多い。この場を借りてメンバー全員に謝意を伝えたい。研究会では高度で専門的な議論が交わされ、筆者を含め参加者が一様に知的興奮を覚えたことが思い出される。プロジェクトの枠内外での交流も常に刺激に満ち溢れたものであった。そうした執筆者の熱意、研究の蓄積、さまざまな現場での知見を反映した議論は、本書の至るところで展開されるはずである。また、この分野においては領域横断的な対応と思考が要請される一方で、知の生産にあっては縦断的な力が働きがちである（平たく言えば「蛸壺」的になりがちである）。本書の編集においては、縦の深まりを応用しつつも、横の繋がりを十分に意識したつもりである。学際の理念や俯瞰の姿勢は随所に反映されていると考えている。なお、執筆陣には実務者も多く含まれるが、執筆者のいずれも個人の資格で原稿を執筆したことを付記しておく。

　本書は、難民に加えて、さまざまな厳しい状況で移動を余儀なくされた（または決意した）人たちに主に焦点を当て、彼らの様態や彼らをめぐる状況や制度を考察するものである。より具体的には、難民・強制移動研究の新たな課題（「序論」）を認識しつつ、庇護と保護の理念（「序章」）の源流を探り、難民・強制移動をめぐる史的・制度的展開（第1部）と難民保護の地域的展開（第2部）を見渡すとともに、難民・強制移動をめぐる多様な課題（第3部）を論じるものである。この「序論」に続く全24章が読者を議論の深奥へと誘うだろう。また、これらの章に加えて、難民と市民社会の声（第4部）を伝え、関連する研究機関の紹介を行う機会も設けた。ここでは個別の内容を説明することは差し控えるが、本書を通じて執筆者の学問的関心の広さとともに、現時点での難民・強制移動研究の輪郭と方向性を示せたのではないかと思う。なお、本書の執筆者全員がすべての論点で意見の一致を見ている訳ではないが、議論の幅を示すためにもそうした相違はあえて残した。

　本書には、現時点で考え得る最良の執筆陣による最先端の知が収められている。本書に所収される各研究は、独自の知見とともに学問的議論の触媒となりつつ、日本におけるこの分野での研究の地平を切り拓いていくと確信している。しかし、本書の目的は学問的関心の追求にとどまらない。困難な状況に直面し、移動を余儀なくされた（または決意した）人びとについて、より多くの日本の方々が理解を深められるよう、研究成果を日本社会に還元することも本書の目指すとこ

ろである。

(2) 批判的姿勢とともに

　執筆者の間で細かな点で意見の相違があったとしも、本書で提示される各研究に通底するのはおそらく「人道の理念」であろう。それは、序章で池田丈佑が述べるように「何とかしなければ」という純粋な気持ちであり、小澤藍が言うように「政治的迫害と紛争の犠牲者という他者へのシンプルな想像力と行動力」である[19]。筆者もこの理念を共有する。しかし同時に、崇高な理念さえも冷静に顧みる必要があると考える。人道の理念が難民の保護を促す根源的な力となってきたことが事実だとしても、人道の思想背景や実現する手段と方法が個人、国、時代によって異なる事実は直視せねばなるまい。当然視してきた価値観が通用しない現実の世界が存在する。そうした世界であれ、価値観がある程度共有される世界であれ、理想と現実の狭間で深い苦悩を覚える場面がある。あるいは、人道の理念が時として歪んだ形で現れるのも事実である。受け入れ側の住民の状況を軽視するような「難民中心主義（refugee-centrism）」はその一例であろう。その関連で言うならば、人道の名の下で難民や国内避難民に焦点が当てられる中で、同様に脆弱性を経験しているその他の人たちに十分な関心を寄せてきただろうか——。研究の中で掲げる理念は、こうした批判的な思索を通じてさらに研かれることだろう。

　もっとも、人道の理念を論じるにあたって均衡感覚と冷静な省察が求められるとしても、この理念の性質上、それは困難な作業であるのかもしれない。研究がアドボカシー（提唱/擁護活動）と密接結び付くのであれば、その作業は一段と難しくなるだろう。だが、誤解を恐れずに言うならば、この研究領域にとって人道の理念は、ある種の先行観念となりかねない。そして、この観念は、研究が科学となることを阻む要因ともなる。いや、すでにそうなっているのかもしれない。もちろん、「アドボカシーが後退するならば、科学にならなくとも良い」との意見もありうる。それにも一理あるだろう。ただ、ある種の「べき論」が仮に不可避であったとしても、与件とされる前提が論点を狭め、視界を曇らせる場合があることは常に意識しておく必要がある。その点を自戒しながら、本書の作成にあたっては、理念を追求しつつも独善を排し、多面的にかつ一定の距離を置いて議論する姿勢を心がけたつもりである。それが十分であったかどうかは読者諸氏の見解に委ねたい。と同時に、読者には多少なりとも批判的に本書を読んでいただくこと

をあえてお奨めしたい。

　また、難民・強制移動研究に関連する主要なテーマは扱っていると考えているが、筆が及ばなかったテーマが多々あることも記しておきたい。この研究に関しては重要性の高いUNHCRの難民保護の役割については、当初は独立した章を想定していたものの、入稿を前に執筆予定者と折り合いがつかず実現に至らなかった。同様の理由で、第2部についても主要な国や地域が欠如してしまうこととなった。また、本書の章として設定していないが、重要な、あるいは関連するテーマも多く存在する[20]。これらは恣意的に除外したというよりも、プロジェクトを主宰した筆者の力量や物理的な制約によるところが大きいのだが、そうは言うものの、同時代性に富み、問題解決を志向する研究領域の特性のためか、例えば歴史研究が周縁化される結果となったことは否定できない。また、同時代の問題であっても、本書で扱えなかった国や地域、事例は数多い。また、第4部の「難民の声、市民社会の声」と巻末の「研究機関の紹介」が限定的な扱いとなってしまい、全体像を伝えきれていないことは断っておかなければならない。ただ、本書に収められた研究は、そうしたさまざまな不備を補って余りあるだけの深みと広がりをもつものであり、そのことが救いかもしれない。

　この序論以降、いずれも知見と示唆に富む論文が続くことだろう。読者におかれては通読されても結構であるし、関心のあるところから読み進めていただいても構わない。ともすれば遠い世界の出来事と考えがちになる中で、読者の皆さんが本書を通じ、ここに論じられる多様な課題に関心を寄せ、自らの問いと答えを導き出していただければ、これ以上の喜びはない。それこそが我々が本書に込めた想いだからである。

＊　＊　＊

　末筆ながら、編者・執筆者を代表し、本間浩先生（1938年〜2013年）に心から追悼の意を表したい。先生は日本における難民研究の先駆者であられ、本書にもご寄稿いただく予定であった。しかし、プロジェクトの途中で体調を崩され、叶わなかった。「学び合わなければならない」とのお言葉は深く印象に残っている。先生のご意向を本書が僅かなりとも実現できたなら幸いである。謹んで本書を本間先生のご霊前に捧げる。

1 研究史をまとめたものとしては、次の文献が有益である。Claudena Skran and Carla N. Daughtry, 'The study of refugees before "Refugee Studies"', *Refugee Survey Quarterly*, Vol. 26, No. 3 (2007), pp.15-35.
2 オックスフォード大学の難民研究センターのウェブサイトは次のとおり。[http://www.rsc.ox.ac.uk/, as of 27 August 2013]
3 ゼッターは「難民」というラベルがもたらす問題を論じたことで知られる（ただし、これはすでに社会学で論じられていたラベリング理論を難民研究に転用したと見るべきだろう）。Roger Zetter, 'Labelling Refugees: Forming and Transforming a Bureaucratic Identity', *Journal of Refugee Studies*, Vol. 4, No. 1 (1991), pp. 39-62. 2006年からはオックスフォード大学の難民研究センターの長も務めた。
4 ヨーク大学の難民研究センターのウェブサイトは次のとおり。[http://crs.yorku.ca/, as of 27 August 2013]
5 本書ではforced migrationは「強制移動」と訳した。migrationは「移住」と訳されることが多いが、オックスフォード英語辞典で記される、「ある場所から別の場所へ移動する（move from one part of something to another）」という意味に沿って訳した。ただし、日本語でいう「移住」を含む広義の理解で「移動」の訳語を用いる。
6 実際には狭義の難民以外の研究が行われているオックスフォード大学の「難民研究センター」や日本のシンクタンク「難民研究フォーラム」の用語法がそれに近い。
7 気候変動による移動に関しては、ジャーナリズム的に「環境難民」と呼ばれることがあるが、これらは通常、難民条約の適用対象とはみなされない人びとである。
8 日本においても、「難民と移民の中間者」を含め、難民や移民など多様な人びとのいわゆる「混在移動（mixed migration）」はすでに起きていると認識したほうが良いだろう。

　この点に関しては、日本で難民申請を行う人たちの状況を引き合いに出すことができるかもしれない。難民認定率の低さに対しては批判が寄せられることが多いが、日本への正規の移住機会が限られる中で、さまざまな背景をもつ移動者が難民申請を行い、在留資格を得ている側面を見落としてはならないだろう。2005年の「出入国管理及び難民認定法」の改正以来、難民認定申請者に付与される在留資格（「特定活動」）を目的として難民申請を行っている人たちの存在は無視できない規模となっているのではなかろうか。難民認定制度が事実上の「移民制度」を提供し、難民該当性の低い申請者がこの制度に集中しているとすれば、低い難民認定率となるのはある意味で当然の結果である。難民該当性の高い申請者と接することが多い支援者（NGOや弁護士など）は法務省の姿勢に批判的になりがちであるが、筆者自身、難民審査参与員を務めるようになってからは、認定率の低さは一概に批判できないと考えるようになった。誤解を招かないよう付言するが、迫害を恐れて保護を必要とする難民がいる事実や、保護の必要性を否定するものではない。

　「混在移動」に話を戻せば、人びとの移動ルートが絞られるにつれ、人口移動は混在化する傾向にあるのかもしれない。東京・ニューヨークのルートでも多様な移動者（短期出張者、長期赴任者、親の赴任先に向かう子ども、旅行者、アーティスト、留学生など）の混在状況が見受けられるように、カトマンズ・東京のルートにも（中身は大きく異なるが）移動者の混在状況が見出せる。「移民」や「難民」は、元々そうした混在状況にある人口移動の一部を切り取って概念化したものと考えるべきだろう。先ほど日本でも「混在移動」が起きていると述べたが、日本の場合は、地中海に浮かぶイタリアのランペドゥーサ島のように数十名、数百名の移動者が船で突然やってくる（あるいは途中で沈没する）という形ではなく、何らかの名目で査証を得つつ飛行機で秩序良く来訪しているので、単に問題が認識されていないのだと思われる。

9 ただし、途上国における難民居住地（refugee settlements）の運営においては、開発プロジェクトでの住民移転や生計手段の再建に関する知見を有効利用できるだろう。この点においては、背景の異なる2つの問題を同じ枠組みで考察することの意義はあるように思われる。以下の文献は、その観点から行われた研究である。Michael M. Cernea and Christopher McDowell (eds), *Risks and Reconstruction: Experiences of Resettlers and Refugees* (Washington, D.C.: The World Bank, 2000).
10 成蹊大学アジア太平洋研究センターの助成のもとに1990年から1992年にかけて行われた研究プロジェク

トの成果物として出版されている。
11 James Hathaway, 'Forced Migration Studies: Could We Agree Just to 'Date'?', *Journal of Refugee Studies,* Vol. 20, No. 3 (2007), pp. 349-369.
12 B.S. Chimni, 'The Birth of a 'Discipline'': From Refugee to Forced Migration Studies', *Journal of Refugee Studies,* Vol. 22, No. 1 (2009), pp. 11-29. しかし、そのチムニでさえも難民・強制移動研究という欧米主導の知的枠組みの中で論陣を張っているのである。
13 Loren B. Landau, 'Can We Talk and Is Anybody Listening? Reflections on IASFM 10, Talking Across Borders: New Dialogues in Forced Migration', *Journal of Refugee Studies,* Vol. 20, No. 3 (2007), p. 336.
14 脚注2を参照のこと。
15 強制移動研究や難民研究においては定義上の暗黙の出発点が「移動 (movement)」に設定されていることによって、移動できなくなってしまった人びと (involuntarily immobilized) の状況が無視されてきたとの指摘もある。Stephen C. Lubkemann, 'Involuntary Immobility: On a Theoretical Invisibility in Forced Migration Studies', *Journal of Refugee Studies,* Vol. 21, No. 4 (2008), p. 468.
16 例えば、移民政策から切り離した難民保護政策は現実的でないといった指摘を思い起こしたい。
17 もっとも、アカデミズムの本質が「包摂と排除」で言い表されるとすれば、さして驚くことではなかろう。
18 例えば、人身取引 (human trafficking) が強制移動の問題として扱われるのであれば、奴隷貿易の問題が歴史上の強制移動として扱えない理由はどこにもない。しかも強制性の極めて高い移動である。しかし、これまでの難民・強制移動研究においてそうした認識は一般的ではなかった。なお、両者を結びつける試みとして、次の論文が興味深い視点を提供している。室井義雄「強制移民としての大西洋奴隷貿易」『岩波講座 世界歴史19 移動と移民—地域を結ぶダイナミズム』(岩波書店、1999年)。
19 小澤藍『難民保護の制度化に向けて』(国際書院、2012年)、252頁。
20 本書では取り上げないものの、難民・強制移動研究との関連で考えられるテーマとしては、セクシュアリティと迫害、とりわけLGBT (Lesbian, Gay, Bisexual and Transsexual) と呼ばれる性的少数者が直面する問題や、ジェンダー (女性のみならず男性も直面するジェンダーの問題)、家庭内暴力からの逃避 (庇護申請との関係においても)、国家統治のあり方、宗教と庇護、歴史上の強制移住・移動 (奴隷貿易を含む)、帝国内の人口移動、社会統合 (定住) の経済的側面、国外追放 (deportation)、土地の収奪 (land grabbing)、ホームレス化、移動できない状態 (immobility)、原発事故がもたらした移動といったテーマなどがあげられよう。

Introduction　*The Ideas of Asylum and Protection*

序章
庇護と保護の理念
その内容と変遷[1]

池田 丈佑 *Josuke Ikeda*

キーワード：庇護、保護、人権、主権、介入
Keywords: asylum, protection, human rights, sovereignty, intervention

はじめに

　もし、読者のそばに今コンピュータがあって、インターネットにつなぐことができるなら、本章を読む前に、世界情勢を扱ったニュースサイトを開いてもらいたい。そこでは、大体毎日、世界のどこかで起きた紛争や天災が取り上げられているはずである。そしてそこには、行き場を失った人々の姿を写した写真があるだろう。そうした写真を前に、あなたは何を思うだろうか。
　私たちは、様々な被害に遭った人びとをみて、「何とかしなければ」と思うことがある。それは、苦しんでいる人びとがあれば助けたいという思いである。苦しんでいる相手に向けられているものであり、同時に自分がいかにふるまうべきかを私たち自身へ問いかける点で、ひとつの倫理ともいえよう。それは、感情として、思想として成長し、現実の実践に結び付くこともある。
　国を跨いだ強制移動[2]という文脈から、この「何とかしなければ」という思いの中身を探り、その発展を眺めてみようというのが、本章のねらいである。
　国際強制移動において、他者救援への思いは「庇護」と「保護」という言葉に集約され、実践される。両者は、向いている方向が逆である。庇護は、強制移動の被害者を自らのもとに受け入れて救う。そこでは、受け入れ先となる国が基準になる。一方、保護は被害者のもとへ誰かが出向いて救う。そして、救われる人が逆に基準となる。つまり、庇護と保護とは、何を軸に救援を行うかをめぐって対照的なのである。歴史的にいえば、強制移動の被害者に対しては、庇護を通して救う期間が長く続いた。そこへ遅れて、保護による救援が入ってくる。その後双方は、強制移動に巻き込まれた者を救う両輪として、共にはたらいてきた。今日、一般

に、庇護は各国が行い、保護は国家のみならず、国際機関やNGOが連携して担うものとされる。それは、庇護と保護による重なり合う救援だといってよい。

　ところで、こうした庇護と保護との関係は、スムーズなものではなかった。両者の関係は、むしろ波乱含みのものであった。国家が万能ともいえる力を発揮していた時代、強制移動の被害者を救う方法の多くは庇護であった。一方で今日、私たちは、「庇護の時代」をこえて、「保護の時代」に生きようとしている。それは、「何とかできる」人が国境を越え、強制移動に苦しんでいる人びとを積極的に助けようとする時代である。同時に、国家が相対化され、国家を越える制度が逆に力を発揮しようとしつつある時代でもある。世界がグローバル化し、強制移動がグローバル化するなかで、国境を越えた保護が出てくることは、ある意味で当然である。だがその動きは、かつてパートナーとして頼ってきた庇護を忘れてしまおうともしている。この変化をどう考えればよいか。

　強制移動の被害者を救うべく、国際社会や各国がどのように動いているかは、後の章が詳細に論じてくれるだろう。そこで本章では、歴史的変遷を通して、庇護と保護そのものについて考えてみたいと思う。

1. 庇護と保護——その考え方と起源

　辞書で庇護と保護を調べると、ともに「かばう」「まもる」という意味が出てくる。そのため、一見すると2つに大きな差は認められないように思われる。ところがこれを世界史の文脈に置くと、両者の間には大きな違いがあることがわかってくる。それは、誰が、何を根拠に人々をかばい、まもるのかをめぐっての違いである。これを軸に、庇護と保護との相違を、まずみてゆこう。

　庇護を意味する英語のasylumは、そもそも、「不可侵なるもの」を意味するギリシア語のἄσυλον (asylon)から来ている。これからも分かるように、語源上、庇護は人を救うことを直ちに意味したわけではない。むしろ、「不可侵なるもの」が人の救援につながった点が重要である。不可侵なるものがあり、救いを求める人がそれに頼り、守られたからこそ、asylonは救援という意味を持ったのである。一例を挙げよう。ギリシア悲劇に、詩人アイスキュロス (Aischylos)による『救いを求める女たち』という作品がある。強制的な結婚から逃れようとする50人の女たちが主人公である。彼女たちに対し、父とされる王ダナオスは次のようにいう。

「娘たちよ、そこに見える、集りの場の神々の御座にすがり、ひれ伏すが一番、こうした折には、櫓がこい（引用者注・矢倉囲い）よりも、神を祭る壇のほうが、ずっと確かな護りの楯。誰しもそれを破ろうとはせぬものだからな。」[3]

　ここで女たちとダナオスが共に頼るのは「神々の御座」である。それは「神々」のものであり、「誰にも破られない」がために、彼女たちを守る。アイスキュロスの物語は、庇護が、「場と神」、つまり不可侵性と聖性からできていることを教えてくれる。

　ほかにも、歴史で語られる庇護にはいくつかの特徴がある。まず、庇護に先立っては、必ず追及が存在する。庇護を求める者は自分の国で追われる身であり、あるいはそのおそれを抱いている。ずっと後になって、追及は「迫害（persecution）」と呼ばれるようになるが、この迫害を受けうる者として考えられていたのは、犯罪者や債務者、異教徒や異民族であった。旧約聖書『出エジプト記』には、預言者モーセとともに逃れようとする200万の民が登場する。この人びとは時のエジプト王パロによって過酷な労働を強いられていたことに加え、イスラエル人であることを理由にした迫害も受けていた[4]。一方、預言者ムハンマドに従うムスリムたちは、クライシュ族から宗教上の理由で迫害を受ける。だからムハンマドは人びとにアビシニア[5]へ逃れるよう指示するのである[6]。第2に庇護は、こうした人びとへの追及を無効とする力をもつ。これは、逃げ込む先が追っ手と同等か、あるいはそれを上回る力を持つことなしには成り立たない。ここで不可侵性と聖性がふたたび現れる。不可侵なるもの・聖なるものは相手の力を無効とし、庇護を可能にするのである。最後に、こうした特徴は、国に収斂され、国を通して現れる。「救いを求める女たち」「出エジプト（とイスラエル王国の建国）」「アビシニアへの移住」のいずれにも共通するのは国家の介在である。国家の領域として「場」があり、その国の宗教として「神」があり、それらをまとめる存在として「王」が君臨した。この3つが一体化したところ、つまり国に、庇護の基盤は打ち立てられたのである。

　次に保護をみてみよう。歴史的にも内容的にも特定された意味をもつ庇護と違って、保護は曖昧である。英語の意味を調べても、その内容は「危害や危険、悪からの避難、防御」であり[7]、一般的に何かから人を守ること以上の意味はない。しかし、保護には庇護と明らかに違う性格がある。

　この点を示す好例として、新約聖書『ルカによる福音書』に収められた「よきサ

序章　庇護と保護の理念　25

マリア人」の話を挙げよう。キリストは、エルサレムからイェリコへ行く途中強盗に襲われた旅人をサマリア人が救う話をとりあげ、「行って、彼のようにせよ」[8]という。その理由は、旅人が彼らの「隣人」だからである。それも、ただの旅人ではなく苦境にあえぐからである。ここで注目すべきは、人を救う根拠が、国以上に人に求められていることである。先にあげた不可侵性という言葉を使うなら、不可侵なるものは、御座や神、あるいは王にではなく、人間自身に現れている。キリスト教において、人間の不可侵性は「尊厳」という言葉で理解されてきた[9]。神と異なり完全ではないながらも、神にもっとも近い姿をしているという理由から、人間には人間であることの素晴らしさがあると考えられてきた。これが脅かされるとき、ただ待つことはできない。だからこそキリストは、「行って、彼のようにせよ」と説いたのである。

　こうした性格に加えて、保護にもみるべき特徴がある。まず保護は、庇護と比べて、対象となる人びとの範囲が広い。本来庇護の対象にならない人びとであっても、保護されることがある。第２に、保護は庇護より広い範囲で、被害者の受けうる苦境を想定している。庇護においては「迫害」が問題となったが、保護においては迫害よりも幅広い状況が問題とされる。たとえば民兵が暴力をふるうように、政府が関与しない場合や、自然災害のように、偶発的に人びとの生命や身体を損なう場合も含まれる。つまり保護において問題になるのは、庇護のいう「迫害」を越えた「危害」となる。危害は、「恐怖」と「欠乏」という２つの側面を持つ。恐怖は、主に生命や身体に直接影響を与えるかたちで、また欠乏はそれに間接的に影響するかたちで、作用する。ここで勘のいい読者は、恐怖と欠乏が、人権や人間の安全保障を支える柱でもあることに気づくだろう。いかにも、これらはみな、重なり合っている。最後に、保護という行動は、助けに出向く側が、出向く先で受けうる抵抗を斥け、圧倒できるだけの力を持ってはじめて可能になる。だから、国境を越える保護は常に介入の問題を含み、介入の問題はどのくらいの武力を携えればよいかという問いにいつも悩まされるのである。

２．庇護の時代

　かくして、庇護と保護は、さまざまな意味で対称的である。そして、時代とともに多様な現象を伴う強制移動にあって、この２つを軸に世界史的展開を示すことには無理もあろう。だが、そこをあえて試みようとすれば、大きく３つの局面を

見出すことができる。庇護が前面に出る「庇護の時代」、庇護が拡大しつつも限界を迎える「転換期」、庇護が後退し代わって保護が台頭する「保護の時代」である。

　本節以降、3つの時期を順に眺めてゆくわけだが、前節で現れた「国か基準か人が基準か」という問題がすべての時期にわたって中心を占めたことが、理解する上で鍵となる。また、時代に関わらず、庇護と保護が、基本的に強制移動の被害者を救う二枚看板として並存し続けてきた点も重要である。ただ、2つの関係は常にバランスを欠いており、一方が他方に対して優位する状況にあった。だから、双方の関係は安定的というよりは緊張含みのものであり、ある出来事を契機にバランスが変化する事態は何度も起きている。要するに、庇護と保護の歴史とは、救援の根拠をめぐる、両者のせめぎあいの歴史であった。

　その中で、強制移動の被害者を救う思想は、長らく庇護を中心として繰り広げられる。ということは、国家の思考が中心に据えられることになるわけだが、それらが庇護にあってどう表れたのかが問題となる。本節では大きく2つを挙げてみたい。

(1) 正義の例外と「赦し」

　庇護は、復讐あるいは応報的正義と密接に関連している[10]。しかも、正義の実現ではなく、その例外だという点が重要である。

　復讐とは、自らに向けられた危害への反撃である。過去の危害に対しては自らの怒りを鎮めるために、また将来の危害に向けては防衛のために、それぞれなされる[11]。同害報復の原則[12]に基づいて均衡を目指すものであり、もし復讐を怠れば、遺族は個人の霊や魂によって死や病気に見舞われると考えられた。進化論的に考えれば、復讐という考えは、私的な正義原則のひとつとして認められた後、刑罰というかたちで、公、つまり国家のもとに置かれることになる[13]。古代バビロニアのハンムラビ法典が、「目には目を」を掲げている例は、有名であろう。

　庇護は当初より、この正義の例外という性格をもっていた。逃げ込む先とは他人の触れてはならないところであり、「タブー」の思想によって支えられてもいる[14]。ふたたび、不可侵性と聖性である。一方で、庇護には「赦し」としての性格があり、それは「歓待（hospitality）」の思想となって、新しい側面を加える。「歓待」とは、あらゆる部族・都市・国家が、「亡命者が滞在地の法を尊重し規制に従うかぎり、亡命の動機に関わらず、かれらに庇護や安全を保障する義務がある」とする考えであり、古くから、場に基づいた庇護の基礎を成していた[15]。この「歓待」

の思想は、S．プーフェンドルフ（Pufendorf）によって近代に蘇り、I．カント（Kant）の著書『永遠平和のために』によって新しい方向を与えられる。それを今日の文脈で論じ直したのはJ．デリダ（Derrida）であろう。いずれにせよ、「外国人が他国の土地に足をふみ入れても、それだけの理由でその国の人間から敵意をもって扱われることはない」[16]ことを旨とする点で本質は変わらない。「赦し」と「歓待」はあくまで例外であり、公の秩序を乱さない限りにおいて認められたのである。

(2) 「赦し」から相互主義へ

　「赦し」を軸とする庇護の考えは、その「赦し」を誰が体現し、あるいは認めるかによって変化してゆく。当初、「不可侵なるもの・聖なるもの」を体現していたのは神であった。しかしそれは時代を経るにしたがって、神を体現した王となり、王を体現した法となり、それらを体現した国となる。ここで登場するのが相互主義である。相互主義とは、こちらが相手を遇するのと同じ扱いを、相手がこちらに向けて行うことであり、互いに扱い方が同等である状態をいい、またそうすべきだと考えることである[17]。

　相互主義の思想は、時間的にいって中世の終わりから近代、空間的にいってヨーロッパを中心とする国際社会にもっともよく適合した。この時代の国際関係は既に「力の均衡」原理によって保たれはじめており[18]、近代主権国家の確立も時間の問題となっていた[19]。こうした状況に対応する格好で「待遇の均衡」もまた、機能したわけである。

　相互主義は、①逃亡犯の引渡しについて、②政治犯の不引渡しについて、それぞれ国家間において結ばれる条約のなかに表現される。前者については、イングランド－デンマーク（1661年）、同－オランダ（1662年）、デンマーク－ブランスウィック（1732年）、フランス－ヴュルテンベルグ（1759年）、フランス－スイス（1777年）等の条約が[20]、また後者に関しては、プロシア－ベルギー（1836年）、同－フランス（1845年）、同－オランダ（1850年）等が主要な例である[21]。国家間において、法を通して、庇護が実践されていることに今一度注目しておきたい。これに加えて、相互主義が、逃亡犯の引渡しという庇護に逆行しうるものにも、政治犯の不引渡しという庇護の中核にあたるものにも、適用されていたことは留意すべきである。さらに、こうした条約ができる前であっても、「相手国が引き渡さないから自国も引き渡さない」という暗黙の相互主義があり、実際、ある国が

引渡さないことを理由に、他の国が引渡しを拒むという状況は存在していた[22]。相互主義は、この時期、庇護の思想を支える重要な柱だったのである。

3．転換期——庇護の限界と人権の登場

　ところで、赦しや相互主義に基づく庇護は、権力のあらわれという性格を持っていた。不可侵なる国家が権力を振るうからこそ、人は庇護され、救われたのである。ところが、このような思想は実は盤石ではなかった。古代の時点で、既に庇護の土台を掘り崩しかねない要素が存在したのである。庇護の思想を揺さぶるのは、不可侵性を国家ではなく人に求める考えである。ここに庇護は限界をみ、保護という思想が次第に輪郭をあらわしはじめる。

(1)　庇護の揺らぎ

　庇護が揺らぐ出発点は、ふたたび古代ギリシアに遡る。詩人ソポクレース（Sophoklēs）の描いた悲劇『アンティゴネー』である。父オイディプスが失った王位を奪還すべく、テーバイ攻めに参加した子ポリュネイケスは、戦闘で命を落とす。ポリュネイケスはテーバイ国の裏切り者とされ、国王クレオンによって埋葬を禁じられる。妹であったアンティゴネーはクレオンの命令に背き、兄を埋葬するが、そのために殺されることになる。だが彼女は、それを知りつつ次のようにいう。

> 「だっても別に、お布令を出したお方がゼウスさまではなし、彼の世をおさめる神々といっしょにおいでの、正義の女神（ディケー）が、そうした掟を、人間の世にお建てになったわけでもありません。またあなたのお布令に、そんな力があるとも思えませんでしたもの、書き記されてはいなくても揺ぎない神さま方がお定めの掟を、人間の身で破りすてができようなどと。」[23]

　そもそも庇護が国家を通して現れていた理由は、国家が「場」と「神」と「王」を一身に引き受けていたためである。3つが国家を通して重なっていたからこそ、庇護は国家の権利として認められ、そのように機能してきた。だが、仮にこの三者がもはや重ならないならばどうなるか。アンティゴネーはこの点を衝き、王（＝国）と異なる神の命令を選んだ。もはや、神と王とは一緒ではない。この点こそ、

庇護が解体してゆく発端となる。

　神と王とが一致しないという事態は、早晩「場」の思想へと波及してくる。当初、王が神とされる以上、彼の統治する場は一つだと考えられてきた。それが、神の領域と王の領域とに分かれ始めるのである。この動きを後押ししたのが、古代自然法とキリスト教であった。古代自然法は、神を自然と読み替え、自然の世界にあって人間は本質上平等であると考えた[24]。この思考は、古代ローマにおいて、自由人と奴隷に二分されていた人びとを人間のもとに統一し、王の領域から引き離すことになる。王はこれに対し庇護の対象を広げることで、なおも自らの領域にとどめようとする。庇護される者は債務者や犯罪者を超えて奴隷を含むようになり、以降、庇護の対象者は広がってゆく。

　これに宗教の側から加勢したのがキリスト教である。キリスト教は、神の権力と世俗の権力とが別の場で展開される（「神の国」と「地の国」）ことを示し、一方で原罪という概念を取り入れることで、庇護の原因ともなる罪の意味をも相対化させた。庇護という点からこれをみたとき、とりわけ２つの重要なことが明らかになる。まず、キリスト教徒自身が迫害の対象であり、その後、庇護の対象となった点である。それは、神の国の住人が地の国の王によって迫害され、ローマ帝国によってキリスト教が国教化された後には、逆に地の国の王によって神の国の住人が庇護されるに至った歴史である[25]。第２は、教会が庇護の場として機能し始めた点である。これは、国家によって独占されてきた庇護の権能が拡散し始めたことを意味する。しかもそれは、単に世俗の権力から宗教的権力へと庇護が移ったのではなく、双方が共に庇護の権能を持つという格好で推移する。古代ローマにあって両者は、国教化ゆえにふたたび重なり合うことになるが、それ以上に、庇護がなされる場が、これ以降は常に２つで推移する点が重要である。ここに、庇護が保護と重なるきっかけが隠されている。

(2)　人権の登場と庇護の変容

　かくして、古代自然法とキリスト教は、庇護の思想を揺るがす存在となる。両者によって揺さぶりをかけられた庇護は、しかしながら、なおも長い間、強制移動の被害者を救う基本的理念として生き続けた。だが近代に入って、新しい動きが生じる。人権の登場である。人権は明確に、不可侵性が人にあると宣言する。これは、庇護が国家の権能だと考えられてきた点を踏まえれば大きな挑戦である。だがこの挑戦は、国家の外側から人権が挑むかたちで来たわけではない。むしろ、

庇護を可能にしてきた国家の不可侵性を内から食い破るかたちで始まる。

　問題の出発点は、「国家の根拠は何か」という問いにある。近代以降、それはもっぱら主権だと考えられてきた。国内においてあらゆる力を凌駕し、国際的に各国の対等を求める主権の考えは、1648年のウェストファリア条約を契機に、各国の王が体現することになる。だが間もなく、この思想は、主権の担い手が誰かという問いをめぐって揺らいでゆく。そこに現れるものこそ、人である。人はその尊厳ゆえに固有の権利を持つ主体として認められるようになる。のみならず、場合によっては暴政を転覆させることさえ認められるようになる。国王主権から人民／国民主権への転換とは、国家の根拠を王から人へ移す過程である。そこでは、庇護は引き続き国家の不可侵性から導かれるが、国家の不可侵性自体が人から導かれることになる。

　ここに、庇護と人とがつながる可能性が生まれる。その産物が、庇護権である。もともと庇護権は国家の権利であった。「庇護権は国家の権利か個人の権利か」という問いはかつては存在せず、逃れてくる者も、自らに何らかの「庇護されるべき理由」を見出し、それを主張することで庇護を勝ちえたわけではなかった。あくまで個人は庇護を求めるだけの存在であり、受身であり続けたわけであり、その構図は今日にあってさえ基本的に変わっていないのである。にもかかわらず、庇護は確実に人の権利という性格を持ち始める。そのきっかけとなったのが、先に挙げた「歓待」である。近代にあってプーフェンドルフが歓待概念を提起したことは既に述べた。この点については今日、庇護の概念を破壊したとして批判する意見がある[26]。たしかに彼において、歓待は国家の権利から自然法に基づく人間の義務へと変化した。この点は決して無視できないが、一方でその主眼はあくまで国家にあり、直ちに本質が変わったとも言い難い[27]。むしろ歓待を人の権利として位置付けたのはカントである。彼にとって、歓待とは何のかかわりもない他者の権利である。そして、そのような他者が歓待を受けられるのは、人間が地球の表面を共有しているからである[28]。カントに従う限り、人間である以上、誰でも歓待を求めることができることになる。ここから「個人の権利としての庇護権」[29]へは、ほんの一歩前進すればよい。

　かくして庇護権は、主権と人権の双方から多元的に理解されることになる。この仕事を一手に担ってきたのが国際法学者である。たとえば、芹田健太郎は、庇護権を、個人が「求める」権利、国家が個人へ「与える」権利、そして、個人が国家と「享有する」権利という三元的な構造で捉えている[30]。川島慶雄は、「『庇護権』

は（…）窮極的には個人の利益を国家権力の恣意的な行使から保護するために存在し、「この意味において、庇護権はそれ自体人権としての性質を内在している」という[31]。本間浩は、領域主権から導き出される庇護権は国家主権絶対観に傾いており、人権や人道主義の発展に即した庇護権の変遷を無視していると論じる[32]。さらにJ．ハサウェイ（Hathaway）は、難民如何の判断をする際に重要となる「迫害」を、本国による積極的な作為以上に、本国による、人権侵害からの保護の失敗として理解している[33]。いずれにせよ、これらがいずれも、庇護権を国家の権利のみとして考える立場にもはや立っていないという点には、注意しておいてよい。

4．保護の時代

　プーフェンドルフとカントが説いた歓待は、内容上はほとんど庇護権を意味した。庇護は国家の権利でなく人間の義務となり、同時に救いを求める者の権利となった。だが現実問題として、個人が歓待を求め、あるいは庇護権を行使して庇護を得るという構図はなおも少数であった。結局、庇護とは、少数の個人にあてはまる政治亡命の問題であり、つまり大多数の人びとにとって現実味の薄い話だったわけである。ただ一方で、ユグノーに代表される人々が、集団的庇護の可能性を問うたことも事実である。だがそれは庇護以前に、その人びとが少数者としてどう扱われるべきかという問題を一端経由せざるを得ない。そしてここにきて、少数者保護というかたちで、いよいよ保護が登場することになる。

(1)　少数者保護と介入

　庇護から保護へという転換は、少数者取り扱いの問題からあらわれる。1685年のフォンテーヌブローの勅令によってユグノーが難民化した背景には、当時フランスで起こっていたカトリック絶対王政への回帰がある。また強制移動という点からみるなら、ユグノーが宗教上の少数者として迫害を受けた点が重要である。もとより各国は、外国人や少数者を対象とした法を定めてきた。それは、少数者をある国においてどう扱うか定めたものであり、これらを通して強制的に移動を迫られた人々の処遇もある程度図られていた[34]。ただし、上記諸法の適用を受けうる強制移動の被害者は、熟練労働者（古代ギリシア）や商人（中世ヨーロッパ）など、規模としてはいずれも小さなものであった[35]。このような条約上の限界が露呈する一方で、当のユグノーは「暴政放伐（monarchomachia）」、つまり暴君

を追放する論理を提起する。自分たちが迫害を受けているとき、どうするか。答えは2つ、逃げるか戦うかである。庇護は、もっぱら第1の答えを前提にしてきた。だが、もしモナルコマキのように2番目を選ぶとするなら、どうなるか。

　この問いを考えるにあたって参考になるのは、フォンテーヌブローの勅令より60年遡って刊行されたH. グロティウス（Grotius）による『戦争と平和の法』であろう。彼は、迫害のもとにある人びとが庇護を求めることに対して消極的である[36]。また、同じ人びとが武器を持って立ち上がることも認めない。つまり逃げることも戦うこともゆるさないわけである。ところがそんなグロティウスが第3の答えを用意した。ほかの誰かに「戦ってもらう」のである。この考えは、「他人のためにする戦争」という項目となって、『戦争と平和の法』にあらわれる。その目的は他国の人々を暴政から解放することにある。加えてこの戦争は、信託というかたちをとって各国の君主に委ねられる[37]。「他人のためにする戦争」は、その始まりから既に能動的であり、介入的であった。

　だが当然のように、介入という考えは近代ヨーロッパ国際社会の根幹に触れる。国家主権が各国の平等と独立をうたう反面、介入は真正面からこれに挑戦するからである。介入は「掟破り」[38]だと考えられ、代わりに不干渉を旨とする国際社会の原則が19世紀を頂点に支持されるに至る。しかし、19世紀国際社会は、オスマン帝国による領内の少数派キリスト教徒への迫害に対して、人道的介入を繰り返す。理念と実行とが相反するなか、法学者J. ストーン（Stone）は、この19世紀から得た教訓の一つとして、少数者の取り扱いにあたっては「恒久的な監督（permanent supervision）」が欠かせないと論じた[39]。そしてこの点が、各国による介入から、国際連盟を軸とするレジームへの転換を示唆することになる。

(2) 庇護レジームの登場と挫折

　20世紀前半の国際政治に国際連盟が及ぼした重要性は数多い。その一つに、かつて国家間で進められてきた協働が、多くの国の参加のもと、ひとつの組織を中心に再編されたことが挙げられる。「レジーム」と呼びうるこの形態は、連盟以前から、連盟とは別の系譜で存在した。しかし連盟がレジーム形成の梃子となった場合もある。少数者と難民の扱いは、その代表例であろう。少数者保護が、介入を伴う各国の一致しない慣行を超えるべく構想されたとすれば、難民庇護に関するレジームが出現した理由は、まさに難民の出現そのものが契機である。しかもかつてないほどの数を伴った強制移動を前に、難民庇護に関するレジームは、従来

序章　庇護と保護の理念　| 33

の二国間的つながりを超えて、国際社会的な展開を求められることとなった。それは、「難民の国際的地位に関する国際連盟条約（1933年）」や「ドイツからの難民の地位に関する1938年の条約」という法規範として、また「ナンセン国際難民事務所」という組織として、それぞれ出現する。ここにおいて少数者保護は、主に「無国籍者」をめぐる問題として、難民庇護と制度上重なりはじめる。だが、少数者と難民が重なり合う以上に、保護と庇護とが重なり合うことが、本章の文脈ではより重要である。

　ところが、難民庇護に関するレジームは、登場の時点から既に限界を持っていた。ここで展開される「国際社会」の範囲が、結局ヨーロッパを超えなかった点である。そもそも、20世紀に入って問題視された「大量の難民」自体が、ヨーロッパとその周辺に限られていた。しかも、内にあってまず問題とされたのは、主に、内戦・革命ソヴィエトに伴うロシア難民と、オスマン帝国の解体に伴うアルメニア難民の処遇である[40]。内戦と革命をきっかけに出現した難民の庇護には、人権擁護以上に政治的含意が込められた。一方ヨーロッパの外にあっては、ある程度の国々が点在した以外に植民地しかなく、植民地で起こりうる強制移動は、ヨーロッパ諸国をつなぐ国際秩序ではなく、各国と植民地とをつなぐ帝国秩序の枠内で、国内管轄事項に近い格好で理解されていた[41]。こうした点は、第二次世界大戦後に構築された難民庇護レジームでさえ基本的にヨーロッパ（とその安定）にしか向いていなかったこと、そしてその後のレジーム発展が、庇護の対象者を地理的に世界大へと拡大する動きであったことを考えても明らかだろう[42]。

　かくして、第二次大戦後の国際社会は、ヨーロッパ的という意味を越え、文字通り世界的な難民庇護レジームを構築すべく動くことになる。これに側面から根拠を与えたのが、人権をめぐる国際条約実現の動きであった。とりわけ世界人権宣言が、宣言ながらも人権として庇護権を唱えた点は、「個人の基本権としての庇護権」確立にあたって重要であった。とはいえ、庇護レジームの根幹には、犯罪者不引き渡しをめぐる条約から続く３つの原則、すなわち①庇護行為が逃れ来た者の本国を敵対視する行為ではないこと、②誰を庇護し誰を庇護しないかを明確に定めること、③庇護した者については基本的に本国へ送還しないこと、という考えがあった。これらは概ね国家からみた庇護権の在り方である。つまり20世紀後半、庇護の思想は人と国とに跨って、というよりはもはや、国の権利という視点をひきずる格好で、存在したわけである。したがって、「難民の地位に関する条約（難民条約）」が「難民の地位に関する議定書（難民議定書）」となり庇護対象者の地

理的制限を取り払った一方で、国連総会が「領域内庇護に関する宣言」を採択した1960年代後半、制度的にも思想的にも、この宣言を条約化することには極めて重要な意味が認められた。現に、1972年の時点で構想された条約案とは、先にあげた3つの原則をそのまま条文とした内容である。にもかかわらず、わずか3条からなる領域内庇護条約の成立は完全といってよい失敗に終わる。そしてこの時点から、庇護のグローバル化は保護のグローバル化へと大きく舵を切ることになるのである。

(3) 保護のグローバル化

　保護のグローバル化は取り立てて新しい話ではない。何より、庇護の思想のなかに庇護自身を超え出る理念が潜んでいた時点で、庇護は保護に転じ、国家を超え、どこまでも広がりうる余地を持っていた。ただその上で、当の保護はいたずらな拡大に走ることもなかった。ひとつには、国家主権が、庇護を可能にする条件として、あるいは無制限な保護を阻止する障壁として、機能したことがある。だがこの点は、1970代後半以降、それまでの世界史的流れから比べれば相当に速い速度で変化してゆくことになる。そして結果的に、庇護と保護との間に存在した一種の均衡も、これに伴い失われることになる。

　その発端とも呼べるのが、同じ時期にあらわれた「非公認の抑留（unacknowledged detention）」である。後に「強制失踪」と言い換えられるこの事象は、当時ラテンアメリカ諸国を中心に多く発生していた、民間人の突然の失踪と、その原因に考えられた政府の政策を背景としている。強制失踪は、強制移動に当然つきものとされていた大前提——国境を越えて起こりうること——を超える視点を示したゆえ、特別の重要性を持っている。強制移動が国内で起こり、国内で完結しうる点を示したからである。さらに強制失踪は、国際的議題として出始めた時点から、「自国の政府が自国民をどう扱うか」という点で、既に人権問題であったことも見逃せない。後に、国内強制移動が注目された際、それが難民法ではなく人権法上の問題として取り扱われた事実は、強制失踪と国内強制移動とが、移動（displacement）のみならず、人権侵害という性格を共有していたことを示している[43]。そして、国内強制移動の激増した1990年代以降、被害者を救う方法として前面に出てきたのは、出向く救援、すなわち介入であった[44]。

　こうした保護のグローバル化は、背骨となった「思想のグローバル化」抜きに考えることができない。もちろん、中心には人権という考えがあり、その発展があ

る。だが同時に、人権思想の拡充だけが保護のグローバル化につながったわけでもない。思想のグローバル化には、人権の成熟以外にもみるべき特徴があるからである。第1にその担い手である。保護の思想を直接に鍛え上げたのは政治思想や倫理学であり、国際法や国際関係論ではなかった。そのため第2に、提起される思想は、国家を前提とする立場から比較的自由であり、国家を絶対だとする考えを乗り越えようとさえする。だから保護の思想は、国境を越え、普遍主義的である[45]。第3に、保護の考えは保護する理由をさまざまに説く。わざわざ出向いてまで救うべき理由は、それが多くの人の苦痛を改善するからであり（功利主義）、あるいは人間が平等に権利をもつから（権利論）、さらには救うことが人間の義務だからである（カント的義務論）。そうした基盤は人権に、あるいはさらに遡って人間の尊厳に求められるわけだが、最近では、私たちが何かをなす可能性を持ち[46]、あるいは私たちは分け隔てなく危害に対して脆い[47]という、より根本的な特徴を下敷きにすることも多い。いずれにせよ、基準となるのは人であり、国家ではない[48]。

　これらに加えて、保護のグローバル化は、新しい考えを取り入れるのみならず、いくつか重要な点で、強制移動をめぐる考え方自体を改めもしている。たとえば、被害者を救う理由を、将来起こりうる事態にではなく、現在起きている事態に求める。庇護の時代、ある人が庇い護られたのは、その者が将来迫害に遭うかもしれないというおそれゆえであった。だが今日、多くの人が保護される理由は、今この時点で受けている苦境のゆえである。これに関連して、保護のグローバル化は、迫害にではなく、危害により注目する。繰り返しになるが、危害は迫害より大幅に広い意味をもつ。

　また、保護のグローバル化は、危害に対して責任をとるよう求める。かつて庇護の時代、その原因ともなった迫害に対しては、迫害を加えたことを（庇護を通して）無効とすることはあっても、その責任まで問うことはしなかった。しかし、その旨を反映させていた領域内庇護条約が頓挫したことで、国際的な影響力は限定的なものにとどまった。のみならず今日、保護の国際化は、危害を与えたことに対する「罰」として、与えた国が持つ国家主権を一時停止する可能性をも宣言するに至る。たしかに、強制移動をめぐる歴史の中で、国と人との優劣が問われたことは何度もある。しかし、人が受けうる危害によって国の権利が本当に止められてしまうところにまで言及するようになったのは、ごく最近である。今日、こうした内容を体現するのが、「介入と国家主権に関する国際委員会」が定めた「保

護する責任(responsibility to protect)」である。その重要性は、強制移動の文脈においても、再度確認されてよいだろう。かつてグロティウスは、介入を「他人のためにする戦争」と呼んだ。現在、保護の時代に生きる私たちは、介入と戦争とが思った以上に近い位置にある世界にあると、考えてよいのかもしれない。

おわりに

　本章を読み終わるにあたって、再び読者のみなさんに、ニュースサイトを見ていただきたい。そこで湧きあがりうる気持ちに大きな変化はないはずだろう。だが、「何とかしなければ」という気持ちの背後には、その思いを作り出した、巨大な思想のうねりがある。この章では、それを庇護と保護として取り出し、その歴史を辿ったわけである。話を閉じるにあたって、未来への課題と呼べるものを2つ、挙げておくことにしたい。

　その第1は、こうした過去の経験を、現在起こり、将来起こりうる強制移動にどう活かすか、というものである。庇護と保護をめぐる思想の歴史とは、結局、「人を救うものは誰か」という問いをめぐる答えの変遷であった。移り変わった、ということは、つまり、この問いに対する確定的な答えは出なかったことを意味する。ある時代において人間はそれを庇護に求め、別の時代には保護に求めた。だが重要なのは、答えがどちらかを定めることではなく、答えが揺れ動いてきたという一点にある。もちろん、あえて答えを出すとするのならば、庇護も保護も、ということになろう。だからこそ世界は、2つの間で絶妙ともいえる均衡を作り上げてきた。だが、庇護が国を軸とし、保護が人をもとに救う以上、両者は本質上折り合わない。そしてそれをどう折り合わせるかは、ほとんど不可能な要求に近い。にもかかわらず、世界はそれに取り組んできたのである。保護の時代に生きる私たちは、この過去の経験をどう未来につないでゆけばよいか。この点を考える必要がある。

　課題の第2は、私たちが救援という考えそのものに対して抱く誤謬に関わる。そもそも、誰が救い、誰が救われるのか。その立場は固定されていないはずである。ところが私たちは、時に自分たちが救われる立場には立ちえないという錯覚のもと、救援の思想を考えようとする。この誤ちは当然避けるべきであるが、それ以上に重要なのは、人を救う思想の背後には、必ず救われることに対する思想も存在するという点である。しかし残念ながら、この「救われる思想」は驚くほど

かたちにされていない。強制移動現象においても然りである。つまり、強制移動をめぐる理念の発展は、その半分にも達していないわけである。日本であれば、近年の大震災はもちろん、各種の自然災害が、何よりもこの点を明らかにするだろう。だとすれば、この章は将来、「救われる思想」によって多くを補われなければならなくなる。そのときはじめて、強制移動をめぐる思想は一応完結した姿を見せることになるだろう。ウェブサイトに映る難民の姿が、自分や自分の近しい人にならない理由はどこにもないのである。

1 本章は『社会と倫理』誌に掲載された拙稿、池田丈佑「庇護から保護へ—他者救援をめぐる倫理の転換」（第25号、2012年、241-254頁）をベースとして、ほぼ全面的に書き改めたものである。
2 直前の「序論」を読まれた読者はお分かりになると思うが、「強制移動」という言葉がどこまで妥当かをめぐっては意見が分かれる。「序論」ではこの概念の限界が指摘されているものの、筆者はこの言葉になおも一定の必要性と有用性を認める。したがって、本章では「強制移動」という言葉をそのまま用いることにしたい。
3 アイスキュロス（呉茂一訳）「救いを求める女たち」呉茂一ほか編『ギリシア悲劇全集I』（人文書院、1960年）、336頁。
4 旧約聖書（関根正雄訳）『出エジプト記』（岩波文庫版、1969年）、1.15-22。
5 現在のエチオピア。特に紅海沿岸沿いにあったアスクム王国が関連する。
6 これが、イスラーム教史における「ヒジュラ」（移住・聖遷）のきっかけになる。なお、イスラーム世界における庇護の歴史については、Sharifah Nazneen Agfa, 'The Ethics of Asylum in Early Muslim Society', *Refugee Survey Quarterly*, Vol. 27, No. 2 (2008), pp. 30-40を参考にした。
7 *Oxford English Dictionary,* Second Ed, 'protection'の項。
8 新約聖書より「ルカによる福音書」、10:25-10:37。聖書共同訳実行委員会『新約聖書（新共同訳）』（日本聖書協会、1987年）。
9 ホセ・ヨンパルト『人間の尊厳と国家の権力』（成文堂、1990年）、58-68頁。
10 復讐に関する邦語文献としては、穂積陳重「復讐と法律」『復讐と法律』（岩波文庫版、1982年）所収、寺沢一「血讐論」『法と力—国際平和の模索（寺沢一著作集）』（東信堂、2005年。初出は1952-53年）所収が、代表的である。
11 穂積「法の期限に関する私力公権化の作用」『復讐と法律』所収、27-28頁。
12 船田享二『法思想史』（勁草書房、1953年）、10-11頁。島田征夫『庇護権の研究』（成文堂、1985年）、5-6頁。
13 穂積は、私的な色彩を持つ復讐が法の下に属してゆく過程を、①復讐公許（あるいは復讐義務）、②復讐制限、③復讐禁止という3つの段階で論じる。『前掲書』（注10）93頁。
14 引き続き穂積の議論によれば、この点は、不可侵なるもの・聖なるものに近づき、触れることを禁ずる「近接」「触節」のタブーに属することになる。ここで重要なのは、こうしたタブーの思想が主権に密接に関連している点であろう。穂積『法律進化論三』（岩波書店、1927年）、第2章第1節、2節。
15 島田『前掲書』（注12）、34頁。
16 イマニエル・カント（宇都宮芳明訳）『永遠平和のために（岩波文庫版）』（岩波書店、1985年）、47頁。
17 島田『前掲書』（注12）、135頁。
18 国際政治学者M.ワイト（Wight）によれば、近代国家システムはウェストファリア条約以前から形成がはじまっており、そのなかに勢力均衡の考えが既に存在していた。Martin Wight, 'The Origins of Our State-System: Chronological Limit', in Wight, *Systems of States* (Leicester: Leicester

University Press, 1977), p. 151.
19 そのモットーが「彼の地に彼の宗教を (cuius regio eius religio)」であることに、この点は端的に反映されている。そしてこの考えが公になったのは、いうまでもなくウェストファリア条約であった。
20 西井正弘「政治犯罪人不引渡原則の形成過程㈠」『法学論叢』第94巻2号（1973年）、21-32頁。
21 島田『前掲書』(注12)、41-44頁、76-77頁。
22 その例として、島田は、イギリスが引渡しを求めた革命家をフランスが引き渡さなかったことと、フランスによる亡命貴族の引渡しに対しイギリスがこれに反対したことを挙げる。『前掲書』(注12)、63-64頁。
23 ソポクレース（呉茂一訳）『アンティゴネー』(岩波文庫版、1961年)、34頁。
24 Hersch Lauterpacht, *International Law and Human Rights* (New York: F.A. Praeger, 1950), pp. 83-84.
25 この点に関しては、佐伯好郎『ローマ帝国キリスト教保護規定の研究―ローマ帝国とキリスト教』(春秋社、1957年)、保坂高殿『ローマ帝政初期のユダヤ・キリスト教迫害』(教文館、2003年)、および同『ローマ帝政中期の国家と教会―キリスト教迫害史研究193-311年』(教文館、2008年)に代表される優れた研究がある。
26 M. E. Price, *Rethinking Asylum: History, Purpose and Limits* (Cambridge: Cambridge University Press, 2009), p. 39.
27 Samuel Pufendorf (translated by C.H. Oldfather and W.A. Oldfather), *De Jure Naturae et Gentium Libri Octo,* Volume 2 (Oxford: Clarendon Press, 1934), pp. 363-368. ここでは、歓待が相互主義に基づくこと、また歓待を受ける者が受け入れ先の治安を脅かさないことなどが論じられている。
28 カント『前掲書』(注16) 47頁。なお宇都宮は、歓待を「よい待遇」あるいは「友好」と訳している。
29 この点に関しては、本間浩『個人の権利としての庇護権』(勁草書房、1985年)を参照のこと。
30 芹田健太郎「国連の領域内庇護宣言について㈡」『国際法外交雑誌』第75巻1号（1976年）、45頁。
31 川島慶雄「庇護権の性質と内容―国際法と国内法の比較検討」『阪大法学』第97・98号（1975年）、71-111頁。
32 本間『前掲書』(注29)、11-12頁。
33 James Hathaway, *The Law of Refugee Status* (Toronto: Butterworth, 1991), pp. 101-105.
34 外国人や少数者を扱う法の存在が、難民保護体制全体の発展にどのように関係していたかは、James Hathaway, *The Rights of Refugees in International Law* (Cambridge: Cambridge University Press , 2004), pp. 75-91を参照。
35 *Ibid.*, p. 74.
36 Price, *supra* note 26, p. 35.
37 Hugo Grotius (translated by Richard Tuck), *The Rights of War and Peace,* 3 volumes (Indianapolis: Liberty Fund, 2005), Book II, 1161-62.
38 James N. Rosenau, 'Intervention as a Scientific Concept', *Journal of Conflict Resolution,* Vol. 13, No. 2, (1969), p. 163.
39 Julius Stone, *International Guarantees of Minority Rights: Procedure of the Council of the League of Nations in Theory and Practice* (Oxford: Oxford University Press, 1932), p. 3.
40 このような20世紀初頭の難民状況と、それに伴う国際的政策の発展は、第1部第1章の舘論文を参照されたい。
41 だから、ある意味で世界最大規模の強制移動であった奴隷貿易は、庇護や保護の問題から除外されたのである。しかも、その終焉はヨーロッパ諸国による自発的な廃止によるものであり、奴隷に対する庇護や保護については結局考えられなかったといってよい。現在では、人身取引が強制移動の枠内で語られることが多いが、それに反して奴隷貿易が強制移動の観点で論じられることは少ない。国内管轄事項という点を差し引いたとしても、欧米主導の問題設定の恣意性を指摘することができるかもしれない。なお、人身取引と国内強制移動問題との関係については、第3部第12章の墓田論文を参照されたい。
42 第二次世界大戦をはさむ格好での難民・移民をめぐる国際レジームの発展については、第1部第2章の柄谷論文を参照願いたい。

43 国内避難民をめぐる国際的な枠組み形成と政策展開については、第1部第4章の赤星論文および第5章の副島論文を参照願いたい。
44 冷戦終焉後以降の国際的介入に関しては、Nicholas Wheelerによる代表的研究 *Saving Stranger: Humanitarian Intervention in International Society* (Oxford: Oxford University Press, 2000) がある。
45 一般に、コスモポリタニズムと呼ばれる立場である。コスモポリタニズムは徹底して、個人を思想の基準と考え、そうした個人は皆平等だと考える。そのため、(個人を育む) 共同体が持つ思想が個人以上に重要な基準だと考えるコミュニタリアニズムと争う。しかし、対立するコミュニタリアニズムでさえ、共同体の外にある他人を救う思想を認める。
46 政治思想では、「潜在能力」論と呼ばれる。代表的文献として、Martha Nussbaum, *Creating Capabilities: The Human Development Approach* (Cambridge: The Belknap Press, 2011) を挙げておく。
47 同じく「危害原理」と呼ばれる。現代世界政治の文脈からこれを考えたものとして、Andrew Linklater, *Problem of Harm in World Politics: Theoretical Investigations* (Cambridge: Cambridge University Press, 2011) を挙げておく。
48 一方、国家を軸に (あるいは先述のコミュニタリアニズムに立って) 政治思想を考える場合、グローバル化する保護よりも自国での庇護の可能性と限界とが重要になってくる。それは国境線をどのくらいオープンにするか、難民のみならず移民に対して自らの国や共同体が寛容になりうるかという問題へとつながる。

第 1 部
難民・強制移動をめぐる史的・制度的展開
Part I *Evolving Schemes and Institutions Relating to Refugees and Forced Migration*

Chapter 1　The Early History of International Refugee Protection: Challenges of the League of Nations and the Birth of the 'Refugee'

第1章

難民保護の歴史的検討
国際連盟の挑戦と「難民」の誕生

舘 葉月　*Hazuki Tate*

キーワード：国際連盟、ロシア難民、フリチョフ・ナンセン、赤十字国際委員会、「難民の国際的地位に関する条約」（1933年）

Keywords: League of Nations, Russian refugees, Fridtjof Nansen, ICRC, Convention relating to the International Status of Refugees (1933)

はじめに

　政治的・経済的環境の変化あるいは自然災害に伴う人の移動は、古代から現代に至るまで、世界各地で常に起こってきた現象である。とりわけ、支配者層がある方針を打ち出したとき、あるいは体制そのものが変換したとき、少なからぬ強制力をもって人の移動が誘発された[1]。古代オリエントでは、ユダヤ・ディアスポラの一起源であるバビロン捕囚の例のように、被征服者の強制移住は頻繁に起こった。7世紀後半の東アジアでは、百済や高句麗の滅亡後、少なくない数の「遺民」と呼称された難民が日本に流れ込み、各地に散ったことが記録されている。近世フランスでは、改革派であるユグノーはカトリックから信仰の自由を認められず、イギリス、ドイツ、オランダなどに移り住んだ。19世紀ヨーロッパでは、専制君主国からの貴族層・エリート層の政治亡命者が、近隣の自由主義国へ庇護を求めた。彼らは、時に完全に外部社会に見捨てられ、時には移住先で活路を見出した。あるいは、祖国の状況が変化し、帰国した。受け入れ先での保護は、例えばキリスト教圏では庇護権として認識され、受け入れ共同体、国家、教会、慈善組織などが難民への一定の救済活動を行ってきた。他の文化圏でも、類似の援助・保護活動が見られる。いずれにせよ、20世紀初頭までの強制移動民への庇護・保護は、受け入れ地域・国で個別に実施され、その枠を越えての国際的制度化は、国際連盟の登場を待たなければならない。

　法的・制度的に整備された「難民」という地位の誕生は、第一次大戦後に、大量

の人的移動が顕在化させた「難民問題」への国際的関心の高まりと、国際連盟が主導した諸制度の国際化への動きが、軌を一にしたことによる。国際社会に存在した強制移動民への同情の眼差しと救済への働き掛けにも関わらず、移動を余儀なくされた人の数は両大戦間期を通じて増加し、難民問題は深刻化した。なぜなら、この時期にほぼヨーロッパ全域で確立し、他地域にも拡大しつつあった国民国家体制において、国家はその国民にのみ義務を負ったからである。その結果、政治的・宗教的・民族的理由から国民としての権利を享受できず、さらには迫害を受けた人々が、無権利の状態で大量に国外に流出した[2]。

　本章では、難民に対する国際的保護の進展に関して、第一次大戦後から1950年の国連難民高等弁務官事務所（UNHCR）設立までの期間を対象に論じる。なお、この時期に国際機関の関心を呼び、現在の難民保護制度に連なる救援体制の対象となったのは主にヨーロッパないし中近東の移動民であったため、論述もその地域に限定させる。本章の目的は、難民保護の国際的諸制度・組織の誕生と展開が、いかなる争点・問題意識のもとで進められたかを、様々な事例を通して辿ることにより、難民問題の内包する歴史的論点と解決のための取り組みの成果を明らかにすることにある。

1. 国際的難民保護の始まり——ロシア難民とナンセン

(1) 第一次大戦直後の人の移動

　1918年11月11日に連合国・ドイツ間で締結された休戦協定は、全ての地域に直ちに平和をもたらしたわけではなかった。ドイツ帝国・ハプスブルク帝国・オスマン帝国の解体は、当該地域の政治的・経済的混迷を深め、それまで居住していた場所を半ば強制的に離れ、「難民」「亡命者」「流民」として彷徨う人々を急増させた。1917年の革命後に戦線を離脱していたロシアでもまた、ロマノフ朝が崩壊し、内戦と飢饉により多くの人が移動を余儀なくされた。これらの人々が全て「難民」として国際的保護の対象となったわけではない。両大戦間期において、難民という地位は、個人ではなく、特定のカテゴリーを対象に整備された。そして、出身地域の政治変動により国境を越えて流出した「政治難民」であった[3]。「難民」として救援対象となるには、まずそのグループが元来所属していた国家の保護を離れ、国外で極めて不安定な状況に置かれていることを、国際的に認知される必要があった。その最初の例で、両大戦間期の難民問題のモデルケースとなったの

が、「ロシア難民」である。1915年時点で既に約270万人がロシア帝国内での移動を余儀なくされていたが、続く革命・内戦が、赤軍と交戦中の軍人も含め100万人以上を国外へ押し出した[4]。

(2) 赤十字国際委員会とロシア難民

　では、「ロシア難民」と後に定義される人々の窮状は、誰によっていかに国際社会で問題提起され、国際的な保護の必要性を喚起させることになったのか。まずは、ボリシェヴィキ政権に反発していち早く国外亡命した、欧米に人脈を持つロシア人貴族や政治家たちの各国政府への働き掛けや、共産主義の台頭を恐れる欧米諸国による政治的利害に基づいたロシア難民の現状への関心の高さが挙げられる。一方で、人道的見地から、ロシア難民の置かれた状況を実地で観察・分析し、国際社会による救済を訴えた赤十字国際委員会（ICRC）の役割は無視できない。

　ICRCは、戦場での傷病兵救済を目的にスイス・ジュネーヴで1863年に発足した民間組織である。赤十字運動はその後世界各国に広まり、その救援対象も戦時の軍人・民間人捕虜や平時の伝染病患者、女性・子どもにまで拡大していった[5]。被災地に直接代表団を送り活動していたICRCは、第一次大戦後、ロシアからの難民が、主にイスタンブル周辺やバルカン諸国で困窮状態に置かれ、いかなる救援も受けられないでいることに気がついた。彼らに関する情報収集と他の人道組織と協力しながらの物資援助を開始するが、問題の抜本的な解決には、各国政府の協力なくしては至らないことをICRCは直ちに認識する。

　1921年2月、ICRCは、ロシア難民に関する研究会議を主催し、国際連盟、国際労働機関（ILO）事務局、フランス外務省、国際児童救援連合、ロシア赤十字社、赤十字社連盟の代表を招いた。会議は、①物的救援、②帰還・移動・就職の機会、③法的地位、の3点を包括的に解決できる「国際的な政治的権威」の介入とそれに対する各国政府の協力が必要との合意に達し、国際連盟にその役割が求められた[6]。

(3) ナンセン難民高等弁務官とナンセン・パスポート

　1921年8月末、国際連盟はノルウェー人F．ナンセン（Nansen）[7]をロシア難民高等弁務官（High Commissioner for Russian Refugees）に任命する。北極点到達を成し遂げた探検家として世界的に知られていたナンセンは、連盟創設に尽力した政治家でもあり、人道分野での活動経験として、すでに戦争捕虜帰還のため

の高等弁務官を務めていた。戦後の平和維持を目的とした連盟にとって、人道問題への関与は、創設時の中心的任務ではなかった。連盟規約第25条は、社会・人道問題への対応として、各国赤十字社の活動強化への国際協力を謳っているものの、連盟自身の果たすべき具体的役割には触れていない[8]。すなわち、難民問題を扱う部署の設置ではなく、ナンセン個人を一時的な弁務官職に就かせた背景として、難民問題が国際社会全体で取り組むべき問題であるか、結論が出ていなかった点、そして問題は短期的であると認識されていた点を指摘できる。

　ロシア難民問題は収束する気配を見せず、ナンセンの組織は拡大した。ナンセンは、ロシア難民に対する国際連盟の方針として、個別の物資援助等は民間組織に任せ、調停組織として問題の包括的解決を目指すことをたびたび強調している[9]。また、その調停範囲も技術的で非政治的な案件に留め、ロシア難民の政治的立場には関与しない立場を取った。そうした中で、ナンセンが積極的に取り組んだのが各国難民の現状調査と法的地位の整備である。彼は、ヨーロッパ16カ国の難民を担当する官庁に高等弁務官との交渉・協力の窓口となる特別担当官を置くように要請し、他方、14カ国に高等弁務官代理を直接派遣した。人材は、すでに人道分野での経験を積んでいるICRCや国際児童救援連合から提供された。さらに限られた資金・人材で活動するナンセンは、他の人道組織、とりわけ当事者であるロシア人組織との協力・連携が必須と考え、16の民間組織から構成されるロシア難民救援民間組織諮問委員会を1922年3月に国際連盟内に設置した[10]。

　1921年9月に開かれた最初の会議では、難民を雇用があり生活環境が改善される地域へ移動させるべきとの合意に達したが、そのためには国境を越える円滑な移動を保障する体制を整える必要があった[11]。第一次大戦後のヨーロッパで国境を越えるためには、パスポートやヴィザ等による身分証明が不可欠となっていた。混乱の中、多くのロシア人はいかなる身分証明書も持たず、国外に流出していた。さらに、1921年12月15日、ソヴィエト政権が外国に居住するロシア人の国籍剥奪を宣言する法令を出したため、彼らは、いかなる国にも所属しない無国籍者となった[12]。この事態に対応するため、1922年7月3〜5日の国際会議では、難民のための身分証明書（通称ナンセン・パスポート）の発行が決定され、16の全参加国が承認した。この身分証明書は、承認国に対し難民の受け入れを強制するものではないが、難民という地位での合法的な国家間移動を可能にしたという点で、難民保護の歴史上、重要である[13]。身分証明書の適用国数は、国際連盟の働き掛けにより徐々に拡大した。

2. 1920年代の難民

(1) 様々な強制移動と出身地域別難民認定の拡大

　ロシア難民への対応と並行して、ロシア以外の地域から国外流出した避難民の処遇にも国際社会は徐々に目を向け始めた。ただし、その対応は一律ではない。個人の置かれた状態が「難民」の定義を満たしているかではなく（そもそも1920年代初頭にはいかなる定義も国際法上は存在しない）、彼らの出身地域の政治状況が国際社会でいかに認識されていたかが、避難民・強制移動民の運命を大きく左右したからである。第一次大戦直後の国際社会は、均質的な国民国家の創出とその範疇での少数者問題解決を重視し、そこでは個人の選択・環境はしばしば度外視された。そして、「帰るべき場所」へ帰還することが優先され、そのような場を持たない者が「難民」となった。バルカン半島周辺での、トルコ人・ブルガリア人・ギリシャ人・アルメニア人それぞれに対する国際社会の対応はそれを如実に示している。

　1919年にギリシャ・トルコ間で勃発した戦争（希土戦争）は、1923年7月に締結されたローザンヌ条約で一応の決着を見るが、それに先立つ同年1月にナンセン主導のもと両国間で住民交換協定が結ばれた。ナショナリズムが席巻する戦争の中で、数世紀あるいはそれ以上にわたってその地に居住してきたマイノリティ・グループは敵国民としてキャンプに収容されるなど、社会的・経済的困窮状態に陥っていた。彼らの窮状を救う策として、ギリシャ居住の38万人のイスラム教徒とトルコ居住の110万人の正教徒が、強制的に交換させられたのである[14]。彼らは、生まれ育った故郷を離れ、「民族的」故郷に帰還し、新たな国籍を獲得するが、その移動と再定住には困難が伴った。国際連盟は、1923年にギリシャ難民定住委員会を創設し、各国からの借款を得て、定住事業に貢献した。すなわち、ナンセン及び国際連盟は、国家を基盤とした国際関係の調和と治安維持を優先し、居住地ではなく民族と宗教を基準とする政治的な意味での故郷への帰還に賛同した。多くの個人にとってそれは、国籍や政治的な権利の獲得や回復ではあったとしても、「帰還」ではなかった[15]。その一方で、大量の帰還者の流入により生じた国内問題に対し、国際社会は無力であった。例えば、ギリシャ第二の都市テッサロニキにおいて最大比率を占めていたユダヤ人の影響力を削ぐため、ギリシャ政府はこの都市における帰還者の再定住を優遇する政策をとり、ユダヤ人はギリシャ社会の周縁へと追いやられたのである[16]。

他方、19世紀末からオスマン帝国領内で強制移動・虐殺の犠牲者となっていたアルメニア人に関しては、難民として国外流出した者に対して、1924年6月12日、ロシア難民と同様の身分証明書の取得権が認められる。上述の住民交換の場合と異なり、彼らは「帰る」ことのできる自らの国を持たない一方で、トルコ政府は国外にいるアルメニア人に対しいかなる身分証明の発行も拒否したからである。ブルガリア、シリア、ギリシャ等に散らばったアルメニア人の数は、少なくとも30万人と見積もられ、彼らの多くが民間救護組織の支援のもと生活していた。
　さらに、1927年12月5日、アッシリア系・アッシリア―カルデア系[17]・モンテネグロ系・トルコ系難民に、ロシア及びアルメニア難民と同様の措置を適用することが提案された[18]。適用範囲拡大をめぐる議論は、難民を個人ではなく出身地域あるいは民族的出自に基づいたカテゴリー別に定義することの恣意性を浮き彫りにした。重視されたのは、個々人がどの程度不安定な状況に置かれていたかではなく、彼らを国外に流出させた国が国際関係の中で占める位置であった。また、難民の出国理由、すなわち問題の政治的側面には介入せず、人道問題として扱うという原則に縛られ、国際連盟は政治的に扱いづらい案件に対し積極的な決定を行えなかった。議論の結果、モンテネグロ出身者には難民身分は適用されなかった一方で、イタリア政府は新たに、ガリツィア出身のユダヤ人[19]への適用可能性を示唆した。ウクライナ独立戦争の中で国外流出したウクライナ人は、ウクライナ難民としての認知を望んだが、国際社会は彼らをロシア難民の範疇に含めた。難民身分をすでに獲得していたロシア難民とアルメニア難民は、連盟内の上述した民間組織諮問委員会に多くの専門家を送り込み、難民身分の法整備に積極的に関わると共に、自らの既得権益の維持にも敏感であったからである[20]。また、反ファシスト・イタリア人亡命者は、1926年のムッソリーニ政権が制定した治安維持法により国籍剥奪の危機にさらされたが、彼らに難民身分が与えられることはなかった。連盟の一員であるイタリア政府への配慮があったからである。同様の理由で、ハンガリー人亡命者にも難民身分は与えられなかった。

(2) 難民問題に対する認識の変化――短期的事案から長期的展望へ

　一時的な移動は避けられないにしろ、ナンセンは、当初、ロシア難民問題の根本的解決は、彼らが国籍と政治的な権利を回復できるロシアへの帰還であると考えていた。しかしながら、ソヴィエト政権が確立し飢饉問題が依然として続くロシアへの難民の早期帰還は、現実的に難しく、また希望する者も少なかった。帰

還は、現在に至るまで難民にとって「最善の策」と見なされている一方で、難民の意思に反する帰還は行わないという姿勢も、この時期より国際的難民保護の一原則として維持されている[21]。ロシア難民問題は、緊急援助の段階から長期的解決策が模索されるべき段階へと移行したと、1924年6月の理事会でナンセンは宣言した[22]。次節で論じるように、恒久的に滞在できる場所への移動と職業斡旋が、難民問題の当面の唯一の解決策と考えられるようになった。

　難民がもはや一時的問題ではないという意識が広まると、身分証明書の整備の必要性とそもそもの「難民」の定義が、国際連盟での議論の俎上に載せられた。1926年5月12日の合意により、「ロシア難民」と「アルメニア難民」の定義が定められる[23]。すなわち、「ロシア難民とは、ロシア出身者であるが、ソヴィエト社会主義共和国連邦の保護を現在受けておらず、他の国籍も獲得していない者」であり、「アルメニア難民とは、オスマン帝国の臣民であったアルメニア系の出自を持つ者で、トルコ共和国の保護を現在受けておらず、他の国籍も獲得していない者」とされた。合意形成にあたり、難民個人の出国理由は問題とされず、かなりの規模のある集団がいかなる政府の外交的保護も受けていないという現状が、国際秩序という観点から一番の争点となった。

　連盟における難民関連の予算は、その功績と必要性から徐々に拡大したが、それらは難民救済のためではなく、高等弁務官の運営資金であり、年額数千ポンドを超えることはなかった。一方で、1928年6月30日の合意により、ナンセン印紙と呼ばれる税に相当するものを難民に払わせることにより、難民自身がその救済制度を支える体制が整えられた。印紙による収入は、1932年から1936年のナンセン国際難民事務所（後述）の歳入のうち45パーセントを占めるまでとなった[24]。

(3)　難民の定住化への試み──ILO事務局との協力

　ロシア難民が最初に辿り着いた中東欧の新興国での経済不況が進み、失業問題が深刻化すると、1923年頃から難民は再びの移動を強いられ始めた。その結果、1925年から、難民に対する職業斡旋と移住を管轄する業務が、高等弁務官からILO事務局に移され、失業問題への取り組みが国際レベルで本格化した。ナンセンは、この移行に関し、難民問題が政治問題というより社会・経済問題の様相を呈してきたと指摘し、労働問題の専門家が技術的側面から対応することで、労働者としての難民の搾取を防ぐ必要があると考えた[25]。1925年に18,000人、翌年には15,000人のロシア難民がILO事務局を介し労働契約を結び、新たな就業国へ移

動した。主な受け入れ先はフランス、ベルギーであったが、労働力不足に悩むアルゼンチン、ブラジル、パラグアイ、カナダにも実験的に数千人が送られた。

アルメニア難民に関しては、ソ連に属するコーカサス地方のエレバン（短期間だけ存在したアルメニア共和国の首都）への移住が計画された。国際連盟総会は3年計画での実行を1927年9月に宣言し、加盟国に資金提供を求めたが、多くが参加できないと回答した。連盟が関わった社会・人道問題に、これまで積極的に資金援助を行ってきたイギリス政府も、すでに多大な援助をアルメニア難民に行っていることを理由に資金提供を行わなかった[26]。よって、計画は頓挫した。

3. 1930年代の難民問題——難民保護の国際法整備の推進と難民数の増加

(1) 国際連盟内の難民のための新組織と国際会議での難民の地位の法整備

両大戦間期を通し、政治難民は常に経済移民と区別して対応された。1928年6月30日の合意に基づく難民カテゴリーの増加により、同年から難民問題の管轄がILO事務局から再び国際連盟事務局へ移行した。難民を労働問題の一環として扱うのではなく、難民という特異な立場に的確に対応していくことが必要と判断され、より拡大した国際協力を展開することが望まれるようになったからである。ナンセンは、難民問題に深く関与する各国代表[27]から成る政府間諮問委員会を立ち上げ、難民の法的地位・就職・帰還などを他の国際機関と共に、総合的に検討し、将来的な難民援助の方向性を模索した[28]。ただし、難民問題を恒久的と考えない方針は変わらず、今後10年以内に問題の最終的解決に至るべく努力する点が確認された[29]。

そうした中、1920年代を通し難民問題の解決に尽力してきたナンセンが、1930年に死去した。上述の政府間諮問委員会は、難民の法的・政治的側面に関わる争点は連盟事務局の管轄とし、実質的な人道援助に関しては事務局の予算に組み込めないという理由から、難民の物質的・精神的状態を総合的に把握し、救援活動を全体的に指導する別組織を新設した。新組織は、ナンセン国際難民事務所（Nansen International Office for Refugees）と名づけられ、その構成員や活動内容は、毎年開催される政府間諮問委員会により決定された。財政は、連盟及び諸政府からの資金で賄われた。

1930年代、法分野においては、無権利状態にある難民に対し、国際社会がいか

なる権利をどこまで保障できるかが争点となった。また、連盟の役割はあくまで国際関係上・国際法上の調停であり、難民への個別対応は受け入れ国に拠ったが、後者が難民に十分な待遇を与えるよう指導する共通ガイドラインの作成も目指された。

　1933年10月28日に締結された「難民の国際的地位に関する条約（Convention relating to the International Status of Refugees）」は、難民を対象とする初の一般的条約であり、上述の試みの結実である。難民とは、「出身国の保護を受けていない、又はもはや受けられない状態にある者」と定められ、1926年及び1928年の合意に基づき、ロシア難民・アルメニア難民・トルコ難民・アッシリア難民・アッシリアーカルデア難民へのこの文言の適用が確認された。また、同条約は、難民を本人の意に反して出身国に送還しないことを明言し、受け入れ国に対し、労働や教育、社会保障などの社会権に関して難民に最恵国の外国人と同様の待遇を保障するよう定めた。ナンセン事務所は、連盟総会の場で、受け入れ国の義務を増大させる同条約の内容に対する理解を各国に求めた。その際、難民の移動や退去に関する国際的な規則を定めることは、非合法な難民の移動を減少させ、彼らの居住国及び近隣国の治安の向上にも繋がるとの論点が強調された[30]。新しい措置と並行して、1920年代に作られた諸制度の改善も図られた。難民数の増加と多様化により、各国で諸手続きが煩雑化・長期化するという問題が生じ、難民へのナンセン・パスポートやヴィザの発行について簡略化と均一化が望まれていたからである。

　以上の試みによって、国際社会はいかなる国家にも所属しない難民に、最低限の社会的・経済的権利と義務を付与することで、彼らを無法地帯から国際社会の一員へと引き戻した[31]。しかし、難民の権利拡大に難色を示す国家は多く、これまでに締結された合意への批准国数はそれほど多くはない[32]。1933年の条約に至っては、批准国は英仏を含む9カ国に留まる。両大戦間期を通し、連盟内外で難民救済に従事する者たちにより、難民保護に関する合意や条約の存在やその変更・追加点を広く告知し、加盟国に批准や適用を促す努力が続けられた。

⑵　ファシズムの台頭と30年代の新たな難民

　1933年は、難民に関する初の国際法が制定された年であると同時に、同条約が対応できない新たな難民の流出が加速し始めた年でもあった。ドイツでナチス政権が誕生し反ユダヤ主義的な政策が進められ、中東欧で社会主義者や共産主義者

への弾圧が激化すると、ヨーロッパに再び政治的圧力による人の強制移動の波が押し寄せた。ドイツからのユダヤ系難民の国外流出や反体制派弾圧に伴う政治亡命者の増加が、1933年の第14回国際連盟総会で早速議事に上った。事態の緊急性を認識しつつも加盟国であるドイツの存在が配慮され、連盟内のナンセン事務所には任せず、連盟からは独立した役職としてドイツ出身難民高等弁務官（High Commissioner for Refugees coming from Germany）をローザンヌに新設し（翌年にロンドンに移転）、対応することが決定された。弁務官職には米国人J.マクドナルド（McDonald）が任命され、ユダヤ系圧力団体からの資金調達とヨーロッパの政治的利害から距離を置いた難民問題対策が期待された[33]。マクドナルドは、国際連盟や各国政府からは消極的な援助しか受けられなかったが、25のユダヤ系・非ユダヤ系組織から成る諮問委員会を発足させ、1935年までの間に8万人の難民のうち3分の2の受け入れ国への移動に貢献した。ただし、ナチス・ドイツの台頭により今後さらに難民数が増加することが懸念された。1936年には辞任したマクドナルドに代わり、イギリス人N.マルコム（Malcolm）が弁務官職を引き継ぎ、同年ドイツが連盟を脱退したため、弁務官事務所は連盟の管轄下に入る。1938年2月10日には、「ドイツ出身難民の地位に関する条約（Convention concerning the Status of Refugees coming from Germany）」が締結され、ナンセン・パスポート保持者とは異なる法的地位を持つこととなった。

　1935年、ザール地方がドイツに併合される直前に当該地域を離れた7,000人のザール難民に対しては、フランス政府代表からの提案が採択され、同年5月1日にナンセン事務所が彼らの法的地位の保障と再定住を担当することになった[34]。他方、1936年に勃発したスペイン内戦は、40万人もの共和国派の難民をフランスへと向かわせた。彼らの存在は、連盟総会の議題には上ったものの、難民の地位は与えられず、地理的条件から主要受け入れ国となったフランスがスペイン難民をピレネー周辺のキャンプに収容し、独自に対応した。

　難民問題に収束の気配がなかったにもかかわらず、ナンセン事務所及びドイツ出身難民高等弁務官は1938年12月末をもって任務を終了させた。その際の危機感は、1938年4月29日にナンセン事務所から連盟事務局に宛てられた手紙の中で記されている。すなわち、「連盟事務局に対し、難民問題に関わる事業の将来的展望についていかなる決定もされていない点につき注意を促します。我々は、50万人以上の難民が置かれている極めて危機的な状況に対し、不安を隠せません」[35]と、議事録に残されている。その結果、「全ての難民のための高等弁務官事務

所（High Commissioner's Office for the joint protection of all refugees）」が ロンドンに設立され、1946年まで存続する。1938年の独墺合邦後にはオーストリア領からの難民に対して、1939年にはドイツに併合された旧チェコスロバキア領からの難民に対して、順次、管轄が拡大され、彼らも1938年の条約の対象者となった。

　一方で、1938年7月に、フランスのエヴィアンでF．ルーズベルト（Roosevelt）米大統領の提案のもと、再び難民に関する国際会議が開かれた。権威失墜の著しい連盟に替わる難民援助組織として、主にファシズムの犠牲者救護を目的とした政府間難民委員会（Intergovernmental Committee for Refugees: IGCR）がロンドンに設立されるが、高まる戦争の気運のもと、実効的な活動には至らなかった[36]。以上のように、1933年以降、各地で顕在化する難民問題に対応するために多くの組織が乱立し、難民に関する合意・条約も制定されるが、これは国際的な難民保護の制度の拡充というよりも、複雑化する現実の前に制度が追いつかず混乱状態にあったと捉えたほうが正しいだろう。問題への有効な対応策を見つけられないまま、ヨーロッパ、そして世界は、第二次世界大戦へと突入する。

4．第二次世界大戦と難民保護

(1) 国境閉鎖と難民キャンプ

　1939年9月1日にナチス・ドイツがポーランドに侵攻し、同地のユダヤ人に対する強制移動や収容などの弾圧が加速度的に強まった。それから逃れようとする人々の波が各地で広がり、安全だった場所も戦局次第で状況がすぐに変わるため、人の移動は戦時期を通し絶え間なく続いた。また、戦争の激化・長期化により、ユダヤ人以外の人々も様々な理由で居住地を離れ難民として彷徨う状況に置かれた。

　侵攻を受けたポーランドからソ連への避難民のうち、多くのユダヤ人はドイツ軍の進撃に追いつかれ殺戮されるか、自力でソ連領内を東方へ避難していくしかなかった。それに対し、ポーランド人は、彼らを対独戦に利用することを考えたソ連からある程度の救援を受けることができた。その一方で、独ソ戦の開始後、ヴォルガ地方や黒海周辺に居住していたドイツ系住民が、ソ連政府の命令によりシベリアあるいは中央アジアに強制移住させられ、過酷な生活・労働条件の下に置かれた。1941年だけでその人数は20万人に上る[37]。西部戦線でも、ナチス・ド

第1章　難民保護の歴史的検討　｜　53

イツによるフランス占領後の難民、とりわけユダヤ人が、スイスやスペインなどの国境に押し寄せたが、内政や受け入れ態勢の不備などの理由から、しばしばこれらの中立国は難民に対し国境を閉鎖する措置を取った。受け入れを許可された者は、キャンプに収容されるか、国内を通過し、北米大陸などに移動した。

　以上は、大戦中の強制移動や自主避難から、そうした移動民の収容と援助、そして大戦後の彼らの帰還や移住に関する問題と連なっていく、当該時期の広範な難民問題の始まりの数例に過ぎない。強制移動民の存在は、連合国をはじめとする国際社会にとって看過できないほどの規模とインパクトをふたたび持ち始めていた。

(2)　大戦中・大戦直後の難民援助

　事実上解散状態の国際連盟に戦時中の難民問題へ介入する余力はなく、1943年4月にバミューダ諸島で会合を設けた米英代表が、活動を休止していたIGCRの再始動のために新予算を組んだ。その際に、すでに難民認定されている地域の出身者だけでなく、「ヨーロッパで起こっている出来事の結果、その人種、宗教、政治的信条により生命や自由が危険にさらされ、居住する国を離れなければならなくなった全ての人」に活動領域を広げた[38]。出身地域を限定しない難民援助の方針が示されたのは、初めてである。ただし、この決定に関しては、難民問題をユダヤ人に特定することで問題が過度に政治的になることを避けたかった英米の思惑がある[39]。一方で、同年、44カ国が参加した連合国救済復興機関（UNRRA）が創設される。同組織は戦後、戦時中に移動を余儀なくされた700万人に上る人々への救援活動と彼らの帰還への援助を行った。ただし、米国に主導された同組織の帰還政策と避難民支援に、共産圏は強く反発し、難民問題における冷戦構造の兆しが既に伺える[40]。

　IGCRとUNRRAの活動終了後、1947年に国際連合の専門機関として、国際難民機関（IRO）が、一時的国際組織として発足した。IROは、戦時・戦後の強制移動民のうち、従来のカテゴリーによらず、人種的・宗教的・政治的理由により移動を余儀なくされ、依然として帰還ができないでいる全ての難民に対応することが、初めから定められていた。また、第二次大戦以降、国際機関による難民保護活動は地理的に拡大する。ユダヤ難民の帰還の地としてのイスラエル建国（1948年）は、皮肉にもパレスチナ人を周辺諸国へ難民として流出させた。彼らへの保護・支援活動のために、欧州の難民に対応していたIROとは別に、国連パ

レスチナ難民救済事業機関（UNRWA）が1949年に設立され、現在まで存続している。1950年から1958年までは、国連朝鮮復興機関（United Nations Korean Reconstruction Agency）が、大韓民国における難民支援に従事した。

1950年12月、IROの管轄下にあった問題に収束の兆しが見られない状況を鑑み、国連は総会補助機関として国連難民高等弁務官事務所（UNHCR）を発足させた。両大戦間期からの国際的な試みと第二次大戦期の経験を踏まえて練られた1951年の「難民の地位に関する条約」は、その活動の基盤となった。UNHCRは当初、1951年1月1日より以前の事件の結果として難民となっている者、すなわち事実上ヨーロッパ内の難民を対象としていたが、1967年の議定書によりその制約を削除し、世界中の難民問題に対応する組織へと拡大し、今日に至るまで活動を行っている。

おわりに

1919年から1951年までの難民保護の国際的諸制度・組織の誕生と展開が、いかなる争点・問題意識のもとで進められたかを明らかにしてきたが、当該時期の重要な特徴として以下の3点を指摘することで、本章の結論としたい。

まず、第1点目として、本章では、紙幅の都合により各国の難民政策にまで踏み込めなかったが、両大戦間期の難民問題への対応において、各国政府の意向と協力（あるいは非協力）が極めて重要な要素であったことは強調しておきたい。難民を個別ではなく、カテゴリー別に対応するという両大戦間期に一貫して取られた原則は、統一された難民保護の国際的制度の確立を阻み、結果として国家の裁量に委ねられる部分を大きくした。また、難民問題は最終的には帰還あるいは受け入れ国への帰化という形で解決されるべきで、国際的な保護は過渡的なものである、という認識が支配的だったため、国際連盟の方針は状況対応型であり、一時的組織が乱立したため、統率力に欠けた[41]。とはいえ、国家は国際協力に消極的だったわけではない。例えば、政府間諮問委員会は話し合いの場として機能したし、連盟の予算枠では困難であった難民への物的援助は、加盟国による関係国への「人道目的の借款」という形で行われた[42]。

第2点目として、1990年代に国際政治学において、様々な非国家主体が国際政治の主体として機能し、国境を越えた諸問題の解決を目指すグローバル・ガバナンス論が出現するが[43]、両大戦間期におけるICRCやその他の民間援助団体、及び

国際連盟の難民問題への関与は、こうした議論を先取りする現象とも言える。むろん、上述したような国家の影響力の大きさやヨーロッパという活動領域の限定性などから、現代のグローバル・ガバナンスからすると、両大戦間期はその萌芽的位置づけとしか現時点では言えない。しかしながら、非国家主体が果たした役割並びに国家のそれとは異なる彼らの理念や行動規範は、歴史的に遡って解き明かされていくべき主題である。

　第3点目として、両大戦間期の難民問題と「人権」概念との関係性について考察したい。両大戦間期の難民問題への国際的対応においては、国民国家を基盤とした国際関係に、いかに難民グループを再配置・再適合させていくかという視点から解決案が練られた。難民は出身地域や民族的出自によりカテゴライズされ、救済の場でも国際法上でも、難民は集団であり、個人ではなかった。1930年代中盤からは、難民の多様化によりカテゴリーではなく「全ての亡命者（all exiles）」に対応する法整備を行うべきという意見も見られようになるが[44]、実現には至らなかった。それゆえに、両大戦間期の難民問題では、「人権」という概念がほとんど登場しない。彼らは、国際関係の主要アクター（国際連盟・国民国家・民間人道団体）が人道的配慮により救済を提供する受動的対象なのであって、政治的・宗教的・民族的迫害が原因で基本的権利を奪われ、出身地域を追われた能動的主体とは見なされていなかった。国際連盟の加盟国に対する政治的配慮から、難民がなぜ国を出ざるを得なかったのかという根本的理由に関与することを避けたことも、両大戦間期の難民の国際的保護の進展が、人権という観点から問題にされなかったことの理由であった[45]。一方で、1920年代から国際法の主体を国家でなく個人と見なす考え方が、一部の国際法学者の間に現れたことは注目に値する[46]。彼らは、人権の一般化・国際化を目指し、難民の権利についても検討する[47]。そして、両大戦間期の法学者による議論と第二次世界大戦の経験を経て成立した「世界人権宣言」（1948年）は、国際社会の中における個人を、「国際的同情の対象から国際法の主体へ（from an object of international compassion into a subject of international right）」[48]と転換させるのである。同宣言第14条「1　すべて人は、迫害からの避難を他国に求め、かつ、これを他国で享有する権利を有する。」は、1951年の難民条約の拠り所となっている。同条約の具体的内容は、条約締結国が難民に対していかなる権利を付与するかを定めているため、難民が国際法の主体となったわけではないが、彼らに対し、宗教の自由・職業・福祉など多岐にわたる権利が保障されたことは、上述の流れを汲んでの結果だと言える。

1 序論の墓田論文において、「強制移動」という用語により、移動民の自発性並びに行為性が看過されてしまう危険性が指摘されているが、人の移動の長い歴史において、確かにその強制性と自発性の区別は往々にして困難である。その一方で、本稿で論じる現代へ直接連なる難民保護の制度化において、保護する側の視点が、移動の強制性、とりわけ政治権力によるあるカテゴリーへの迫害をその出発点としていることは、現代における難民・強制移動民研究の多様な広がりにあっても無視できない。その点に至る思想的・歴史的背景については序章の池田論文を参照のこと。

2 市野川容孝・小森陽一『難民』(岩波書店、2007年)、3-7頁。E. ハダド (Haddad) は国民国家体制の中で生まれた「難民」という概念に関して、思想・歴史・現代政治の観点から議論を行っている。Emma Haddad, *The Refugee in International Society: Between Sovereigns* (Cambridge: Cambridge University Press, 2008). これらの議論の出発点として、ハナ・アーレント (大島通義・大島かおり訳)『全体主義の起原　2　帝国主義』(みすず書房、1972年)。

3 国際社会は、政治的要因以外で移動を余儀なくされていた人々への救済に無関心だったわけではない。彼らは、難民としてではなく、疫病・飢餓・人身取引問題などの枠内で救援対象となった。

4 Michael R. Marrus, *The Unwanted: European Refugees in the Twentieth Century* (Oxford: Oxford University Press, 1985), pp. 53-61.

5 ICRCは現在に至るまで150年もの間、国際人道活動を牽引してきた。スイス国内法に定められる民間組織の地位を持つ組織であるが、その活動領域は極めて国際的である。設立当初から国際人道法の成立 (ジュネーヴ諸条約など) を積極的に推進し、戦時の傷病兵や捕虜、民間人犠牲者の救済においては各国政府との連携や政府間の仲介を重視する、国際社会において独自の行動規範と地位を確立している組織である。1990年には国際連合総会オブザーバーに任命された。また、1917年、1944年、1963年の3度ノーベル平和賞を受賞している。ICRCと赤十字運動の歴史に関しては、井上忠男『戦争と救済の文明史—赤十字と国際人道法のなりたち』(PHP研究所、2003年)。

6 Jacques-B. Micheli, 'Les origines, la création et l'activité du haut-commissariat de la Société des Nations pour les réfugiés russes', *Revue internationale de la Croix-Rouge*, no. 37 (janvier 1922), p. 15; C.A. Macartney, *Refugees: the Work of the League* (London: Pelican Press, 1931), p. 21.

7 ナンセンに関する邦語文献は限られているが、彼の人となりについては、小澤藍『難民保護の制度化に向けて』(国際書院、2012年)、第2章において詳しい。また、英語による大部の伝記として、Roland Huntford, *Nansen* (London: Little, Brown Book Group, 2001)。

8 「第25条　連盟加盟国は、保健衛生の改善、病気の予防、世界中の苦痛の緩和を目的とする、認可された自発的な各国赤十字組織の設立と相互協力を推進しまた発展させることに同意する。」

9 'Bulletin: Comité international de la Croix-Rouge: Réfugiés russes', *Revue internationale de la Croix Rouge*, no. 34 (octobre 1921), p. 1018 など。

10 Société des Nations, 'Rapport général sur l'œuvre accomplie jusqu'au 15 mars 1922 par M. Fridtjof Nansen', *Journal officiel* (mai 1922). 当委員会の存在は第一次大戦後の民間援助団体の活動の展開の一端を示すものでもある。委員会は以下の組織で構成された。近東救援組織 (Near East Relief)、ICRC、赤十字社連盟 (League of Red Cross Societies)、ヨーロッパ学生救援組織 (European Student Relief)、全ロシア・ゼムストヴォ市会連合 (ゼムゴル) (Comité des Zemstvos et Villes russes)、(旧) ロシア赤十字社 (Russian Red Cross [Old])、ユダヤ植民組織 (Jewish Colonization Association)、救援のための世界ユダヤ会議 (Conférence universelle juive de Secours)、セーブ・ザ・チルドレン (Save the Children Fund)、国際児童救援連合 (Union internationale de Secours aux Enfants)、アルメニア難民基金 (Armenian Refugees Fund)、ロシア飢饉救援基金 (Russian Famine Relief Fund)、帝国戦争救援基金 (Imperial War Relief Fund)、ロシア救援復興基金 (Russian Relief and Reconstruction Fund)、アメリカYMCA国際委員会 (International

Committee of American YMCA)、YMCA世界委員会（World's Committee of YMCA）。
11　*Revue internationale de la Croix Rouge,* no. 34 (octobre 1921), p. 1016.
12　長谷川正国「国籍の剥奪と国際法」『早稲田法学会誌』第25号（1975年）、223-224頁。
13　League of Nations, *Official Journal* (August 1922), pp. 926-928.
14　Claudia M. Skran, *Refugees in Inter-war Europe: The Emergence of a Regime* (Oxford: Clarendon Press, 1995), p. 160; Sarah Shields, 'The Greek-Turkish Population Exchange: Internationally Administrated Ethnic Cleansing', *Middle East Report,* 267 (2013), pp. 2-6. 同様の交換は、計20万人前後の規模で、ギリシャ・ブルガリア間でも行われた。1919年のヌイイ条約では強制ではなく自発的な交換が定められたが、しばしば強制的なものとなったため、1926年には国際連盟が両国間の調停に乗り出した。Marrus, *supra* note 4, pp. 106-109.
15　Katy Long, *The Point of No Return* (Oxford: Oxford University Press, 2013), pp. 46-48. この住民交換の強制性・恣意性は明らかである一方で、ローザンヌ条約がこの地域での長きに渡る紛争・戦争に終結をもたらしたこともまた歴史的事実である。
16　村田奈々子『物語　近現代ギリシャの歴史』（中央公論新社、2012年）、167-169頁。
17　民族的にはアッシリア、シリア、クルド人を含む、中東のキリスト教徒を指す。在ベイルート・フランス高等弁務官は、その人数を約19,000人と概算した。League of Nations, *Official Journal* (September 1928), p. 1409; Skran, *supra* note 14, p. 113.
18　League of Nations, *Official Journal* (February 1928), p. 115.
19　第一次大戦期の避難民として戦後も故郷に帰らずオーストリア領内に留まっていたガリツィア（大戦後はポーランド領）出身のユダヤ人には、言語的・人種的帰属が求められたオーストリア国籍獲得の審査を通過できず、無国籍・無権利状態に置かれた者が多数存在した。野村真理「第1次世界大戦後オーストリアにおけるガリツィア・ユダヤ人の国籍問題」『金沢大学経済学部論集』第16巻2号（1996年3月）、33-79頁。
20　Dzovinar Kévonian, *Réfugiés et diplomatie humanitaire: les acteurs européens et la scène proche-orientale pendant l'entre-deux-guerres* (Paris: Publication de la Sorbonne, 2004), pp. 246-252; Catherine Gousseff, *L'exil russe: la fabrique du réfugié apatride* (Paris: CNRS Editions, 2008), pp. 236-243.
21　Katy Long, 'Early Repatriation Policy: Russain Refugee Return 1922-1924', *Journal of Refugee Studies,* Vol.22, No.2 (2009), pp. 132-154. 帰還に際する本人の意思の尊重は、庇護権の伝統に加えて、亡命者等の強制送還を行わないという慣習がすでにヨーロッパに存在していたことに由来する。ただし、ロングも指摘もするとおり、ギリシャ・トルコ間及びギリシャ・ブルガリア間の住民交換協定の実施がどの程度、上述の伝統・慣習と一致したものであったかについては再考の余地がある。
22　League of Nations, *Official Journal* (July 1924), p. 904.
23　'Arrangement relating to the Issue of Identity certificates to Russian and Armenian Refugees, supplementing and amending the Previous Arrangements dated July 5th 1922, and May 31st, 1924', League of Nations, *Official Journal* (July 1926), p. 985.
24　League of Nations, *Official Journal* (May-June 1937), p. 471.
25　League of Nations, *Official Journal* (July 1924), p. 905.
26　League of Nations, *Official Journal* (March 1928), pp. 355-357; Kévonian, *supra* note 20, pp. 318-325.
27　ドイツ、ブルガリア、中国、エストニア、フランス、ギリシャ、イタリア、日本、ラトビア、ポーランド、ルーマニア、ユーゴスラヴィア、スイス、チェコスロバキアの14カ国。
28　League of Nations, *Official Journal* (November 1929), p. 1701.
29　League of Nations, *Official Journal* (July 1929), p. 984.
30　League of Nations, *Official Journal* (June 1935), p. 657.
31　Gérard Noiriel, *Réfugiés et sans-papiers: la République face au droit d'asile XIXe-XXe siècle* (Paris: Hachette, 1991), p. 105.

32 1930年時点での合意と批准国数：1922年7月5日（51カ国）、1924年5月31日（38カ国）、1926年5月12日（22カ国）、1928年6月30日（22カ国）。Macartney, *supra* note 6, p. 30.
33 Skran, *supra* note 14, p. 197.
34 League of Nations, *Official Journal* (June 1935), pp. 633-636.
35 League of Nations, *Official Journal* (May-June 1938), pp. 600-601.
36 英国王室国際問題研究所がロックフェラー財団の支援を受けて、IGCRで報告するために、第一次大戦以降にヨーロッパ・近東・アメリカ大陸で生じた難民問題に関する大規模な調査を行った。J.H.シンプソン（Simpson）が中心となりまとめた以下の報告書は、両大戦間期の難民問題を総括した重要な同時代史料である。J. H. Simpson, *Refugees. Preliminary Report of a Survey* (London: Royal Institute of International Affairs, 1939); J. H. Simpson, *The Refugee Problem* (Oxford: Oxford University Press, 1939).
37 Marrus, *supra* note 4, pp. 245-247.
38 Antoine Fleury, 'Traditions et rôle humanitaire de la Suisse', *Matériaux pour l'histoire de notre temps,* no. 93 (janvier-mars 2009), p. 65.
39 Marrus, *supra* note 4, p. 284.
40 小澤『前掲書』(注7)、66頁。
41 League of Nations, *Official Journal* (February 1936), p. 140.
42 例えば、住民交換協定後のギリシャ政府に対しての貸付。League of Nations, *Official Journal* (August 1923), p. 902.
43 山本吉宣『国際レジームとガバナンス』(有斐閣、2008年)、1-30, 168-171頁。
44 例えば、"Report by the Committee, submitted to the Council of the League of Nations on January 20th, 1936", League of Nations, *Official Journal* (February 1936), p. 150.
45 Skran, *supra* note 14, pp. 230-240.
46 当時の重要な論客の著作として、George Scelle, *Précis de droit des gens,* 2 vols (Paris: Dalloz, 1932; 1934).
47 Kévonian, *supra* note 20, pp. 252-261.
48 Hersch Lauterpacht, *International Law and Human Rights* (London: Stevens & Sons limited, 1950), p. 4.

Chapter 2　In Search of the Institutional Origins of 'Migrant' and 'Refugee' Regimes

第2章
「移民」と「難民」の境界の歴史的起源
人の移動に関する国際レジームの誕生[1]

柄谷 利恵子　*Rieko Karatani*

キーワード：国際レジーム、移住者、ILO、UNHCR、IOM
Keywords: international regime, migrants, ILO, UNHCR, IOM

はじめに

　第二次世界大戦以降、同じく国境を越えて移動する人（以下、「移住者」[2]と総称）の中で、国際的保護の対象となる「難民」と、対象にならない「移民」が制度的に区別されてきた。一体、何が両者を分けているのか。難民と移民の制度的区分を確立・維持していくために、どのような手段が取られてきたのか。

　現在、移動の形態が多様化し、その要因も多岐にわたっている。そこで多様な移住者の権利を保護するためには、複数の国際組織が別々に活動するのではなく、包括的な国際レジームの必要性を訴える専門家もいる[3]。こうした指摘は第二次世界大戦前からすでに、国際労働機関（ILO）を中心に存在していた。戦後、ILOは国連とともに、難民と移民の両方を視野に入れた、移住者を対象とする包括的なレジーム作りを目指した。にもかかわらず、このILOと国連事務局による構想は、米国政府の反対によって消滅してしまった。

　本章の目的は、戦間期から始まり、1951年のナポリ会議（10月2日～10月16日）、ブリュッセル会議（11月26日～12月5日）を経て構築された、人の移動に関する国際レジームの制度的起源を明らかにすることである。両会議の結果、欧州の余剰人口問題解消のために、難民とそれ以外の移住者が区分され、後者に対しては、人の輸送を目的とする技術的専門機関として、現在の国際移住機関（IOM）の原型となる組織が、新たに設立されただけだった。その後、移住者一般を保護する必要性が、国際政治の舞台で議論されることは、長い間なかった[4]。

　以下、欧州における余剰人口問題をめぐる、ILOと国連事務局による構想と、それに対抗する米国政府案を紹介し、その起源を明らかにする。その後、1951年ナ

ポリ会議に提出されたILO-国連案と、ナポリ会議に引き続いて開催された、ブリュッセル会議での米国案を詳細に比較する。半世紀以上も前に、難民と移民の厳密な制度的区別を前提とする国際レジームが誕生した。本章では、レジームの起源に立ち戻って検証することで、難民と移民の制度的区分を前提とした、戦後レジームのあり方とその改編の必要性を考えるきっかけとしたい。

1. 問題の所在

現在、人の国際移動の分野では、先述のILOやIOMに加えて、難民や庇護希望者を対象とする国連難民高等弁務官事務所（UNHCR）が活動している。それ以外にも、人の移動によって生じる様々な問題は、その内容に応じ、適当な国際組織が取り組んでいる。

第二次世界大戦以前には、国際連盟の枠外に、強制的移住者の再定住を主目的とした、政府間難民委員会（Intergovernmental Committee on Refugees: IGCR）が1938年に、帰還を促進する連合国救済復興委員会（United Nations Relief and Rehabilitation Administration: UNRRA）が1943年に設立された。また、この2つが廃止された後、1947年には国際難民機関（IRO）が設立された。しかし、これらはどれも常設の国際組織ではなかった。

それが第二次世界大戦後、UNHCRの設立と「難民の地位に関する条約」（以下、難民条約）の採択を経て、難民の保護に関する国際レジームの誕生へつながる。他方、それ以外の移住者は、国外で働く労働者の保護が、ILOの課題として掲げられていただけで、難民のように国際的保護を受ける対象とされていない。また、難民条約と比べて、滞在国での労働条件などに関するILO条約は、加盟国数が著しく少ない[5]。難民以外の移住者は、自己選択によって国境を越えているので、国籍国政府の保護を受けられるというのが、共通の前提とされているからだろう。結果として、人の国際移動に関しては、難民の国際的保護を唯一の例外として、包括的な国際レジームが構築されなかったことが特徴である[6]。

本章ではその理由として、ILOと国連事務局が支持した、国際協調を基盤とする包括的レジーム案と、米国政府が提案した、政府間交渉に基づき、参加国を限定した技術的専門機関設立案の対立構図に焦点を当てる。以下、具体的には次の2点を明らかにしたい。

第1に、人の移動における国際レジームの制度的起源は、移住者に関わる国際

組織の戦後再編における、米国政府とILO−国連側の対立にある。確かに先行研究において、冷戦構造下での東西対立が、難民保護レジームの発展に影響を与えたことが指摘されてきた[7]。ただし、旧ソ連邦および東欧諸国政府は、移住者の中から難民を特定して保護するというレジームのあり方の決定には関与していない。というのも当時、これらの国々は、欧州の余剰労働者の大半を占めていた東欧出身者は、戦後全員出身国へ帰還すべきであり、国際的保護は不必要であると主張していたためである。したがって、戦後レジームのあり方とは、なんらかの国際レジームを形成することで、欧州の余剰人口問題の解決を望んでいた、米国とILO−国連側の間で、どちらの構想を採用するかの問題だった。

　第2に、本章では、人の移動の分野における戦後の国際レジームの形態が、移住者の権利保護を目的とした議論の産物ではなかったことを指摘する。1951年に米国政府の呼びかけで、ブリュッセルで国際会議が開催された。その際、従来からの米国政府の主張に基づき、戦後レジームの基本となる、移民と難民の区別、さらにその区別の上に成り立つ国際レジームの形態が、最終的に確定した。当時、米国政府の主眼は、難民に関する国際組織を新たに設立する際に、その役割を最小限にとどめる事だった。難民以外の移住者の扱いに関しては、難民保護のレジーム構築により、派生的に決まったに過ぎない。見落とされがちだが、難民を特定し国際的保護の対象とすることは、難民以外の移住者は単なる移民であって、彼ら・彼女らは国際的保護の対象とはならないと決定することでもある。従って、難民以外の移住者の保護については、ブリュッセル会議以降の課題として残されることになった。

2. 欧州における余剰人口問題への対応

　第二次世界大戦中から、西欧諸国では、欧州各地で顕在化する余剰人口によって、戦後の経済停滞と社会不安が引き起こされるという不安が高まっていた。余剰人口と呼ばれる人々の中には、難民だけでなく、いわゆる余剰労働者も含まれる。第二次世界大戦以前は、難民の国際的定義が確定しておらず、余剰労働者と難民の境界は曖昧なものだった。そのため当時、難民と余剰労働者を一括して労働力とし、移住を促進することも多かった。

　第二次世界大戦後の国際レジーム設立における、米国とILO間の主導権争いは、1930年代末頃から表面化する。両者のアプローチは、どのように発展していった

のか。

(1) ILO——国際協調主義的アプローチの形成

　ILOは1919年創立以来、国外で働く移住者の雇用・労働に関わる分野に携わってきた[8]。第一次世界大戦後、特に世界恐慌を機に、海外への移住者数は激減する。欧州からの移住に関しては、1930年代後半には増加に転ずるが、その伸び率は緩慢だった。そこでILOは、余剰人口が原因で、欧州各国に深刻な社会不安や経済停滞が発生することを回避するために、1938年に国際会議を主催する。従来からの２国間協定に加えて、人の移動を大規模に再活性化させるためには、多国間の国際協調が必要であるというのが、ILOの主張だった。この会議において、常設移民委員会 (Permanent Migration Committee: PMC) が結成された。しかし、第二次世界大戦が勃発したため、第２回会議の開催には、1946年まで待たなければならなかった。

　第二次世界大戦中に、人の国際移動の分野におけるILOの関与が広がっていく。というのも、ILOからしてみれば、秩序ある人口移動は、人口分布の不均衡の是正だけでなく、戦後世界の平和や社会的正義への貢献を意味した。従って、この問題に関わることは、社会的不正や人類の困苦や窮乏に立ち向かうという、ILO憲章の精神に合致するとみなされた。例えば、当時の担当局長は、「世界人口のより均等な分配を促進することが、戦争の原因に立ち向かう効果的な方法」[9]であると言明している。結果的に、1946年の第２回PMC会議および、それに引き続いて開かれたILO理事会で、PMCへの委託範囲が、移住者にかかわるあらゆる問題を網羅するように拡大された[10]。

　さらに重要なことは、3度に及んだPMC会議において、ILOの指導者としての立場が、繰り返し確認されたことである。PMC会議の出席者間で、国際レベルでの調整・指導役を委ねられるのはILOしかない事が合意される。これを受けて、国連事務局との協力の下、ILOは国際協調の最善の方法を模索し始める[11]。ILOと国連事務局の間で非公式の協議が重ねられ、1947年には、既存の組織間での協調関係の拡大と責任分野の明確化を目指すことが決定した[12]。人の国際移動の分野に関係する国際組織は、①常設機関かどうか、②移住者に関わる問題への関与の程度はどうかによって、２層に分別され、それぞれの役割が明確化された。その結果、複数の国際組織の中で、ILOと国連のみが、「国際レベルで、経済、社会的問題の解決を担う常設機関であり、その活動が『移住者』に直接的かつ主要な関心を

第2章　「移民」と「難民」の境界の歴史的起源　｜　63

持っている組織」と認定された[13]。

　1950年には、ILO主催で、暫定的移民会議（Preliminary Migration Conference）が開催される。名前のとおり、正式な移民会議の開催を目的として、その準備のために開催された会議で、欧州における余剰人口問題に関わる国は全て参加していた[14]。特筆すべきは、この会議でILOに対し、①これまでの活動の拡大、②国際レベルでの協調関係の最適な形態を提案、といった勧告が出されたことである[15]。加えて同年、米、仏、英3カ国外相会議が開催された際、欧州からの人の移動に関して、ILOが一層積極的に関わっていくことが再合意された[16]。確かに、国際協調に全面的に賛成していた仏政府代表に対して、米英両国政府は、ILOが各国の入国管理政策に干渉することを危惧していた。また、ILOが主導的役割を果たすことについても、英仏両国政府と比べ、米国政府はより慎重な態度を示した。しかしILO自体はまだ、自らの役割の拡大を各国が期待していると、確信していた。

(2)　米国──政府間交渉に基づく機能主義的アプローチ

　当時、米国は経済的にも政治的にも圧倒的優位な立場にいた。米国政府は、戦後世界の平和や安定と、欧州からの労働力移動の必要性の関係を注視していた。一方で、戦間期に作られた国際組織に対しては、①時限的な組織、②政府間交渉の前提、③財政的コントロールを通じた米国の優位の確保の3点で、終始一貫していた。これらによって米国政府は、入国管理政策一般に関する国際組織の関与を最小限に抑えることを目指した。米国政府にとって、誰を何人受入れるかは、国内政治の力学および外交目的に基づいて、意図的に決められるべきものであり、国際協調や人道主義によって決定されるべきものではなかった[17]。

　ナチス・ドイツ政権成立当初、米国政府は自国の入国管理政策を変更するつもりはなかった[18]。しかしホロコーストに関する情報が明らかになるにつれて、何らかの行動を取る必要に迫られるようになる。その結果、1938年にエヴィアンで国際会議が開催された[19]。この会議では、ユダヤ人問題に限定せず、欧州の強制移住者問題一般について取りあげられた。あまり注目されてこなかったが、エヴィアン会議の産物であるIGCRは、米国主導で国際連盟の枠外に設立された初の国際組織である[20]。しかし設立直後から、IGCRの活動は事実上停止してしまう。というのも、米国政府がIGCR設立を進めたのは、国内世論には、米国政府の活動をアピールし、欧州各国政府には、米国政府が無関心でないことを証明するため

だったからである。米国政府の目的は、自らイニシアティブを示すことで、新たに導入される国際保護の程度およびその種類を監視することにあった。したがって、IGCRの実際の活動には関心が無かったのである。

　5年後の1943年にも、米国政府は、難民の国際的保護に関して、バミューダで会議を主催することになる[21]。第二次世界大戦が勃発して以降、「避難民（displaced persons。以下、DPs）」と呼ばれる、居住地を強制的に追われた人たちの数が、欧州だけで数百万人を上回るようになっていた。それでもIGCRは実質的な活動を行わないままであった。しかし1942年12月に連合国側がホロコーストを正式に非難した後、さすがに何らかの実質的な政策を示す必要がでてきた。そこで米国政府としては、IGCRの活動を再開させるべく、バミューダ会議の場で、関係各国の支持を取り付けようとした。また同年、米国政府はソ連政府との協議の結果、UNRRAを創設する。

　活動を再開したIGCRも、新たに創設されたUNRRAも、これまでの国際的保護活動の限界を乗り越えるには不十分だった。というのも、両組織に対する米国政府の影響力は絶大であり、米国の国益にとらわれず、国際協調の理念に基づき活動することは不可能だったからである。実際、両組織に対する最大の資金拠出国は米国で、初代代表はともに米国人だった。また、それぞれの活動範囲が限定的なことに加え、参加国政府はその活動を暫定的なものとみなしていた。原則的には、IGCRとUNRRAは、前者が難民の再定住（resettlement）を、後者がDPsの帰還（repatriation）を促進することになっていた。当然ながら、そのような安易な役割分担は機能せず、活動の重複、非効率、競争関係、さらには時間と資金の無駄が生み出されていった[22]。

　さらに重要なことに、大量の人々が両組織の活動範囲の狭間で取り残されてしまい、これが欧州の余剰人口問題の原因の一つとなってしまった。東欧出身のDPsの中には、第二次世界大戦後も出身国への帰還を拒む者が多かった。これら帰還拒否者に関する問題は、帰還促進が役目であるUNRRAの管轄外と考えられた。それに対し、IGCRは再定住促進が目的なので、問題解決に向けた対策を講じることが期待された。しかし、資金も人材も不十分なIGCRは、何の効果的な活動も出来なかった。またIGCRが活動を行うには、当該政府からの招待が必要であるという点も、大きな足かせとなっていた[23]。そこで、西側諸国の主導者だった米国政府は、英国政府と協力しつつ、UNRRAとIGCRを廃止し、新しい組織の創設を目指すようになった。

第2章　「移民」と「難民」の境界の歴史的起源　｜　65

1947年にIROが創設される[24]。IROは、上記の2組織と同様、期限付きで設立された国際組織である。加えて米国政府は、IROを専門機関として設立することに成功する。専門機関である限り、国連と連携関係は持つが、加盟国の選択基準は自由だった。つまりIROは、国連加盟国である東側諸国を排除する代わりに、国連加盟国でないスイスなどの「平和を愛する」国々の加盟を認めることが可能になった（IRO憲章第4条）。さらに、IROの活動は国連総会の関与を受けないため、活動方針を独自に決定できた。また予算についても、国連の監査を受ける必要が無かった。その結果、米国からの出資金が突出し、歴代のIRO代表は全て米国出身者となった[25]。このように米国政府は、国益に合致した国際組織の設立を通じて、自らの資金が使われる方法を確立していった。

3．戦後レジームの誕生

　第二次世界大戦後の国際レジーム形成は、1951年に最大の山場を迎える。よく知られているように、1951年は難民条約が制定された年である。加えて、IROの活動終止が1952年1月31日と決定されたのも、1951年である。また、戦後レジームにおけるILO案が提出されたナポリ会議も、ナポリ会議の失敗を受けて、米国案が提出されたブリュッセル会議も、1951年に開かれた。現在のIOMの原型である、欧州からの移民に関する暫定的政府間委員会（Provisional Intergovernmental Committee for the Movement of Migrants from Europe: PICMME）が設立されたのは、このブリュッセル会議である。

(1) IROの解体

　先述のように、欧州における余剰人口の中には、現在であれば難民と定義される人だけでなく、経済的動機から本国を離れようとしている人々や、当時DPsと定義されていた人々も含まれていた。IROからすれば、本国帰還が前提であり、それを拒否する有効な理由をもつ一部の人のみが、難民として国際的保護の対象となるはずだった。にもかかわらず、IROによる本国帰還を受入れた者は、ほんのわずかに過ぎなかった[26]。

　本国帰還が進まない状態で、IROが取りうる選択肢としては、欧州域外での第三国定住の促進しかなかった。そこでIROは、IGCRの例に倣い、彼ら・彼女らを単純労働者として出国させようと模索することになる[27]。結果的には、IROの活動

費用がかさみ続けたにもかかわらず、余剰人口はなかなか減少しなかった。それでもなお、加盟国の大半は、最大の資金提供国である米国の支持を条件に、IROの活動継続を希望していた。当時、戦争の疲弊に苦しむ欧州各国にとって、国際的な解決策に期待するしか術がなかったのである。しかも、IRO創設当初の予想に反して、難民問題には長期的な解決策が必要であるとの認識が、関係諸国の間で広まっていた。

　一方、IROの米国代表であるG. ウォレン（Warren）は、「2国間交渉によって、問題解決を図る時期がやってきた」[28]と、公式の場で繰り返し主張していた。この時点でも米国政府は、自国の政策に対する国際的介入を最小限にとどめるという、以前からの方針を変えていなかった。先行研究が指摘するように、難民保護にかかる財政負担は、米国政府の懸念の一つに過ぎなかった[29]。米国政府の最大の関心は、支援給付・形態の決定権の所在だった。米国政府からすれば、IROの後継組織が必要だとすれば、①IROの保有する輸送手段を効率的に利用でき、②米国の資金援助を最低限にまで減らす可能性があることに加えて、③米国の外交目的を推進するような組織が望ましかった。そういった意味では、1950年に創設されたUNHCRは、米国政府の希望に合致していなかった。米国政府の外交目的からいって、独自の枠組みの中で東側諸国から難民を受入れるほうが、UNHCRを支援するよりもはるかに理にかなっていたからである[30]。

　こうした状況を背景に、IRO解体後の後継組織をめぐり、自国の政策の独自性を守ることが目的の米国政府案と、国際協調に基づき、国際組織主導のレジームをつくりたいILO案が対立することになった。

(2)　ILO案の失敗──ナポリ会議

　ILOは、IROから船舶や輸送技術を受け継ぐことで、自らの活動に役立てようと考えていた。それに対し米国政府は、ILOの拡張に懸念を示す。それまでILOに友好的だった英国政府も、ILOは「人の移動に関するあらゆる分野で活動を行うことを望んでおり、［IROの］船舶、資金、世界各地の事務所を受け継ぐことで、巨大なマンモス機関になろうという野心を持っている」[31]と、警戒を強めていた。当時、難民と移民はともに労働力として、IROの輸送能力に頼っていた。そのため、IRO解体後をめぐる議論が本格化すると同時に、欧州の余剰人口問題をめぐる議論も急展開していった。

　1951年10月上旬にILOがナポリ会議を主催する。その会議では、「欧州からの

移住者を促進するために望ましい国際協調の形態」に関するILOの計画書が、主要議題となるはずだった。ILOの担当官はこれを、「欧州の余剰労働者が、自分達の生活水準を引き上げるためだけでなく、全世界の利益に貢献できるような地域へ移動するための一連の政策」[32]であると説明していた。加えて、このILO案の前提として、①人の移動に関する国際レジームは、単一の国際組織が調整を図る、②国際的支援は、各国の政策を補足するためにも必要である、③人の移動は人的資源の分野に関連する問題であると同時に、世界平和と経済・社会的向上を目指す計画の一部でもある、という3つの理念が示された[33]。

制度的には、ILO移民事務局（ILO Migration Administration）と移民支援基金（Migration Aid Fund）の設置が提案された[34]。ILO内におかれる移民事務局は、「欧州の人口問題の効果的解決および、それ以外の地域の移民受入能力を満たすために必要なプログラムの運営」[35]を目的としていた。ILOにとっては、IROの解体は、難民を含めたあらゆる種類の移住者を網羅した活動を開始する、絶好の機会だった。そこで移民事務局は、向こう5年間で欧州からその他の地域（主に北・南米、およびオーストラリア）へ、170万人を移動させることを目標に掲げる。このような大規模移動は、移民事務局による包括的支援無しでは、実現不可能であるというのが、ILO側の説明だった。ただしILO案によれば、移民事務局の活動は、あくまでも各国政府の活動の補足であり、要請があって初めて、支援活動を提供することになっていた。また、難民に対する支援が、それ以外の移住者に優先されることも述べられていた。

移民事務局は、移民審議会（Migration Council）と移民委員会（Migration Board）から構成され、移民事務局長（Migration Administrator）が全ての活動を統括することとされていた。移民事務局長は、ILO事務局長によって任命され、「効率的に活動義務を果たすために必要な、全ての権限と裁量権」[36]を行使することが認められた。さらに、この分野におけるILOのあらゆる設備や活動が、移民事務局の下におかれることになっていた。移民審議会は、各国の代表から構成され、全員が一票の投票権を保有する。国連などの複数の国際組織や地域機関も参加するが、投票権は保有しない。この移民審議会において、移民事務局の政策の骨子が決定される一方、政策の実行については移民委員会があたる。この委員会の構成員は、欧州の関係諸国の出身者の中から、移民審議会が選出することになっていた。

さらに、ILO案の中で注目を集めたのが、移民支援基金の存在だった。これは、

欧州からの移住者に対し、渡航費を貸付もしくは給付という形で支援を行うための資金だった[37]。これについては、移民審議会の参加国が、基金のための資金を拠出・管理することになっていた。

　ナポリ会議の開会前から、ILO案の概要についての情報が、参加国政府に対して提供されていた。それを受けて、特に米国および英国政府は、反対の姿勢をほのめかしていた。例えば英国外務省は、財政的負担増に対する懸念から、IROの後継として恒久的な救援組織を創設することに反対していた[38]。というのも、移住希望者自身に対して、財政的援助を与えることで移動を促進するのではなく、潜在的受入国政府に対して、入国規制緩和にむけた圧力をかける方が有効と考えていたからである。ただし、米国政府のILO案への反対が事前にわかったことが、最終的に英国政府の姿勢を決定付けた。ナポリ会議の直前に、米国の両院協議会が、欧州の余剰人口問題解決のための支出を決めた[39]。これには、共産主義国が加盟している組織は、この基金を使用できないという条件が付される。これは、「ILO自身、もしくはILOに所属する事業体に、米国が資金を提供する可能性を排除する」[40]ことを意味した。当時、米国政府の財政的および政治支援無しでは、多国間移住促進計画が成功する望みは無かった。従ってILO案の運命は、ナポリ会議開催以前に、ワシントンにおいて既に決定していたといえる。

　会議2日目には早々と、アメリカ政府代表団のR．ウェスト（West）が、ILO案に対する米国政府の反対姿勢を表明する。ウェストはその理由として、ILO案は、「米国および他国においても、適切に実行できるだけの支持を獲得できない」[41]と説明した。ウェストに続き、英国およびオーストラリア政府代表団も同様の懸念を示す。オーストラリア政府代表のP．ショー（Shaw）は、ILO案を議論すること自体に反対した。その際、オーストラリア政府は2国間交渉方式を支持し、「移住一般を促進するための、特別な事業体を創設する必要性を認めない」[42]と明言した。さらに付け加えて、ILOはこれまで通り、労働基準の向上や、「情報交換機関および広報機関」としての仕事に専念すべきであると、ILOの拡大傾向に歯止めをかけようとした。会議後半になってウェストは、IROが保有する設備・輸送能力が解体後も有効に使われる事を望むが、いかなる長期的計画案に賛成する準備も出来ていないと、米国政府の姿勢を繰り返した[43]。

　ナポリ会議に参加した、ILO代表の一人であるJ．レンス（Rens）は、会議終了間際に、ILO案に対する批判的意見に反論を行った。その中でレンスは、「会議中に出された批判は、ILO案の本質や提案された制度に向けられたものではない。

第2章　「移民」と「難民」の境界の歴史的起源　　69

ここで明言するのは避けるが、ある集団がわれわれの活動を阻害しようと試みていた」[44]と、米国政府を暗に非難する。しかし最終的には、ILO案を審議するための委員会すら設置されずに、会議は終わった。米国政府の支持が無ければ何も実現しないことは、ILO自身もわかっていたのである。

結果的には、ナポリ会議はほとんど何の成果も生み出さなかった。代わりに、ナポリ会議のわずか1カ月後にあたる11月下旬には、米国政府提案による政府間会議が、ブリュッセルで開かれることとなった。

(3) 米国案の受容——ブリュッセル会議

ナポリ会議の2週間後に、米国政府は相互保障法（Mutual Security Act）と歳出承認法（Appropriation Act）を制定した。その結果、欧州の余剰人口の移住促進のために、資金が供与されることが決定した。しかし先述のように、「共産主義が支配する、または、支配的な役割を果たす国家が加盟している国際組織には、配分することが出来ない」[45]という条件が付けられていた。

米国政府がナポリ会議でILO案に反対した理由は、これらの法案成立が間近に迫っていたからである。欧州の余剰人口問題の解決に無関心だったわけではなかった。当時、米国政府は、余剰人口問題が大量失業者問題に発展し、それが欧州の戦後復興を脅かすだけでなく、共産主義的思想の広まりに繋がることを危惧していた。したがって、ナポリでILO案が立ち消えると同時に、代案の確立に全力を尽くすことになる。米国政府が望んでいたのは、①国連の枠外に、政府間主義を基盤とした、②移住者の輸送に特化し、③IROの保有する設備や技術を利用した組織を設立することだった。

会議初日、米国政府代表が「西欧諸国およびギリシャにおける余剰人口の海外再定住促進計画案」を提出した[46]。議長のF. レーマンス（Leemans）は、ナポリでのILO案の失敗とIROの成功を比較して、前者は「大規模で気前がいい」のに対し、後者は加盟国が厳選されていた事を挙げた[47]。続けて、ブリュッセル会議では、国際協調主義ではなく、政府間主義に基づき、欧州の問題に特化した組織の設立が目的であると説明する[48]。ナポリ会議でも米国政府代表を務めていたウォレンは、米国案が提示する新組織の性質として、①輸送に特化、②1年間の期限付き、③政府間主義、④費用償還主義の原則を強調した[49]。この計画案では、IRO保有の船舶を使って、難民も含めた約10万人の移送が見込まれていた。また、米国一国に財政負担が集中するのを避けるために、全加盟国が新機関の予算に貢献すること

も明記されていた。

　全体的にみて、米国案は参加者から好意的に受入れられた。しかし、欧州以外からの参加国、例えばブラジル代表団は、他地域の類似の問題は無視されたままで、欧州の余剰人口問題だけが特別視されることに疑問を呈する。また、オランダやスイスの代表団は、新組織が難民問題に積極的に関与する事を希望した。会議の中で注目を集めた項目は、加盟国から共産主義諸国を排除するというものだった。これは、ナポリ会議でのILO案には無かった、米国案独自のものである。ブリュッセル会議の産物であり、後のIOMの原型となるPICMMEは、その設立決議（12月6日採択）の中で、以下のような条件を付けている。すなわち、PICMMEは、「民主主義的政府」の間で結ばれる政府間取り決めに基づき、「人の自由移動という理念の実現に関心を持つ政府」[50]に対し、加盟を許可することになっていた。

　ナポリでILO案に反対した国々は、ILOの拡大主義と国際協調主義の行き過ぎを懸念したに過ぎなかった。IROに代わって、欧州からの難民や余剰労働者に海外への再定住を奨励する組織が、新たに創設されること自体は歓迎していた。またILO案とは異なり、PICMMEは政府間主義に基づき、活動内容を厳密に限定された組織だった。したがって、入国管理政策における各国の主権は堅持されることになる。ある専門家はPICMMEを、「米国人の事務総長と、米国と友好的関係にある民主主義国家が構成する理事会の下に活動する、国連の枠外におかれた多国籍事業体」[51]と称している。PICMMEの創設により、ILOが目指していた、人の移動に関わる包括的レジームの設立という計画は、完全に消えてしまった。

おわりに

　冷戦終結以降、世界の安全保障や繁栄のための効果的な方法をさがそうと、グローバル・ガバナンスに関する研究が関心を集めてきた。その一環として、人の国際移動の分野においても、複数の機関の乱立や活動の重複、空白領域の存在などが指摘されてきた。本章は、戦後レジームの制度的起源を辿ることで、移住者すべて含めた包括的レジームの創設計画が、ILOを中心に存在したことを指摘した。現在のようなレジームが成立したのは、米国による対抗案が受入れられたからに過ぎない。このレジームの中では、難民以外の移住者に対しては、輸送の円滑化を目的とするPICMMEが作られただけだった。労働者としての権利の保護は、従来どおりILOの管轄として残った。

確かに1990年には、史上初の「移民の権利の包括的および普遍的法典」[52]として、「すべての移住労働者とその家族の権利保護に関する条約」が採択された。しかしこの条約に対する認知度は、「児童の権利に関する条約」や「女子に対するあらゆる形態の差別の撤廃に関する条約」といった、監視機関をもつ他の主要国際人権条約と比べて低い。移住者全体の権利保護に関する国際的支援の気運は、現在においても弱いままである。確かに、人的・物的資源は限られているため、脆弱な者を選定してその保護に専念するという考え方は妥当であろう。しかし一方で、難民は脆弱な人々で、移民は冒険や苦労を自主的に選択した者といった単純な線引きは、非現実的である[53]。現在再び、脆弱性の意味や定義を問い直す時に来ている。

【補記】本研究は、平成24年度関西大学研修員研修費によって行った。資料調査の際には、ILO資料室上級研究員のR.ベッチ（Becci）氏に協力していただいた。心より感謝したい。

1 本章は、柄谷利恵子「『移民』と『難民』の境界―作られなかった『移民』レジームの制度的起源」『広島平和科学』第26号（2004年）、47-74頁をもとに加筆・修正した。なお本章では、人の移動に関する国際レジームとして、関係国政府およびこの分野にかかわりのある国際機構やNGO間の交渉を通じた、多国間主義アプローチによって成立する条約および取り決めを対象とする。
2 本章では、国境を越えて移動する人々を総称して「移住者」と呼ぶ。私たちが日常生活で「移民」という際、自発的で就労目的の移住者を想定している。本来、自発的な移住者と強制的な移住者を区別することは非常に難しい。実際は、国境を越える動機は様々であり、自発的にみえても強制的な移動である場合も多い。
3 Bimal Ghosh, 'Movements of People: The Search for a New International Regime', in The Commission on Global Governance (ed.), *Issues in Global Governance* (Alphen aan den Rijn/London: Kluwer Law International, 1995), pp. 405-424.
4 人の移動に関する国際レジームの展開については、柄谷利恵子「人の移動―国際レジームの変遷をめぐる動因と戦略」大矢根聡編『コンストラクティヴィズムの国際関係論』（有斐閣、2013年）、173-195頁。
5 2013年1月現在、難民条約または「難民の地位に関する議定書」のどちらかに加盟している国の数は、145カ国にのぼる。それに対し、ILOの「移民労働者に関する条約」（1949年）は49カ国、「劣悪な条件の下にある移住並びに移民労働者の機会及び待遇の均等の促進に関する条約」（1975年）は23カ国が加盟しているにすぎない。
6 James Hollifield, 'Migration and the 'New' International Order: The Missing Regime', in Bimal Ghosh (ed.), *Managing Migration: Time for a New International Regime?* (Oxford: Oxford University Press, 2000), pp. 75-109.
7 難民条約制定過程および、難民の定義に関する分析は多い。本章では特に、James C. Hathaway, *The Law of Refugee Status* (Toronto: Butterworths, 1991), pp. 1-27; Gil Loescher, *The UNHCR and World Politics: A Perilous Path* (Oxford: Oxford University Press, 2001), pp. 1-80; 阿部浩己『人権の国際化―国際人権法の挑戦』（現代人文社、2002年）、149-181頁を参照。
8 この分野におけるILOの活動の歴史については、ILO Doc. MIG 1/61/3, 31 December 1942.
9 International Labour Office, Minutes of the 7th Sitting on 9 March, 1951, Statement by the

Director General on Migration, Minutes of the 114th Session of the Governing Body, Geneva, 6-10 March, 1951.
10 ILO, 'Industrial and Labour Information, First Meeting of the Permanent Migration Committee', *International Labour Review,* Vol. LV (1947), p. 99.
11 ILO Doc. Minutes of the 103rd Session of the Governing Body, Appendix XX, Twentieth Item on the Agenda, Report of the Director-General, 12-15 December, 1947.
12 ILO, 'Note concerning the Co-ordination of International Responsibility in the Field of Migration, Agreed on the Secretariat Level between the United Nations and the International Labour Organisation', *Official Bulletin,* Vol. 30 (1947), pp. 417-420.
13 *Ibid.,* p. 418. なお、第一層に分類されたILOと国連の間では、移住者の権利の中で、「労働者」としてのものはILOが、「人」としてのものは国連が担当することになった。
14 ILO Doc. CPM/I/45/1950, Preliminary Migration Conference.
15 ILO, *Industry and Labour,* Vol. 4, No. 1(1951), p. 47.
16 National Archives of the UK (NA), FO 371/88832, Tripartite Talks-items 2(b)(II) on 3 May 1950. French Delegation's Proposal regarding European Emigration.
17 LoescherとScanlanは、第二次世界大戦後の米国の難民政策を、「計算に基づく優しさ」と評している。Gil Loescher and John A. Scanlan, *Calculated Kindness: Refugees and America's Half-Open Door 1945-Present* (New York: The Free Press, 1986).
18 ナチス政権による強制移住者については、Michael R. Marrus, *The Unwanted: European Refugees from the First World War throughout the Cold War* (Philadelphia: Temple University Press, 2002), chap. 4を参照。
19 詳細は、Eric Estorick, 'The Evian Conference and the Intergovernmental Committee', *The Annals of American Academy of Political and Social Science,* Vol. 203 (1939), pp. 136-141を参照。
20 IGCRについては、Tommie Sjöberg, *The Powers and the Persecuted: The Refugee Problem and the Intergovernmental Committee on Refugee* (Lund: Lund University Press, 1991) を参照。
21 Monthy N. Penkower, 'The Bermuda Conference and its Aftermath: An Allied Quest for "Refuge" during the Holocaust', *Prologue,* Vol. 13, No. 3 (1981), pp. 145-174.
22 John George Stoessinger, *The Refugee and the World Community* (Minneapolis: University of Minnesota Press, 1956), pp. 49-55.
23 Sjöberg, *supra* note 20, p. 209.
24 Louise Holborn, *The International Refugee Organization. A Specialized Agency of the United Nations: Its History and Work, 1946-1952* (Oxford: Oxford University Press, 1956).
25 *Ibid.,* p. 103 and chap. VI.
26 Stoessinger, *supra* note 22, p. 111.
27 IROの活動を国際的雇用機関になぞらえて批判した研究もある。*Ibid.,* chap. 8.
28 IRO Doc. GC/257/Rev.1, 8 November 1951.
29 Loescher and Scanlan, *supra* note 17, pp. 40-42.
30 UNHCR創設過程については、Loescher, *supra* note 7, chaps. 2 & 3.
31 NA., FO/371/95936, 'A Letter to UN (Economic and Social Department) from R.T.D. Ledward', 27 July 1951.
32 International Labour Office, Minutes of the 114th Session of the Governing Body, 6-10 March 1951, Minutes of the 7th Sitting on 9 March 1951, Statement by the Director-General on Migration.
33 ILO Doc. MIG 1009/2/411. Migration Conference, Naples 1951, UN Report on Methods of International Financing of European Emigration. 513rd meeting of ECOSOC, Official Records, 22 August 1951 (Statement by the Director-General of the ILO, Mr. Morse).

34 *Ibid.*, MIG/1009/2/403.
35 *Ibid.*, part I.
36 *Ibid.*, part II.
37 *Ibid.*, part IV.
38 NA., FO/371/95904. 'Surplus Population and Migration in Europe: Formation of Policy', 23 July 1951.
39 この決定は後に、相互保障法（Mutual Security Act）として成立する。
40 NA., FO/371/94363. A Letter to the UN (Economic and Social) Department from B.A.B. Burrows, 27 September 1951.
41 ILO Doc. C.Mig/I/SC/PV.1 found in MIG/1009/2. Steering Committee. 2nd Meeting on 3 October, 1951.
42 *Ibid.*
43 *Ibid.*, MIG/1009/2/102/1. Stenographic Record, Plenary Sittings, 4th Sitting. 4 October 1951.
44 *Ibid.*, 9th Plenary Sittings, 13 October 1951.
45 Mutual Security Act, Public Law 249 of 31 October 1951.
46 IOM Doc. MCB/3, Migration Conference, Brussels.
47 *Ibid.*, MCB/SR/2. Migration Conference, Brussels, 26 November 1951.
48 *Ibid.*
49 *Ibid.*
50 *Ibid.*, IGO-022-1000-2, MCB/9. Migration Conference, Brussels. 6 December 1951. PICMMEとして設立されてから現在までの過程については、Marianne Ducasse-Rogier, *The International Organization for Migration 1951-2001* (Geneva: IOM, 2001).
51 Loescher, *supra* note 7, p. 59.
52 Ryszard Cholewinski, *Migrant Workers in International Human Rights Law: Their Protection in Countries of Employment* (Oxford: Clarendon Press, 1997), p. 199.
53 私たちの安全な生活と移動性の間の多様な関係性を問う試みとして、柄谷利恵子「シティズンシップ（だけ）では足りない—さまざまなシティズン、さまざまな安全と不安全」孝忠延夫編『差異と共同—「マイノリティ」という視角』（関西大学出版会、2011年）、321-344頁。

Chapter 3 Statelessness and UNHCR's Work

第3章
無国籍者の問題とUNHCRによる対応

金児 真依 *Mai Kaneko*

キーワード：難民と無国籍者の関係、出生地主義・血統主義、「無国籍者の地位に関する条約」、「無国籍の削減に関する条約」、無国籍に関するUNHCRガイドライン

Keywords: nexus between refugees and statelessness, jus soli/jus sanguinis, Convention relating to the Status of Stateless Persons, Convention on the Reduction of Statelessness, UNHCR Guidelines on Statelessness

はじめに

「私の望みはただ一つ。私が死んだら、この世に生きた証として、せめて『死亡証明書』を出してほしい。それだけです。」

　元カンボジア難民で、無国籍だった男性の言葉である。彼だけでなく多くの難民が、1970年代にカンボジアからベトナムに逃れてから2010年以降に帰化によりベトナム国籍を取得するまで、カンボジア国民としてもベトナム国民としても認められず、ずっと無国籍の状態で暮らしていた。何も身分を証明する書類が無く、公立の学校に行けず、適法に働けず、土地も所有できず、法的に結婚もできず、子どもの出生登録もできなかった。せめて、この地球上に存在したという「あかし」が欲しい。それが、彼の望みだった[1]。
　無国籍者となる理由はさまざまである。この元カンボジア難民の男性のように、難民化に関連して無国籍の状態が生じることもあるが、それ以外の理由で生じる場合も多くあり、発生の背景が多様であることもこの問題の特徴と言えよう。本章では、そうした多様な背景を認識しつつも、本書のテーマである「移動」や「強いられた移動」に関連して、この問題を検証してみたい。まずは、無国籍者の概念的な整理を行い、無国籍の原因を考察する。そして、国連難民高等弁務官事務所（UNHCR）による取り組みに言及するとともに、無国籍者と強制移動者（forced migrants）[2]との関係を考えてみたい。その上で、最後に、今後の展開などに関していくつかの考察を提示することとしたい。

1. 無国籍者とは

「すべての者は、国籍を持つ権利を有する」(「世界人権宣言」第15条)。世界人権宣言や人権に関する多くの国際条約[3]にも謳われているように、国籍を持つ権利は、人権である。しかし、残念ながら、その権利が保障されていない人々が、いまこれを読んで頂いている瞬間にも、沢山いる。UNHCRは世界の無国籍者の数を約1,200万人と推計しているが、正確な数は判っていない[4]。1954年の「無国籍者の地位に関する条約」(以下、無国籍者条約)の第1条1項では、無国籍者とは「いずれの国家によってもその法の運用において国民として認められない者」と定義されている。UNHCRの「無国籍者の定義に関するガイドライン」(2012年)[5]では、無国籍者条約の趣旨と目的に従い、国籍を実際に持っている者についてはそれを尊重しつつ、無国籍の定義については完全かつ包含的な解釈がなされるべきとの方針が示されている。例えば、「法」は議会によって制定される法律だけでなく、政令、省令、規則、命令、判例、(適切な場合には)慣行や実務も含むものであり[6]、さらに実際の運用によって法が実質的に変容している場合はその内容を基準として評価すべきと示している[7]。他方で、正式に国籍は有している(国民として認められている)ので、法律上は無国籍者とはいえないものの、国籍国の外におり国民として享受しうるはずの保護や援助を国籍国から受けられない状態におかれている者は「事実上の無国籍」と呼ばれる[8]。特定の条約によって保護される対象としての正式な概念ではないために、様々な「定義づけ」がされてきたが、近年専門家の間で大体の合意が得られている定義としては、「自身の国籍国の外におり、その国籍国の保護が受けられない、または正当な理由から保護を受けることを望まない者」というものである[9]。

国籍とは、国家と個人の間の「法的紐帯」[10]であり、かつては「権利を有するための権利」[11]とも言われてきた。もちろん、人権は国籍の有無を問わず享受されるべきものである。しかし、現実には無国籍の人びとは、国民にのみ与えられる権利(外交的保護、参政権など)が享受できないだけでなく、基本的な自由権や社会権を保障されないことも多い。国籍が無いことの結果、身分証明書や旅券も無く、適法に出入国することもできない場合もある。有効な在留資格を伴った滞在ができないことで、健康保険など行政サービスにアクセスできず、人間らしい生活ができない人も多い。また、不法入国や不法滞在で拘禁されるばかりか、送還の見

込みがないために拘禁が無期限となり数年に及ぶことすらある。

2. 無国籍の原因

　通常、子どもは、出生時において、出生地主義（jus soli）に基づいて生まれた国の国籍を取得するか、血統主義（jus sanguinis）に基づいて父や母の国籍を取得する。しかし、出生時においてどの国籍も取得できない者や、出生時に国籍を取得していても、その後国籍を何らかの事情によって喪失し、その国籍を再取得（または新たな国籍を取得）できないままの者もいる。人が無国籍となる原因は、国家の主権に関する問題や、政治的、法的、技術的、事務的な方針や作為あるいは不作為など、実にさまざまである[12]。すなわち、国家の分裂や分離独立などによる国家領域の変更といった問題に加えて、国籍の剥奪、法の抵触、事務的・手続き的な不備、他の国籍を得る前の国籍離脱、婚姻やその解消による国籍の変更、出生登録の不備、無国籍者の子孫であることといった多様な原因があげられる[13]。また、これらの原因のいくつかが直接的または間接的な理由として相互に作用して無国籍につながる場合もある。

　ここでは、本書との関係で、人の移動、あるいは強制移動に関連した原因を詳しく見ておきたい。

　まず、出生時に無国籍となる原因でよく知られているものとして、国籍法の抵触がある。両親の移動に伴って、ある子が血統主義のみに基づいて国籍を付与する国で生まれたものの、両親の国籍法は厳格な出生地主義をとっていた場合、その子どもは無国籍になる。また、近年では、出生登録の不備が無国籍の潜在的な原因として注目を浴びている。たとえば、非正規滞在の移住労働者が移動先の国において収容や送還を恐れ、または書類が整わないために領事館にも滞在国にも子どもの登録をしないことがある。本来、国籍は出生登録とは独立して取得されるものである。しかし、どこで誰のもとに生まれたかの証拠が全く無い状態に陥った場合には、国籍の取得のために法で定められた要件（血統や出生地など）を満たしていることの証明が困難となってしまう。そうなると、彼らまたはその子孫は国民として認められないリスクにさらされることとなる[14]。人生の過程の中で無国籍となる原因として、別の国籍を取得しないまま現在の国籍を離脱する場合に無国籍となることがある。例えば、ベトナムで2008年に法改正がされる前は、ベトナム人女性が、外国人の男性と結婚し夫の国に帰化するためベトナム国籍を

離脱したところ、帰化が完了する前に離婚してしまい、無国籍となった例が何千件とあったという[15]。加えて、(恣意的な) 国籍の剥奪がある。30万以上と言われるイラクのフェイリ・クルド (Feyli Kurds) の人びとが、1980年、S. フセイン (Hussein) 政権下での政策により国籍を剥奪され、国外に追放されたことは記憶に留めておきたい[16]。

3. UNHCRによる無国籍への対応

　無国籍者の保護と無国籍の予防と削減に特化した国際的な条約としては、先述の1954年の無国籍者条約と1961年の「無国籍の削減に関する条約」(以下、無国籍削減条約) の2つがあげられる。無国籍削減条約の第11条では対象者からの申請を適当な国家機関に提出するための援助をする独自の機関の設立が想定されていたが、1974年の国連総会決議3274 (XXIV) と1976年の同決議31/36によってその役割はUNHCRに委ねられることとなった。それ以来、UNHCRの無国籍に対応する任務は拡大しており[17]、現在では、無国籍に関連した上記二条約の締約国に限定することなく、この任務については全世界をカバーするに至っている。

　それでは、具体的にUNHCRはどのような活動を行っているのか。2006年に採択されたUNHCR執行委員会結論106 (国連総会決議61/137 (2006) によって承認) では、UNHCRの活動は、無国籍の①把握、②予防、③削減、および無国籍者の④保護という4つの側面に整理されており、政府や他の国連機関、市民社会などと協力した包括的な対応が求められている。「防止」に関しては、無国籍者に対するUNHCRの任務と難民に対するそれを決定的に区別するものであることに留意したい。UNHCRは難民発生のもととなる迫害を未然に防ぐという正式な任務は持っていないからである。無国籍発生のもととなりうる法やその運用の空白状態を埋めるために政府をサポートしたり、徹底した出生登録を促進したりと、極めて能動的な対応をとることが求められる。「削減」については、無国籍者が帰化により国籍を取得したり、国籍を確認できるようにするため、提言活動を行ったり個別の相談を行ったりしている。また、「保護」に関しては、無国籍者の認定制度の設置と運営について技術的な支援をしたり、身分証明書へのアクセスを促したりし、無国籍者が基本的人権を享受するための支援を行っている[18]。各国とUNHCRの努力が実を結び、例えばネパールでは、国籍法の改正によって、それまで身分を証明するものを持ったことのなかった260万人が、2007年に新たに国籍

証明書を取得した[19]。バングラデシュでは、ウルドゥー語を話す約25万といわれるビハーリーの人々が、2008年の最高裁判所の判決によってバングラデシュ国籍を認められた[20]。

　UNHCRはまた、2011年に迎えることとなった無国籍削減条約の採択50周年に向け、無国籍への取り組みを強化してきた。その結果、難民条約等に比べても少数に留まっていた２つの無国籍条約の締約国は一気に増えている[21]。2011年12月にUNHCRが開催した閣僚会議では、61カ国が無国籍への対応を強化する旨の宣約を行っている。また、UNHCRは2010年から2011年にかけて２つの無国籍条約の解釈と運用に関する一連の専門家会議を開催し、その成果が３つの「概括的結論」としてまとめられた。その「結論」をもとに、2012年に発行されたのが、一部先述した無国籍に関してのUNHCRの「ガイドライン」である[22]。このように、無国籍へ対処する国際的な法的枠組みの強化には弾みがついている。

4．無国籍と強制移動者の相関関係

　それでは、無国籍者であることと強制移動者であることはどのように重なり合い、また異なるのであろうか。まず、先に述べたイラクの事例のように、迫害の一形態として国籍を恣意的に剥奪されることがある。また、国籍が無いことに関連した理由で迫害を受け、居住する国内や国外に保護を求めることを余儀なくされる場合もある。加えて、難民として外国で庇護を求めたことや永住したことで、国籍を喪失したり剥奪されたりする人もいる。このように無国籍者と強制移動者が重なりあうケースがあるものの、それが全てではない。難民となったとしても、国外へ逃れた後に国籍を失うとは限らない。また、難民や国内避難民ではない無国籍者は多く存在する。生まれた国から出ないばかりか、難民の要件である迫害の十分に理由のある恐怖を有さない無国籍者も多い[23]。一方、国籍が無いことで移動の自由が制限される人がいることも忘れてはならない。身分証明書や旅券がなく、外国へ渡航できない人もいれば、そもそも国内の他の地域に移動することが制限されている人もいる。国内避難民や難民にさえもなれない無国籍者がいることに十分留意したい。

　とはいえ、無国籍者と難民が重なる場合はどのように対応がなされるべきなのか。UNHCRでは、難民は難民条約の枠組みによって保護されるべきという原則を掲げ、その原則に従って行動している。難民条約は、難民であると同時に無国

籍でもある者をその対象としているが[24]、1954年の無国籍者条約は、難民ではない無国籍者を保護するために策定されている。無国籍者条約によって無国籍者に付与される権利は、難民条約と似通ったものである。しかし、難民条約には様々な経緯から独自の条項である不法入国・滞在への不処罰条項[25]やノン・ルフールマン条項[26]が含まれており、より厚待遇である。それゆえに、ある者が難民であって同時に無国籍者であれば、難民条約の権利を享受すべきだとされている。もっとも、難民の地位が終止したあとでも依然として無国籍者であり、保護を必要とするケースもある。そのため、UNHCRでは「無国籍の認定手続きに関するガイドライン」(2012年)で、難民該当性(補完的保護への該当性含む)と無国籍性については、それぞれ適切に評価がなされ、別個の地位が認定されるべきであるとしている。また、難民の無国籍の認定が有用なもう一つの理由として、筆者としては無国籍削減条約が難民の子どもにも適用されることを挙げたい。例えば締約国で生まれた難民の子どもがそのままでは無国籍になってしまう場合には、同条約第1条の保護措置によってその国の国籍が付与されることになる。難民である両親の無国籍を認定することで、子どもの国籍付与がより円滑に進むこともあろう。

おわりに

ここまで無国籍者の問題や国際的な対応を概観したが、最後に、日本における無国籍者への対応に若干触れておきたい。日本に居住する無国籍者や国籍の状態が不明である人のなかには、日本で生まれた人もいれば、外国で生まれて日本に移動してきた人もいる。法やその運用における空白状態の隙間に落ちているケースがいくつか浮上する一方で、難民の背景を持つ人も一定数、存在する。日本政府が受け入れたインドシナ難民の人々のなかには、出身国から自国の国民として認められていない人も多くいるとされる[27]。その意味でも決して日本と無縁の問題ではない。しかしながら、日本は無国籍に関する2つの条約を締結しておらず、現在、無国籍を認定するための特定の手続きもなければ、正確な統計もないのが実際のところである[28]。もっとも、日本の「国籍法」(1950年施行)には無国籍を防止し削減するための条項がある。同法第2条3号は、「日本で生まれた場合において、父母がともに知れないとき、又は国籍を有しないとき」は「日本国民とする」旨規定している。また、第8条4号は、日本で無国籍者として生まれた時から継

続して3年以上日本に住んだ者について帰化を容易にしている。しかし、こうしたせっかくの規定も、当事者の間で知られていないこともあるのか、あまり頻繁には援用されていないようである。UNHCR駐日事務所は、2010年に日本の無国籍の人びとの状況と課題についての委託研究書[29]を刊行したほか、法律相談・支援を提供するため、2011年からNPO法人「無国籍者ネットワーク」と業務実施パートナー契約を結んでいる。アジアでも2012年にフィリピンが無国籍者条約に加入するといった出来事が注目されるところ、日本にも無国籍に関する2つの条約への加入が望まれる。また、無国籍認定のためのメカニズムの強化を検討することは有益であろう。それは、例えば前述の国籍法の無国籍防止・削減条項の適用対象を把握することにも資するだろうし、在留資格がなく、どこの国にも帰還できないようなケースの保護と解決のためにも重要である。

最後に、無国籍者に関する学術研究の動向に言及しておきたい。無国籍問題は、世界的にも難民研究や強制移動研究の枠内で扱われることが多いように思われる。しかし、上述のように、無国籍の問題は、強制移動の理論的枠組みの中だけでは論じきれない側面がある。そのため、オランダのティルバーグ大学大学院法学研究科など、無国籍者に重点を置いた学術プログラムを設立する研究機関も出てきた。強制移動研究から独立した研究分野として扱うべきかどうかは今後の議論に譲るとして、無国籍研究には包括的・分野横断的なアプローチが必要とされている。今後、日本の学術界においても無国籍問題の研究が発展していくことを願いたい。

【補記】本章で表明されている見解は筆者のものであり、所属先の公式な見解を反映するものでは必ずしもない。

1 UNHCR, 'Statelessness: Former refugees win citizenship, and now dream of home ownership', News Stories (15 September 2011); UNHCR, 'Stateless former Cambodians caught in Kafkaesque web in Viet Nam', News Stories (30 October 2006). 2010年には、約2,300人の無国籍の元カンボジア難民が帰化によってベトナム国籍を取得した。
2 本章において「強制移動者」は、UNHCRの援助対象者である難民と国内避難民と同義語とする。
3 例えば「市民的及び政治的権利に関する国際規約」第24条3項、「児童の権利に関する条約」第7条、「障害者の権利に関する条約」第18条のほか、「あらゆる形態の人種差別撤廃に関する国際規約」第5条、「女子に対するあらゆる形態の差別の撤廃に関する条約」第9条、「米州人権条約」第20条、「欧州国籍条約」第4条など。
4 UNHCR, *Global Trends 2011* (UNHCR, 2011), p. 29.

5 UNHCR「無国籍に関するガイドラインNo.1—1954年無国籍の地位に関する条約第1条1項の『無国籍者』の定義」(2012年2月20日) 第6段落を第15段落以降に照らして。日本語版は次のURLから入手可能。[http://www.unhcr.or.jp、2013年11月26日現在]
6 同上、16節。
7 同上、17節。
8 同上。
9 UNHCR, *Expert Meeting: The Concept of Stateless Persons under International Law* ('Prato Conclusions'), May 2010, Section II, A. 1961年条約の最終文書がこの事実上の無国籍の問題を扱っており、拘束力の無い勧告として、事実上の無国籍者も、効果的な国籍の取得を可能にするため、可能な限り無国籍と同様に扱われるべきとする。
10 ノッテボーム事件(リヒテンシュタイン対グアテマラ)における国際司法裁判所の判決(1955年4月6日)。
11 米国連邦最高裁判所長官E.ウォーレン(Warren)の見解。*Trop v. Dulles,* 356 U.S.86 (1958).
12 UNHCR, *The World's Stateless People: Questions & Answers* (September 2006), pp. 8-9.
13 *Idem.*
14 Laura van Waas, *Nationality Matters: Statelessness under International Law* (Antwerp/ Oxford/ Portland: Intersentia, 2008), pp. 153-156.
15 UNHCR, *Good Practices: Addressing Statelessness in South East Asia* (5 February 2011), p. 10.
16 UNHCR, *The situation of stateless persons in the Middle East and North Africa* (October 2010), p. 29. しかし、2006年には国籍の回復のための道が開かれた。
17 総会決議49/169 (1994) および50/152 (1995) などによってもUNHCRの任務は拡大された。
18 UNHCRの無国籍への対応における役割の詳細については、UNHCR, *UNHCR Action to Address Statelessness: A Strategy Note* (March 2010), p. 4を参照のこと。
19 UNHCR, *Refugees* ('The Excluded'), No. 147, Issue 3 (2007).
20 UNHCR, *Note on the Nationality Status of the Urdu-speaking Community in Bangladesh* (17 December 2009), para. 3.
21 2011年から2013年3月までの期間に1954年条約の締約国数が65カ国から77カ国に、1961年条約は37カ国から51カ国に増加しており、今後の条約締結を宣約している国はそれぞれ15カ国と24カ国である。
22 ガイドラインは2012年に四つ発行されており、第1ガイドラインは無国籍者の定義、第2は無国籍者認定手続き、第3は無国籍者の地位、第4は子どもの国籍取得の権利保障についてそれぞれ述べている。
23 無国籍とUNHCRの他の援助対象者との関係については、UNHCR, *Self-Study Module on Statelessness* (1 October 2012), pp. 14-16を参照のこと。
24 「難民条約」第1条A(2)の定義を参照のこと。
25 同上、第31条。
26 同上、第33条。
27 日本でも難民・難民認定申請者として住んでいるミャンマー・ラカイン州出身のイスラム教徒でロヒンギャと呼ばれる人々の多くは、同国の1982年の国籍法によって国民として認められていないという。阿部浩己「無国籍の情景—国際法の視座、日本の課題」(UNHCR駐日事務所委託研究、2010年)、47-48頁を参照のこと。UNHCRの日本語ウェブサイトから入手可能。[http://www.unhcr.or.jp、2013年11月26日現在]
28 法務省の「在留外国人統計」では2012年末の時点で746人が「無国籍」と登録されているが、基本的に自己申告等に基づき、国籍の審査は行われないため、実は国籍を有する者も含まれると思われる。逆に、ある国の国籍保持者と登録されていても、実は無国籍ということも考えられる。
29 阿部「前掲論文」(注27)。

Chapter 4 UNHCR and the Origin of the International Assistance for Internally Displaced Persons

第4章
UNHCRと国内避難民支援の開始

赤星 聖 *Sho Akahoshi*

キーワード：国内避難民、UNHCR、サドゥルディン・アガ・カーン、斡旋、冷戦
Keywords: internally displaced persons (IDPs), UNHCR, Sadruddin Aga Khan, good offices, Cold War

はじめに

　国連システム内で、冷戦期から今日まで国内避難民問題に一貫して取り組んできたのは、国連難民高等弁務官事務所（UNHCR）であろう。1972年、スーダン南部避難民支援活動に始まったとされる国内避難民支援は、2010年度以降、UNHCR予算の四つの柱の一つとして位置づけられるまでに至った[1]。今でこそ国内避難民支援は同機関の重要な活動として受け入れられているが、元来、UNHCRが国際的保護の対象としたのは、難民――迫害のおそれがあり、国境を越えた人々――であり[2]、国境を越えていない国内避難民は支援対象から外されていた[3]。そこで、本章では、なぜUNHCRが本来のマンデート（任務）ではない国内避難民支援を開始することになったのか、を論じる。先行研究においては、なぜUNHCRの活動が変化したのか、その理由について国際政治過程とのかかわりで論じたものはきわめて少ない[4]。以下では、UNHCRによる国内避難民支援の起源を解明するために、UNHCRが国内避難民に対して支援を行った初期の事例であるスーダン南部避難民支援活動と、同時期に問題が生じながらもUNHCRが支援を拒否した南ベトナム避難民問題を取り上げ、両者をめぐる国際政治過程を比較する。

1．南ベトナム避難民問題

　1950年代後半以降、ベトナム戦争（第二次インドシナ戦争）が激化し、1965年には、ゲリラ的に攻撃を仕掛ける南ベトナム民族解放戦線を殲滅させるため、米

軍による南爆が始まった。米軍は、解放戦線への人員供給の阻止を目的として、多くの南ベトナム市民を戦闘地帯から米国人道機関が管理する国内避難民キャンプへと計画的に移動させていった。しかし、国内避難民キャンプはマラリアが蔓延するなど劣悪な環境であり、1966年、E．ケネディ（Kennedy）上院議員はこの状況を憂慮し、S．アガ・カーン（Aga Khan）高等弁務官に対してUNHCRを通じた国際的支援を要請した[5]。

　しかし、弁務官はこの要請を受け入れなかった。それはなぜだろうか。そもそもUNHCRにとって、米国の要請を拒絶する利点は少ない。自発的な拠出金に頼るUNHCRにとって、最大のドナー国である米国の意に背くような行動は自らの首を絞めることにもなりかねないからである。

　弁務官が米国の要請を拒否した理由は、以下の3点にある。第1に、米国はこの時、南ベトナム国内避難民を「難民（refugees）」と呼び、支援の対象とすることを試みた。例えば、米国国際開発庁（USAID）のある職員は、米軍による攻撃によって多くの「難民」が発生していると述べた[6]。しかし、この要請を受け入れてしまうと、難民に関する従来の定義、つまり国境要件が変更されてしまう危険性があった。第2に、ベトナム戦争を主導する米国への加担は、UNHCRの中立性・非政治性を脅かしかねないという問題があった。先述のように、南ベトナム国内避難民の中には、米軍によって計画的にキャンプに移動させられたものも多かった。米国以外の諸国もまた、国内避難民問題の責任は米国にあると考え、国際的な支援の提供に対しては消極的であり、弁務官とウ・タント（U Thant）国連事務総長はこの状況を理解していた[7]。つまり、弁務官らは、UNHCRの活動拡大に必要な国連総会の承認（後述）を得られないことが予想できていたのである。

　第3の問題は、UNHCRの本来の任務である難民問題の恒久的解決にはつながらない場当たり的な物質的支援を米国が要求したことにある。「国連難民高等弁務官事務所規程」（以下、UNHCR規程）に記載されている難民問題の解決法には、「自発的帰還（voluntary repatriation）」と「新しい受入国社会への同化（assimilation within new national communities）」という2通りがあり[8]、物質的支援はあくまでも副次的な意味を持つ対処法に過ぎない。したがって、1966年時点において、弁務官は「UNHCRは、国内で避難している人々には対処できない」と述べ、明確に関与を拒否したのである[9]。

第1部　難民・強制移動をめぐる史的・制度的展開

2. スーダン南部避難民支援活動

　独立直後から、スーダンでは、南部が北部からの分離独立を求め、内戦が続いていた。特に、1958年以降、軍事政権が住民のアラブ化など南部に対する強硬姿勢をとったことにより、近隣諸国へと難民が流出し、国内（南部諸州）では国内避難民が発生した[10]。しかし、1964年に文民政権が樹立されると、政府は南部との関係改善を目指し、近隣諸国に逃れたスーダン難民の帰還事業を開始した。スーダン政府は、当初は独力での帰還事業を進めたが成果が乏しかったため、1966年、難民帰還の促進と国内避難民への支援をUNHCRに要請した[11]。

　同じアガ・カーン弁務官はこの要求を受け入れた。UNHCRはなぜスーダン南部の国内避難民に対しては支援を行ったのか。南ベトナムの事例と大きく異なるのは、スーダン政府による国内避難民問題の位置付け方であった。第1に、スーダン政府による要請の主たる目的は、「難民の自発的帰還への支援」であり、これはUNHCR規程に基づく難民問題の解決法に沿うものであった。一方で、そこでは、国内避難民支援は付随的なものとして扱われた。例えば、スーダン外相は、国内避難民支援について「難民帰還を促進するための飾り窓」であると述べた[12]。つまり、難民が自発的帰還を進めるためには南部地域の安定化が必要であり、その手段として国内避難民支援が捉えられたのである。第2に、スーダン政府は、国内避難民を「奥地や森林に避難した人々」と記述的に呼び、「避難民（displaced persons）」という呼称を回避した[13]。国内避難民支援は、難民帰還を促進する触媒に過ぎない付随的な活動なのであり、新たな支援対象のカテゴリーとして認識する必要はないとスーダン政府は考えていた。

　UNHCRにとってみれば、スーダン政府の要求は、自らの本来の任務との明確な関連性があり、難民定義の変更を伴うものではなく、新たな支援カテゴリーを作る必要もなかったため、受け入れやすかった。確かに、国内避難民支援は「際限のないマンデートの拡大」を招く危険性があることを弁務官が認識していたことも事実である。しかし同時に、難民帰還を進めるためには、南部地域の安定化が不可欠であったため、最終的に、弁務官は「斡旋（good offices）」を用いて国内避難民に対して支援することを決定した[14]。「斡旋」[15]とは、「弁務官は、その裁量にゆだねられた財源の範囲内で、帰還および再定住を含めて、国連総会が決定するところに従って追加的活動に従事する」ことを定めるUNHCR規程第9条を根拠とし[16]、国連総会らが、UNHCRに対して、マンデートの枠外で行われる活動を開始

する権限を与えることを指す[17]。加えて、弁務官は、この活動はUNHCRがアフリカで継続的に支援を行う上での試金石となると考えていた[18]。背景となる国際政治状況を見ても、スーダン政府は、米ソ双方との関係改善を進めて中立政策を採り、近隣諸国との関係改善に乗り出していたため[19]、各国政府からの反対もなく、「斡旋」に必要な国連総会決議を通すことも可能となる環境にあった。

こうして、1972年、スーダン政府と南部側で和平合意が結ばれた後、難民と国内避難民の自発的帰還・再建・再定住について、UNHCRが国連を代表して支援することが決定された[20]。この活動において、国内避難民は「避難民」と呼ばれたが、文脈上「スーダン南部の(国内)避難民」であり、今日で言うところの、一般的カテゴリーとしての国内避難民ではないことに注意しておく必要があろう。これ以降、UNHCRは「斡旋」を通した国内避難民支援を求められるようになったが、引き続き自らのマンデート維持に対して保守的であり、国内避難民支援に対して完全に扉を開けることは拒んだ[21]。「難民保護」を主たる目的とするUNHCRは、「難民問題との関連性」という要件を加えることで、国内避難民への対処・非対処についての正当化を試み、説明責任を果たそうとしたのである[22]。

おわりに

2つの事例を比較した結果、UNHCRは、国内避難民支援について自らのマンデートとの関係性の強さを最重要視し、各国からの要請を受け入れるか否かの判断基準とした。特に、超大国である米国の要請を拒んだ南ベトナムの事例からは、自己の存立基盤を維持しようとする国際機構としての自立性を垣間見ることができよう[23]。国内避難民支援の条件となった「難民問題との関連性」は、1972年以降から冷戦終結後まで、基本的な原則として維持された。1990年代以降、この原則を変更しようとする試みが見られるが[24]、根本的な変更が生じたのは、2005年の「クラスター・アプローチ(Cluster Approach)」の導入とそれに伴う2010年度の国内避難民に対する予算の制度化であった[25]。冷戦終結後の時期は、内戦や民族紛争の増加が顕著となったが、そのような国際情勢の変化にもかかわらず、「難民問題との関連性」原則は30年以上にわたって変化しなかった。本原則は、UNHCRによる国内避難民への柔軟な対応を困難にしたが、その起源には、冷戦構造の中で自らの中立性・非政治性を維持しようともがいたUNHCRの姿があったのである。

【補記】本章は、平成24年度、25年度文部科学省科学研究費補助金（特別研究員奨励費）による研究成果の一部である。

1 UNHCR, *Global Report 2010* (Geneva: UNHCR, 2011), p. 75.
2 UN Doc. A/RES/428(V), Annex, 14 December 1950, Article 6. UNHCR設置以前の難民・避難民の定義にも国境要件は存在していた。難民の定義の変遷は、小澤藍『難民保護の制度化に向けて』（国際書院、2012年）、47-76頁に詳しい。
3 もっとも、1951年、「難民の地位に関する条約」（以下、難民条約）制定時に、ベルギーやトルコは国内難民（internal refugees）も国際的な支援対象とすべきだと主張したが、フランスらが反対した。J.C. Hathaway, *The Law of Refugee Status* (Toronto: Butterworths, 1991), p. 31.
4 UNHCR自身による冷戦期の国内避難民支援に対する評価は、例えば、UNHCR, *UNHCR's Operational Experience with Internally Displaced Persons* (Geneva: UNHCR, 1994), paras. 6-71がある。また、邦語文献として、墓田桂「国連難民高等弁務官事務所（UNHCR）の国内避難民に対する取り組み」『国連研究』第3号（2002年）、240-242頁。ただし、いずれもUNHCRの活動の変遷自体が研究の焦点である。
5 G. Loescher, *UNHCR and World Politics: A Perilous Path* (Oxford: Oxford University Press, 2001), p. 144.
6 'UN's Viet Role—Refugees', *International Herald Tribune,* 19 December 1965.
7 Loescher, *supra* note 5, p. 144.
8 UN Doc., *supra* note 2, Article 8-(c). ただし、1980年代以降、難民問題の恒久的解決は、「自発的帰還」、「避難国での定住（local settlement）」、「第三国定住（resettlement in a third country）」という3本柱構成として理解されるようになる。UN Doc. A/36/12/Add.1, 21 October 1981. いずれにせよ、物質的支援は難民問題の解決という点で副次的な位置づけであることに変わりはない。
9 *Account by the High Commissioner of His Mission, 24 January 1966,* UNHCR Archives, 13.01.03, Mission to USA, Vol. 1, Box 12, 1965/66. しかし、1970年代以降、UNHCRはインドシナ避難民への支援を開始した。これは、1973年、「ベトナムの戦争終結と平和に関する協定（ベトナム和平パリ協定）」の締結によって、UNHCRによる避難民への関与が、自らの非政治性・中立性を脅かすものではなくなったからであるといえよう。Loescher, *supra* note 5, pp. 188-194.
10 A.R. Zolberg, A. Suhrke, and S. Aguayo, *Escape from Violence: Conflict and the Refugee Crisis in the Developing World* (Oxford: Oxford University Press, 1989), pp. 50-52.
11 *Mission to Sudan, 15 September 1966,* UNHCR Archives, 13.01.03, Mission to Sudan, Box 14, 1966, p. 4.
12 *Idem.*
13 *Address by H.E. Sayed Wadie Habashi,* UNHCR Archives, 13.01.03, Mission to Sudan, Vol. 1, Box 29, 1972.
14 *Relief and Resettlement Conference Khartoum Sudan, 21-23 February 1972,* UNHCR Archives, 13.01.03, Mission to Sudan, Vol. 2, Box 29, 1972, p. 4.
15 国際法上、good officesは「周旋」と訳され、国際紛争の平和的解決方法の一つとして「紛争解決のために、第三者が当事者たちに外部から交渉開始の便宜を図ること」を指す。酒井啓亘・寺谷広司・西村弓・濵本正太郎『国際法』（有斐閣、2011年）、344-345頁。一方で、UNHCRの文脈で使われるgood officesとは、本来の難民定義から外れた人々に対して、人道的配慮からUNHCR自らが寄付金を募って彼・彼女らに分配するという斡旋活動のことを指す。したがって、国際法上の概念である「周旋」とは一致しないUNHCR独自の用語法であると考えられるため、本章ではあえて「斡旋」の訳語を当てた。山本哲史「難民

保護の方法論転換—国連難民高等弁務官事務所の難民流出予防活動」『国際開発研究フォーラム』第21号（2002年）、151頁。
16 UN Doc., *supra* note 2, Article 9.
17 本規程内に「斡旋」の語は登場しないが、1957年の香港難民に対する支援を契機として、1959年の総会決議1388(XIV) において公式化された。UN Doc. A/RES/1388(XIV), 20 November 1959, para. 2.
18 Loescher, *supra* note 5, p. 147.
19 Zolberg et al., *supra* note 10, p. 52.
20 UN Doc. A/RES/2958(XXVII), 12 December 1972, para. 2.
21 当時、UNHCRにおいては法務部である国際保護局（Division of International Protection: DIP）の影響力が強く、難民条約からの過度な逸脱は難しかった。
22 S. Akahoshi, 'What Made IDPs a Separate Category from Refugees? The Change in Logic of IDP Treatment in the SARRED Conference', *CDR Quarterly,* Vol. 7 (2013), pp. 7-9.
23 M. Barnett and M. Finnemore, *Rules for the World: International Organizations in Global Politics* (Ithaca: Cornell University Press, 2004).
24 特に、旧ユーゴスラヴィア紛争においては、UNHCRが「戦争犠牲者のための国連人道機関（UN Humanitarian Organization for Casualties of War）」として機能したと指摘するものもある。T.G. Weiss and A. Pasic, 'Reinventing UNHCR: Enterprising Humanitarians in the Former Yugoslavia, 1991-1995', *Global Governance,* Vol. 3, No. 1 (1997), pp. 41-57.
25 クラスター・アプローチについては、第1部第5章の副島論文を参照のこと。

Chapter 5 UNHCR and the Protection of Internally Displaced Persons: the Policy Making Process for the Cluster Approach

第5章
国内避難民の保護とUNHCR
クラスター・アプローチにみる政策決定過程

副島 知哉 *Tomoya Soejima*

キーワード：国内避難民、国際的保護、UNHCR、クラスター・アプローチ、政策決定過程
Keywords: internally displaced persons (IDPs), international protection, UNHCR, Cluster Approach, policy making process

はじめに

　国連難民高等弁務官事務所（UNHCR）とは、国境を越えて人権侵害や紛争を逃れてきた難民を保護するための国連難民機関である。実際に多くの人はそう考えているし、少なくともUNHCRの事務所規程には「難民の国際的保護」と「難民問題の恒久的解決」がその任務であると明記され、現在でも活動の法的根拠になっている[1]。

　ところがUNHCRが支援をしている人のうち、いまや最も人数が多いのは難民ではなく国内避難民である。現在、難民1,040万人に対して、UNHCRが支援対象とする国内避難民は1,550万人[2]、紛争による国内避難民の総数は2,640万人に上る[3]。国内避難民とは、平たく言えば「国境を越えていない難民」である。すなわち難民と同じように人権侵害や紛争によって故郷からの避難を余儀なくされたものの、国境を越えずに国内に留まっている人々のことである。

　国内避難民に対する国際社会の捉え方は、時代に合わせて大きく変化した。冷戦期の伝統的な難民の国際的保護のしくみでは、国内避難民は原則的に国内問題であると考えられてきた。しかし1990年代になると、頻発する国内避難民の人道危機に国際社会はより一層の関心を集めるようになった。しだいに国内避難民の保護が「国際社会の正当な関心事」[4]になり、もはや難民条約で定義された狭義の難民だけでなく、同じように人道的支援を必要とする国内避難民も、国際社会によって幅広く保護されるべきではないか、そのような人道的な見地から規範が形成されていった。1998年に国連人権委員会に提出された「国内強制移動に関す

る指導原則」5(以下、指導原則)は、そのような動機に基づいて既存の国際法体系を整理することで、国内避難民の保護に関する規範を強化しようとした試みである。国内避難民保護の規範の広がりと軌を一にして、UNHCRが支援する国内避難民の数も増加し、2006年に初めて難民を逆転した。つまり今日のUNHCRは、難民保護のための国連機関として設立されながら、少なくとも数の上では、難民よりも国内避難民を多く支援する組織になっているのである6。

　ところで、UNHCRの支援する国内避難民の数が2006年に倍増して難民を上回ったのはなぜだろうか。国内避難民の保護において、UNHCRの実務上の役割の変化を促した重要な政策のひとつに、2005年の「クラスター・アプローチ(Cluster Approach)」と呼ばれるものがある。クラスター・アプローチについては後で詳述するが、端的に言えば、人道危機において国際機関がどの分野でどのように役割分担をするかを取り決めた、国連全体の政策枠組みのひとつである。この国連全体の政策に参加することで、「紛争によって発生した国内避難民」の保護について、国家が国内避難民を保護しないあるいはできない場合に、UNHCRが国際機関による保護と支援を取りまとめる責任を原則的に担うことになった。UNHCRの国際保護局の長であったE. フェラー(Feller)の言葉を借りれば、「ある条件が満たされない限りは原則不関与」という方針から「特定の条件が生じない限りは原則関与」という方針へ変質したのである7。これはUNHCRの国内避難民政策において、国内避難民への原則的な関与を制度的に約束したという意味で、本質的な変化であった。2005年にUNHCRがクラスター・アプローチへの参加を決定し、その政策が活動に反映された翌2006年にUNHCRが支援する国内避難民の数が急増したことには、こうした背景があった。

　しかし考えてみれば、国内避難民の保護にかかわる規範が拡大したことと、UNHCRが国内避難民に原則的に関与するように役割を変質させたこととは、一見結びついているようで、実はそれほど自明ではなかったはずである。そもそもUNHCRは国連難民機関であって、国内避難民を支援するための活動根拠を欠いている。国連機関の活動根拠は国家間の合意に基づくものであるから、そのような重大な問題についてUNHCRが独断で決定したとは思えない。他方で、すでに難民保護の分野で影響力のあったUNHCRが、全く主体的な意思決定なく国連全体のアプローチを受け入れたとも考えにくい。後に検討するように、国内避難民への原則的な関与を表明することについて、UNHCRの内部ではかなりの対立があったことも明らかになっている。

一言でいえば本章で投げかける問題は次のようなものである。すなわち、UNHCRは国内避難民に対する保護の任務を与えられていないにもかかわらず、なぜ2005年という時期に政策を本質的に変化させ、その保護に原則的に関与することができるようになったのか。国際社会における規範が形成されたからという説明だけでは、この問いに対する十分な解答を得られそうにない。その政策決定の過程を明らかにするには、少なくとも次の３つの分析レベルに注意を払う必要があろう。それは、①UNHCR執行委員会にみる構成国の関心、②国連の国内避難民政策にみる国際機関の関心、③UNHCR内部の官僚構造にみる部局の関心である。この３つの分析レベルはどれもUNHCRの意思決定を大きく左右しているが、互いに複雑に絡み合い、その過程が単線的ではないことを示している。本章では、国内避難民とUNHCRの役割にかかわる基本的な概念を確認してから、UNHCRがクラスター・アプローチに参加するまでの意思決定過程を、その３つの分析レベルで検討することにする。

1．基本概念の整理

(1) 国内避難民の保護

　本論に入る前に、まずいくつかの基本的な概念について確認しておこう。国内避難民は「国境を越えない難民」であると述べたが、その定義は法学、社会学、公共政策論などの分野で精緻化されてきた[8]。先に言及した指導原則においては、①武力紛争、一般化した暴力、人権侵害、自然災害もしくは人災などさまざまな状況によって、②自らの意思に反して移動を余儀なくされ、③国境を越えていない者を、国内避難民と呼んでおり、概念を幅広くとらえている[9]。本章では指導原則で示された概念に準じつつも、紛争によって発生した国内避難民を念頭におくことにしたい。

　また、国内避難民を保護する義務と責任は、何よりもまず当該国家にある[10]。しかしその一方で、国際人道機関にも支援活動を申し出る権利があり、特に当該国に保護の意思や能力がない場合には、その申し出が恣意的に妨げられてはならないことが指導原則では言及されている[11]。

(2) UNHCRと国内避難民

　ところが国内避難民を保護するためだけに諸国家によって権威づけられた国

際機関というものは存在しない。UNHCRについて言えば、すでに述べたように、その任務は「難民の国際的保護」と「難民問題の恒久的解決」であると明記されており、国内避難民に対する支援活動の根拠はほとんど見当たらない。もっともUNHCRは、冷戦中にも国内避難民に対する活動を行っている[12]。しかし当時のUNHCRにとって、国内避難民支援は中心的な任務からの逸脱であるとみなされ、きわめて例外的かつ場当たり的な対応に過ぎなかった。

このような背景にもかかわらず、1990年代になるとUNHCRは国内避難民に対する人道上の要請に直面し、関与を強めていった。UNHCRは「難民のような状況（refugee-like situations）」や「支援対象者（persons of concern）」という言葉を用いるようになり、その任務規定をさまざまに解釈し直すことによって、狭義の難民以外に対してもUNHCRの支援活動が及ぶことを説明してきた[13]。すでにみたように、2005年のUNHCRの支援対象となる国内避難民（帰還した国内避難民を含む）は700万人程度であったのが、2006年になると1,500万人近くに倍増している。複雑な支援対象者の分類や、統計データの信頼性などの問題を考慮しても、UNHCRが国内避難民に対する関与を強化してきたことは明白である。

(3) クラスター・アプローチ

冒頭で述べたように、UNHCRの支援する国内避難民数が2006年に急増した背景には、UNHCRがクラスター・アプローチへの参加に合意するという政策決定があった。クラスター・アプローチとは、国際機関が連携して人道危機に対処できるようにするための、国連全体の政策枠組みである[14]。2005年に国連人道問題調整事務所（OCHA）によって提案され、国連、NGO、国際赤十字・赤新月社連盟（IFRC）といった人道及び開発機関によって合意されている。それまで緊急人道支援における人道援助機関の責任の所在が不明瞭であり、各機関の連携が不十分であったことに対する反省から、本部及び現地レベルの双方で協調関係を強めることで不十分な支援体制を改善しようとした試みである。

クラスター・アプローチは、人道危機における主要な支援活動の領域を分類し、それを「クラスター（分野）」と呼んでいる。クラスターには、保護、キャンプ調整運営、早期復興、シェルター、保健、水と衛生、栄養、教育、食料安全保障、物流、緊急通信の11分野がある。このアプローチの最も重要な特徴は、クラスターごとにどの機関が先頭に立って情報共有や調整業務を引き受けるかを明確にし、主導機関（lead agency）を任命したことである。たとえば保健クラスターなら世界保

健機関（WHO）、物流なら国連世界食糧計画（WFP）といった具合に、それぞれの専門分野に応じてクラスターが割り振られている。

(4) UNHCRの国内避難民政策の転換

クラスター・アプローチは、たんに国際機関間の協調を促進する国連政策が発展したものという域を超えて、国内避難民の保護の領域においては、UNHCRの役割にきわめて本質的な変化をもたらした。UNHCRがかかわるのは、保護、キャンプ調整運営、シェルターの3つのクラスターである。この3つのクラスターはさらに「災害状況」と「紛争による国内避難民」に場合分けされる。UNHCRが主導機関を努めるのは、国内避難民が発生した場合である。これによって調整と情報共有を主導するUNHCRの責任が明確になるとともに、現場レベルで支援の空白を埋めるよう努めなくてはならなくなった。つまり、その設立時に任務として想定されなかった国内避難民の保護について、もはや例外的な関与ではなく、よほどのことがない限り原則的に関与するという方針にUNHCRは転換し、クラスター・アプローチによってその方針が制度的に担保されたのである。

2．UNHCRの政策を決めるのは誰か

さて国内避難民とUNHCRの役割にかかわる基本的な概念を確認したところで、次に冒頭で述べた3つの分析レベルの妥当性について考えることにしよう。本章の関心は、UNHCRは国内避難民の保護の任務を与えられていないにもかかわらず、なぜ2005年に政策を本質的に変化させ、国内避難民の保護に原則的に関与できるようになったのかという問いであった。しかし諸国家の総意によって設立された国際機関たるUNHCRの意思決定は、決して単線的なものではないはずである。UNHCRがクラスター・アプローチに参加するという政策決定は、果たして誰によってなされたのか。ここでは国家の関心、国際機関の関心、UNHCR内部組織の関心という3つの分析レベルに光を当てることにしたい。

(1) UNHCRの意思決定と執行委員会構成国

ひとつの考えは、UNHCRの政策は単に国家の利害を反映して決定されるというものである。UNHCRは執行委員会という組織の下で活動を許されている。UNHCR執行委員会は、経済社会理事会が選出した加盟国の代表によって構成さ

れる。構成国は、UNHCRの意思決定に対して次の2つの意味で大きな影響を及ぼしている。

第1に、UNHCRはその活動方針について諮問機関に権威づけされた執行委員会に意見を求めなくてはならない。UNHCRの事務所規程に明記されている通り、執行委員会の結論はUNHCRの政策に反映される仕組みになっている[15]。構成国が増加した現在では、執行委員会が各国政府の国益の表出と折衝の場になり、その結論は国家の関心の妥協の産物にならざるを得ない[16]。

第2に、UNHCRの活動の限界は、執行委員会の中でもドナー国によって左右される。UNHCRはドナー国の任意拠出金に大きく依存している。任意拠出金とは、特定の国際的課題についてドナー国が各国の事情に応じて拠出できる仕組みで、たとえば難民問題についてはUNHCRが必要に応じてドナー国に資金を嘆願することになっている。したがってUNHCRの活動には、大口のドナー国の意思が強く反映されざるをえない[17]。それだけではなく全体の拠出金のうち、使途が限定されたいわゆる「紐付き拠出」の割合は8割にも上り、ドナー国は意図的にUNHCRの政策に影響を及ぼすことができる[18]。

このように国際社会の集合的な意思の発露としてのUNHCRの政策は、執行委員会の構成国、とりわけドナー国の個別的な選好によって大きく左右されるという側面をもっている[19]。

(2) UNHCRの意思決定と国連事務局

次にUNHCRの政策決定は、他の国際機関や国連本体の決定と方針によっても大きく左右される。ここでいう国連本体とは、総会、経済社会理事会、事務局を指す。制度的な面をみれば、UNHCRは総会に報告義務を負い[20]、また難民高等弁務官は総会と経済社会理事会の政策指示に従わなければならない[21]。つまり、UNHCRには国連総会の補助機関としての性格があり、そのため国連事務局の長たる事務総長の方針に従わなければならない[22]。

またそれ以上に重要なのが、国連全体の政策方針におけるUNHCRと国連事務局の政策的な結びつきである。1990年代に入り、総会の主たる関心が開発分野から人道分野に移るにつれ、国連事務局はジュネーブに本部を置くUNHCRや赤十字国際委員会（ICRC）などの人道機関との連携を深めていった[23]。1991年4月のイラク北部での人道危機を受け、1992年にB．ブトロス・ガリ（Boutros-Ghali）事務総長を中心に国際社会の総意として機関間常設委員会（Inter-Agency

Standing Committee: IASC）が創設されると、それ以来UNHCRは参加機関として加わっている。またOCHAのような国連事務局内の人道問題担当部局とも、国家にとっての条約に相当する覚書を結んでいる[24]。

　もちろんUNHCRは財政上かなりの程度国連本体と切り離されているために、独自の組織文化に基づいて活動できるといってよい。しかしこのような制度的、政策的な結びつきがあるために、OCHAや政務局など国連事務局内の部局の決定や方針に、UNHCRは無関心ではいられない。つまりUNHCRの政策は、単に国家の利益の写し鏡ではなく、他の国連機関との相互関係における力学にも大きく影響されていると言えるのである。

(3) UNHCRの意思決定と内部官僚組織

　第3に、UNHCRそれ自体が国際社会における重要な意思決定の主体であるとする立場がありうる[25]。上にあげた2つの分析レベルでは、執行委員会の構成国か他の国際機関かという違いはあっても、そうした外部の要因に左右されてUNHCRが合理的な判断を下しているだろうとみなしている点では一致している。それに対し、UNHCRの政策はUNHCR自身の変質によって決まり、その変質を説明するにはUNHCR内部の官僚構造の変化を詳しく見なければならないという見方がありうる[26]。

　UNHCRは高等弁務官を長とする官僚構造を成している。その組織は、大きく分けて保護（Protection）、事業（Operation）、管理（Management）の3つの部門から成り[27]、それぞれ国内避難民問題について異なる見解を持っていた。国際保護局の役割は、難民の国際保護に関する国際法をUNHCRの政策に反映させることである。UNHCRの活動の法的根拠を厳格に解釈する立場から、UNHCRは難民保護の中心的任務に立ち戻り、難民機関としての権威をとりもどすべきであると、少なくとも1990年代を通じて主張し続けた。彼らは基本的に、UNHCRが国内避難民に関与するための新しい法的基礎は何もないと考えていたからである[28]。国際保護局は、同局が事業部門の上位に位置していた1980年代半ばまで、政策決定において最も強い影響力を維持してきたが、それ以降の組織再編によってその影響力は急激に低下していった[29]。

　これに対して1980年代半ばから影響力を伸ばしつつあった事業部門は[30]、結果的には、UNHCRが国内避難民へより積極的な関与をせざるをえないという立場をとった。事業部門は、現場での国内避難民の人道上の要請に直面する立場に

あり、その要請をUNHCR全体の方針に反映させることを目標としていた。例えば、現場において難民と国内避難民を実務上仕分けること自体できない状況がある。こうした場合、好むと好まざるとにかかわらず、国内避難民に関与しなければ支援活動全体に支障が出る。また、国内避難民に対する組織の方針がはっきりしないために、治安あるいは調整業務にかかわる必要な情報を十分に得られない。そのため協力機関、支援対象者、さらには職員の間に混乱が生じる。関与してしまってから生ずる責任問題を回避するために、地域事務所レベルで不関与の判断が下されることもあった[31]。こうした現実が事業部門の直面した状況であり、UNHCRの国内避難民に対する活動が制限されていることによる実務上の危機意識は、彼らに強く共有されていた。

　管理部門はどうだろうか。管理部門のうち、UNHCRの国内避難民政策の決定に大きくかかわったのは、財務調達局である。この部門の仕事は、その時々の財務状況に応じて、活動の優先順位を決め予算計画を作成することである。原則として、UNHCRの中心的任務である難民保護のための予算は、国内避難民には使えない。その上で拠出予想を立て、予算の充足率が下がらないようにしなければならない。したがって他に追加的な拠出金がなければ、UNHCRは国内避難民に関与できない。逆に国内避難民に対して十分な拠出金さえあれば、UNHCRの国内避難民への関与を妨げるものはない。財務調達局はそのように考えた。UNHCRが財政危機に陥った2000年頃から、財務体質の改善の方針がUNHCR全体の政策を左右するようになり、同局の影響力も拡大した。

　要するに、こうした内部部局の目標や認識に大きな隔たりがある限り、UNHCRの意思決定が、たんに外部の要因に左右されて合理的に下された決定だとみなすことは難しいのである。言い換えれば、UNHCRの決定は、内部の官僚構造における意見の食い違いを乗り越えた上での、妥協の産物にすぎないとみることもできる[32]。

3. 国内避難民政策に関するUNHCRの意思決定過程

　ここまで3つの分析レベルについて検討して、UNHCRの意思決定の過程が決して単線的になりえないことが明らかになったところで、最初の問いに戻ろう。つまり、UNHCRは国内避難民の保護の任務を負っていないにもかかわらず、なぜクラスター・アプローチに参加し、その役割を本質的に変化させることができ

たのかという問題である。ここからいよいよ、UNHCRがクラスター・アプローチに参加するまでの政策決定過程を、順を追って検討していきたい。

(1) 国内避難民への関心の高まりの時代
(a) 国家による「難民封じ込め」と国内避難民支援

　1990年代は国内避難民問題が国際社会の関心事になっていった時代である。しかし国内避難民を検討する前に、UNHCRにとってこの時代はどのような性格をもっていたかをみてみよう。1990年代を通じて高等弁務官を務めた緒方貞子は、UNHCRにとって「帰還事業」の10年であったと回想している[33]。もともと難民受入国での法的保護を中心的任務としていたUNHCRであるが、1990年代には難民の母国への自主的帰還を積極的に支援するようになった。つまりこの時代の大きな特徴は、難民発生国へその活動を広げていったというところにある。なぜこのような変化が起きたのだろうか。ひとつにはもちろん、難民が帰還を望むのであれば、帰還支援自体は人道的な目的に適うということがあった[34]。しかしそうしたUNHCRの政策を積極的に支えたのは、UNHCR執行委員会構成国の国益であったということも忘れてはならない。庇護を求める難民の増加という問題を抱えて、執行委員会は難民問題をいかに予防するかという方策を真剣に検討するようになっていた。その中で、難民が発生する地域でのUNHCRの対応を強化すれば、難民化を予防することができ、受入国に庇護を求める難民の数が減るだろうと構成国は考えた[35]。実際、ドナー国がUNHCRに迫ったのは、自主的帰還を支援することは保護の概念に含まれると唱えることによって「帰還文化」を組織内に創り出し、難民の帰還を促進することであった[36]。つまり、ドナー国を中心とした執行委員会の構成国が、UNHCRの活動を通じて難民をその発生国に「封じ込め」ようとしていたのが、1990年代の特徴だったという見方もできる[37]。

　国内避難民支援の問題も、こうしたドナー国の「封じ込め」戦略と無関係ではなかった。1994年の執行委員会結論75においては、意図的に難民と国内避難民の類似点を強調することで、その区別が曖昧にされた[38]。1996年の執行委員会結論80は「保護の枠組みの中における包括的および地域的アプローチ」と題され、大量の難民が発生した場合には、受け入れの負担を全世界的に分担するのではなく、難民発生国の周辺地域だけに限定して対応するほうが望ましく効果的であるという趣旨の結論が述べられている[39]。そこでは国内避難民についての具体的な言及もあり、地域を限定して難民問題に対応するべきだという理由で、UNHCRの国内

避難民への関与が正当化されていた。このことはすなわち、国内避難民に対して支援を行うことが、難民を庇護国から遠ざけようとする彼らの国益に一致すると述べているに等しかった。

さらにドナー国は、執行委員会を通じてUNHCRの予算の承認権を握り、財政上の自由を奪うことで、きわめて具体的にUNHCRの予算配分に影響を与えていた[40]。たとえば特別会計制度（当時）を利用することで、ドナー国は自らの国益にかなう地域でのUNHCRの活動にとりわけ重点的に予算を配分した。当時の特別会計は、本来は緊急支援や副次的な活動に対応するためのものであったが、実際には使途を限定して拠出できる紐付き予算のようなものであった。たとえば1990年に比べて、旧ユーゴスラヴィア紛争のあった1994年にはUNHCRの予算総額が倍増しているが、これは世界的に難民の危機が増えたというより、使途を限定した特別会計が急増したことが原因であった[41]。

UNHCRの国内避難民への関与はドナー国に支持されていたが、それは必ずしも人道的関心だけに基づいていたわけではなかったので、当然ドナー国が地政学的に関心のない地域には資金が拠出されなかった。ルワンダでの虐殺（1994年）、ルワンダ難民の帰還や同難民に対するコンゴ民主共和国での支援（1996年）などアフリカ大湖地方では大きな危機があったにもかかわらず、1997年のUNHCRの特別会計は1993年の半分にまで落ち込んだ[42]。このように、国内避難民に対する人道的義務を果たすために必要な政治的意思と資金を、ドナー国の国益にならない地域で期待することはほとんどできなかったのである[43]。

(b) 国連政策にみる国内避難民保護の規範の発展

そのようなドナー国との関係があるために、UNHCRの国内避難民への関与は一貫性のあるものにはなりえなかった。ところが国際社会では国内避難民保護の人道的必要性が広く共有されるようになり、一貫性のある国内避難民保護を可能にするような法的枠組み作りや制度作りが、1992年以降国連本体の主導によって急速に進められていった。国連はまず国内避難民に対する政府の責任と対応を規定するような、国際法上の枠組みの作成からとりかかった。1992年に国内避難民に関する事務総長特別代表に就任したF. デン (Deng) は、1995年には『法的規範の編纂と分析』と題した報告書を、それを元に1998年には「国内強制移動に関する指導原則」を、それぞれ国連人権委員会に提出した[44]。法的拘束力をもたない文書であったものの、既存の国際法を基盤にしているために、国内避難民保

護の分野で初めて説得力のある法的枠組みを提供したのである[45]。

　法的枠組みの発展に呼応するように、国連事務局における実務的な枠組み作りも進められた。当時の国連事務局は、人道危機の際にいくつもの国際人道機関が協調して対応するには、どのような仕組みがふさわしいかを考えていた。1993年には「自国内の避難民に対する人道的援助および人道的保護」が国連総会決議で採択された[46]。それは人道機関が補完しあうことが必要だとしながらも、国内避難民保護におけるUNHCRの役割の重要性を公に指摘し、UNHCRに対する国連加盟国の支援を要請するものであった。1997年の国連改革によってOCHAができると、OCHAの長が指揮をとる機関間常設委員会（IASC）の内部に国内避難民問題を担当する作業部会が創設され、この部会が人道危機における国内避難民への対応の調整を担うことになった[47]。要するに、国連事務局はこのような協調体制の構築を進め、UNHCRもその仕組みに巻き込もうとしたのである。

　もちろんUNHCRにとっても国連事務局のこのような動きは無視できなかった。1993年の「国内避難民とUNHCRの役割」と題されたUNHCR内の覚書では、国内避難民保護の任務をもたないUNHCRがかれらの保護へ関与するための条件を列挙し、UNHCRにとっても緊急性の高い問題になりつつあることが確認されている[48]。1997年の別の覚書（同題）ではさらに踏み込んで、国内避難民と難民との関係が明らかである場合は、国連や国家による事前の承認がなくてもUNHCRは関与することができると述べている[49]。しかしこれらの文書は、UNHCRが原則的に不関与であるという立場に立って、そうではない例外的な関与がどのような条件の下で許されるのかということを述べたにすぎない。ひとつには、ドナー国から十分な資金が提供される見通しが立たないのに国内避難民への原則的な関与を明言するわけにはいかなかったという事情がある[50]。その上、国内避難民保護が、事務所規程上の任務ではないという厳格な法解釈の立場からの批判も加わって、原則的にUNHCRは国内避難民に非関与であるという立場を変えなかったのである。

(c)　明らかになるUNHCRの内部対立

　ところでUNHCRが決定したこのような一連の政策は、結果的に組織全体が下した合理的な判断のように見えるだけであって、実際はUNHCR内部で深刻な意見の対立を乗り越えた上での、各部局の妥協の産物に過ぎなかった。国内避難民への関与をめぐって1990年代に鋭く対立したのは、その専門性によって伝統的

にUNHCRを権威づけてきた国際保護局と、1986年以降の緊急支援活動を支えることでUNHCRの現場での存在感を作り上げてきた事業部門であった。

　UNHCRの国内避難民への関与を突き動かしたのは、国内避難民の人道的要請への対応をせまられた事業部門であった。1991年にはトルコ政府がクルド難民を受け入れずに国境を封鎖したが、UNHCRはイラク国内に「安全地帯（safe heavens）」という支援拠点を作りだし、法的活動根拠が曖昧なままに人道的要請に基づいて事実上の国内避難民支援を行った。1992年の執行委員会結論68「国際的保護に関する一般的結論」では、難民発生国で活動することは難民問題の恒久的解決のための予防的活動であると述べられ、UNHCRの国内避難民への関与は人道的な見地から必要であると強調された[51]。1994年の執行委員会でも、支援の現場において難民と国内避難民の区別は出来ないだけでなく、すべきでないという点と、UNHCRには国内避難民支援を行う業務上の専門性があるという点が、国内避難民への関与の根拠として提示された[52]。これらは明らかに現場における実務上の要請を色濃く反映した内容である。緒方高等弁務官は、現場でプレゼンスを確保することがUNHCRの最重要任務であるという方針を掲げ[53]、人道的見地からの国内避難民への関与を後押しした。事業部門による現場レベルでの国内避難民への関与は、次第に全体の方針に反映されていったのである。

　それに対して、UNHCRの事務所規程の厳格な解釈を重視する当時の国際保護局は、法的根拠が不明瞭なままの国内避難民への関与に強い違和感を表明した。1994年にL．フランコ（Franco）国際保護局長は、UNHCRが一部の国内避難民に関与することは、道義的に異論があるだけでなく業務上受け入れがたいし、ましてUNHCRがこれまで国内避難民支援を積極的に行っていたわけではないと述べている[54]。国際保護局はUNHCRの任務規程を厳格に解釈し、国内避難民への関与はそこからの明らかな逸脱だと考えていた。すでにみたように1996年の執行委員会結論80「保護の枠組みの中における包括的および地域的アプローチ」では、難民保護と国内避難民保護との親和性が強調されているが[55]、このような国際的保護の概念の変質は国際保護局にとって受け入れがたいものであった。実際UNHCRは、同年に「この部門（筆者注、国際保護局）の権威や影響力は衰え、政策、プログラムの職員の決定にほとんど追随し、UNHCRの行動を遡及的に法的正当化するだけに成り下がってしまった」[56]という法実証主義の立場からの厳しい批判に晒されている。国際保護局は1990年代を通じて UNHCRの国内避難民への関与に強く反対していたが、その影響力はますます減じられていったのである[57]。

100　第1部　難民・強制移動をめぐる史的・制度的展開

(2) UNHCRの組織的危機の時代

(a) 国益をめぐる南北問題と国内避難民政策への影響

　ここまでみたように、1990年代を通じて主に国連を舞台に国内避難民問題は国際社会の正当な関心事になっていったが、その背景には人道的見地からの規範の拡大だけでなく、国家の「難民封じ込め」戦略があった。さらにそうした変化にUNHCRはどう対応すべきであるかという問題について、UNHCRの組織の内部でも意見の対立が顕在化していた。にもかかわらず、UNHCRは国内避難民への関与を強めることでその存在感を増していった。ところが、国内避難民にUNHCRが関与すればするほど、こうした行動自体が難民の国際的保護のあり方全体に影響を及ぼすことになる。

　UNHCRの国内避難民保護への傾倒が、難民保護レジーム全体を弱体化させて、ひいては難民の人権さえ揺るがしてしまう「危険な道」だという見方があらわれたのはこのころである[58]。2000年にUNHCRを待ち受けていたのは、深刻な財政危機であった。組織は肥大化したにもかかわらず、1994年には10億ドル近かったドナー国のUNHCRに対する拠出金が目に見えて減少し、2000年には7億ドルを下回る水準まで落ち込んだ[59]。その結果、中心的任務である難民保護に対する拠出金ですら確保することが難しくなった。UNHCRの拡大した活動規模とドナー国の戦略的関心に大きな溝があるとみなされるようになったためである。

　この危機を乗り越えるためにUNHCRは、2000年末に「難民の国際的保護に関する世界協議」を開催し、難民保護の必要性と国家の関心を収斂させようとした。2001年末には「締約国宣言」が難民条約の締約国閣僚会合で採択され、「難民条約の有効性を再確認するとともに、同条約上の義務を果たすこと、ならびに難民条約と議定書に盛り込まれた価値および原則を支持すること」[60]が締約国によって誓約された。つまりこの協議によってUNHCRは、まずは設立時の原則に立ち戻るという方法で、ドナー国のUNHCRに対する継続的な関与を取り戻し、UNHCR離れをくい止めたのである[61]。

　さらにUNHCRは、難民条約が起草された時点では想定外だった国内避難民のような問題についても、各国政府やNGOと協議するための枠組みを開始した。2001年末からの「コンヴェンション（条約）・プラス」がこれにあたる。ところがこちらでは議論が紛糾した。保護の負担をどのように世界的に分担するかという問題をめぐって、南北諸国の国益が激しく対立したのである。1990年以降だけで執行委員会は30カ国以上を新たに構成国に加え、そのうち多くが難民の発生

地域に隣接する途上国であった。大量に難民を受け入れている途上国は、世界の難民の8割を最貧国が受け入れており、難民が国家の発展を阻害する一因になっていると主張した[62]。2003年の政府間会合では、イラク難民の受け入れに直面していたイランが公正な負担の分担について訴え[63]、長期滞留難民を受け入れるタイも、ドナー国は「負担分担（burden sharing）」ではなく「負担移転（burden shifting）」を目論んでいるにすぎないと地域的アプローチを鋭く批判した。この負担分担をめぐる議論で、大量難民受入国とドナー国の国益は深刻に対立し、コンヴェンション・プラスは具体的な成果をあげることができなかった[64]。

ところが国内避難民問題については、南側諸国とドナー国の間に奇妙な意見の一致がみられた。ドナー国側は、再び国内避難民へのUNHCRの取り組みを評価するようになった。2003年の執行委員会の会議声明で米国は、UNHCRの国内避難民に対する業務の拡大について、とくにイラク情勢を念頭においてUNHCRが国際移住機関などの国際機関と緊密に連携することを強く要請している[65]。米国だけでなく欧州連合も、2002年末の国連総会において、国内避難民に対応する包括的な国連システムを支援し、国内避難民関与におけるUNHCRの役割についての透明性を高めようとする自助努力を歓迎すると述べている[66]。これに対して大量難民の受入国も、難民発生国の責任に焦点をあてることは受入国の負担を減らすことにつながるという期待から、国内避難民に対応するUNHCRの活動を増やすことには異論がなかった。

2001年以降のコンヴェンション・プラスで明らかになったのは、大量の難民を受け入れている南側の国が求める負担分担と、ドナー国が求める地域を限定した解決策をめぐる、南北両者の国益の相違であった。しかし国内避難民に関しては、難民を発生国の内側に「封じ込める」という点で両者の国益が一致することが、皮肉にも明らかになったといえよう。

(b) 行き詰る国連の政策

ドナー国と大量難民受入国はUNHCRが国内避難民に関与するよう圧力を強めていったが、OCHAをはじめとする国連事務局のUNHCRに対する期待も飛躍的に強まっていった。2003年までにはOCHAの国内避難民部会にはUNHCRの準幹部が継続的に出向して連携をしていたし、2004年には国内避難民部会が局に格上げされ、国内避難民問題における人道援助機関の連携が強められた。これは国連の「協調アプローチ」と呼ばれたが、現場での実動部隊をもたないOCHAにとっ

て、UNHCRの現場での能力は国内避難民保護に欠かせなかった。UNHCRへの期待は、単なる倫理上の責任という点だけでなく、この政策が国内避難民保護の法的枠組みの欠陥を補うためであると主張できるという点からも、UNHCRに対する圧力となった[67]。

しかし、国内避難民への原則的な関与は受け入れないというUNHCRの立場は本質的に変わらなかった。例外的な関与が許されるためには、国連事務総長からの要請、当該国の合意、十分な人的、財政的余裕の有無などの条件が存在し[68]、この基準が満たされなければ国内避難民保護に関与できないという立場が堅持された。こうした態度は国連事務局側から見れば不十分だったが、協調アプローチはUNHCRを拘束できる枠組みではなかった。協調アプローチが効果的に機能していないという問題意識[69]は、それ以降も引き続き共有されていった。

(c)　UNHCRの組織的危機の克服

2000年にUNHCRが財政危機に直面した前後から、UNHCR内部で影響力が大きくなったのは、管理部門、とくに財務調達局であった。限りある財源を合理的に配分しなければ生き残れないという組織運営上あたりまえの要請が強烈に高まったからである。

財務調達局はUNHCRの国内避難民関与についてきわめて慎重だった[70]。中心的任務である難民保護さえも満足に行えない財務状況では、国内避難民支援などは引き受けていられない。UNHCRが国内避難民に関与するか否かという判断は、活動の法的根拠や現場のニーズよりも、どれだけ予見可能性の高い財源を確保できるかどうかにかかっていた。

ドナー国の信頼を回復するためにまず取り組んだのは、肥大化した組織を縮小することによるコスト削減であった。現場の保護と支援の必要性に基づいた予算作成の方針（needs-based）を改め、資金調達が見込まれる範囲に活動規模を絞って、予算に対する拠出金の充足率を上げるという方針（recourses-based）への転換が徹底された。その一方で、支援対象者別の予算制度を導入して[71]、中心的任務にあたらない支援者を対象とする活動の予算は、通常予算から切り離した追加予算にのみ計上されるように改めた。これによって国内避難民の保護など中心的任務でない活動は、追加的な拠出がある場合にのみ行うということが明確になった。また、それまで秘匿体質だった管理部門の姿勢を改め、組織運営の問題点を徹底的にドナー国に開示することで透明性を高めた。その上で、徹底的な資源の

合理的配分と機能強化を推し進めたのである。

　こうした改革努力は、ドナー国に肯定的に評価された[72]。その結果2000年以降の拠出額は為替変動の影響を考慮しても微増に転じ、UNHCRは財政危機を乗り越えた。さらに、中心的任務でない活動であるはずの追加予算計画に対しての拠出金は、2000年に6,500万ドルだったものが2005年には2億9,600万ドルにまで増加し、国内避難民関連の予算の充足率は、結果的に難民関連の予算の充足率よりも大きくなった。このようにして2005年までには、UNHCRが国内避難民関与に踏み切ることに対する、管理部門の最大の懸念事項が払拭されることになった。

　事業部門に目を転じれば、UNHCRの国内避難民への一貫した関与を支持する圧力は相変わらず強まる一方であった。すでに2000年のUNHCR非公式提言「国内避難民におけるUNHCRの役割」において、IASCは責任分担と担当機関を明確にするような制度を構築すべきで、そのためにUNHCRは協力する用意があると述べている[73]。しかしUNHCRの関与の方針が一貫しないことで、現場での援助機関や政府との連携が混乱したり、国内避難民にも誤った期待を持たせたりするような状況は好転せず、場当たり的な対応はもはや限界に達していた[74]。

　それに対して国際保護局は、2000年以降UNHCRの活動の法的根拠に固執する「原理主義」[75]的な見解を少しずつ修正するようになった。2003年には国際保護局の中に「国内避難民に関する内部作業部会」を立ち上げ、2004年の同部会の報告書では、UNHCRの国内避難民政策への主な批判を整理するなかで、批判的ではあるもののUNHCRの関与自体の是非ではなく、関与の基準を問題にするようになっている[76]。2005年の報告書『一貫性と予見性ある国内避難民への対応』では、UNHCRが一度国内避難民へ関与してしまってから関与を止めようとしても、止めることを正当化することはきわめて難しいと結んでいる[77]。このようにして、国際保護局は自身の役割を「国内避難民への関与についての業務上の意思決定に、（筆者注、法的根拠などの）既存の政策基準がどの程度用いられているかを明らかにする」[78]というものへ変質させた。要するに、UNHCRの役割についての厳格な法解釈が、その設立時には想定されていなかった問題に対して、もはや十分な解答を与えられないことをこの時期までに認めざるを得なくなっていたのである。

⑶ UNHCRのクラスター・アプローチへの参加

　こうして、UNHCRが「原則的に」国内避難民へ関与できるようになる、あるいは関与せざるをえない構造的要因が、①執行委員会の構成国の国益、②国連戦略からの期待と圧力、③UNHCR内部の変質と要請、という3つの面から2005年には全て出揃っていく。このような背景の上に、2005年のクラスター・アプローチは導入されたわけであるが、UNHCRはその機運に受け身であったわけではなく、むしろ積極的にその機会を創出していった。

⒜　クラスター・アプローチの提案

　国際機関間の連携を促進するための協調アプローチは、2005年初頭までにその限界を露呈していた。参加機関に規定任務を超えた行動を要請できないことが最大の理由だった。そこでOCHAは、2005年6月に協調アプローチに代わる人道支援の調整のための新たな枠組み作りを提案した。現在のクラスター・アプローチである。UNHCRを含むIASC参加機関はこれに同意し、後のクラスターに相当する九つの作業部会が設立された。同年8月までの準備部会の段階で、UNHCRはすでに主導的な役割を果たし、9月の非公式会議では「紛争による国内避難民」について保護、キャンプ調整運営、シェルターの3分野でUNHCRが主導機関となることが確認された[79]。10月のUNHCR執行委員会で、同アプローチがUNHCRの方針として承認され[80]、翌2006年6月には実務レベルでも、UNHCRが国内避難民支援において拡大的な役割を果たすことが確認されるに至った[81]。

⒝　収束するUNHCRの部局摩擦

　しかしOCHAの提案した政策に参加したからといって、UNHCRがこの過程に受身でいたということは全くない。UNHCR内部には、部局摩擦が収束したことによって、むしろ積極的にこの機会を創出する土壌が形成されていた。たとえば財務調達局にとっては、UNHCRの原則的な関与に対する信頼性が国連全体で担保されるようになったために、UNHCRの行動が予見しやすくなり、ドナー国の拠出を説得しやすくなるという利点があった[82]。また、同アプローチでは国連全体の共同要請（consolidated appeal）や緊急要請（flash appeal）を行ってOCHAの共同資金に拠出金を集める仕組みを採用していたので、ドナー国から高い注目を集めて資金拠出を得ることができるということもあった。業務部門の観点からも、各人道援助機関の強みを生かした国内避難民への関与が担保され、支援の能

率があがると期待された。もちろん現場の援助機関や政府との連携が向上し、国内避難民のUNHCRに対する期待の適切な管理が可能になることも利点であった。

(c) 高等弁務官の方針と機会の創出

内部部局の摩擦が収束したことに加えて、2005年6月にグテーレス新難民高等弁務官が就任したことは、積極的にこの機会を創出する契機となった。彼は国内避難民について個人的に強い関心を持ち、「UNHCRが国内避難民に最大の関与をすることに、私個人として尽力する」と就任演説で表明している[83]。彼が国内避難民にこだわった理由は、国連機関の勢力関係図において、UNHCRの地位を低下させてはいけないという政治的関心と無関係ではなかった。それを裏付けるように2005年まで年々、世界の難民数は減少していた。つまり、狭義の難民保護だけに特化し続けているとUNHCRの発言力は相対的に低下するだろうと彼は懸念したのである[84]。そのため、OCHAではなくUNHCRが国内避難民問題の主導権を握るように働きかけた。

こうして2005年10月にはクラスター・アプローチを採用することをUNHCRは公式に認め、この年以降に発生した国内避難民に原則的に関与することを承諾した。冒頭で述べたように、UNHCRの国内避難民政策は、クラスター・アプローチへの参加をもって「いくつかの条件が満たされない限りは原則不関与」から「特定の条件が生じない限りは原則関与」という方針に転換したのである[85]。2005年は、国際社会における国内避難民の国際的保護という課題に、誰が責任をもって対処するのかという問題が決着したという意味で、大きな分岐点になったのである。

おわりに

UNHCRは国内避難民の保護の任務を与えられていないにもかかわらず、なぜ2005年というタイミングで国内避難民政策を本質的に変化させ、国内避難民の保護に原則的に関与することができるようになったのか。これが本章で検討した問題である。2005年のクラスター・アプローチに参加することで、国内避難民に対するそれまでの場当たり的な対応から、「特定の条件が生じない限り原則的に関与する」という方針へUNHCRは政策を転換させた。それによって国内避難民

の国際的保護におけるUNHCRの役割は本質的に変化し、UNHCRが支援の対象とする国内避難民の数も飛躍的に増加した。

その背景に、「国境を越えない難民」である国内避難民も同じように保護すべきだという人道的な関心の高まりがあったのは確かであるが、一方で、その規範を現実の政策にするUNHCRの意思決定過程は、それほど単線的ではなかった。本章で、①UNHCR執行委員会にみる構成国の関心、②国連の国内避難民政策にみる国際機関の関心、③UNHCR内部の官僚構造にみる部局の関心、の３つの分析レベルを検討して明らかになったのは、その全てでUNHCRの政策転換を可能にするような構造的な変化があって、はじめてUNHCRはクラスター・アプローチに参加することができたということであった。国連事務局を中心に国内避難民支援の戦略を次第に発展させていった様子は、国内避難民問題が「国際社会の正当な関心事」になり、人道的な見地から規範が形成され、UNHCRの政策決定を促したという見解を実証しているかのようであった[86]。それに対して、執行委員会におけるドナー国や大量難民受入国の議論の様子は、国内避難民が国際的関心を引いたのは国家の「封じ込め」戦略にすぎず、難民に庇護を与えないことから注意をそらそうとする、庇護国の態度を反映したものであるかのようであった[87]。ところが、UNHCRが国内避難民に関与すべきか否かという問題をめぐるUNHCR内部の部局対立の様子は、UNHCRの政策決定が、そのような外部の要因に基づく合理的な判断の結果であるとみなすだけでは不十分であることを明らかにした。UNHCRの政策は、UNHCR自身の変質によって決まり、その変質を説明するにはUNHCR内部の官僚構造の変化を詳しく見なければならなかった[88]。その変化は、予算や人事など可視的なものだけではなく、UNHCRの役割をめぐる認識にまで及び、そうした内部の変化が政策決定に大きな影響を与えていた。

本章ではひとつの重大な問題について問いを立てていない。つまり「政策決定を説明する３つの分析レベルのうち、どれが一番決定的だったのか」という問題である。本章の目的はUNHCRの一事例の考察から理論を導くことではないので、筆者は「どれも重要」と答えたい。しかしあえて本章の分析から示唆を得ようとするなら、人間は人道主義的な価値を共有できるとする立場（連帯主義）と、多元的な価値に折り合いをつけて成り立っているとする立場（多元主義）が国際政治を支配していると考えたとき[89]、大局的にはその２つの価値の間でUNHCRは板ばさみにあっているということになろう。その上で、その価値の拮抗から生まれたUNHCRの政策決定自体も、国内避難民の保護の領域における規範の変化をもた

らし、またUNHCR自身も変質していったということになる。その意味で、国際機関たるUNHCRが国際政治においてどのような役割を果たしているのかという問いを考えようとするとき、本章の検討もその一助となるであろう。

【補記】本章で表明されている見解は筆者のものであって、UNHCRの公式な見解を反映するものでは必ずしもない。

1 UN Doc. A/RES/428(V), *Statute of the Office of the UNHCR,* 14 December 1950, Article 3.
2 UNHCR, *Statistical Yearbook 2011,* p. 81. [http://www.unhcr.org/51628f589.html, as of May 2013]
3 国内避難民人口に関する情報の出典は以下を参照。Norwegian Refugee Council (NRC) and Internal Displacement Monitoring Centre (IDMC), 'Global Overview 2012: People internally displaced by conflict and violence' (2013). [http://www.internal-displacement.org/, as of May 2013]
4 Mooney, E., 'The concept of internal displacement and the case for internally displaced persons as a category of concern', *Refugee Survey Quarterly,* Vol.24, Issue 3 (2005), p. 1.
5 UN Doc. E/CN.4/1998/53/Add.2, 11 February 1998; 日本語版は以下のＵＲＬから入手可能。[http://www2.ohchr.org/english/issues/idp/docs/GuidingPrinciplesIDP_Japanese.pdf、2013年7月現在] 本指針の解説は以下に詳しい。Kälin,W., 'Guiding Principles on Internal Displacement: Annotations, 2nd Edition', *Studies in Transnational Legal Policy,* No. 38 (Washington, D.C.: Brookings Institution Press, 2008).
6 UNHCR, *Global Trends 2011,* p. 7. [http://www.unhcr.org/4fd6f87f9.html, as of May 2013]
7 "'No, unless certain conditions are met" to "yes, unless specific conditions arise'", in Feller, E., 'UNHCR's role in IDP protection: opportunities and challenges', *Forced Migration Review,* Special Issue (December 2006), p. 13.
8 Hathaway, J.C., 'A reconsideration of the underlying premise of refugee law', *Harvard International Law Journal,* Vol. 31, No. 1 (Winter 1990), pp. 129-183; Loescher, G., *The UNHCR and World Politics: A Perilous Path* (Oxford: Oxford University Press, 2001), p. 45; Bagshaw, S., *Developing a Normative Framework for the Protection of Internally Displaced Persons* (Ardsley: Transnational Publishers, 2005); Cohen, R. and Deng, F.M. (eds), *The Forsaken People: Case Studies of the Internally Displaced* (Washington, D.C.: Brookings Institution Press, 1998). 墓田桂「『国内強制移動に関する指導原則』と国内避難民の国際的保護」『難民研究ジャーナル』第1号（2011年）、111-119頁。
9 UN Doc., *supra* note 5, Introduction.
10 *Ibid.,* Principle 2.
11 *Ibid.,* Principle 25.
12 UNHCRの歴史的関与と中心的任務からの逸脱については以下に詳しい。Loescher, *supra* note 8, p. 45.
13 UNHCRの保護の実務上の変質は以下に詳しい。UNHCR, *The State of the World's Refugees 2000: Fifty Years of Humanitarian Action* (Geneva: UNHCR, 2000).
14 クラスター・アプローチについては以下に詳しい。IASC, 'Guidance Note on using the Cluster Approach to Strengthen Humanitarian Response' (November 2006); OCHA Evaluation and Studies Section (ESS), 'Cluster Approach Evaluations phase I' (2007); OCHA ESS, 'Cluster

Approach Evaluations phase II', (2010). いずれも以下のウェブサイトからアクセス可能。[http://clusters.humanitarianresponse.info/about-clusters/what-is-the-cluster-approach, as of May 2013]

15 UN Doc., *supra* note 1.
16 Loescher, G., 'The United High Commissioner for Refugees in the Post-Cold War Era,' in Belgrad, E.A., and Nachmias, N., *The Politics of International Humanitarian Aid Operations* (Oxford: Praeger, 1997), pp. 157-170.
17 田所昌幸『国連財政―予算から見た国連の実像』(有斐閣、1996年)、194頁。
18 UNHCR, *Global Report 2006* (Geneva: UNHCR, 2006), p. 57.
19 田所『前掲書』(注17)、252頁。
20 UN Doc. A/RES/319(VI), 1949.
21 UN Doc., *supra* note 1.
22 城山英明『国際行政の構造』(東京大学出版会、1997年)。
23 ジャン=マルク・クワコウ(池村俊郎・駒木克彦訳)『国連の限界／国連の未来』(藤原書店、2007年)、26-27頁。
24 ここでいう担当部局は人道問題局(Department of Humanitarian Affairs、1992年–1997年)及び人道問題調整事務所(OCHA、1998年以降)を指す。
25 Loescher, G., 'UNHCR at Fifty: Refugee Protection and World Politics', in Loescher et al. (eds), *Problems of Protection: the UNHCR, Refugees, and Human Rights* (London: Routledge, 2003), p. 6.
26 Barnett, M. and Finnemore, M., *Rules for the World: International Organizations in Global Politics* (Ithaca: Cornell University Press, 2004), pp. 118-120.
27 UNHCR, *UNHCR Headquarters Organizational Structure* (Geneva and Budapest) as of April 2013.[http://www.unhcr.org/4bffd0dc9.html, as of May 2013]
28 UNHCR, 'Consistent and predictable responses to IDPs: a review of UNHCR's decision-making processes' (March 2005), p. 6.
29 たとえば1986年にJ.P.オッケ(Hocké)高等弁務官は国際保護局を格下げし、さらに現地レベルの難民法の解釈と適用の権限は、事業局管轄の保護官に移された。
30 事業部門には現地事務所を統括する地域局(Bureaux)、事業支援運営局(Program Support and Management)、緊急安全・供給局(Emergency Security and Supply)がある。
31 UNHCR, *supra* note 28, p. 47.
32 ここで提示された3つの分析レベルに加えて、UNHCRの政策決定における高等弁務官の役割を強調することもできる。高等弁務官は、内部の多様な目標や認識を調整し、最終的には指導力を発揮して政策決定を下す立場にある。また外部との交渉ではUNHCRを代表し、政治的な役割を担う。特に緒方貞子(在任期間1991年–2001年)、R.ルベルス(Lubbers、2001年–2005年)、A.グテーレス(Guterres、2005年–現在)の歴代の各高等弁務官が冷戦後の国内避難民政策の決定において果たした役割は無視できない。Loescher, G. et al., *The United Nations High Commissioner for Refugees (UNHCR)* (London: Routledge, 2008), p. 53.
33 緒方貞子『紛争と難民―緒方貞子の回想』(集英社、2006年)、12頁。
34 UN Doc. A/40/12/Add.1, 1986, paras. 102-103.
35 UN Doc. A/AC. 96/777, 1991, paras. 43-47.
36 Barnnet and Finnemore, *supra* note 26, pp. 72-100.
37 Dubernet, C., *The International Containment of Displaced Persons* (Aldershot: Ashgate Publishing Limited, 2001), pp. 45-46.
38 UN Doc. A/49/12/Add.1, 1994, paras. (g),(h).
39 UN Doc. A/51/12/Add.1, 1996, para. 21.
40 Barnnet and Finnemore, *supra* note 26, p. 95.

41 田所『前掲書』(注17)、247頁。
42 UN Doc. A/AC.96/845/PARTII, *Overview of UNHCR Activities 1994-1996;* UN Doc. A/AC.96/900/Add.2, Overview of UNHCR Activities 1997-1999: Addendum 2.
43 Loescher et al., *supra* note 32, p. 55.
44 UN Doc. E/CN.4/1996/52/Add.2, December 1995; UN Doc., supra note 5.
45 Bagshaw, S., *supra* note 8, pp. 99-112.
46 UN Doc. A/RES/48/116, 20 December 1993.
47 UN Doc. A/53/139/-E/1998/676, 1998, p. 7.
48 IOM/FOM/33/93: UNHCR's Role with Internally Displaced Persons, 28 April 1993.
49 IOM/FOM/87/97: UNHCR's Role with Internally Displaced Persons, 12 December 1997.
50 Loescher et al., *supra* note 32, p. 51.
51 UN Doc. A/RES/47/105, No. 68, 1992.
52 UN Doc., *supra* note 38, paras. (g)(h).
53 緒方『前掲書』(注33)、283頁。
54 Franco, L., *UNHCR's operational experience with internally displaced persons, division of international protection* (Geneva: UNHCR, 1994).
55 UN Doc. A/51/12/Add.1, 1996; Wichert, T., 'Seeking refuge in Geneva: report on the 47th UNHCR Executive Committee Meeting', *International Journal of Refugee Law,* Vol. 9, No. 1 (October 1996), pp.131-144.
56 Anonymous, 'The UNHCR note on international protection you won't see', *International Journal of Refugee Law,* Vol. 9, No. 2 (1996), p. 272.
57 Barnett and Finnemore, *supra* note 26, p. 102.
58 Loescher, *supra* note 8, pp. 348-349.
59 滝澤三郎「UNHCRの予算・財務制度 第1回」UNHCR駐日事務所『UNHCR NEWS』No. 31 (2004年)、7頁。
60 UNHCR, 'Agenda for Protection, October 2003', 3rd edition, 2003, p. 10.
61 Loescher et al., *supra* note 32, p. 62.
62 UNHCR, *supra* note 28, p. 60.
63 UNHCR, 'Convention plus/forum briefing, internal summery by the Department of International Protection' (7 March 2003).
64 Loescher et al., *supra* note 32, p. 66.
65 'Arthur E. Dewey, Assistant Secretary of State for Population, Refugees and Migration, Head of Delegation of the United States of America - Plenary Statement', UNHCR Executive Committee Meeting (29 September 2003), para. 5.
66 'Ole E. Moesby, Minister, Deputy Permanent Representative of Denmark to the UN, on behalf of the European Union, EU Presidency Statement - Refugees and humanitarian questions', Summary, 57th session the Third Committee (7 November 2002), Item 104, para. 25.
67 UNHCR, *supra* note 28, p. 4.
68 UNHCR, 'Internally Displaced Persons: The Role of the United Nations High Commissioner for Refugees', Standing Committee (6 March 2000), p. 2.
69 Cohen, R. and Deng, F.M., *Masses in Flight: The Global Crisis of Internal Displacement* (Washington, D.C.: Brookings Institution Press, 1998), pp. 143-151, 161-162.
70 滝澤三郎「UNHCRの予算・財務制度 第1〜4回」UNHCR駐日事務所『UNHCR NEWS』No. 31-34 (2004-2005年)。
71 滝澤三郎「難民と国内避難民をめぐる最近のUNHCRの動き—『強制移動のサイクル』の観点から」『国際公共政策研究』第12巻1号 (2007年9月)、75-79頁。難民、無国籍者、帰還民、国内避難民の4分類による予算制度は2005年には内部レベルで、2010年には公式予算報告書に採用された。

72 外務省『国際機関報告』「国際連合難民高等弁務官事務所拠出金」(2007年)、101-102頁。[http://www.mofa.go.jp/mofaj/gaiko/oda/shiryo/sonota/k_kikan_21/pdfs/101_102.pdf、2013年5月現在]
73 UNHCR, *supra* note 68, p. 10.
74 UNHCR, *supra* note 28, p. 51.
75 Barnett, M., 'Humanitarianism with a sovereign face: UNHCR in the global undertow', *International Migration Review,* Vol. 35, No. 1 (Spring 2001), p. 260.
76 UNHCR Evaluation and Policy Analysis Unit, 'A Review of UNHCR's involvement in IDP situations' (1 July 2004).
77 UNHCR, *supra* note 28, p. 51.
78 *Ibid.,* p. 3.
79 UNHCR, 'UNHCR's role in IASC humanitarian reform initiatives and in the strengthening of the inter-agency collaborative response to Internally Displaced Persons situations', Informal Consultative Meeting Discussion Paper, (20 September 2005), p. 4.
80 UN Doc. A/60/12/Add.1, *Report of the UNHCR of Fifty-sixth session,* 60th Session Supplement No.12A, 3-7 October 2005.
81 UN Doc. EC/57/SC/CRP.18, *UNHCR's expanded role in support of the inter-agency response to internal displacement situation,* Standing Committee, 36 meeting, 8 June 2006.
82 *Supra* note 66, para. 25.
83 UNHCR, '"Don't confuse refugees with terrorists," says Guterres', *UNHCR News Stories* (July 2005), para. 9. [http://www.unhcr.org/cgi-bin/texis/vtx/news/opendoc.htm?tbl=NEWS&id=42e0df204, as of May 2013]
84 *Ibid.,* para. 7-8.
85 Feller, *supra* note 7, p. 13.
86 Mooney, *supra* note 4, p. 1.
87 Phuong, C., *The International Protection of Internally Displaced Persons* (Cambridge: Cambridge University Press, 2004), pp. 235-243.
88 Barnett and Finnemore, *supra* note 26, pp. 118-120.
89 Mayall, J., *World Politics: Progress and its Limits* (Cambridge: Cambridge University Press, 2002), pp. 14-15.

Chapter 6 —*Policy Review*— *UNHCR-NGO Partnership for Refugee Protection*

第6章
[政策レビュー]
難民保護における UNHCRとNGOの連携

小坂 順一郎 *Junichiro Kosaka*

キーワード: NGO、パートナーシップ・イン・アクション、事業パートナーと実施パートナー、対話・調整、緊急待機パートナー

Keywords: NGO, Partnership in Action, Operational and Implementing Partners, dialogue and coordination, Emergency Standby Partners

はじめに

　国連難民高等弁務官事務所（UNHCR）は1951年の設立以来、UNHCRの支援対象者である難民や国内避難民に対して国際的保護と恒久的解決を提供するために、政府機関、国連および国際機関などと協力関係を構築してきたが、そのなかでもNGOとの連携強化は欠くことのできないUNHCRの活動である。UNHCR事務所規程第1章第1項には「（中略）難民の自発的帰還または新しい国内社会内での同化を促進するにあたり政府及び関係国政府による認可を条件として、民間団体（private organizations）を援助することを通じて難民問題の恒久的解決を図るという任務を負う」とある。

　UNHCRとNGOは、グローバルから現場レベルを含めた多層的な、そして事業実施だけでなく基準設定から緊急人員派遣までを含めた多面的な連携（パートナーシップ）を実現してきた。UNHCRとNGOの連携は、①難民の国際的保護[1]、②第三国定住を含めた難民問題の恒久的解決、③アドボカシー活動の3つの分野で行われている。一般的にこのような連携は、UNHCRからの財政的支援の有無によって、後述するように「実施パートナーシップ」と「事業パートナーシップ」の2つの形式に分けられる。また、UNHCRとNGOの連携は「覚書」、「実施パートナー契約」、「緊急待機要員協定」など様々な形で定式化されている。本章では、質量ともに拡大・深化してきた難民保護におけるUNHCRとNGOの連携について、「対話・調整」、「事業」、「人員派遣および能力強化」の3つの側面から説明を試みる。

1．対話・調整を通した連携の形成——パリナック・プロセスと「オスロ宣言および行動計画」

　1953年のベルリン危機への対応で始まったUNHCRとNGOの連携は、1960年から70年代の植民地独立闘争とそれに続く内戦、さらに各地で勃発した冷戦期の代理戦争などにより、難民保護の現場が欧州からアジアやアフリカなどの開発途上国に移るとともに拡大してきた[2]。アジアやアフリカなどの地域で、より大規模かつ中長期の難民の国際的保護が必要となるなか、1960年代には20団体以下であったNGOの実施パートナー（後述）は、1983年には50団体、1994年には430団体、そして2012年には757団体までに増えている[3]。

　1980年にはUNHCRの支援対象者は約500万人程度であったが、1991年に1,700万人、1993年に2,300万人、1995年初めには2,700万人以上と大幅に増加した[4]。急増する難民や国内避難民の国際的保護に対応するため、UNHCRと国際ボランティア機関評議会（ICVA）が中心となって、UNHCRとNGOが建設的で強固な協力関係を築くための協議プロセスを実施した。この協議プロセスは「パリナック（Partnership in Action: PARinAC）・プロセス」と名づけられた。1994年6月にノルウェーのオスロで開かれたパリナック・グローバル会合には200以上のNGO、UNHCRを含む国連・国際機関からの代表が参加し、134の提言が盛り込まれた『オスロ宣言および行動計画』が採択された[5]。

　1994年のグローバル会合の後に、ジュネーヴ本部や各国・地域で「オスロ宣言および行動計画」を実現するために様々な取り組みが行われた。UNHCRとNGOが難民の保護支援を行う際の行動原則を取り決めた「事業パートナーシップに関する包括協定」[6]、国内NGOの事業能力の強化、UNHCRの事業管理のマニュアル[7]や難民保護に関する手引書の発行など[8]、幾つかの提言は実現された[9]。しかし134の提言の多くは、それを実現するための資金や組織が担保されていないなど、優先順位や役割分担が不明確であったため、実現されていない[10]。

　パリナック・プロセスが推進された1990年代前半は、国際的な難民保護体制にとっても大きな転換点であった。冷戦の終結にもかかわらず、イラク北部、旧ユーゴスラヴィア、中部・西アフリカにおいて大規模な人道危機が発生し、UNHCRは未曾有の規模で、かつ武力紛争の只中で活動を強いられるようになった。難民、庇護申請者や無国籍者が中心であったUNHCRの支援対象者に帰還民、国内避難民、紛争の犠牲者などが含まれるようになった。支援の現場も庇護国だ

けでなく、難民や避難民の出身国・地域なども含まれるようになり、支援分野も権利の保護や緊急人道支援から再統合支援や開発・平和構築まで多岐にわたるようになった[11]。

　このように難民・避難民の国際的保護をめぐる環境が質的にも量的にも変化するなか、UNHCRとNGOの連携の意義も単なる支援事業の委託・受託の関係を超えて、難民保護に向けた戦略的協力関係へと進化する必要があった[12]。その意味で、一連のパリナック・プロセスにおいて多種多様な難民保護・支援に関わる組織が一堂に会し、連携の優先分野や協力方法に関して協議できたこと自体が大きな成果であった[13]。また難民・避難民の国際的保護は、UNHCRやNGOも含めた多様なアクターの緊密な連携と協力を通して可能であるという「オスロ宣言および行動計画」で提示された問題意識は現在でも有効である。

2. UNHCRとNGOの対話・調整の枠組み

　難民・避難民の国際的保護と恒久的解決に関する意見交換は、UNHCRのジュネーヴ本部や事業国レベルで年間を通して行われている。UNHCRの支援分野が広がり、支援対象者や地域も多様化するにともない、専門技術や知見を持つNGOとの連携は欠かせないものとなっている。ここではUNHCRがジュネーヴ本部で定期的に開催している「NGO年次協議会」や「第三国定住に関する年次三者協議」、本部やグローバル・レベルにおける基準設定、アドボカシーに向けた対話・調整について紹介をする。

　「NGO年次協議会（Annual Consultations with NGOs）」とは、UNHCR本部があるジュネーヴにおいて毎年行われる大規模な協議会である。例年6月下旬から7月上旬の3日間に渡って開催され、テーマ別および地域別会合が開かれる。2012年のNGO年次協議会には、世界中の83カ国から、233のNGO、国連および国際機関からの代表者391名が参加した。この年次協議会では、無国籍者、都市難民、自然災害に起因する避難民、性的暴力などの様々な重要課題、難民・避難民問題、そしてUNHCRとNGOの連携に関して活発な意見交換が行われる。この年次協議会で議論された内容は、NGO代表によりUNHCR執行委員会でも報告される[14]。

　「第三国定住に関する年次三者協議（Annual Tripartite Consultation on Resettlement: ATCR）」とは、難民の第三国定住受け入れを実施している政府、

NGO、国際機関（UNHCR、国際移住機関（IOM）等）が一堂に会して毎年開催されている国際会議である。この三者協議では、第三国定住の役割と戦略的活用の強化、新規第三国定住受入国の開拓、第三国定住プログラムと第三国定住機会の多様化などに重点をおいている[15]。難民問題の恒久的解決には、NGO、政府機関、UNHCRなどの国連・国際機関などの多様なアクターの連携が必要であることを、この三者協議は良く象徴しているといえる。

　最後に本部やグローバル・レベルにおける国際的保護の基準設定やアドボカシーに向けたUNHCRやNGOの共同作業についても紹介したい。難民・避難民の状況において、より脆弱な状況にある社会的弱者の保護に関して、UNHCRとNGOは共同で手引書を作成している。「移動を強いられた障害者の問題への取組み」ではハンディキャップ・インターナショナルと、「移動を強いられた高齢者の問題への取組み」ではヘルプエイジ・インターナショナル、そして「移動を強いられた民族的又は種族的、宗教的及び言語的少数者に属する者の問題への取組み」ではマイノリティ・ライツ・グループ・インターナショナルとの共同作業によって手引書が作成・出版された[16]。難民の子どもの保護の分野でも、国際救済委員会（IRC）との共同作業を通して、「UNHCRの最善利益判断ガイドラインを実施するための現場手引書」を出版している[17]。

　2005年の国連人道支援改革の一環として導入された「クラスター・アプローチ」[18]と呼ばれる専門分野ごとの調整メカニズムには、グローバルと事業国の2つのレベルが存在し、グローバル・レベルでは基準設定、政策決定、連携の強化などが行われている。UNHCRは保護クラスターのリード機関として、またシェルターとキャンプ調整・運営クラスターの共同リード機関として基準作成などの調整を行っている。2010年に出版された「国内避難民の保護ハンドブック」では、UNHCRも参加するグローバル保護クラスター作業部会を通して、20カ国で活動するNGO、国連や国際機関の134団体からの意見や情報を収集して作成された[19]。このようにガイドラインや手引書を作成する際に、UNHCRを含む国連・国際機関とNGOの共同作業が重要となっている。

3．事業実施を通した連携

　国際的保護と恒久的解決に向けたUNHCRとNGOの連携の中核に、保護支援事業を通した連携が挙げられる。当初は暫定的な機関として設立されたUNHCRは、

独自に資金調達を行い予算を拡大する権限を持たず、単独で保護支援事業を実施できる組織ではなかったため、NGOとの連携は必須であったといえる。前述のように1990年代より支援対象者数が増加し、支援分野が多様化するなかで、NGOの資金、人材、専門技術や草の根のネットワークが難民・避難民の国際的保護に必要不可欠とされている。本節では事業実施を通したUNHCRとNGOの連携について述べる。

(1) **事業パートナーと実施パートナー**[20]

　難民保護や人道支援の事業を実施する上で、UNHCRとNGOの協力形態は2つに分類できる。1つ目の「事業パートナーシップ（Operational Partnership）」とは、UNHCRからの財政的支援を前提としない、国際的保護から恒久的解決までを含めた様々な分野での、UNHCRとNGOの自発的な協力関係を意味する。協力関係がより継続的なものになった場合、覚書（Memorandum of Understanding）を締結して、協力関係を制度化している。

　2つ目の「実施パートナーシップ（Implementing Partnership）」とは、UNHCRからの財政的協力を受けつつ、正式なプロジェクト契約を通して合意された協働事業を、NGOが実施する協力形態を意味する。多くの場合、UNHCRからの資金に加えて、実施パートナーは自己資金や人材を提供して事業を実施する。実施パートナー通して行われる支援事業はUNHCRの支出ベースで全事業の約3分の1を占め、その中で国際・国内NGOが占める割合はそれぞれ45％と35％であることから、UNHCRの支援活動におけるNGOの存在感の大きさが分かる[21]。UNHCRが実施パートナーとの協働事業に拠出する資金規模と団体数に関する次頁の表からもわかるように、政府機関と政府間機関の規模は1994年以来大きな変化はないが、国内NGOの数は2倍近く増え、事業規模（支出ベース）では国際・国内NGOとも大きく拡大している[22]。

(2) **実施パートナー契約とUNHCRのプログラム管理サイクル**

　UNHCRの実施パートナーとして選出されるためには、対象となる支援分野における専門性と経験、事業・財務管理能力、事業地・コミュニティでの活動実績、資金・人材・物資などの人道支援リソースの貢献、安全管理能力、コストパフォーマンス、UNHCRとの事業実績などが求められる。実施パートナーとして選出されると、UNHCRの財務規程に基づいて公式なプロジェクト契約を締結する。

UNHCR 実施パートナー統計(1994-2012)

（縦軸左）実施パートナーを通したUNHCRの支出（百万ドル）
（縦軸右）団体別UNHCR実施パートナー

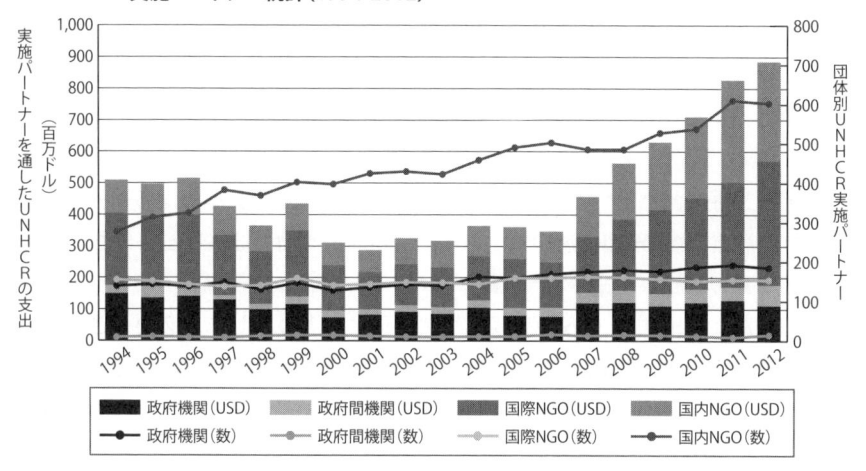

凡例：
- 政府機関（USD）／政府間機関（USD）／国際NGO（USD）／国内NGO（USD）
- 政府機関（数）／政府間機関（数）／国際NGO（数）／国内NGO（数）

この実施契約は、契約書、予算表、事業計画、そして本契約に関わる人員表の４つの主要な文書によって成り立つ。実施パートナーは、年４回上半期ごとに財務報告を、６カ月ごとに実施報告をUNHCRに提出することが義務付けられる[23]。

事業実施を通したUNHCRとNGOの連携は、保護支援事業の委託・受託に限定されず、広くUNHCRのプログラム管理サイクルと連動して活動することが求められている[24]。例えば、支援プログラムの形成には、「マルチ・ファンクショナル・チーム（MTF）」による難民との参加型調査を実施することが推奨されている[25]。「MTF」とはUNHCR、受入国政府、NGOや他の国連機関のプログラム、保護、コミュニティ支援など様々な分野の職員からジェンダー・バランスを考慮して構成され、多様な視点から調査・計画が実施されることを目的とする。このように多様な視点を確保しつつ、難民や避難民も含めた多様なアクターが支援計画の形成に参加することにより、参加型調査そのものが連携構築のプロセスとなるのである[26]。

4．人員派遣や研修を通した連携の発展

(1) UNHCRとの緊急事態待機パートナーおよび外部派遣協定

人道危機における即応能力を高めるため、1991年よりUNHCRはNGOや政府機関と「緊急待機パートナー（Emergency Standby Partners）」に関する取り決め

を交わしている。これは緊急時に、パートナー契約を結んでいる団体がUNHCRからの要請を受けて（原則として）72時間以内に専門家や物資協力・サービスを派遣・提供する取り決めである。必要とされる専門家は、難民登録、法的保護、水・衛生、保健、シェルター、キャンプ設計、子どもの保護、コミュニティ・サービス、女性の保護、帰還支援、生計・自立支援、教育、地雷対策、調達・物流・保管など多分野にわたる。物資協力・サービスでは、現場事務所となるベース・キャンプの設営、職員や事務所の安全対策や情報通信設備の提供などが含まれる[27]。

派遣協定を交わした団体は、派遣要員のデータベースを管理し、UNHCRからの派遣要請に対応する。UNHCRが派遣要請をする条件として、必要とされる専門家や技術を自前で確保することができず、そのような派遣人員の必要性が短期間であることが条件とされる。要請された団体は決められた時間内に候補者のリストを提出し、UNHCR側で審査と選抜が行われる。要員として派遣される場合、「国際連合のための任務を行う専門家（Expert on Mission for the United Nations）」の地位が付与される[28]。

緊急時以外でも、難民の自発的帰還、現地社会への統合、難民の安全確保、拘留や収容問題への対応、国境監視、登録、難民の女性や子どもの保護、性的暴力の防止、無国籍者や国内避難民の保護などの分野で専門家の需要が一時的に増えることがある。このような事態に対応するために、欧州委員会人道支援・市民保護総局（ECHO）と米国国務省人口難民移民局の資金協力を受けて、2001年より国際救援委員会（IRC）とUNHCRの協働事業として「サージ・プロテクション・キャパシティ・プロジェクト（SURGE）」が運営されている[29]。また1998年より国際カトリック移住委員会（ICMC）と協力して実施している「第三国定住職員派遣制度」のように、UNHCRが実施する難民の第三国定住に特化した専門家派遣制度もある。

(2) 緊急対応および人道支援のための能力・連携強化

組織の緊急対応能力を維持・拡大するために、UNHCRは年3～4回の「緊急事態管理研修（Workshop for Emergency Management）」を開催している。この研修には派遣協定を結んでいるNGOや政府組織の職員も参加することが可能で、2012年には128名のUNHCR職員とともに27名のパートナー団体職員が訓練を受けている。

この10日間の訓練で、参加者は難民の国際的保護、調査手法、UNHCR以外の

人道支援機関・団体との連携、交渉術、安全確保およびストレスへの対応などの研修を受けつつ、救急処置、四輪駆動車の操作、全地球測位システム（GPS）の使用、衛星・無線通信の扱いに関する訓練を受ける。後半の3日間は、実際の緊急派遣を想定したシミュレーションを通して、支援対象者の調査、支援計画の作成、関係機関との調整、支援アピールの発表などを行う。

2011年にはUNHCRと緊急待機パートナーから延べ617名が緊急の難民・避難民支援のために派遣され、NGOからの要員派遣はその内の29％を占めている[30]。このように派遣協定や対応能力の強化を通して、UNHCRとNGOは緊急人道支援の現場における連携を深めている[31]。

おわりに

前述の1994年パリナック・グローバル会合の開会に際して行われた緒方貞子国連難民高等弁務官（当時）の基調演説にも、難民の国際的保護に向けたUNHCRとNGOの連携の重要性が以下のように強調されている。「NGOは国際人道システムと草の根のつなぎ手であり、国連や国際社会における重要な民主的な要素である。F．ナンセン（Nansen）が国際連盟初代難民高等弁務官に任命されたのはNGOに負うところが大きく、UNHCRが1950年に設立されたのもNGOの尽力による。そしてNGOは難民の国際的支援のための適切な導き手であることが、UNHCR事務所規程にも記されている」[32]。

UNHCRとNGOは現場における保護支援事業以外でも、グローバルから事業国レベルで、国際的保護と恒久的解決に関する継続的な対話と基準設定、緊急時および平時における人員派遣、そして緊急対応能力の強化などを通して重層的かつ多面的な協力関係を構築してきたことが分かる。UNHCRの支援対象者数が増え、支援分野が多様化し、活動環境が複雑化するなかで、NGOの資金・人材などの人道支援リソース、過酷な環境での事業実績や草の根のネットワークが、難民・避難民の国際的保護と難民問題の恒久的解決のために欠かすことはできない。

【補記】本章で表明されている見解は筆者のものであり、必ずしも所属先の公式な見解を反映するものではない。

1 本章では難民の「国際的保護」とは、UNHCRの支援対象者である難民、無国籍者、帰還民や国内避難民の基本的人権の保護から、生命を守るための水・衛生、食糧、住居、生活物資、保健・医療支援、教育などの物的支援を含めたものとする。
2 UNHCRとNGOの連携の歴史に関しては、以下の資料を参照した。UNHCR, *Partnership: An Operations Management Handbook for UNHCR's Partner, Revised Edition* (Geneva: UNHCR, 2003), Section 1.1; UNHCR, Review of UNHCR Implementing Arrangements and Implementing Partner Selection Procedures, 1 November 1997, paras. 20-36 [http://www.unhcr.org/3ae6bd42c.html, as of 31 October 2013].
3 UNHCR, *NGO Partnerships in Refugee Protection: Questions & Answers* (Geneva: UNHCR, 2007), p. 8; UNHCR (1997), supra note 2, Table 1; UNHCR, *UNHCR Global Report 2012* (Geneva: UNHCR, 2013), p. 76.
4 UNHCR, *The State of the World's Refugees 1995 – In Search of Solutions* (Oxford: Oxford University Press, 1995), pp. 19-20.
5 Partnership in Action (PARinAC), Oslo Declaration and Plan of Action, 9 June 1994. [http://www.refworld.org/docid/3ae68f3d8.html, as of 31 October 2013]
6 UNHCR (2003), *supra* note 2, Appendix A1を参照のこと。
7 UNHCR, *Partnership: A Programme Management Handbook for UNHCR's Partner* (Geneva: UNHCR, 1996).
8 UNHCR, *Protecting Refugees: A Field Guide for NGOs* (Geneva: UNHCR, 1999).
9 その他にも、UNHCR, *Sexual Violence Against Refugees: Guidelines on Prevention and Response* (Geneva: UNHCR, 1995) や、UNHCR, *Refugee Children: Guidelines on Protection and Care* (Geneva: UNHCR, 1994) にもパリナックの提言が活かされている。
10 UNHCR, Report on PARinAC and Plan of Action 2000, Geneva, February 2000, p. 6. [http://www.unhcr.org/3bbc64637.html, as of 31 October 2013]; ICVA, "PARinAC Information Note", October/November 1999 [http://www.globalhumanitarianplatform.org/doc00000087.html, as of 31 October 2013]
11 UNHCR, *supra* note 4, pp. 43-44; Gil Loescher, *The UNHCR and World Politics: A Perilous Path* (Oxford: Oxford University Press, 2001), pp. 13-15; UNHCR, *The State of the World's Refugees: Fifty Years of Humanitarian Action* (Oxford: Oxford University Press, 2001), Chapter 11.
12 UNHCR (1997), *supra* note 2, para.37.
13 UNHCR, *supra* note 10, p. 5.
14 UNHCR事務所規程に基づき、UNHCRの活動計画・予算を協議・承認し、難民高等弁務官に対し職務遂行の助言を行う。2013年7月時点で、難民受入国および援助国を中心に87カ国が参加している。その他にも多くの国連・国際機関 (IOM、赤十字国際委員会、国際赤十字・赤新月社連盟など)、政府間機関 (欧州連合、アフリカ連合など)、NGOもオブザーバーとして参加している。
15 ATCRの役割などに関しては、UNHCR, *UNHCR Resettlement Handbook* (Revised Edition) (Geneva: UNHCR, 2011), pp. 50-52.
16 UNHCR, *Working with Persons with Disabilities in Forced Displacement* (Geneva: UNHCR, 2011); UNHCR, *Working with National or Ethnic, Religious and Linguistic Minorities and Indigenous Peoples in Forced Displacement* (Geneva: UNHCR, 2011); UNHCR, *Working with Older Persons in Forced Displacement* (Geneva: UNHCR, 2013).
17 UNHCR, *Field Handbook for the Implementation of UNHCR BID Guidelines* (Geneva: UNHCR, 2011).
18 クラスター・アプローチの詳細に関しては第1部第5章を参照のこと。
19 Global Protection Cluster Working Group, *Handbook for the Protection of Internally Displaced Persons* (Geneva: Global Protection Cluster Working Group, 2010).

20 2011年後半より、UNHCRとNGO間で取り交わされる合意の形式、用語、プロジェクト管理、共同モニタリング、パートナーの選出方法・手続きなどを含めた、実施パートナーとの協力形態に関する見直し作業を行っている。そのため、ここで言及する名称が今後変更される可能性があるが、UNHCRとNGOの協力形態の分類としては有効であり続ける。事業・実施パートナーシップの対象はNGOだけでなく、政府機関、国連機関なども含まれる。

21 2012年のUNHCRの総支出額は約23億5,771万米ドルであったのに対して、国際NGOを通して実施されたプロジェクトの総支出は3億9,510万米ドル、国内NGOは3億1,413万米ドル、政府機関が1億1,167万米ドル、政府間機関が6,475万米ドルであった。UNHCR (2013), *supra* note 3, p. 76 and p. 106.

22 UNHCR, Enhancing Implementing Partnership: UNHCR Annual Consultations with NGOs, 13 June 2013. [http://www.unhcr.org/ngo-consultations/Enhancing Implementing Partnership.pdf, as of 31 October 2013]

23 UNHCRとのIP契約の雛形は、UNHCR, *supra* note 7, Appendix Cを参照した。現在、UNHCRはIP契約の見直しを行っており、掲載されている雛形は最新のものではない。

24 UNHCRのプログラム管理サイクルについては、UNHCR (2003), *supra* note 2, Section 2.1を参照のこと。

25 UNHCR, *Handbook for Emergencies (3rd edition)* (Geneva: UNHCR, 2007), pp. 7-8; UNHCR, *A Community-Based Approach in UNHCR Operations* (Geneva: UNHCR, 2008), pp. 102-106.

26 UNHCRの参加型調査は、調査、計画、実施、モニタリング、評価の全ての段階において、年齢、ジェンダー、多様性に配慮し、それぞれ異なった解決策が必要であるという方法論を採用している。年齢(Age)、ジェンダー(Gender)、多様性(Diversity)の主流化(Mainstreaming)の頭文字をとって、通称「AGDM」参加型調査と呼ばれる。UNHCRの参加型調査手法に関しては、UNHCR, *The UNHCR Tool for Participatory Assessment in Operations* (Geneva: UNHCR, 2006) を参照した。

27 2013年度には、CANADEM（カナデム）、デンマーク難民評議会（DRC）、アイリッシュ・エイド（Irish Aid）、ノルウェー難民評議会（NRC）、RedRオーストラリア、セーブ・ザ・チルドレン・ノルウェー（SCN）などのNGOや、米国公衆衛生局疾病対策予防センター（Center for Disease Control and Prevention）、英国国際開発省（DFID）、ノルウェー市民保護緊急計画局（DSB）やドイツ連邦技術支援庁（THW）などの政府機関などを含め16団体と派遣協定を締結している。

28 国際連合の特権及び免除に関する条約の第6条第22項と第23項が適用される。詳細に関しては、UNHCR, *The Guide to UNHCR's Emergency Standby Partners and External Deployment Arrangements* (Geneva: UNHCR, 2008) を参照のこと。

29 「保護能力の強化プロジェクト（Protection Surge Capacity Project）」とも、「専門家派遣によるUNHCRの現場対応能力の支援（SUEGE - Supporting UNHCR Resources on the Ground with Experts on mission）」とも呼ばれる。

30 UNHCR, *UNHCR Global Report 2011* (Geneva: UNHCR, 2012), p. 71.

31 また、UNHCRは「国際人道援助緊急事態対応訓練地域センター（通称eCentre）」を通して、アジア・太平洋地域における人道的緊急事態、とくに難民問題に対応する組織・人材の研修を、人道支援に関わるNGO、政府や国連機関職員に提供している。

32 Keynote Address by Mrs. Sadako Ogata, United Nations High Commissioner for Refugees, at the Opening Ceremony of the Partnership in Action (PARinAC) Global Conference, Oslo, 6 June 1994. [http://www.unhcr.org/3ae68fab14.html, as of 31 October 2013]

第 2 部
難民保護の地域的展開
Part II *Regional Developments of Refugee Protection*

Chapter 1   *The Situation of Refugees in Japan and the Challenges in Their Integration*

第 1 章
日本における難民の状況と社会統合の課題

石川 えり　*Eri Ishikawa*

キーワード：難民、難民認定申請者、インドシナ難民、第三国定住、社会統合
Keywords: refugees, asylum seekers, Indochinese refugees, resettlement, local integration

はじめに

　従来、日本の難民法に関連した研究は難民の認定に関するものが主流であった。難民認定手続きを重視する傾向は、インドシナ難民の定住に携わってきた団体を別にすれば、近年の難民支援の現場においても顕著であったように思われる。難民認定申請者（以下、申請者または難民申請者）に対する安定的なセーフティーネットが十分ではないという大きな課題がある日本では、その欠落を埋め合わせるべく、難民支援に携わるNGOは申請者が認定を受けるまでの支援に傾注してきた。例えば、筆者が関与してきた難民支援協会（JAR）では、長らく個々の難民、特に申請者への法的・生活支援やその権利擁護のための政策提言、社会へ向けた発信を重点的に行ってきた。他方で、定住支援に関しては、組織内に定住支援部を新設したのが2011年であることからもわかるように、本格的な取り組みは近年になってはじめられたばかりである。また、従来、難民問題の恒久的解決策の中では自主的帰還が最も望ましいとみなされる場合が多いため、庇護国への定着が政策上優先されず、支援に携わるNGOとしても追求しづらい側面もあった。

　しかし、日本においては、「難民の地位に関する条約」（以下、難民条約）に基づいて認定された「条約難民」に加え、人道配慮等在留許可者[1]も増加傾向にあり、日本での滞在が長引くにつれて定住を望む人も増えている。例えば、2013年 4 月に行われた在日ミャンマー人へのアンケート調査では、回答者114人のうち111人が日本で暮らし続けたいと考えているという結果が出ている[2]。また、もう一つの問題として、難民認定プロセスの長期化があげられる。申請者の中には、難民認定の審査にかかる行政手続きで 2 年以上、中には裁判も加えると10年間も結果

を待ち続けている人さえいる。難民認定プロセスの長期化に伴い、申請者の日本での滞在が長期化して地域社会との接点が実質的に増え、それによって定住の希望が増していることは注目すべき事実である。

　こうした状況を踏まえ、本章では、定住インドシナ難民、個々の難民認定手続きを経て認定を受けた条約難民および人道配慮等在留許可者、そして新たに受け入れが始まった第三国定住難民の状況を概観し、日本での難民受け入れ、とりわけ社会統合における課題を考察する。

　なお、恒久的解決策の1つであるlocal integrationには日本語では「定住」や「定着」、「(社会)統合」といった訳語が与えられるが、本章では主に「社会統合」の語句を用いることとする[3]。ただし、「社会統合」は目指すべきあり方を指す際に使用し、すでに行われている各種政策や現状を指す場合には「定住」と記す。また、定住と社会統合のいずれも、就労・住居・教育・保健医療へのアクセスに加え、難民の外部のコミュニティとのつながり、言語能力、社会参加を含む、包括的な概念と捉えることとする[4]。

1. 日本における難民の状況

　国連難民高等弁務官事務所（UNHCR）への拠出額では日本はトップクラスを維持してきたものの、一般的には「難民に対して開かれていない日本」というイメージで語られることが多い。そして、そのイメージは国内外で定着しているようにも思える。では、実際はどうなのか。

　歴史を振り返ると、1970年代後半のインドシナ難民の受け入れ時以前にも、実は日本は難民を受け入れていたのだが、確固たる難民政策が存在していた訳ではない。第二次世界大戦以前、ロシア革命の際に混乱や弾圧を逃れるために日本に来たロシア人が数千人存在したこともあったが、法律に基づき制度を整えて受け入れを行ったものではなかった。もちろん杉原千畝のように、ナチス支配下を逃れようとした数千人のユダヤ人の命を救った外交官がいたものの、難民に対しては伝統的に冷ややかな対応が取られてきたことは否定できないだろう。

　日本において難民受け入れ政策が形成されていくのは、1970年代後半のインドシナ難民の受け入れ以降のことである。日本は、1979年に閣議決定に基づきインドシナからの難民の受け入れを開始し、1981年に難民条約に加入するとともに国内法の整備を行った。また2009年にはアジアで初めて第三国定住難民の受

け入れにも着手している。しかし、難民受け入れの流れは紆余曲折を経験してきたのが実際のところである。とりわけ難民支援の現場から状況を眺めれば、多くの課題が存在する。ここでは、日本の難民受け入れと社会統合のあり方を考えるために、インドシナ難民、条約難民および人道配慮等在留許可者、第三国定住難民の受け入れの経緯と政策を概観するとともに、それらの難民に関連した定住支援策を検証する[5]。

(1) インドシナ難民
(a) インドシナ難民受け入れの背景

1975年4月30日のベトナムのサイゴン陥落の前後から、インドシナ難民の本格的な流出が始まった。さらにラオスとカンボジアにおいてもほぼ時を同じくして旧政権が倒れ、それ以降、このインドシナ3国から、ボートに乗り正規の出国手続をとらずに他国へと避難する「ボートピープル」とよばれる人々が大量に流出する事態が発生した。本国を脱出し海上を漂流中に命を落とす犠牲者を減らすため、1979年にはUNHCRとベトナム政府との間で「合法出国計画」が締結され、ベトナム人の合法的な出国が認められるようになったが、ボートピープルの流出は後を絶たなかった[6]。

日本にも多くのボートピープルが上陸したが、当初、日本政府はアメリカなどの第三国の再定住先が確定していることを条件とした一時滞在のみを認め、定住を認めていなかった。しかし、ボートピープルの数は増え続け、米国政府からの強い要請もあり、日本政府は1979年7月にインドシナ難民の定住制度を創設することを閣議了解した。この制度によって、日本に到来したボートピープルだけでなく、第三国の難民キャンプにいるインドシナ難民に対しても、日本への定住の機会が開かれた。

その後、多くのインドシナ難民受け入れ諸国で、「本国脱出の真の理由は経済的な動機に基づく移住労働ではないか」という疑念が高まるとともに「支援疲れ」が指摘されるようになった。このような状況をふまえ、1989年6月に開催されたインドシナ難民国際会議において「包括的行動計画」が採択されることとなった。これは、新たに流入するボートピープルに対しては難民認定の審査作業（スクリーニング）を導入し、不認定になった者には本国帰還を奨励する多国間の取り決めである。以後、ボートピープルの流出は激減し、インドシナ3国の政情も安定化したため、1994年3月の閣議了解によってボートピープルの受け入れは終了す

ることになった。

(b) インドシナ難民の受け入れおよび支援体制

　当初のインドシナ難民の支援団体は天理教、救世軍、立正佼成会、カリタスジャパンといった宗教団体が多く、精力的に支援活動を行っていた。それに加えて日本赤十字社なども、独自に、あるいはUNHCRとの業務実施契約団体として難民支援事業を行った。主な事業は（団体によって若干は異なるものの）、日本近海等で救出されたボートピープルに対して、アメリカなど第三国への定住が決定して出国するまでの一時的な滞在施設を提供することであった。各団体によって運営された滞在施設は北海道から沖縄まで40カ所にも上った。政府内においても、「一時滞在難民の受入れにあたって宗教団体・日本赤十字社が果たした功績は極めて大きい」との評価が定着している[7]。

　その後1979年7月、内閣に「インドシナ難民対策連絡調整会議事務局」が設置され、定住促進のための諸施策が推進されることになった。同年11月、定住促進事業が財団法人アジア福祉教育財団に委託され、財団内に「難民事業本部（RHQ）」が設置された。難民が必要とする支援は多方面にわたるため、政府では国内のすべての省庁が横断的に関わる受け入れ制度が整備された。

　RHQは、インドシナ難民への定住支援を目的として、日本語教育、健康管理、就職斡旋などの事業を行った。1979年12月に兵庫県姫路市に「姫路定住促進センター」を、翌1980年2月に神奈川県大和市に「大和定住促進センター」を開設した。また日本に上陸したボートピープルの一時庇護のため、1982年2月に長崎県大村市に「大村難民一時レセプションセンター」を設け、ボートピープルの流入増加と滞留の長期化に対処するため1983年4月に東京都品川区に「国際救援センター」を開設した。これらのセンターでは日本語教育と社会適応訓練が行われ、その間は生活援助費が給付された。センターからは4,441人が就職をしたが、最も多い職種は金属加工関係、次いで電気機械関係の加工組み立て産業であり、センター退所後は総じて中小企業地帯の製造業に就職した[8]。

　しかしながら、公的な支援は決して十分ではなかったとの見方もある。荻野剛史は、難民が最も長い間居住し生活する地域社会において難民に提供されていた公的支援は、RHQや一部の市区町村役場による相談窓口の開設、あるいは各地の国際交流協会での相談くらいであり、相談以上の具体的支援は公的には行われていなかったことを指摘する[9]。事実、政府や自治体が提供できなかった支援を補っ

たのは、当時誕生したNGOなどの団体であった。1970年代末のインドシナ難民の国外流出問題を契機に、難民を助ける会、日本国際ボランティアセンター、曹洞宗ボランティア会（現・シャンティ国際ボランティア会）、幼い難民を助ける会など、難民支援を目的とするNGOが数多く発足しており、これらの団体は日本国内のインドシナ難民支援に対して「日常生活に対する支援」、「文化継承のための支援」、あるいは「その両方に対する支援」を提供した[10]。例えばカリタスジャパンは、1975年6月のボートピープル来日当初から日本に到着した難民の宿泊の手配に始まり、難民の一時滞在施設を提供した。また、これらの団体は国内外における難民救援の推進や関係機関との連携、情報交換を目的として「インドシナ難民救援連絡会」（のち「難民救援連絡会」と改称）を形成するなど、NGOのネットワーク化を図った。日本国際社会事業団は難民相談事業、母語図書館の運営、及び里子・里親事業などを実施し、政府の委託を受けて1984年に初めてのインドシナ難民の生活実態調査等も行っている[11]。

　なお1994年に先述の包括的行動計画が導入されて以降、1995年3月末には「大村難民一時レセプションセンター」が、1996年3月末には「姫路定住促進センター」が、そして1998年3月末には「大和定住促進センター」が閉所した。「国際救援センター」は、すでに定住したベトナム人が呼び寄せた家族を中心に受け入れ、半年間の日本語教育や社会適応訓練、就職斡旋等を行っていたが、家族呼び寄せ制度が終了したため2006年3月末に閉鎖した。

(c)　インドシナ難民の定住の状況

　日本で定住許可を得たインドシナ難民は2005年末までに合計11,319人であるが、複数の類型に分類される。国内の一時滞在施設に受け入れられた後に定住許可を受けた人数は3,536人、海外の難民キャンプから定住許可を得て入国した者は4,372人、政変前に日本に入国し、政変後に帰国できなくなった元ベトナム留学生が742人、ベトナムからの合法的出国による家族呼び寄せが2,669人であった。また、定住許可を得たインドシナ難民を国籍によって分類すると、最も多いのはベトナム人で8,656人であり全体の76％を占めている。次にカンボジア人の1,357人、ラオス人の1,306人となっている。日本に帰化した難民の総数は1,287人であり、ベトナム人845人、カンボジア人304人、ラオス人169人となっている[12]。

　インドシナ難民は集住する傾向が強く、例えばベトナム系住民は神奈川県藤沢

市や大阪府八尾市、兵庫県神戸市などに集住している[13]。一方カンボジア出身者およびラオス出身者は関東圏に多く住んでおり、とりわけ神奈川県に全体の半数以上が集住する傾向がみられる[14]。生活上の問題としては、不十分な日本語能力や不安定な雇用、それに伴う生活の困窮、二世との断絶が顕著である。日本語能力に関しては、2008年に行われた女性を対象とした調査では、回答者のうち全体の約4割が日本語によるコミュニケーションが「不自由またはほとんどできない」状態にあることが示された[15]。雇用に関しては、横浜市泉区のいちょう団地に住むインドシナ難民一世の場合、多くの者は、日本語があまりできなくても可能な仕事で、不規則かつ肉体的に過酷な現場が中心であり、雇用形態は不安定なパートやアルバイト、派遣がほとんどであることが報告されている[16]。生活については、内閣官房インドシナ難民対策連絡調整会議が実施した1997年の調査において、「生活費より給料が安い」との回答が全体の64.9%、「収入が定まらず、生活が安定しない」との回答が37.4%となっており、給与だけで生活ができない状態にあることが分かる[17]。生活保護受給率については、1985年調査によると10.8%[18]、1987年調査によると5.9%であり、「受け入れたインドシナ難民が日本において安定して自立した生活を営んでいるというにはいまだ程遠い」状態であった[19]。

インドシナ難民の子どもたちについては、来日時期による差はあるが、1～2年で取得できるとされる生活言語と、5～7年を要するといわれる学習言語の間に習得ギャップが生じ、学習の遅れが生じている。母語を理解しない子どもと日本語を理解しない親との意思疎通のギャップや、日本語通訳を担わされる子どもの負担も問題であり、中には親の離婚の通訳をしたという事例も報告されている[20]。

インドシナ難民の定住支援に関連した現在の民間の活動としては、例えば関東においては社会福祉法人さぽうと21が日本語教室を運営し、経済的な困難を抱える難民等の学生へ学業を継続できるよう、返済義務のない生活支援金を支給している。NPO法人多文化まちづくり工房では、主にいちょう団地にすむインドシナ難民を中心とした外国籍住民に対して、日本語を学ぶ機会の提供、子供の補習教室、生活相談、若者による救命救護の取り組み等を行っている。関西では、NGOベトナム in KOBEが生活相談やベトナム母語教室、日本語教室、高齢者巡回健康相談、医療通訳派遣、薬物防止キャンペーン、伝統行事開催等の総合的な活動を行っている。近年とくに進行しているインドシナ難民の高齢化や薬物経験者への対応等、とかく周辺化されがちな集団へ対しても支援が行われている。

(2) 条約難民・人道配慮等在留許可者・難民認定申請者

(a) 入管難民法の変遷と難民受け入れの状況

　インドシナ難民の受け入れ等が契機となり、日本では1981年に難民条約への加入が実現した。従来の出入国管理令が改正され、難民認定手続に関する規定が置かれるとともに題名が「出入国管理及び難民認定法」(以下、入管難民法)に改められ、難民認定手続きを中心に制度が整えられた。その後、難民に関連する項目については数度の法改正が行われているが、とりわけ難民認定について大きな改正となったのは2004年であった。背景としては2年前の2002年5月、中国・遼寧省の省都である瀋陽で起きた、脱北者[21]による日本総領事館への駆け込み事件(いわゆる「瀋陽事件」)がある。この事件の映像は国内外で大きく伝えられ、世論への影響も大きく、難民政策が国内のさまざまなレベルで議論される契機となった。瀋陽事件を機に自民党、公明党、民主党[22]の各党から政策提言がなされた。また、法務大臣の私的諮問機関である出入国管理政策懇談会の部会として、8人の有識者からなる「難民問題に関する専門部会」が設立され、約半年間の議論を経て答申が出された。入管難民法は、これらを踏まえる形で改正がなされている。

　大きな変更内容としては、①日本に入国後60日以内に難民申請を行わなくてはならないという、いわゆる「60日ルール」の撤廃、②在留資格なしに難民申請をした者に対し、一定の条件の下で滞在を認める「仮滞在制度」の導入、③異議申立て手続きにおいて口頭意見陳述や審尋を行い、法務大臣に対して意見を述べることができる「難民審査参与員制度」の導入、④人道配慮による在留許可の制度的位置づけ等である。

　ここで、難民申請者と認定の推移について見ておきたい。法務省の発表資料によると、2012年に難民申請を行った者は2,545人であり、過去最高の数となった。また制度が発足した1982年から2011年までの30年間の累計をみると、難民認定申請数の合計は11,754人であり、主な国籍はミャンマー(4,215人)、トルコ(1,489人)、スリランカ(853人)、パキスタン(836人)、イラン(605人)の順となっている[23]。また、同期間中の難民認定者の合計は598人で、主な国籍はミャンマー(307人)、イラン(69人)、ベトナム(59人)、カンボジア(50人)、ラオス(48人)となっている[24]。加えて、同期間中の人道配慮等在留許可者の合計は1,994人で、主な国籍はミャンマー(1,558人)、中国(80人)、アフガニスタン(56人)、イラン(41人)、トルコ(36人)の順となっている[25]。難民認定については非常に厳

しい状況と言わざるを得ず、難民認定率は一次審査において0.35％、異議申立てにおいて2.2％と低い数字となっており、出身国別に難民受け入れ主要国の認定率と比較しても大きな差がある。このような認定率の低さに対しては、自由権規約委員会においても懸念が表明されている[26]。また、2000年以降、難民認定を受けた人の国籍はミャンマーに偏っており、難民申請に携わってきた弁護士の関聡介は「ミャンマー以外の国籍の認定者は毎年ほんの数名程度に止まっているという問題に改善の兆しが見られないのは、深刻かつ不健全な事態といわざるを得ない」と述べている[27]。

　難民認定手続きについても多くの課題が指摘されている。第1に、適正手続きに関する事項としては、難民認定手続きは行政手続法（第3条1項10号）の適用除外とされているため、同法で規定される審査基準の設置及び公開（第5条）、標準処理期間の設置及び公開（第6条）、弁明の機会の付与（第29条）等が法的に保障されない状況にある[28]。また、弁護士の代理権は一般論として否定されていないものの、難民調査官による難民審査インタビュー（原申請での供述）の際に弁護士の立会いが実務上認められていない[29]。第2に、事実の主張に関する立証責任についてである。立証責任には第一義的には難民認定申請者本人が負っているが、UNHCRは「難民本人の置かれた状況の特異性に鑑みて、審判官はあらゆる関連事実を確認し、評価する義務」を負うとしている。しかし、日本では、政府や裁判所が申請者側に要求する立証責任の基準が高すぎると批判され続けてきている[30]。第3に、申請中の法的地位が不安定であるという点である。2004年の法改正においてその課題解消のために導入された仮滞在制度についても、2012年の仮滞在許可の実績は全対象件数の10.5％となっており、適用基準の厳格さが目立つ。第4に、難民審査が長期間にわたることと、その間のセーフティーネットが限られていることも課題である。2013年10月現在、特に異議申立てに対する決定までに非常に長時間を要しており、一次審査に約半年、異議申立てに2〜3年以上、裁判を始めるとさらに2年以上かかっているのが現状である。2007年10月1日時点で申請結果を9年も待っているという申請者が2名存在した[31]。難民申請者の母語を話す通訳が少ない等といった現状で、長期にわたる審査によって申請者たちが心身ともに疲労し[32]、また、その間の生活保障が限定的であるために生活に非常に困窮してしまうケースが少なくない。

　難民申請者への生活支援としては、外務省の委託を受けたRHQが保護費（生活費・宿舎借料・医療費）を支給しており、成人であれば1日1,500円、宿舎借料は

1人暮らしの場合は4万円を上限に支給されるが、首都圏の場合は生活保護よりも低い水準になっている。またRHQは難民申請者のための「申請者緊急宿泊施設（ESFRA）」も運営しており、入居が可能な場合もある。これらの支援は基本的に司法段階（裁判中）では支給されず、また申請をしてから数カ月を経て受給が開始されることが一般的であるため、受給開始を待つ間にホームレスとなる申請者も多数存在している[33]。特に、難民申請をした時点で在留資格がない場合には、難民認定申請中は就労が許可されないため、就労もできず生活保障も得られないという事態が生じてしまうことがある。自由権規約委員会もこの点に懸念を示し、「全ての庇護申請者に対し、弁護士、法的扶助、通訳、全ての手続期間中における適切な国による社会的支援又は雇用にアクセスする機会を確保すべきである」と勧告している[34]。

　これらの課題に対し、難民支援に携わるNGO15団体で構成する特定非営利活動法人なんみんフォーラム（Forum for Refugees Japan: FRJ）においては、5つの課題を指摘した「難民保護法への論点」を発表し、抜本的な法改正が必要であると述べている[35]。

(b)　定住のための支援と定住の状況

　認定を受けた条約難民の権利としては、永住許可要件の緩和、難民旅行証明書の発行、難民条約にある各種権利の享受があげられる[36]。実務上は定住者3年の在留資格が付与されることが多い。就労も可能であり、また国民健康保険の加入・生活保護の準用もされる。一方、人道配慮等在留許可者は難民条約上の権利を得ることはできない。また、在留資格は活動に制限のない特定活動1年が付与されることが多く、成人であれば就労・国民健康保険の加入は可能であるが、生活保護の準用はされないこともある。

　日本政府は2002年8月7日の閣議了解において、条約難民として認定された者に対する定住の支援を定め、条約難民の日本語取得のための便宜供与、職業紹介または職業訓練を行うことを決めた。加えて、関係行政機関の緊密な連携を確保し、政府として必要な対応を検討するため、インドシナ難民連絡調整会議を廃止し、これまで同調整会議に参加していた省庁がそのまま関与する「難民対策連絡調整会議」を内閣官房に設置した。

　難民対策連絡調整会議決定として、従来インドシナ難民の定住支援に用いられてきた国際救援センターへの条約難民の入所が正式に認められ、入所した難民に

対して日本語教育、職業紹介の実施と職業訓練、各種生活手当てと職業援助費等の支給が行われることとなった。また定住支援施設としては、2005年度に国際救援センターが閉所されたため、2006年には条約難民の定住支援に特化した施設である「RHQ支援センター」が開設された。2011年度は29人が同施設に入所している。ただし、定住支援プログラムを人道配慮等在留許可者は利用することができない。

　それでは、実際に条約難民や人道配慮の対象となった者の定住状況はどのようなものなのだろうか。生活実態等について、JARがRHQの委託を受け、2002年に実施した難民申請者と条約難民100人を対象に行った聞き取り調査が存在する。この調査結果を項目別に見ていきたい。①雇用状況に関しては、失業率39％、就労斡旋希望が73名。就労形態はパートが49名で、6割は月収15万円未満であった。②公的扶助の周知度合いという点では、生活保護について82名、児童扶助手当は95名が「知らない」と回答した。また、③医療については、健康保険未加入者が68名、1回あたりの平均診療費が1万円以上の人が20名、体の状態が「よくない」「どちらかと言えばよくない」と回答した人が合計54名、心の状況が「よくない」「どちらかと言えばよくない」と回答した人は合計64名に上った。④日本語教育については、日本語学習を希望する者が86名であった。最後に、⑤差別の経験については、57人が差別を感じたことがあると答えた。

　上述の調査では厳しい雇用状況が窺えるが、就労の実態について、条約難民の過半数および人道配慮等在留許可者の約7割を占めるミャンマー難民の状況について触れておきたい。彼ら・彼女らの就労形態としては、飲食業の非正規雇用が圧倒的に多く、昼・夜と別々の飲食店で掛け持ちをしていることが多い[37]。また、認定・人道配慮により在留資格を得た後も、安定した雇用に移行していない事例が多く報告されている。その中で飲食店等を起業し、自らが雇用主となり経済的な安定を目指す事例や、自ら労働組合を立ち上げ自分たちの権利獲得のために動く事例もみられる。高田馬場・早稲田近辺には少数民族も含むミャンマーの難民がレストランを経営している店が複数存在する。

　近年の注目すべき傾向としては、公的支援以外の枠組みで特徴ある支援の利用が可能となっていることである。たとえば高等教育を受ける機会として、UNHCRが関西学院大学・青山学院大学・明治大学と共同で実施する「難民高等教育プログラム」があり、大学が難民のための推薦入試制度や学費免除措置、生活費の支援などを実施している。また、公益財団法人「難民起業サポートファン

ド（ESPRE）」では、難民の起業による自立を支援するための経営支援や融資等を行っている[38]。2012年10月には初の融資として、人道配慮による在留許可を得たパキスタン人に対する融資が行われ、モザンビークで日本から輸入した中古車を販売する会社が設立された。こうした外部からの支援とは別に、難民コミュニティ自身による相互扶助や、教会やモスクなどの場が難民のソーシャルキャピタル（社会関係資本）を提供している場合があることも指摘しておきたい。

(3) 第三国定住難民

最後に、第三国定住難民について概要と定住状況について簡単に触れておきたい（日本における第三国定住事業の政策形成については、次章の滝澤論文を参照のこと）。日本政府は、2008年12月の閣議了解に基づき、タイのメーラ・キャンプに滞在するミャンマー難民を毎年約30人、3年連続して受け入れるというパイロットプログラムの導入を決定した[39]。受け入れの枠組みとしては、インドシナ難民と同様に、難民条約上の難民としてではなく、難民に準じた地位としての受け入れとなっている。今回、第三国定住のミャンマー難民を受け入れるため、法務省は2010年2月に定住者告示の一部改正を行い、タイ国内において一時的に庇護されているミャンマー人であって、以下(イ)及び(ロ)のいずれにも該当する者を「定住者」として受け入れることができることとし[40]、日本に来日した全員に定住者3年の在留資格を付与している。

　(イ)　UNHCRが国際的な保護の必要な者と認め、我が国に対してその保護を推薦する者
　(ロ)　日本社会への適応能力がある者であって、生活を営むに足りる職に就くことが見込まれるもの及びその配偶者又は子

受け入れにあたり日本政府は、UNHCRからの推薦リストに基づき、日本での定住希望者を選定するというプロセスをとっている。第1陣を受け入れる前に、日本政府は、2010年2月にタイのメーラ難民キャンプを訪問して候補者の面接をし、その結果に基づき、関係省庁の意見を踏まえて受け入れ予定者が選定された。最終的な受け入れの決定は、政府から委託を受けた国際移住機関（以下、IOM）による健康診断を経てからなされた[41]。最終決定者に対してはIOMが出発前に3～4週間の研修を実施し、基本的な生活習慣に関するガイダンス及び日本語教育等を行った。第1陣として、2010年9月28日に3家族18名、10月13日に2家族9名のあわせて5家族27人が日本へ入国した[42]。

第2陣については、2011年9月29日に4家族18人が来日した。第3陣は、2012年9月末の来日直前に3家族16人が辞退したために受け入れはゼロとなった。第4陣については、2013年9月27日に4家族18人が来日した。入国後、第三国定住難民は、1週間程度のオリエンテーション実施後、東京都新宿区内に居住する難民に対し、同区内にあるRHQ支援センターにおいて、通所方式で、日本語教育、社会生活適応指導、就職支援等から成る定住支援プログラムを約180日間実施している[43]。

　その後、第1陣については3家族15名が三重県鈴鹿市、2家族12名が千葉県八街市の農業法人にて職場適応訓練を開始し、2011年3月9日に施設を退所した[44]。出身国でも農業に従事していたことから、農業への就職希望があったとされる。しかし、八街市の2家族は、土曜日も研修への従事を求められたこと、週の研修時間が60時間に上るが、RHQから支給される「訓練受講援助費」は12万円と変わらなかったこと、子どもの夜間中学校まで往復5時間を要し実質的に登校がむずかしいことを理由として、研修を中断し、東京で新たに生活を始めることとした。また第2陣4家族については、2012年3月2日に定住支援施設を退所し、夫（4名）が東京都内で靴製造業、妻（4名）が埼玉県内でリネンサプライ業に従事し、職場適応訓練を開始した。

　第三国定住難民の受け入れ政策に関する市民社会の動きとして、FRJの意見交換と笹川平和財団の事業を紹介する。第1に、FRJは、2011年12月と2012年1月に、内閣官房の難民対策連絡調整会議において、政府と国内で難民支援に携わるNGOらを交えた意見交換を行った。FRJは、政策決定において理念やゴール設定が不明確で各ステークホルダーの関与がなく、受け入れの体制と内容が不十分であるため（特に6カ月間の導入研修修了後に支援が大幅に縮小すること）、結果として難民が地域で生活するために多大な苦労をした現状を指摘した。その改善策として、官民が連携して政策立案を行うこと、多様な視点を用いた対象者の選定を行うこと、定住まで継続的なサポートを行うことを提案し、さらに、実際の受け入れ先となる地域や自治体を中心とし、民間のそれぞれの特長を活かした受け入れを実現するための体制オプションを提示した[45]。加えて、2014年2月に「日本における第三国定住難民受入れの更なる発展に向けた提言」を発表し、多様な関係者間の連携、総合的な支援体制の確保等を重要とした。

　第2に、笹川平和財団は、2011年から「難民受入政策の調査と提言」事業を実施し、研究や実務面から難民に携わる専門家および第三国定住難民を受け入れる

地方自治体関係者と共に、国内外での調査と提言の準備を進めてきた。その中で、受け入れを行った地方自治体の状況を紹介し、関係者間の役割分担の不明確さや、定住支援の指針の不在、財政措置の不備を指摘した[46]。一方、難民のニーズや日本での社会統合の要件、北欧での現状を踏まえ、日本は人道を重んじる実践国として国際社会からの期待も大きく、それに応えるポテンシャルも高いとした。そのうえで2014年2月には、第三国定住の理念、受け入れの拡大、地方自治体を軸とした制度設計、定住支援の内容、政府の組織体制と財政措置のあり方を提言した[47]。今後さらに実証的な調査研究や提言を予定している。

　2014年1月24日、日本政府は閣議了解において、2015年度のパイロットによる第三国定住受け入れ後も同事業を継続すること、対象国を従来のタイからマレーシアへ拡大すること等を決定した。これにより第三国定住が恒常化することとなった。

2. 難民の社会統合の課題

　ここまで、インドシナ難民、条約難民・人道配慮等在留許可者、第三国定住難民の受け入れの背景および定住状況について概観してきた。インドシナ難民の受け入れを皮切りに始まった日本の難民政策ではあるが、難民の社会統合のためにはいまだ課題は多いように見受けられる。本節では、前節での考察に基づき、特に重要と考えられるいくつかの課題を指摘するとともに、解決の糸口を探りつつ、難民の社会統合の実現に向けたいくつかの提言を行っていきたい。

(1) 個々の難民が抱える問題――「特別なニーズがある人」への配慮の重要性

　第1に、個々の難民たちが、日本語習得の難しさや安定した雇用先の確保の課題、日本社会の中での差別、トラウマ等の医療ニーズといった様々な問題を抱えていることが挙げられる。これは、インドシナ難民であれ、条約難民・人道配慮等在留許可者であれ、あるいは第三国定住難民であれ、ある程度共通の課題としてとらえることもできる。とりわけ「特別なニーズがある人」への配慮は、難民支援の際の取り組むべき重要な事項であろう。

　例えば、第三国定住事業における選考では、前述のように「日本社会への適応能力がある者であって、生活を営むに足りる職に就くことが見込まれる者」という条件が付されているため、健康上の問題が少ない難民が受け入れられてきた。

しかし、実際には世界の難民のうち、「深刻な身体的拷問や精神的虐待のいずれかを、あるいは両方を受けた者の割合は35%にのぼる」という推定も示されており[48]、難民の間では心的外傷後ストレス障害（PTSD）や抑うつ、不安、悲嘆などの「心の問題」の発生リスクが高いことも指摘されている[49]。日本に来た難民申請者の中でもこうした心の病を抱えた人たちは少なくない。また、とりわけ1970年代後半に受け入れられたインドシナ難民を中心として、現在難民の高齢化が進んでいる。難民の定住が長期化することによって、長期定住者は日本の高齢者と同様の種々の問題に直面することになるだろう。また、女性や子どもなどは、支援の中で周辺化されがちである。

こうした現状に鑑みれば、個々の難民が抱える健康問題（とりわけメンタルヘルス）や社会保障問題、あるいは援助の中で周辺化されがちな人びとの状況に配慮した政策が求められよう。

(2) 関係するアクター間の連携

第2の課題として、関係者間の連携の重要性を挙げたい。難民保護や難民定住の実現にとっては、立法者（国会議員）、中央および地方の行政組織、国際機関等、公とされる関係者の取り組みが必要であることは言うまでもない。しかし、それに加えて、難民自身からなるコミュニティ、FRJに加盟するNGO、地域に密着して教育や日本語支援等の専門性をもって取り組むNPOや個人、雇用主、町内会といった、さまざまな民間アクターの積極的な関与が重要であることを強調しておきたい。近年、様々な分野で、従来「公」を補完する役割と位置付けられていた「民」が新しい公共の担い手としてますます期待されているが、それは難民支援や難民の定住においても然りである。地域社会において難民がより適切に暮らしていけるよう、さまざまなアクターの連携が進むことが重要である。

その点で、法務省・日弁連・FRJが三者協議会の機会を持ってきたことは高く評価できる。またFRJは2011年12月と翌年1月に、第三国定住難民の受け入れに関する意見交換会を開催、NGO側からは「第三国定住難民受け入れから見える難民政策の課題と提案」を発表した[50]。しかし、第三国定住について政府とNGOが政策協議を行う場は、少数の専門家が個人資格として参加する有識者会議がある以外は、恒常的には設定されていない。少ない機会の例としては、UNHCRが行っている第三国定住に関する年次会合をあげることができる。この会合は、「第三国定住に関する年次三者協議」と呼ばれ、世界中で第三国定住制度を実施している

すべての国を招待し、受け入れにあたっての知見の共有や、第三国定住を必要としている難民出身国の情勢、一時庇護国における状況の把握等を行っている。この会合の特徴は、三者（政府・UNHCR・NGO）がそれぞれ同じ立場で参加し、意見を述べ合う機会となっている点である。

また、第三国定住に関する多様なアクター間の連携を目指す新しい取り組みとしては、笹川平和財団が主宰する「円卓会議」があり、ここには第三国定住に関する関係者が一堂に介し、現実的に政策を話し合う場として機能している。このような会合が恒常・定例化し、第三国定住以外の難民の課題や社会統合についても開かれることが望まれる。

(3) 法的地位の脆弱性

第3に、全体の数を俯瞰すると、難民条約上の難民が非常に少なく、難民に準じた地位での受け入れが多くなっている。インドシナ難民（一部の難民認定者を除く）および第三国定住難民はともに条約難民として受け入れられておらず、あくまでも難民に準じた立場での受け入れである。そのため、難民条約上の保護も受けられず、母国への帰還が難しい状況にありながら、日本国内では法的に弱い立場におかれている。また、同じ難民に準じた立場の中でも、人道配慮等在留許可者はさらなる問題に直面している。これらの人びとは政府による定住支援を受けられず、また家族呼び寄せもできない状態にある。加えて、在留資格の更新でも第三国定住難民に比べて短い在留資格が与えられるなど、社会統合の点からはさまざまな課題が残されている。

(4) 難民保護と支援に関する包括的政策の欠如――難民保護のための立法の提言

第4に、定着に関する諸施策の大半が、これまで法律ではなく、閣議了解または難民対策連絡調整会議の決定によるものであった。このことは、諸政策がその都度（アドホック的に）行われ、結果として包括的な難民の保護には到っていないという問題を提示している。

このような状況を改善するためには、難民保護を主目的とした新たな立法が必要であると考える。筆者が所属するJARやFRJでは、すでにその方向で提言をまとめ、発表した。

難民保護のための立法という意味では、韓国の新難民法[51]が大いに参考になるだろう。2013年7月に施行された韓国の難民法では、難民認定手続きの詳細な規

定や難民申請者への生計費の支援、住居、医療、教育等に関する支援、認定された難民への生計費、医療、教育、社会適応等に関する支援が定められている。加えて、同法第28条には第三国定住も実施ができる旨が定められており、第三国定住難民の受け入れに関する法的根拠を明確にしている。こうした立法化が日本でも実現すれば、難民の社会統合に弾みを与えるものと思われる[52]。

おわりに

　本章では、インドシナ難民・条約難民・人道配慮等在留許可者・難民認定申請者・第三国定住難民の受け入れについて概観し、難民の社会統合の課題を検証してきた。最後に、日本における難民の社会統合の意味を問い直し、今後の展望を述べることとしたい。

　難民の受け入れと社会統合を考える上では、「難民を受け入れることの意義とは何か」という根底からの問い直し、すなわち難民受け入れの理念形成が必要だろう。難民を受け入れる根幹となる理念が日本で形成されていないため、難民の受け入れや社会統合の制度や実践は常に不安定なままとなってきたのが現実である。

　「難」民という名称のとおり、これまで流布されてきた「受け入れ社会の負担」という認識を抜け出し、井口泰が述べるような、高齢化や過疎化などで疲弊する地方を支え立て直す「地域の活力」としての難民像[53]や、G.ヒューゴ（Hugo）がオーストラリアの事例で立証したような、特に難民の子女（二世、三世）に対する「初期投資」を行うことで二世三世らが受け入れ社会で国民以上の社会的活躍をしているという「ソーシャルリターン」としての難民支援の思考[54]などが日本でも議論され、社会に浸透していく必要があるだろう。石井宏明が述べるとおり、「インドシナ難民の受け入れ以降欠落している、難民受け入れや社会統合に関する骨太なデザイン設計を今回こそしないと、受け入れる社会的土壌が形成されていないという問題はずっと残っていく」[55]ことになるだろう。

　そして、理念形成という根本的議論と並行して、難民保護と社会統合の実務をどう改善していくのかという実際的部分の改善も図っていかなければならない。社会統合に関する中央政府や地方自治体、市民社会、難民コミュニティの取り組みの重要性はさることながら、結局のところ、中央政府による法制度の確立と自治体や市民社会等への適切な予算措置がなされないことには、難民の社会統合の

支援には限界があるのが事実である。

　折しも日本においては2011年12月には衆参両議院において、「難民の保護と難民問題の解決策への継続的な取り組みに関する決議」（第179回国会、決議第2号）が採択された。「国内における包括的な庇護制度の確立、第三国定住プログラムの更なる充実に向けて邁進する」としたこの決議を具体化するためにも、立法府において真摯な議論を期待したい。

1　法務省は、従来は人道配慮による在留許可を「難民不認定とされた者のうち、人道配慮することとされた者の数であり、在留資格変更許可及び期間更新許可数も含まれる」とし、統計情報の中で1991年よりそのような者がいることを表した。しかし2013年3月19日に発表した「平成24年における難民認定者数等について」（別表3「我が国における難民庇護の状況等」）においては、「その他庇護」と表現を変え、「難民の認定をしない処分をされた者のうち、入管法第61条の2の2第2項により在留特別許可を受けた者及び人道上の配慮を理由に在留が認められ在留資格変更許可を受けた者の数である」と説明している。
2　NHK「おはよう日本」ウェブサイト（2013年4月15日付）。[http://www.nhk.or.jp/ohayou/marugoto/2013/04/0415.html、2013年9月30日現在]
3　庇護国社会での定住に関しては、英語ではlocal integrationとsettlementの用語が用いられることが多い。国際難民法上の明確な定義はないが、曖昧でありながらも別概念として説明されている。一般的に、local integrationにより積極的な意味が与えられる傾向が強い。社会統合の諸側面については、本書第3部第1章の杉木論文を参照のこと。また、『難民研究ジャーナル』第3号（2013年）（特集：社会統合）でも興味深い考察が示されている。
4　この点に関し、イギリス内務省の委託調査報告書での社会統合の指標は示唆的である。Alastair Ager and Alison Strang, *Indicators of Integration: Final Report* (London: Home Office, Research, Development and Statistics Directorate, 2004).
5　ここでの議論は、「日本の難民受入れの経緯」（第3章、石川担当分）本間浩監修・特定非営利活動法人難民支援協会編『支援者のための難民保護講座』（現代人文社、2006年）に依拠した。また、インドシナ難民の受け入れの経緯や難民の体験談、支援団体の活動については、本書第4部「難民の声、市民社会の声」を参照のこと。
6　日本でも355回の救助が行われ、計10,576人のボートピープルが庇護のために上陸したことが記録されている。アジア福祉教育財団難民事業本部『大和定住促進センター18年誌——インドシナ難民の日本定住支援センターの軌跡』（1998年）、11頁。
7　内閣官房インドシナ難民対策連絡調整会議「インドシナ難民受入れの歩みと展望——難民受入れから20年」（1997年3月）、16頁。
8　神戸商科大学・船場研究室「阪神・淡路大震災におけるアジア系定住者の生活ネットワークの変貌と再生への展望——定住ベトナム人を中心として」（1996年11月）、9頁。
9　荻野剛史「わが国のNGO団体における難民定住支援」『瀬木学園紀要』第5号（2011年）、13頁。
10　同上、16頁。
11　日本国際社会事業団『我が国におけるインドシナ難民の定住実態調査報告』（1985年）。
12　難民事業本部「日本の難民受け入れ」。[http://www.rhq.gr.jp/japanese/know/ukeire.htm、2013年10月15日現在]
13　川上郁雄「『インドシナ難民』受け入れ30年を振り返る——私たちは何を学んだのか」（2005年）。[http://www.gsjal.jp/kawakami/dat/051126.pdf、2013年10月15日現在]
14　瀬戸徐映里奈「『食の確保戦略』からみるインドシナ難民の定住過程——兵庫県姫路市と神奈川県県営『い

ちょう団地」を事例として」京都大学グローバルCOE『次世代研究GCOEワーキングペーパー』第100号 (2013年)、11頁。
15 国際移住機関 (IOM)『日本におけるベトナム難民定住者 (女性) についての適応調査報告』(2008年)。
16 国士舘大学アジア・日本研究センターAJワークショップ報告書「多文化なまちづくりに求められる視点」『AJ Journal』第8号 (2013年3月)、91頁。
17 内閣官房インドシナ難民対策連絡調整会議事務局編『インドシナ難民の定住の現状と定住促進に関する今後の課題』(1997年)、83頁。
18 日本国際社会事業団「我が国におけるインドシナ難民の定住実態調査報告 (外務省委託調査)」(1985年)、114頁。
19 法務省入国管理局難民認定室「本邦定住インドシナ難民実態調査報告」(1987年)、155頁。
20 国士舘大学アジア・日本研究センター「前掲報告書」(注16)、92頁。
21 脱北者 (または朝鮮人民民主主義共和国からの庇護希望者) については、本書第2部第3章の松岡論文を参照のこと。
22 民主党は2003年3月5日には「難民等の保護に関する法律案」を発表した。
23 法務省入国管理局「平成23年における難民認定者数等について」(2012年2月24日、報道発表資料)。
24 同上。
25 同上。
26 Human Rights Committee, Concluding observations of the Human Rights Committee JAPAN, CCPR/C/JPN/CO/5, 18 December 2008.
27 関聡介「続・日本の難民認定制度の現状と課題」『難民研究ジャーナル』第2号 (2012年)、3頁。
28 全国難民弁護団連絡会議・特定非営利活動法人難民支援協会「難民認定及び支援に関する要望書」(2009年10月13日)。
29 関「前掲論文」(注27)。
30 同上。
31 内閣総理大臣臨時代理　国務大臣　町村信孝　「参議院議員福島みずほ君提出難民認定制度に関する質問に対する答弁書」内閣参質168第49号 (2007年11月16日)。
32 難民申請者が抱える健康問題については、本書第3部第6章の森谷論文を参照のこと。
33 『共同通信』「外国人難民申請者がホームレスに　過去最多で支援遅れ」(2012年12月10日付配信)。
34 Human Rights Committee, *supra* note 26.
35 特定非営利活動法人なんみんフォーラム「難民保護法検討のための論点整理」(2013年6月20日)。
36 法務省入国管理局「難民認定手続案内」(2012年10月)、2頁。
37 人見泰弘「ビルマ系難民の労働市場──社会的ネットワークの再編成と職業ニッチ」『現代社会学研究』第21巻 (2008年)、19-38頁。
38 難民起業サポートファンドのURLは次のとおり。[http://espre.org/、2013年10月15日現在]
39 難民対策連絡調整会議「第三国定住による難民の受入れに関するパイロットケースの実施について」(2008年12月16日、難民対策連絡調整会議決定)。
40 法務省「出入国管理及び難民認定法第7条第1項第2号の規定に基づき同法別表第2の定住者の項の下欄に掲げる地位を定める件 (平成2年法務省告示第132号、平成22年告示37号にて改正)」。
41 法務省「第三国定住により受け入れる難民の選考手順 (予定)」(2012年6月19日、第2回第三国定住に関する有識者会議配布資料)。
42 外務省報道資料「第三国定住によるミャンマー難民の来日」(2010年10月13日)。
43 難民対策連絡調整会議「第三国定住による難民の受入れ事業の現状と今後の方針について」(2012年3月19日)。
44 外務省「第三国定住により受け入れたミャンマー難民の就職先の決定」(2011年2月25日、プレスリリース)。
45 難民支援協会「内閣官房での第三国定住に関する意見交換会とNPOからの提案について」(2012年1月19日)。

46 笹川平和財団「提言書　日本におけるよりよい第三国定住に向けて」(「難民受入政策の調査と提言」事業、2014年2月)。
47 同上。
48 UNHCR「難民の第三国定住―難民の受け入れと社会統合のための国際ハンドブック」(2010年)、233頁。
49 同上。
50 難民支援協会「内閣官房での第三国定住に関する意見交換会とNPOからの提案について」(2012年1月19日)。
51 本書第2部第3章の松岡論文を参照のこと。
52 日本の市民社会内では、日韓の弁護士やNGO間の意見交換や視察を行ったり、すでに韓国難民法および同大統領令(施行令)の日本語翻訳や日韓難民法条文の比較などを進め、それらの情報を日本における法制度の改善に向けたアドボカシーに積極的に活用している。
53 石井宏明・井口泰・長谷部美佳「鼎談『日本での難民の社会統合を考える』」『難民研究ジャーナル』第3号(2013年)。
54 Graeme Hugo, *A Significant Contribution: the Economic, Social and Civic Contributions of First and Second Generation Humanitarian Entrants* (Canberra: Department of Immigration and Citizenship, Australian Government, 2011).
55 石井・井口・長谷部「前掲鼎談」(注53)、19頁。

Chapter 2   The Pilot Refugee Resettlement Programme in Japan: Why Is It Facing Difficulties?

第2章
日本における難民第三国定住パイロット事業
難航の背景を探る

滝澤 三郎 *Saburo Takizawa*

キーワード：第三国定住、ミャンマー難民、難民の社会統合、日本政府、UNHCR
Keywords: resettlement, Myanmar refugees, social integration, Japanese government, UNHCR

はじめに

　2008年12月、日本政府は、2010年から3年間の間にタイ北西部のメラ・キャンプのカレン族難民約90人を第三国定住によりパイロット事業として試行的に受け入れると発表した。この発表は内外の難民支援関係者の間で驚きを持って迎えられた。難民鎖国とまで批判されてきた日本が、積極的な難民受け入れ策である第三国定住事業を外圧なしに導入したからである。しかしこの事業は対象となる難民の間で不人気で、当初の受け入れ枠90人は満たせなかった。また来日した難民家族の日本での社会統合（定住と自立）も多くの困難に直面している。政府は2012年3月にパイロット事業の2年間の延長を決定し、2014年1月には2015年以降の再定住事業の継続を決定したが、第三国定住事業が日本で定着するにはまだ時間がかかろう。

　日本の難民受入数は長らく少なかったが、近年は増加に転じ、難民認定申請数は2012年に2,545件（うち不認定処分に対する異議申し立ては1,738件）まで増えた。しかし法務省による同年の申請処理数2,198件のうち難民認定数は18件に留まり、認定率は単純計算で0.8％にすぎない。認定数と認定率をもって難民鎖国の再来などと批判する論者は多いが[1]、各国で難民申請をする人々のプロフィールが違う以上は認定数・認定率を単純に比較しても意味がない。そもそも日本に来る難民申請者はごく少ない。2012年の日本での申請数2,545人は先進44カ国での難民認定申請者48万人の0.5％にすぎない[2]。隣国の中国やロシアからは毎年それぞれ2万人ほどの難民申請者が出るが、そのうち日本で申請する者は数十人である。そうした状況において、日本が積極的な難民の受け入れをアピールすること

も念頭に置きつつ第三国定住パイロット事業が導入されたものの、期待された同事業も難航している状態である。しかし、そこにこそ「なぜ難民が日本に来ないのか」という問いへの一つの答えが見出せるかもしれないのである。

　折しも2011年11月、国会は日本の難民条約加入の30周年、国連難民高等弁務官事務所（UNHCR）の設立50周年を記念する決議を採択し、その中で第三国定住の促進が謳われた。この決議は日本の第三国定住実施を国際社会にコミットすることを意味するものであり、その成否は日本の信頼性にも影響を及ぼすことにもなりかねない。そこで、本章では、日本の第三国定住政策を論じるにあたって、①外圧がないにもかかわらず、日本政府はなぜ、どのように本事業を始めたのか、②なぜ日本定住を希望する難民が少ないのか、そして③なぜ来日難民の社会統合が難航しているか、の3つの問いを取り上げる。この問いに答えるために、本章の資料としては、内閣官房の「難民対策連絡調整会議」に2012年3月に設置された「第三国定住に関する有識者会議（以下、有識者会議）」の17回の会議録[3]、筆者の2007年から2008年にかけてのUNHCR駐日代表としての経験、2回にわたるタイの難民キャンプ訪問時のインタビューを用いる。

1. なぜ日本は第三国定住事業を開始したか？

(1) 第三国定住を巡る国際的な流れ

　日本政府が第三国定住事業を導入した理由を理解するには、第三国定住をめぐる国際的な流れを把握する必要がある。難民政策は国際政治と人道主義の狭間で変動してきたことは言うまでもない[4]。難民の第三国定住は、自発的帰還、第一次庇護国での定住（統合）と並ぶ難民問題の3つの解決策の1つとされている[5]。冷戦時代、第三国定住は共産圏諸国からオーストリアなどに逃げてくる難民（政治亡命者）を西側諸国に分散させる機能を果たした。このような難民は西側諸国の共産主義諸国への優位を示すものとして歓迎されたが、東側諸国は自国民の自由な出国を認めなかったため、第三国定住事業の規模は小さかった。

　しかし、冷戦終結後は事情が激変した。冷戦に勝利した西側諸国にとって亡命者は政治的価値を失い、一方で、経済的に疲弊した東側諸国からの経済移民が急増したため、西欧諸国は難民と移民の流入規制を始めた。途上国でも国内紛争が多発し、周辺諸国は大量の難民流入の経済的、政治的、社会的コストの増大に悩み、難民受け入れに消極的になった。その結果、タイ、ネパール、コンゴ民主共和

国、ケニア、パキスタン、イラン、コロンビアなどで、本国にも帰れず、受入国にも定住できないまま難民キャンプで10年以上滞留する難民の数が600万人にもなり、長期滞留難民の問題[6]が政治的にも人道的にも国際社会の大きな課題となってきた。

　このような中で難民の第三国定住が再び脚光を浴びるようになった。北側の受け入れ諸国は1995年から「第三国定住作業部会（WGR）」およびその上部組織である「第三国定住に関する年次三者協議（Annual Tripartite Consultations on Resettlement: ATCR）」という国際政策フォーラムを作って、第三国定住という政策的選択肢の国際的拡散と政策協議を始めた。難民の国際的保護を巡って2000年には「グローバル・コンサルテーション」が開催されたが、その成果である「難民保護への課題」[7]は、第三国定住事業の強化と戦略的適用を打ち出した。難民保護・難民問題の解決という国際規範を達成するための手段としても、また第一次受入国の負担軽減を図る手段としても、第三国定住の政策的重要性は広く共有され、第三国定住事業はUNHCRの主要戦略となった。

　ATCRは第三国定住を実施している北側諸国（先進国）政府とNGO、UNHCRのみが参加できる、第三国定住の促進と調整を討議する場であり、南側第一次庇護国の影響を遮断した一種の「第三国定住クラブ」である。同協議会では、UNHCRが毎年第三国定住のニーズを提示し、第三国定住の実施国は対象となる難民や受け入れ枠などを自由に決めることができる。ATCRは第三国定住という政策的選択肢と関連施策についての各国の情報共有、学習と模倣の場でもあり、参加国数が2002年の10から2013年の28に増えたことからも、第三国定住が政策的選択肢として拡散・浸透していることが分かる。2013年のATCRは7月初旬に開かれたが、優先度が高い議題は、深刻度を増すシリア難民のほか、ソマリア、アフガニスタン、コンゴ民主共和国、コロンビア難民の第三国定住であり、日本で関心の高いミャンマー難民の第三国定住問題は議題にも上らなかった[8]。

(2)　日本の第三国定住事業決定プロセス

　上記のような国際的潮流の変化の中、UNHCRは2000年代初めから日本政府に第三国定住事業を始めるよう働きかけてきたが、日本政府は当初動かなかった。2007年に初の日本人駐日代表（筆者）が着任したのを受けて、UNHCR駐日事務所は新たなイニシアティブを開始した[9]。2005年、UNHCRに「マンデート難民」として難民認定されたトルコ人を本国に強制送還したことで悪化していた法務省

入国管理局との関係を改善したのち、駐日事務所は法務省入国管理局との対話を通して第三国定住事業の導入を働き掛けた。当時の法務省入国管理局長であった稲見敏夫と筆者は1976年に共に入国管理局に在籍し、30年ぶりに異なった立場で再会したが、両名とも翌年（2008年）に退職を控えており、日本の難民政策に関して何か「レガシー（遺産）」を残したいという強い気持ちを共有した。稲見は当初、第三国定住プログラムの意義を理解するものの、その導入は時期尚早であり、政治家や一般の人々はそのような政策を支持しないだろうと考えていた。にもかかわらず、稲見は2007年夏までに第三国定住についての非公式な「勉強会」を立ち上げた。主要メンバーは部下である法務省入国管理局、外務省と内閣官房の課長補佐クラスの3人であった。内々で続けられた勉強会では、UNHCRを通してイギリスなど数カ国の第三国政策や実践上の課題にかかる情報が集められた。情報は内閣官房難民対策連絡調整会議と共有され、2007年6月には日本の外務省職員が初めてジュネーヴでのATCRに参加し、日本が第三国定住を開始するとの期待がATCR参加国内に生まれた。

　勉強会は2007年末に「検討会」に格上げされ、このことは同年11月に来日した高等弁務官A. グテーレス（Guterres）に政府から伝えられ、メディアでも報道された。日本の官僚制度においては、「検討会」の立ち上げはある政策の実施を前提としたものであるのが一般的であり、同検討会の立ち上げは政府内での第三国定住への取り組みの進展度を示すものであった。稲見は第三国定住政策への懸念を払拭するため、幹部官僚や国会議員への働きかけを続けたが、当時の上司である鳩山邦夫法務大臣は稲見を信頼し、彼のイニシアティブを支持した。2008年春の国会で鳩山は、第三国定住事業は国際社会に対する日本の貢献であること、また法務省が中心になって同事業の導入の議論をすることを明言した[10]。2011年に行った聞き取りでは、鳩山は、第三国定住事業を始めるべきとの稲見の判断を信用したこと、難民の第三国定住は「日本にふさわしい国際貢献」であると自身が考えていると述べている[11]。2008年夏には、外務省のほか、難民対策連絡調整会議に加わっている文部科学省（日本語教育関連）および厚生労働省（就労関連）がすでに翌年度予算案に再定住事業関連予算を計上していた。ある外務省高官は、再定住事業が同省内で速やかに予算化されたことに驚きを表わした[12]。最終的に2008年12月18日に第三国定住事業の開始が「閣議了解」を得たが、「閣議で再定住開始に異論は出なかったのか」との筆者からの問いに対し、鳩山は「閣議に上がってくる議題は次官会議など事務方レベルですでに事前調整済みであり、他省庁の管轄

第2章　日本における難民第三国定住パイロット事業　　147

事項に異論が唱えられることはない」と興味深い事実を述べている[13]。「縦割り行政」の中では省庁レベルでのイニシアティブが重みを持ち、国全体の政策となり易いことを示している。ともあれ、再定住パイロット事業の開始については、麻生太郎首相（当時）自らがこの決定を訪日中のグテーレスに伝えた。閣議了解や事業の詳細は内閣官房のウェブサイトで公表された。

では、第三国定住が政府内で受け入れられたプロセスはどのようなものだったのか。関係するアクターの動きに着目して分析してみたい。UNHCRの側は、第三国定住事業の「利点」を売り込んだ。つまり、この事業は「難民を受け入れない国」といったマイナスイメージをなくし、国際社会における日本の評判を高めることができる一方、小規模であれば費用やリスクは低い、という実利を強調した。具体的には、UNHCRは外務省に対して、第三国定住事業が「平和国家」としてのアイデンティティを求める日本の国際的印象を改善する価値を持つこと、またそれは国際的責任・負担分担の具体的表現であり、日本のODAの理念である〈人間の安全保障〉にも沿うことを強調した。法務省に対しては、第三国定住によって難民を「積極的に」受け入れることで難民認定に厳しすぎるという法務省に対する批判を緩和できること、難民認定手続きが不必要なため行政費用の増加を伴わずに難民の受入数を増やせるなどメリットが大きい、と説得した。

重要なポイントとして、稲見とUNHCRが第三国定住を日本による将来の難民受け入れ促進のための布石と考えていたことを指摘すべきであろう。稲見は、長年の出入国管理行政の経験からエスニック・コミュニティの存在が同国人の来日を容易にすること、「難民が難民を呼ぶ」現象をよく理解していた。第三国定住は長期的には難民コミュニティを人為的に作り上げる役割を果たす。UNHCRは日本の第三国定住に対して「小さく産んで大きく育てる」ことを進言し、将来の拡大（規模、対象難民など）への期待を表したが、これは「第三国定住の戦略的適用」の一環であった[14]。短期的には、稲見は2008年から「人道的理由による在留特別許可」も大幅に増やし、難民コミュニティの拡大を図った。在留特別許可を増やしたもうひとつの理由は、難民不認定処分に対する異議申し立ての急増により未処理件数が増えるのを、法的地位を早期に与えることで抑制することにあった。2007年に88件だった在留特別許可数は稲見の在任中の2008年に360件、2009年には501件と急増し、認定難民数と在留特別許可数を合計した庇護数を政策的に増やす先例が作られた。ただし稲見が去った後の在留特別許可数は減少傾向を示し、2011年と2012年はそれぞれ248件と112件となった[15]。

第三国定住のメリットを巡るこれらの言説は外務省や法務省、内閣官房では受け入れられたが、総務省は外国人である難民の第三国定住を歓迎しなかったし、警察庁も統計がないものの「難民が犯罪に関与しやすい」として消極的だった。難民と犯罪を結びつける言説、つまり「安全保障化」の傾向は警察庁において強かった。しかしこれらの消極的スタンスも鳩山・稲見の積極的言行の前には勢いを欠き、難民対策連絡調整会議の議長を務めた内閣官房は、第三国定住事業の試験的導入の合意を法務省の後押しでまとめ上げた。政府レベルでは、濃淡の差があるものの、第三国定住の導入は好ましい、とする共通の価値判断と認識が生まれたのである。

　国会では、当時の与党自民党の森喜朗元首相を含む有力議員が第三国定住導入を支持し、公明党も前向きであった。中川秀直自民党幹事長（当時）は、日本の急速な人口減と高齢化を前に「移民開国論」を唱え、彼が主導した自民党の外国人材交流促進議員連盟による「今後50年間で1,000万人の移民を受け入れる」との提案は、同党国家戦略本部の承認を得た[16]。UNHCR駐日事務所の関与もあって、同提言には難民を中心とする「人道移民」の数を年間1千人まで増やすべきとの項目が入れられた。第三国定住を支持する考えは、保守的な日本国際フォーラムが2008年に発表した政策提言にも含まれている[17]。世論に大きな影響を与える全国メディアも、十分な言語教育や職業訓練などの社会統合施策をしつつ、第三国定住事業を進めるべきだ、との論陣を張った[18]。世論を意識する国会議員や官僚にとってメディアの論調は追い風であり、第三国定住という選択肢の導入への目立った抵抗は生じなかった。稲見も、メディアの肯定的報道が第三国定住イニシアティブを進める上でプラスだったと述べている[19]。

　政府による第三国定住事業の導入は、このように少数の政策エリートによる「ステルス」的な政策決定過程を経て速やかになされた。国際社会における日本の「平和国家」というアイデンティティ、「アジア初」が持つ評判、各省の利益にかかる合意の成立、さらに政治家による「移民開国論」の出現と、マスメディアの支持という第三国定住政策を受容する有利な環境が作られつつあった。国際社会での「ふさわしい振る舞い」について、稲見や鳩山、UNHCR駐日事務所らは積極的な理解を示したといえよう[20]。しかしながら、日本での第三国定住導入の決定は極めて政治的に[21]、また社会統合支援を担う自治体やNGOを排除してなされた。事実、第三国定住事業は人道的目的に加えて、日本のイメージ改善、費用最小化というさまざまな利益を内包するものになった。そして、その矛盾は難民の来日後

に明らかになってくる。

2. なぜ難民の間で日本の第三国定住事業に人気がないのか？

(1) 難民キャンプ社会と日本社会のギャップ

　このようにして日本政府は第三国定住事業を導入したが、その際の前提・想定は、タイのメラ・キャンプには日本に定住を希望する難民が多くいる、というものであった。「難民は日本に来たがる」というのは政府だけでなく、日本社会に広く浸透したアイデアであるが、その想定が正しくないことが事業の実施を通して明らかになった。日本定住希望者は少なく、来日したのは2013年までの4年間で13家族64人であり[22]、毎年の受け入れ枠30人を遥かに下回っている。改めて難民が日本に来ない理由を考えてみよう[23]。

　タイの難民キャンプに住むカレン族難民の多くは、元々ミャンマー東部地方の山岳地帯において自給自足的な貧しい生活を送ってきた。政府軍とカレン族を含む少数民族グループ間の武力紛争は数十年間も続いてきたが、政府軍は反政府武装勢力の生計基盤を破壊すべく3,000以上の村落を破壊し、住民を強制労働に従事させるなどした。食糧不足や疾病が蔓延する中で、国内避難民は50万人に上り、40万人以上が難民としてタイなどを含む周辺諸国に逃れた。約10万人が住むタイの難民キャンプの生活も厳しい。タイ国軍はキャンプ外への難民の自由な移動を認めなかったため、難民は10年以上食糧配給や学校、医療支援などを国際NGOの援助に依存することとなり、自立能力は弱められた。成人には非識字者も多く、都市生活の経験者はいない。カレン文化には相手の期待する返事をするなどの文化的特徴があり[24]、カレン族難民の考えや感じていることを知るのは容易でない。

　他方で日本社会は高度に都市化、組織化されている。大学進学率は50％を超え、字が読めることは当たり前のことである。20年間の経済停滞の中で、日本語能力が乏しい非熟練外国人労働者は競争力がない。勤勉と「自助努力」、周囲との同調を強いる社会規範が存在し、「多文化共生」の掛け声にもかかわらず外国人は異質な存在として排除されやすい。ミャンマー難民はそのアイデンティティを明らかにすれば周囲から差別され、日本に帰化しようとしてもその壁は極めて高く、二つの国の間で寄る辺なく生きる[25]。日本政府は移民受け入れを認めず、外国人労働者政策はあっても、難民を含めた永住外国人を前提とした移民政策や社会統合政策はないため、後者のためのインフラが整備されていない。

このように、伝統的なカレン族社会と日本社会には、言葉だけでなく、文化、宗教、労働倫理観など大きな違いがある。難民は日本について「発展した国」などの漠然としたアイデアしか持たず、それは日本定住後の生活について非現実的な期待を生む。他方で殆どの日本人は難民一般、特にカレン族難民については無知であり、彼らの日本定住に伴う困難さを理解できない。両者の間の相互理解は決して容易でない。現時点で振り返ると、第三国定住制度の導入を急ぐあまり、UNHCRやIOMは日本政府に対してカレン族難民のプロフィールと、彼らの日本での定住に伴う予想される困難について十分な説明をしなかった感もある。しかし、難民対策連絡調整会議はもちろん、「検討会」にも国際機関の参加を認めない閉ざされた政策決定システムのなかで、これら国際機関の役割は限られていた[26]。

(2) 難民が日本を選ばない理由

　以上の違いを念頭に、難民が日本を選ばない要因として5つが考えられる。第1に、タイの難民キャンプでは日本での第三国定住に応募できる難民の数が減ってきたことがある。第三国定住の対象となるのはタイ政府が登録した難民だけだが、2006年以降タイ政府は難民の新規登録を停止した。また、既に登録された難民のうち、約8万2千人の難民は第三国定住で米国（約6万4千人）、オーストラリア（約1万人）、カナダ（約4,400人）、フィンランド（約1,500人）、ノルウェー（約1,300人）などに定住した[27]。すなわち、教育を受け、英語力があり、キャンプ内の国際NGOでの勤務経験があり、外国での自立能力に「最も優れた難民」の75％は既に出国している[28]。数年前には10カ国前後がタイの難民キャンプで第三国定住を実施していたが、対象難民の減少から事業を停止する国が増え、2013年時点ではアメリカ、ニュージーランド、オーストラリア、日本の4カ国のみが第三国定住を実施している。オーストラリアは2014年度の定住枠を増やしているが、数万人単位で受け入れてきた米国は2013年をもってグループでの第三国定住を停止すると発表している[29]。

　第2に、2011年以来のミャンマーの急速な民主化のなかで、ミャンマーへの帰還の可能性が出てきたことがある。政府軍と少数民族武装集団間の停戦の流れの中で、難民を作り出すプッシュ要因が消滅し、祖国帰還というプル要因が生まれつつある。国際NGOがキャンプでの事業を縮小し、ミャンマー国内での帰還支援事業を強化しつつあるのも帰還を促す一因である。日本の第三国定住事業はミャンマーの急速な変化に対応しないまま進められている。

第3に、日本語という特殊な言語を学習し、生活をしていかなければならないことへの不安感が大きい[30]。母語も不自由な大人の難民にとって日本語の壁を乗り越えるのは極めて困難である（日本人がチェコ語を半年学んだだけでチェコに移住し経済的に自立するようなものだろう）。また、第1陣の一部の難民家族が、日本での当初の生活に強い不満を抱き、それをメラ・キャンプに残る友人や親族に携帯電話等で伝えたことも、キャンプ在住の難民の間で日本移住に対する不安感を強め、日本行きの魅力を減らしている。

　第4に、在日のカレン族コミュニティが小さく、移民ネットワークが機能しないことがある。人は人を頼って移動する。ある国への移民の流入は、所得格差が大きいほど、また彼（女）等を助けることができる同国人コミュニティ（ディアスポラ）が大きければ大きいほど多くなる[31]。家族や親戚、友人は、情報を交換し、住居や仕事探しをする上で、また生活に困ったときの助け合いによって、精神的な支えを提供し、新しく来た難民の社会統合を助ける。日本のミャンマー人コミュニティは新宿区に約1,200人と大きくなく、しかも部族ないし政治的意見の違いから分裂して一枚岩ではない[32]。カレン族はさらに少なく、首都圏を中心に100人ないし200人であるが、それも3つのグループに分かれていると言われる。したがって、カレン族を頼ってカレン難民が移住してくる「連鎖移住（chain migration）」は起きにくい。日本では少ない難民認定数ゆえに難民コミュニティが小さく、そのため難民申請者も少なく、認定数も増えにくいという循環がある。

　第5に、日本政府の制限的な選考基準が選考対象難民の数をさらに減らしている。UNHCR第三国定住ハンドブックによれば、第三国定住の対象となる難民とは、①法的ないし身体的保護のニーズ、②暴力ないし拷問の被害者、③医療ニーズ、④危険に面するおそれのある女性および少女、⑤家族再統合、⑥危険に直面する危険のある子どもと若者（孤児など）、そして⑦他の恒久的解決策がないような脆弱な人々である。UNHCRは①と⑦のカテゴリーに該当する難民のリストを日本政府に提出しているが[33]、日本政府の選考基準は「日本社会への適応能力を有している者」で、かつ「職に就くことが見込まれる者」である。第三国定住による受け入れは各国の政策に委ねられ、総論では人道主義を謳いつつも各論では自国の利益を考える傾向があるので[34]、日本が定住能力を打ち出すのは不思議ではないが、現時点ではそのような能力を持つ難民は減少しているため、日本が期待するプロフィールを持つ難民は限られる。さらに日本政府は対象を今まで核家族、つまり両親とその子どもに限って来たので、自立能力があっても独身の若者

は応募できない。両親や子ども、祖父母、他の親戚が共に暮らす「拡大家族」が大半であるキャンプ社会では「家族分断」は家族倫理に反し、年老いた親を持つ難民は応募しないため、応募者はさらに減少する。

　このような複合的な原因によって日本の「プル要因」は弱く、難民に来日へのインセンティブは湧かない。他方で多数の難民受け入れの伝統があり、難民コミュニティが大きく、社会統合支援策もより充実した伝統的再定住国には強い「プル要因」がある。魅力度の点で日本は大きく見劣りがし、第三国定住を希望する難民の大半は日本以外の国を選ぶ現象が見られる。2013年時点でも6千人ないし7千人ある第三国定住希望者のうち、日本に応募するのは1％にも満たない[35]。

(3) 日本の選考基準の背景

　「自立能力」と「定住能力」を強調する日本政府の選考基準は、日本への第三国定住志願者は多くいるだろうという前提と、労働や社会生活に関する倫理、「外国人は社会の重荷になってはならない」という社会通念を反映している。自立能力が強調されるのは、第三国定住による経済的・社会的費用を抑えるためであるが、これはキャンプにいる難民の価値観、期待、選好とも相反し、難民に対して日本での生活に不安を覚えさせる。加えて教育費の高さ、国籍取得の困難さ、年金受給の可能性などを含めた将来の生活を考えたとき、日本移住のリスクは大きくなり、比例して来日のインセンティブは減る。筆者が2008年11月と2011年8月にメラ・キャンプを訪れた時の経験では、難民は日本について殆ど知らず、そのため日本での第三国定住に無関心であるように見えた。しかし、日本の事情をよく知るメラ・キャンプのリーダーは、日本の選考基準が極めて厳格であることなどを指摘して、彼自身も日本移住には関心がないと述べた[36]。キャンプ指導層が日本を避けるなら他の難民もそうしよう。難民は日本を知らないから来ないのでなく、知る故に来ないのであろう。

　第三国定住を巡る国際的基準、日本政府の政策意図、難民社会に共有される日本のイメージ、さらに日本の国内規範の間には齟齬が存在し、これが日本の第三国定住事業の性格をあいまいにし、難民をふくむアクター間の相互理解の欠如と社会統合支援の弱さをもたらしている。「日本が難民を選考する」形の第三国定住政策は、「難民が日本を選ばない」という難民の逆選択にあうという皮肉な結果を生じている。

3. なぜ来日難民の社会統合が難航しているのか？

⑴ 選考と来日後の経緯

第1陣から第4陣までの第三国定住の経緯について簡単に振り返ってみよう。

⒜ 第1陣

2009年夏に日本政府はUNHCRに第三国定住候補者の推薦を依頼したが、日本の第三国定住事業がキャンプで発表されたとき、難民の関心は低かった。選考面接は法務省入国管理局の職員等6人が2010年2月にメーソット市で実施した。1回目の面接では30人の受け入れ枠を満たさなかったため、2回目の選考が実施され、最終的にUNHCRが推薦した16家族82名の中から5家族27人が第1陣として選考された。国際移住機関（IOM）の1カ月間の渡航前研修を終えた第1陣は、2010年9月28日に成田空港に着いた。多くのメディア、政府関係者やNGO、そしてカレン人コミュニティメンバーが迎えた。メディアも大きく難民の到着を報じた。

到着後、難民は新宿の難民事業本部（RHQ）訓練センターで、572時間の日本語教育、120時間の社会適応訓練、就職支援を含む半年間の研修を受けた。難民家族の情報は、プライバシー保護との理由で一切公表されず、第1陣は地域社会や難民支援団体から事実上遮断されていた。新宿での研修の後、2家族の両親は職場適応研修のために千葉県の農業会社で働き始めたが、最初から、長時間の農作業の難しさ、長い通勤・通学距離、さらに雇用主やRHQソーシャルワーカーとの意思疎通の問題について不満を表した。他方で雇用主は、機械化された農業に従事するには難民の日本語能力が低いこと、半年の研修期間では短すぎること、難民が特にショックを受けた夏期の長時間労働は日本の農業では当然のことである等の不満を述べていた[37]。期待と日本の現実との間のギャップに不満を持つ難民と、異質な文化的背景を持つ難民の言動に戸惑う日本側関係者の間に共通理解は成立しなかった。雇用主、難民、RHQ間の相互不信が高まる中で、難民側の支援弁護士が外務省に援助計画を改善することを求めたが、このことはメディアでも報道され、第三国定住事業が深刻な困難に直面しているというイメージが国内に広がった。結果的に2家族は千葉での定住を断念し東京で別の仕事に就いた。1家族はホテル清掃業に従事した。別の1家族はリサイクル業に従事したが、出産を契機に妻の就労が困難となり、生活保護を受給している。子ども達は1名が公立高

校に合格するなど、学校生活になじんでいる。

　残りの3家族は、三重県鈴鹿市のきのこ栽培会社で研修を受けそのまま就職した。会社のオーナーと彼の妻は、自宅の離れを住宅として提供し、日本語学習、農業技術の習得、子供のための学校とのやりとりなど、補償なしで献身的に支援した。鈴鹿市と現地の学校も夜間の日本語クラスの開催など定住支援に熱心であった。当初、鈴鹿市での定住は順調に見えたが、2013年時点で3家族14名のうち2家族8名は首都圏に移転して、両親はそれぞれ飲食業、リネンサプライ業に従事している。鈴鹿市には1家族6名だけが残っているが、子ども達は学校生活に意欲的である[38]。民族コミュニティがない土地での数家族だけの定住の難しさが窺われる。

(b)　第2陣

　第2陣の選考は2011年の春に行われたが、前年と同じく応募者は少なかった。第2次募集を経てUNHCRから推薦された9家族44名から6家族26名が選考され、9月には出発前の研修を受けたが、うち2家族は日本に出発する直前で来日を辞退した。生活費が高い日本では共働きが不可欠だとの日本政府関係者のアドバイスに対し、小さな子供がいる2家族は共稼ぎができず、日本での生活に不安を持ったためと言われる。残る4家族18人は2011年9月末に成田空港に到着した。出迎えたのは少数のメディアと学生団体だけであり、ミャンマーのエスニック・グループの姿は見られなかった。カレン族難民に限られた第三国定住に対する後者の複雑な思いが窺われる。

　第1陣に関する情報公開が少なすぎるとの批判を受け、外務省とRHQは前年度より情報公開を進めた。支援サービスも改善され、最終的に男性4名は東京の靴工場で働き、配偶者は三郷市におけるリネン工場で働くことになり（1人はその後弁当店に転職）、2012年3月に全員が三郷市の団地に移転した。同じ団地に全員が住んでいること、ミャンマー人の多い池袋や高田馬場から遠くないこと、靴工場での出来高制の賃金制度が労働意欲を高めていること、地元の学校の協力が得られるなどの条件が揃い、現時点では難民の社会統合は順調にみえる。しかし有識者会議のメンバーである三郷市の担当者は、2013年時点で、学校、保育所、住宅、就労、日本語支援など、他の外国人と違った特別の支援を必要とする第三国定住難民のこれ以上の受け入れは極めて困難であると繰り返して述べている[39]。

日本政府は、第1陣の千葉における問題への厳しい批判[40]や難民の間での第三国定住事業の不人気さに危機感を抱いた。メラ・キャンプで第三国定住家族の生活を映したDVDを上映したり、国内での広報活動も強化した。2011年11月には、難民対策連絡調整会議の12人の官僚が、地方都市における第三国定住の課題と可能性を知るために鈴鹿市と松本市を訪問し、2011年12月と2012年1月には社会統合支援の仕組みを改善するために2回のNGOとの懇談会が設けられた。2012年3月の国会で、玄葉光一郎外務大臣は、メラ以外の難民キャンプに対象グループを広げ、選定基準を緩和し、NGOや地方自治体を事業実施に含ませ、RHQの管理体制と成果を検証すると答弁している[41]。

　同3月に難民対策連絡調整会議は第三国定住試行事業にかかる報告書を発表し、社会統合のために最も重要なのは日本語訓練であること、難民キャンプでの広報活動を強化すべきこと、鈴鹿市と三郷市の難民定住地に地域定住支援員を配置すること、パイロット事業を2015年まで延長すること、対象キャンプをヌポとウンピアム・キャンプを含めた3つのキャンプに広げること、再定住事業の将来の方針を策定するために難民対策連絡調整会議のもとに「第三国定住に関する有識者会議」を設けることを発表した[42]。しかし、難民選定基準や実施体制は2008年11月に公表された閣議了解や関連手続きの枠組のままであり、漸進的改善だけであった。

(c) 第3陣と第4陣

　第3陣の選考は2012年2月に行われたが、難民の関心は相変わらず低かった。メラ・キャンプでの第1次選考に続き、6月の再選考はヌポとウンピアム・キャンプにも拡大された選考で、UNHCRから推薦された7家族39名のうちようやく3家族16人が内定した。しかし同年9月の出発前オリエンテーション中に、キャンプに残る親の反対を理由に2家族が日本行きを辞退するなどして、結局、第3陣による来日はゼロとなってしまった。このことは政府関係者だけでなく、難民支援団体関係者にも大きな衝撃を与えた。安全を求めて逃げる難民が「安全な国日本」行きを拒否するというのは全く想定外のことであった。しかし政府の幹部は事業の存続への決意を明言しており[43]、政府部内での第三国定住の理念は引き続き共有されていることを示していた。

　危機感を強めた政府は、再定住希望者を増やすため、2013年3月の難民対策連絡調整会議において「家族」の概念を拡大し、「自立可能性がある」という条件付

きだが、申請者の親と未婚の兄弟姉妹の受け入れを認めることにした。さらに、対象キャンプにメラマルアン・キャンプとメラウウ・キャンプを加え、計５キャンプに拡大した。UNHCRは第４陣受け入れに向けて全ての難民キャンプで延べ２千人から３千人の難民を対象に説明会やキャンプ委員会との会合、家庭訪問を実施し[44]、7家族32名を日本政府に推薦した。政府はこのうち4家族18名の受け入れを決定した。難民家族は2013年9月に来日し、2年連続で来日難民がゼロになる最悪の事態は避けられた。

(d) 第三国定住に関する有識者会議

　有識者会議は、2012年3月の設立以来2013年12月まで17回の会合で、パイロット事業が終了する2015年以降の第三国定住事業の方向性を審議した。会議の構成メンバーは学識経験者、受け入れ自治体代表、難民支援NGO代表などであるが、UNHCRとIOM、RHQもオブザーバーとして参加した。会議では、「受け入れられた難民家族は日本社会の負担になるべきでない」という社会通念を反映し、政府が明示的に使ってきた難民の「自立能力」を受け入れ条件とすることが支持された。政府側からは予算的・時間的な制約が繰り返され、自治体側からは地域での受け入れ能力の限界が指摘された。委員からの意見も概して既存の予算と制度の枠内で可能な施策、かつミャンマー難民の受け入れに絞った漸進策に限られ、現在の国際社会の最大の課題であるシリア難民の受け入れなどへの思い切った方向転換を求める意見は殆どなかった[45]。

　2014年1月に提出された有識者会議の報告書は次のような提言を含んでいる。①第三国定住による難民受入を今後も継続する、②受け入れ対象はミャンマー難民に限るが、マレーシアのいわゆる「都市型難民」を新たに対象にする、③受け入れ条件については、自立可能性のある者に限るが、将来は保護ニーズの高い者も検討する、④家族単位の受け入れを継続するが、将来は単身者の受け入れも検討するほか、既に受け入れられた難民につき、タイのキャンプからの家族呼び寄せを認める、⑤定住支援については、地域社会、NGO、難民コミュニティとの結びつきを強める、などとなっている[46]。

　有識者会議の提言には国内的考慮が強く反映され、再定住を巡る国際的動向とは軌を一にしていないが、まだひ弱な再定住制度を日本に定着させる上ではやむを得ないとも言えよう。マレーシアの「都市難民」には日本再定住希望者が比較的多くいる可能性がある中で、将来の政策の見直しを含みとする弾力性も評価でき

る。さらに、(難民を除く)全ての関係者が参加して様々な論点について検討がなされたこと、17回の会合の詳細が内閣官房のウェブに公開された透明性の高さでも評価できる。有識者会議の提言はほぼそのまま難民対策連絡調整会議によって採用され、2014年1月24日の閣議で了解されることとなった[47]。UNHCR駐日事務所が難民再定住を日本政府に提言してから7年、日本の再定住政策は漸く「パイロット段階」を卒業し、小規模であるが実施の局面に入ったと言えよう。

(2) 難航の原因

以上の経緯を念頭になぜ第三国定住事業が難航しているかを3つのギャップ(乖離)から検証してみたい。

(a) 権限のギャップ

第1は「権限のギャップ」である。第三国定住事業が多国間協力の枠組みと政府レベルで決定され、その結果、受け入れる自治体やNGO、企業は、社会的、経済的、政治的な影響を受けることになるが、後者は政府レベルでの意思決定のプロセスからは完全に排除されてきた。政府レベルでの政策決定の(短期的にはネガティブな)影響を事後的にかつ受動的に受け入れざるを得なかった受け入れ自治体(鈴鹿市や三郷市など)の関係者からは、情報自体が不足し、難民と住民のニーズをともに満たすような対応策をとるのに非常に苦労したといった不満が出ている[48]。自治体、市民社会の間の共通理解とサポートの構築を図る積極的なコミュニケーション政策もなかった。政府は第三国定住の「メカニズム」についての説明と協力依頼を行うだけであり、同事業が地域にとっても機会・利益となりうることを説明できなかった。定住政策に権限を持たない地方自治体は、受け入れに伴うメリットを感じられないまま協力と費用負担だけを求められてきた。政策の影響を受ける住民を政策決定から排除してきたため、第三国定住事業は地域レベルで持続可能な政策として定着しなかった。

(b) 貢献のギャップ

第2は「権限のギャップ」と対をなす「貢献のギャップ」である。難民の社会統合支援は到着後の数年間にわたる経済的、社会的、法的領域での支援を含み、地域社会の参加が欠かせない。そして日本の自治体、NGOや企業、地域住民には難民定住を促進するために貢献できる潜在力が十分ある。しかし、日本の第三国

再定住事業では、それらのアクターは「貢献する機会」を十分与えられなかった。社会統合支援は外務省の監督のもと事実上RHQが独占してきたため、自治体やNGOはどのようなサービスが必要になるのか、自分たちの持つどのようなリソースが役立つのかについてアイデアを持ち得なかった。例えば、地元企業には雇用力があるが、難民と政府の政策にかかる情報不足の中で、それが十分活用されていない。就職先が決まってから突然現れる難民家族を前に、地域での積極的な支援者が現れるすべもない。

(c)　インセンティブ・ギャップ

　第3は「インセンティブ・ギャップ」である。つまり、政府以外の国内アクターに問題解決に貢献するためのインセンティブないし利益がない状態である。日本の第三国定住事業の利益は国際的な評判を得るという形で政府が独占してきた。「評判という利益」は将来にわたって国内に薄く拡散する一方で、費用は少数の受け入れ自治体に集中する。政府の物質的な第三国定住予算約1億円は、大半が半年間の都心での研修のためにRHQに供与されるため、受け入れ自治体には追加的交付税のような形での補助金はない。財政的「持ち出し」を強いられる自治体にとって難民受け入れは政治的にも難しい。

　ところで、日本政府のUNHCRへの年間拠出は200億円前後であって（2013年は250億円）米国に次いで世界2位であるが[49]、その1%の2億円を国内の難民支援のために振り分け、それを受け入れ自治体への難民対策補助金とするならば、支援体制はずっと充実し、民間の潜在的貢献力を引き出すきっかけにもなろう。国内で使われる援助資金は納税者にとっても理解し易いし、拡充した支援策はそれ自体が難民問題についての啓発・広報活動に役立つ。それはまた、国際的に見て「突出した資金援助と少ない難民受け入れ」という日本の難民政策のアンバランスな形を修正するきっかけになる。

　しかし、難民の社会統合にとって必要なものの多くは、物質的というよりアイデア的なものである。難民問題についての正しい知識は支援の知的基盤を固めるし、寄る辺なき難民への同情心は支援への心理的なコミットメントを強める。支援者の「国内における国際協力の担い手」としてのプライドは精神的な報酬になりうるし、自らの活動がメディアで報道されることは評判を高めることになり、地元の関心も高まる。また、政府が難民を雇用する企業を表彰するなどしてその企業の評判を上げるならば、雇用機会を増やし、地域の活性化にも繋がりうる。

難民を受け入れることで、地域に新しいアイデンティティや利益が生まれ、地域の隠された資源も出てくる可能性がある。何よりも難民は国際理解教育の教師となりうる。平和で豊かな日本で育った若者には、紛争や貧困が日常的である世界を理解するのは難しいが、難民の口から語られる世界の現実は若者に大きなインパクトを与えるし、難民と日本人の子どもが一緒に学ぶ中で多文化共生が自然に進むだろう。

おわりに

「はじめに」で掲げた3つの問いに戻ろう。第三国定住事業を開始するという日本政府の決定は、国際社会における日本のイメージ改善という日本の国益を主な動機としていた。しかし、「来日希望者は多い」との想定のもと、既存の国内規範（自立可能性）を強く反映した受け入れ条件が用いられたため、第三国定住の趣旨はあいまいになり、希望者は少なくなった。次に、日本への第三国定住が難民の間で人気がない原因は、ミャンマーの民主化が進み第三国定住のニーズが減る中で、難民のコミュニティ、あるいはエスニック・コミュニティが小さく、将来の生活の見通しも立ちにくい日本よりも、他の第三国定住国のほうが魅力的だからである。難民も逃げる国を選択するのである。最後に、来日した難民の社会統合が難航している理由は、権限ギャップ、貢献ギャップ、インセンティブ・ギャップのため、定住地域での社会統合支援が不十分だからである。

第三国定住事業を定着させるには、私達はまず「日本は難民が来たがる国」という思い込みを捨てるべきであろう。同事業は、「日本政府が難民を入れない」というよりは「難民が日本に来ない」のが実態であることをドラマティックな形で明らかにした。難民の「ジャパン・パッシング」は、日本（人）の自己アイデンティティと、外から見た日本のイメージの間に大きなギャップがあることを示している。第三国定住事業はこのような自己覚醒を日本にもたらした点で「意図せざる結果」をもたらした。これを日本社会の自己変革に繋げてゆくには、「難民を入れてやる」から「難民に来てもらう」へと発想が転換される必要がある。

第三国定住による数十人規模の受け入れは第三国定住を必要とする世界の難民約70万人に比べると大海の一滴にすぎず、日本の国際貢献としては象徴的なものにすぎない。他方で、第三国定住プログラムは多文化共生社会の構築に向けたモデルにもなり得る[50]。難民第三国定住の成否は、「より開かれより包摂的な市民社

会」に向けての進捗状況を表すものとなろう。

　しかし、第三国定住だけを孤立して議論するのでは不十分であることを最後に指摘しておきたい。日本に自力で来て庇護を求める人々を扱う難民条約に基づいて難民認定制度と、外国にいる難民を政府が自発的に受け入れる第三国定住制度には整合性がなければいけない。また、外務省は外国での難民保護のためにUNHCRに対しアメリカに次ぐ多大な拠出金を提供して国際的負担・責任分担を果たしてきた経緯がある。難民条約に基づく難民の受け入れ、第三国定住、そして資金供与は三位一体の国際公共政策であって、移民政策のあり方も含めての総合的な議論が求められる。この点で、日本政府が、近年の難民認定申請者の激増による認定制度の軋みを受けて、2013年末から難民認定制度の見直しに乗り出したことが注目される。

　さらに、包括的な移民政策がないままでの難民政策には根本的な限界がある。先に触れた難民認定申請者の近年の激増は、いわゆる単純外国人労働者の受け入れを認めない日本の外国人政策の中で、稼働目的の外国人が難民認定制度を利用している可能性を示唆している。他方で、経済連携協定によるフィリピンやインドネシアからの看護師や介護士など、いわゆる高度移民の受け入れ制度の人気が下がり、「（高度）移民のジャパン・パッシング」現象がみられることも認識すべきだろう。

　注目されるのは、2014年2月13日の衆議院予算委員会で、将来の日本の人口減少への対応策の一つとしての「移民受け入れ」に関して、安倍首相は「我が国の将来のかたちや国民生活全体に関する問題として、国民的議論を経た上で多様な角度から検討して行く必要がある」と述べたことである[51]。「移民」を頑に拒んできた日本が政策の変更をするならば、それは難民政策にも大きな影響を及ぼす。日本の「強制移動のフロンティア」に新しい光が見えてきたと言えよう。

　複合的な原因によって一見矛盾する「人の移動」が眼前に展開している。その原因と結果、対応策を探求することで、第三国定住事業のみならず、日本の難民政策、さらには日本の難民・強制移動研究も一層進展するであろう。

1　「難民鎖国に逆戻りするのか」『日本経済新聞』2013年5月8日社説。
2　UNHCR, *Asylum Levels and Trends 2012*. [http://www.unhcr.org/5149b81e9.html, as of 13 October 2013]　なお日本での申請者の約4分の1は再申請であるので、2012年の新規申請は約2,000件である。

3 有識者会議の会議録は次のURLから入手可能。[http://www.cas.go.jp/jp/seisaku/nanmin/index.html、2013年10月30日現在]
4 難民問題を巡る国際政治と人権・人道規範の相克の歴史については、滝澤三郎「難民と国内避難民の保護を巡る潮流―法の支配の観点から」『国連研究』第14号（2013年）、41-69頁。
5 UNHCR駐日事務所『UNHCR第三国定住ハンドブック』（UNHCR駐日事務所、2011年）、37頁。
6 長期滞留難民の状況の原因、影響と関係国政府の対応については、G. Loescher, J. Milner, E. Newman and G. Troller (eds), *Protracted refugee situations: Political, human rights and security implications* (Tokyo: United Nations University Press, 2008).
7 UNHCR駐日事務所による邦訳は次のURLから入手可能。[http://www.unhcr.or.jp/protect/agenda/、2013年10月28日現在]
8 UNHCR, '2013 Fact Sheets on priority situations for the strategic use of resettlement' (restricted distribution)(July 2013).
9 詳細な経緯は、滝澤三郎 'Refugees and Human Security: A Research Note on the Japanese Refugee Policy'『東洋英和大学院紀要』第7号（2011年）、21-40頁を参照のこと。
10 第169回国会衆議院予算委員会（2008年2月）。
11 鳩山と筆者とのインタビュー（2011年8月）。
12 外務省のある審議官と筆者の会話（2008年8月）。
13 鳩山との前出のインタビュー参照。なお内閣としての意思決定をする「閣議決定」と違い、「閣議了解」は各府省の管轄事項だが他府省にも影響が出る場合に、閣議で意思決定することを指す。[http://www.cas.go.jp/jp/seisaku/gijiroku/dai1/1siryou5-1.pdf、2013年11月24日現在]
14 UNHCRによる第三国定住の戦略的適用については、以下を参照のこと。'UNHCR Position Paper on the Strategic Use of Resettlement', ATCR, Geneva, 6-8 July 2010. [http://www.refworld.org/docid/4c0d10ac2.html, as of 24 November 2013]
15 法務省「我が国における難民庇護の状況等」。[http://www.moj.go.jp/content/000109006.pdf、2013年10月13日現在]
16 自由民主党外国人材交流促進連盟「人材開国―日本型移民政策の提言」（2008年6月）。
17 日本国際フォーラム政策委員会第33政策提言「外国人受け入れの展望と課題」（2010年11月）。[http://www.jfir.or.jp/j/activities/pr/pdf/33.pdf、2013年10月13日現在]
18 例えば、『日本経済新聞』2008年8月10日及び10月3日の社説。
19 稲見と筆者のメール交信（2010年3月20日）。
20 このような評価について、Jeff Kingston, 'Japan Charts a New Course on Refugees', The Japan Times, 8 February 2009.
21 小池克憲「日本は変わったか―第三国定住制度導入に関する一考察」『難民研究ジャーナル』第1号（2011年）、48-64頁。
22 2013年までにUNHCRが推薦したのは35家族163名、そのうち日本が最終的受け入れたのは9家族46人である。第6回有識者会議・会議録。
23 難民が欧州の庇護国をどのように選ぶかについて、E. Neumayer, 'Asylum Destination Choice: What Makes Some West European Countries More Attractive Than Others?', *European Union Politics*, Vol. 5, No. 2 (2004), pp. 155-180を参照のこと。
24 J. Miura, 'Resettled Karen refugees in Japan: Who are they?', *CDR Quarterly*, Vol. 6 (2012), pp. 47-59.
25 Khine Hwe Hnin Zaw, 'Identity on Parade: Burmese Diaspora in Japan', *CDR Quarterly*, Vol. 4 (2012), pp. 54-71.
26 UNHCRは数回に渡って検討会でブリーフィングを行ったり、英国などの再定住政策についての資料を翻訳して政府に提供している。
27 第10回有識者会議・会議録。
28 Thailand and Burma Border Consortium (TBBC), 'Program Report 2011: July to December'

29 (2012), p. 8. [http://theborderconsortium.org/resources/resources.htm#reports, as of 10 October 2013]
29 第10回有識者会議・会議録。
30 松岡佳奈子「タイ・メラキャンプにおけるビルマ出身難民の現状と第三国定住制度に関する認識調査」『難民研究ジャーナル』第1号（2011年）、77-88頁。
31 P. Collier, *Exodus: How Migration Is Changing Our World* (Oxford: Oxford University Press, 2013), p. 41.
32 S. Banki, 'The triad of transnationalism, legal recognition, and local community: shaping political space for Burmese refugees in Japan', *Refuge: Canada's Periodical on Refugees,* Vol. 23, No. 4 (2006), pp. 36-46.
33 第13回有識者会議・会議録。
34 小泉康一「第三国定住の復権？―保護、恒久的解決と負担分担」『難民研究ジャーナル』第1号（2011年）、29-47頁。
35 第10回有識者会議・会議録。
36 詳細なインタビュー記録は、J. Miura and S. Masutomi, 'Japan: Re-Determining the Purpose of Resettlement Programme', *CDR Quarterly,* Vol. 5 (2012), pp. 53-55を参照のこと。
37 『読売新聞』2011年8月5日朝刊。
38 有識者会議報告書。
39 第13回有識者会議・会議録。
40 例えば、滝澤三郎「難民自立へ受け皿必要」読売新聞2011年10月19日。
41 第180回国会衆議院予算委員会議事録（2012年3月5日）。
42 内閣官房ウェブサイトを参照のこと。[http://www.cas.go.jp/jp/seisaku/nanmin/120329housin.html、2013年10月29日現在]
43 筆者主宰の「移民難民研究会」における中川正春内閣府特命担当大臣の発言（2012年11月）や、非公式会合における外務省のある局長の発言（2013年2月）など。
44 第11回有識者会議・会議録。
45 UNHCRは2014年中にシリア難民3万人の再定住等による緊急受け入れを各国に呼びかけている。[http://www.unhcr.or.jp/html/2014/02/bn-140224.html、2014年2月20日現在]
46 内閣官房「第三国定住に関する有識者会議報告書」。
47 難民対策連絡調整会議「第三国定住による難民の受け入れ事業の今後の方針について」（2014年1月22日）、同「第三国定住による難民の受け入れに関する具体的措置について」（同年1月24日）、閣議了解「第三国定住による難民の受け入れについて」（同年1月24日）。有識者会議の報告書を含め、いずれも内閣官房サイトで参照可能。[http://www.cas.go.jp/jp/seisaku/nanmin/index.html、2014年2月20日現在]
48 第10回有識者会議・会議録。
49 UNHCR, *Top 2013 Donors.* [http://www.unhcr.org/pages/49c3646c26c.html, as of 5 November 2013]
50 「第三国定住による難民の受入れ事業の今後の方針について」4頁。
51 第186回国会衆議院予算委員会議事録（2014年2月13日）。

Chapter 3   South Korea's Refugee Policy: The Refugee Act 2012 and the Settlement Policy for North Korean Defectors (Refugees)

第3章
韓国の難民保護政策
新難民法と脱北者（北朝鮮難民）の定住支援政策を中心に

松岡 佳奈子　*Kanako Matsuoka*

キーワード：韓国、難民法、難民支援ネットワーク、法務部、脱北者（北朝鮮難民）
Keywords: Republic of Korea (South Korea), Refugee Act, Refugee Support Network, Ministry of Justice (Korea), North Korean defectors (refugees)

はじめに

　世界の難民の約半数がアジア出身であり、同時に世界の難民の半数以上が滞留しているのもアジアである[1]。しかし、このような膨大な庇護希望人口を抱えるアジアだが、国際的な難民保護枠組み（条約、議定書）への参加や国内における難民法制度の構築が他地域と比べてほとんど進んでこなかった。

　そのような状況の中、韓国は日本と同様に「難民の地位に関する条約」（以下、難民条約）と「難民の地位に関する議定書」（以下、難民議定書）に加入し、国内法制度を整備して政府が難民認定手続きを担ってきた数少ない国である。そして2012年2月、出入国管理法（以下、入管法）から独立した新しい「難民法」[2]が制定された。韓国の難民法は、アジアで初めて制定された難民法（Refugee Act）[3]として注目されており、国連難民高等弁務官事務所（以下、UNHCR）も「この画期的な立法は、韓国の民主的な庇護体系を強化するのみならず、東アジア地域全体の難民保護に肯定的な影響力を持つだろう」と評している[4]。

　本章では、制度的な類似点を多く持つといわれてきた日本との比較を念頭に置き、新たに制定された「難民法」の内容を中心に韓国の難民保護政策の展開と内容をみていく。また、難民保護と全く別の枠組みで進行している、脱北者（北朝鮮難民）[5]に対する韓国の受け入れ・保護政策についても、難民保護政策への応用や関連性を考える上で有用であると考えるため、あわせて言及する[6]。

1. 韓国の難民保護政策の展開

(1) 難民法制定以前の難民保護政策

　韓国が難民保護を本格的に経験することになったのは、日本と同様、1970〜80年代のベトナム（インドシナ）難民のケースであった。しかし、ベトナム難民に対する韓国政府の保護政策は日本と異なり[7]、難民条約への加入や難民保護に関する国内法制度の新規導入という措置をとらず、既存の法制度の範囲内でベトナム難民を一時的に保護し、国内定住をほとんど認めずに全員を第三国定住させるという方針を一貫させた[8]。

　韓国は1992年に難民条約と難民議定書に加入し、日本の例に倣い、既存の入管法と同施行令に難民関連条項を新設することで難民認定制度を整備した。1994年に難民認定申請の受付が開始され、2012年末までに難民認定申請総数5,069人（2012年は1,143人）のうち320人が難民と認定され（同、60人）、171人が人道的配慮による在留（同、31人）を認められている。2001年に初めての難民認定が出されて以降、次第に難民認定者数は増加し、難民認定者数を審査終了者数で割って算出する「難民認定率」は、2012年末までで8.6％となっている[9]。欧米先進国と比べた認定者数の少なさ、認定率の低さは指摘されつづけているものの、入管法内の難民関連規定を2010年までに3回改正するなど[10]、韓国政府は難民・庇護希望者の保護を漸進させてきた。

　しかし、入管法がもともと「国家安全保障」の観点から外国人の出入国を統制する法律であるため、日本と同様、難民保護には多くの限界があることが指摘されてきた[11]。

(2) 難民法の制定過程

　そこで、難民保護に関する現状の法制度に問題意識を持った難民支援団体や弁護士らが難民政策改善のためのネットワークを形成し、超党派の国会議員による研究団体「国会人権フォーラム」や、独立した国家機関である「国家人権委員会」、UNHCRとも協力しながら、2000年代半ばから合同調査や月例会合等を行うようになった[12]。その「難民支援ネットワーク」が難民法の草案「難民等の地位と処遇に関する法律案」を作成し、2009年、国会人権フォーラム代表のファン・ウヨ議員によって法律案が国会に発議された。

　しかし、難民法案はその後2年間ほとんど何の進展もみせなかった。そこには、

「ひとりの真正な難民の保護」を重視する市民社会側と、難民等（特に申請者）の保護と支援を厚くすることによる「制度の濫用」「政府の財政負担増」を強く懸念する行政、特に法務部（日本の法務省に相当）側の間の根強い意見対立があり、法務部は難民法草案の諸条項の修正を働きかけていた[13]。結局、共同発議人のファン議員が与党セヌリ党の院内代表（院内総務に相当）に就任し、法案の懸案事項に関する折衝を主導し、いくつかの変更が加えられた最終的な難民法案が2011年12月末に国会本会議で可決された[14]。「難民法」は2012年2月に制定され、2013年7月から施行されている。

2. 韓国難民法の内容と課題

(1) 難民法の主な内容

第1に、難民等の定義に関する部分である。特に、これまで「難民認定申請者」の定義については、難民認定の一次審査中の者だけに限定されており、法務部はその範囲の拡大には反対してきた。しかし新たに制定された難民法では、異議申立て中の者だけでなく、難民不認定の行政処分をめぐる行政訴訟中の者も難民認定申請者に含めるとされた。

第2に、難民認定の手続きに関する規則が詳細に規定された。例えば、通訳が必須となり、難民が弁護士の支援を受ける権利や信頼関係がある人の同席を求める権利、同性の面接官を要請する権利などが明記された。

第3に、難民認定機関の専門性および独立性の強化が図られた。法務部側の提案によって、難民認定面接および事実調査に責任を負う「難民審査官」の制度が新たに導入されることになった。また、これまで一次審査と異議申立てが実質的に同一機関（法務部）によって審査され独立性が問題視されていたが、難民法によって、異議申立て審査の専門機関として「難民委員会」が設置されることになった。

第4に、第4章で難民認定者等の処遇が詳細に定められた。課題とされていた難民認定申請者の処遇に関しては、難民認定申請者に対する生活費、居住施設、医療支援、教育の保証、申請の6カ月後からの就労許可などが規定された。

第5に、第三国定住制度による難民の受け入れを許可できるとする条文が導入された。これにより、近い将来日本に続き韓国も第三国定住制度を開始するのではないかと注目される。

⑵ **残る課題**

　以上のように、難民法によって難民認定手続きと処遇に関する規定がかなり詳細に定められた。しかし、国会での審議や法務部との協議を通じて、市民社会が作成した当初の草案から大きく修正、削除された項目もあり、すでに難民法に対する憂慮の声が挙がっている[15]。

　第1に、最も問題視されているのが「簡易手続き」の規定である。法務部は、難民申請の濫用を阻止するため、虚偽の陳述をした場合や難民不認定者の再申請の際には難民審査手続の一部を省略できるという規定を導入した。しかし、本来難民性の高い庇護希望者を早期に難民認定するための「迅速な手続き」（fast track）が韓国では難民性の否定のために利用されていること、やむを得ず虚偽の陳述を行うこともあるという難民認定申請者の特殊性（母国に残る家族や支援者への迫害のおそれ、迫害体験による精神的ストレスや記憶障害等）を理解していない措置だといった批判が出されている。

　第2に、出入国港（空港・湾港）における難民認定申請についてである。難民法によって、これまで不可能であった出入国港での難民申請が行えるよう規定された。しかし、出入国港での難民認定申請についてのみ、難民地位審査の前段階として「難民審査に回すかどうか」を審査すると規定されていて、審査に回さないという決定が下され退去命令が出されたときに申請希望者や支援者がとりうる法的対処措置が不明確であることなどが問題点として挙げられている。

　その他、草案に盛り込まれていた難民認定者の帰化要件の緩和や申請者の収容の制限を規定する条項が削除されたこと、処遇に関する規定のほとんどが政府（主に法務部）の義務規定から裁量規定（「～できる」）に書き換えられたこと、人道的配慮による在留許可者に対する処遇がほとんど規定されなかったことなどが課題として指摘された。

　また、韓国難民法は市民社会の主導で実現したといわれるものの、実際は難民支援に携わるごく限られた専門家らが作成し、難民に対する国民の広い理解や議論を経たものではなかった。そのため、難民法制定によって国内の難民ににわかに注目が集まり、難民の大量流入への憂慮や犯罪率の増加といった偏見が社会に急速に広まり、難民に否定的な社会的雰囲気が広がりつつあることも懸念される[16]。

3. 脱北者（北朝鮮難民）に対する韓国の保護政策

(1) 脱北者（北朝鮮難民）の発生と展開

　韓国の難民保護政策と並行して注目することは、難民保護の枠組みとは別に進められている、朝鮮民主主義人民共和国（北朝鮮）からの庇護希望者（北朝鮮難民、いわゆる「脱北者」）に対する保護政策である。

　北朝鮮住民の中朝国境地域への大規模な流出現象は、1990年代中盤に北朝鮮で発生した深刻な食糧危機によってはじまった。食糧・経済情勢を持ち直した1990年代末には、中国東北地域に滞留していた多くの北朝鮮難民が北朝鮮に帰還したとされているが[17]、それ以降も、不安定な政治、経済、社会状況を抱えた北朝鮮から逃れるため、中朝国境の越境、中国・東南アジア等への移動と滞留、韓国への庇護希望申請という北朝鮮からの国際的な人の移動は続いている。2000年代以降、脱北者が中国国内の在外公館等に集団で駆け込んで庇護を求める場面（2002年の在瀋陽日本国総領事館駆け込み事件など）や、脱北者の深刻な人権状況（命がけの中朝越境、中国での北朝鮮女性の人身売買や強制結婚、中国公安による国内脱北者の摘発と強制送還、北朝鮮での処罰や収容、拷問など）がメディアや脱北者の証言等を通じて国際的に知られるようになっている。

(2) 定住支援政策の概要

　庇護を希望する脱北者の大部分は韓国での定住を求めている。韓国はこれまでに2万人以上の脱北者を「北韓（北朝鮮）離脱住民」という名称で韓国社会に受け入れ、近年は年間2,000人前後の脱北者が韓国に入国している。北朝鮮からの亡命者に関する支援法は実は古く1962年から存在するが、1997年に「北韓離脱住民の保護および定着支援に関する法律」（以下、定着支援法）が制定され、同法を軸として制度の整備、支援プログラムの開発、施設の拡充など支援体制が拡充してきた[18]。

　脱北者は韓国到着後、定住支援事務所（通称「ハナ院」[19]）での3カ月間の社会適応教育を受け、定住先において定住支援金、住居支援、地域適応教育、就業支援、教育支援、医療支援等の定住支援を受けながら自立と定住をめざしていく。地域には、地域支援センター「ハナセンター」や24時間総合相談センター、北韓離脱住民専門相談員、定住サポーターなどが配備されている。ハナ院修了後の脱北者の社会適用や就労支援等をサポートする「北韓離脱住民支援財団」も、統一部（省）

の傘下機関として2010年に設立された。

　民間においては、統一部の登録団体だけでも60を超える多くの支援団体や宗教組織、脱北者自助組織等が関与し、脱北者の定住支援やコミュニティ活動、北朝鮮民主化活動、研究活動等が進められている。

(3) 難民・強制移動民としての脱北者研究の可能性と意義

　朝鮮半島のもう一方の分断地域から来た脱北者は、韓国では難民ではなく「同胞」であり、法的には「韓国国民」と位置づけられ[20]、そのために、これまで難民支援と脱北者支援は、法制度においても政府・民間支援においても研究においてもほとんど全く別の枠組みで展開されてきた。また韓国以外の滞在国や受け入れ国、国際組織においても、韓国の全面的受け入れ政策を理由として[21]、あるいは北朝鮮を巡る複雑な国際政治の力学により、脱北者は往々にして既存の難民保護枠組みの外側で受容/排除/滞留の黙認がなされてきた。それは、「北朝鮮難民」ではなく「脱北者」というあいまいな名称が一般的に使用されてきたことやrefugeesと並行してdefectorsという呼称が用いられてきたこと、各国やUNHCRの難民・庇護希望者の統計に北朝鮮出身者の数字がほとんど現れないことからもわかる。

　しかし、韓国そして各国における難民政策と脱北者政策の関連性、ひいては「難民・強制移動民」としての脱北者研究は、今後より詳細に検討される必要があるだろう。その理由を、韓国の文脈に限定して3点だけ挙げる。

　第1に、韓国および各国の脱北者政策は、朝鮮半島国際関係や対北朝鮮政策に大きな影響を受けてきた。難民の政治性に関する研究はこれまで多くなされてきたが、脱北者問題は新しい有益な事例研究対象になるだろう。

　第2に、国内政治における難民（を含む一般的人権問題）と脱北者（を含む北朝鮮の人権問題）の関連性の検討がある。例えば、韓国政府は難民政策のような人権問題に積極的な姿勢を見せることで北朝鮮への人権圧力を高めようとしているのか、また、難民法の制定は、2005年以降韓国国会に提出され続けながらも実現していない「北朝鮮人権法案」を早期に可決させるためのステップであるのか、といった問いが立ちうる[22]。

　第3に、実務レベルで言えば、脱北者の保護と定住支援に関する豊富な経験と制度は、韓国（および他国）の難民制度にも参考、活用できる余地が大きいと考えられる。今回の難民法にも定着支援法の規定が一部取り入れられている[23]。

おわりに

　難民法の制定過程とその内容は、多くの点で日本や諸外国の難民保護制度に大きな示唆を与えるものである。また、難民法制定を主導した弁護士の一人が「法務部に対しては、『韓国は人権先進国にならなければならない』という論理が相当な説得力を持ったと思う」と回顧しているとおり[24]、難民法の制定は、「人権先進国」を目指すという韓国の目標が、たとえ政治的レトリックだとしても、実際に立法府や行政府を動かす論理になりうることを示した。ただし、本章でみてきたような課題も残り、また実際の政策実行の段階で難民認定数の増加や処遇の改善などがどの程度進められるのかについても未知数である。「難民法の施行は終わりではなく、始まり」なのである[25]。

　最後に、筆者は2013年11月にソウルで開催された「難民の第三国定住と社会統合に関する日・米・韓円卓会議」に参加するとともに、開設間もない「出入国・外国人支援センター」（難民支援センター）を視察する機会を得た[26]。そこで見出した韓国の難民保護政策の今後の進展可能性を期待を持って記すことで、終わりに代える。第1に、円卓会議では、ファン議員を含む複数の議員から人権先進国としての責任ある難民保護を、そして法務部職員から国際社会の負担分担としての第三国定住難民の受け入れに対する理解が述べられ、今後も政府が難民保護を進めていく姿勢が見られた。第2に、法務部は、難民法の条文に盛り込まれた以上第三国定住制度はいつかの時点で必ず導入しなければならないと考えており、その構想を準備しはじめていることを明らかにした。円卓会議において法務部難民課課長が発表した構想は、日本やニュージーランド等第三国定住実施国の先例も参考にしたかなり詳細なものであり、制度設計に向けて既に相当な調査と準備をしていることがうかがえた。しかし難民課課長は、この構想はまだ課内だけのごく初期の構想段階にあることを強調し、よりよい制度構築のために、韓国の支援団体や日本など第三国定住制度を既に実施している各国政府・市民社会とも協議して事業案を作りあげ、また実施に際しても幅広い協力関係を模索していきたいという柔軟な姿勢を見せていた。日本と比べ、政府と市民社会、国際機関の間で対話と協力の雰囲気がかなりしっかり醸成されつつあると感じられた。

　1　国連の主要地域6区分「アフリカ」「アジア」「ヨーロッパ」「ラテンアメリカおよびカリブ」「北アメリカ」「オ

セアニア」)に基づく。*UNHCR, Statistical Yearbook 2011,* 2012, pp. 63 and 68.

2　韓国難民法の全文日本語翻訳は以下に収録されている。藤原夏人「韓国における難民法の制定」国立国会図書館調査及び立法考査局『外国の立法』No.253（2012年9月）。

3　법무부, "7월 1일부터 아시아 최초로 독립된 난민법 새행"（法務部「7月1日からアジア最初の独立した難民法施行」）法務部報道資料、2013年6月18日。

4　UNHCR, "2013 UNHCR regional operations profile: East Asia and the Pacific" (online document). [http://www.unhcr.org/pages/49e487cd6.html, as of 09 July 2013]

5　脱北者に関する名称は様々あり、また後述の通り脱北者を「難民」として扱うかには論争がある。本章では、脱北者が「脱北者」というあいまいな名称でこれまで既存の難民制度の枠外で受容/排除されてきた現実を論点化するため、そして北朝鮮を非公式的に離れた住民全てを包括する用語として、韓国や日本等で北朝鮮難民の通称となっている「脱北者」という名称を用いることにする。

6　本章では原語の意味を最大限生かすため、韓国語の固有名詞の訳出においてはなるべく原語の直訳を使用している。

7　日本もインドシナ難民受入れの初期段階においては、韓国と同様、第三国定住までの一時的庇護のみを提供する政策を採っていた。詳しくは本書第2部第1章を参照のこと。

8　韓国政府は釜山に「越南難民救護所」を設置してそこに避難民を全員収容し、釜山市とUNHCR、大韓赤十字社が資金提供と救護業務にあたった。避難民の在留資格は1カ月間の「災難上陸許可」の更新のみを認め、1993年初めまでに国内のベトナム難民2,357人全員がアメリカ等に第三国定住した。정인섭,"한국에서의 난민 수용 실행"『서울국제법연구』（チョン・インソプ「韓国における難民受け入れの実行」『ソウル国際法研究』）第16巻1号（2009年）、202-203頁。

9　법무부, "출입국・외국인정책 통계월보 2012년 12월호"（法務部「出入国・外国人政策統計月報（2012年12月）」）（2013年1月）、32頁。

10　2001年改正では、難民認定申請期間が韓国上陸または入国した日から60日以内から1年以内に延長された。2008年改正では、一次審査が1年以上かかっている難民認定申請者および人道的配慮に基づく在留許可者に対して法務部長官が就労を許可できるようになった。2010年改正では、難民認定申請者の強制退去の禁止が規定された。藤原「前掲論文」（注2）。

11　入管法には難民に関する条項が10項目しかなく、難民認定手続きや社会的処遇、庇護希望者の法的地位に関する詳細規定がなかった。イ・ホテク「韓国における難民法の制定過程、内容、残された課題」『難民研究ジャーナル』第2号（2012年2月）、72頁。

12　韓国難民法の制定過程と内容についての詳細（日本語文献）は、以下の論文を参照のこと。藤原「前掲論文」（注2）、イ「前掲論文」（注10）。

13　김종철, 김재원, "난민법 입법과정과 제정법의 의의 및 향후 과제"『공익과 인권』서울대학교 공익인권법센터 (キム・ジョンチョル、キム・ジェウォン「難民法の立法過程と制定法の意義、及び今後の課題」『公益と人権』ソウル大学校公益人権法センター)第12号（2012年）、165頁。

14　キム/キム「前掲論文」（注12）、140頁、イ「前掲論文」（注10）、74-75頁。

15　イ「前掲論文」（注10）、キム/キム「前掲論文」（注12）、2013年9月10日東京にて開かれた日韓弁護士懇談会における公益弁護士団体APIL代表キム・ジョンチョル弁護士の発言、APIL, "2013 한일난민변호사 간담회 [Korean Refugee Lawyering MTG]" (online document) 2014年9月13日。[http://www.apil.or.kr/1389, as of 19 October 2013]

16　その一例として、法務部の推進によって仁川市永宋（ヨンジョン）島に建設され2013年9月に開所予定であった、難民認定申請者等の基礎的生計支援や定住教育等のための「出入国・外国人支援センター」（通称「難民支援センター」）が、犯罪率の増加などを憂慮する地元住民の反対により開所が延期された。また9月末には仁川市議会によって同センターの開所反対決議が採択されている。연합뉴스,"인천시의회 영종 난민지원센터 '불법'…개청반대 결의"（連合ニュース「仁川市議会、永宋難民支援センター『不法』…開所反対決議」）2013年9月30日記事。

17　磯崎敦仁「脱北者問題—『駆け込み』の意味を中心に」小此木政夫・磯崎敦仁編著『北朝鮮と人間の安全保障』（慶應義塾大学出版会、2009年）、140頁。

第3章　韓国の難民保護政策　171

18 統一部『2012統一白書』(統一部『2012統一白書』)(2013年)、169-201頁。
19 「ハナ」は韓国語で「ひとつ、一体」の意味であり、南北朝鮮統一を願う意味で脱北者関連事業の名称に多く用いられている。
20 「大韓民国憲法」第3条(領土条項)と「国籍法」などを根拠に、北朝鮮住民も韓国国籍を保有しているとする大法院(最高裁判所)判決が出されている。大法院 1996. 11. 12. 선고 96누1221 판결(大法院1996.11.12宣告96ヌ1221判決)。韓国に定住する脱北者には、「定着支援法」に基づき住民登録番号が付与されている。
21 例えばオーストラリアでは、脱北者の二重国籍性と韓国での庇護可能性を認めて脱北者の難民としての国内保護を否定する判決が出され、イギリスでも同様の判決が出ている。APIL, "탈북자의 이중국적과 제3국에서의 난민신청 문제"(「脱北者の二重国籍と第三国における難民申請問題」)(online document)。[http://www.apil.or.kr/1305, as of 07 November 2013]
22 たとえば、難民法制定運動に関わった国会議員らの「国会人権フォーラム」は北朝鮮の人権問題と脱北者問題を主要議題としている。また、難民法案の代表発議人であり難民法制定をリードしたファン議員(現：与党セヌリ党代表最高委員)は、2008年に「北朝鮮人権法案」を国会に代表発議しており、以後も「北朝鮮人権法」制定への強い意志を見せつづけている。김태훈, "북한인권법은 왜 국회에서 표류되고 있나: 북한인권법의 제정 필요성과 방향"『한국논단』(キム・テフン「北韓人権法はなぜ国会で保留になっているのか：北韓人権法の制定の必要性と方法」『韓国論壇』第275号 (2012年9月)、22頁、세누리당, "황우여 대표최고위원, 북한인권법 바로알기 토론회 참석 주요내용[보도자료]"(セヌリ党「ファン・ウヨ代表最高委員、北韓人権法をよく知る討論会参席の主要内容」))セヌリ党報道資料、2012年7月4日記事。
23 「定着支援法」に定められた北韓離脱住民への社会適応教育、学力認定、資格認定規定と同様の規定が取り入れられた。キム/キム「前掲論文」(注12)、161-162頁。
24 ファン・ピルギュ弁護士の発言。現に、当初独立した難民法の制定に消極的であった法務省が国会審議の場で賛成の立場を表明した際、「独立した法で規律するのが、我々が人権先進国であるという点を広報するのにもよい」(ファン・ヒチョル法務部次官)と述べている。APIL「前掲記事」(注14)、「第18代国会第289回国会(臨時会)第1次法制司法委員会会議録(法案審査第1小委員会)」2010年4月14日、藤原「前掲論文」(注2)、134頁。
25 공익인권법재단 공감, "[공감 포커스] 난민법의 제정 및 시행, 그리고 남은 문제"(公益人権法財団コンガム[コンガムフォーカス]難民法の制定および施行、そして残る問題)(online document) 2013年10月11日. [http://withgonggam.tistory.com/1242, as of 20 October 2013]
26 国会人権フォーラム、難民支援協会、Refuge pNan主催"The Round Table on Refugee Resettlement and Social Integration" 2013年11月14日。本訪問は、宗教法人真如苑の助成をもとに「難民研究フォーラム」の海外調査事業として実施した。

Chapter 4   Refugee Protection in Thailand

第4章
タイにおける難民保護

小池 克憲 *Katsunori Koike*

キーワード：タイ、都市難民、UNHCR、政治的利益、政治的交渉
Keywords: Thailand, urban refugees, UNHCR, political interest, political negotiation

はじめに

　近年の難民問題・研究において、国家利益を積極的に考慮することで難民保護を促進しようとする試みが改めて注目されている。すなわち、法や規範に基づいて難民保護の正当性を説くだけではなく、当該国家のおかれた政治的文脈を政策分野横断的に幅広く理解し、難民保護をその全体的な国家利益の中に位置付けて提示していくことが重要だとされている[1]。しかしながら、政治的文脈を考慮するという戦略は、難民支援機関が国家利益推進・実現のための道具になり下がり、結果、当の難民の利益が逆に浸食されてしまうという危険性を伴ってきた[2]。この戦略を採用する難民支援機関には、自らがおかれた地域的・政治的文脈に応じ、いかにして難民の利益を損なわずに国家を難民保護に関与させ続けるかという頭の痛い課題に取り組むことが要求される。

　タイは「難民の地位に関する条約」（以下、難民条約）に加盟しておらず、難民に関する国内法もない。法による明確な規定・基準の欠如は、難民保護に関する国家の政治的裁量の幅が広く、場当たり的な決定がなされるということを端的に意味してきた[3]。国連難民高等弁務官事務所（UNHCR）および難民支援に従事する国際NGOは政府の許可のもとで事業を展開しているのであって、政府の政治的意向に反しない形で難民保護を最大化させるという、困難な舵取りを余儀なくされている。本章ではタイの都市難民に焦点をあて、UNHCRが現在直面している状況とそれに対する同機関の戦略を簡単に概観する。そして、難民条約未加盟国であるタイにおいて、政治的文脈を考慮しながら難民保護を促進するということが実際何を意味するのか、という問いに対する一つの示唆を提供してみたい。

1. タイにおける難民状況

　タイは、事実上の難民受け入れ大国である。130万人のインドシナ難民など、1970年代以降300万人にのぼる難民が受け入れられ、現在も14万人のミャンマー難民が国境沿いの難民キャンプに滞在している[4]。この事実にもかかわらず、政府は「タイは難民受け入れ国ではない」というメッセージを発信し続けてきた。タイ政府には、これまで十分人道的に難民問題に取り組み、難民受け入れの負担を過度に引き受けてきたとの思いが強い[5]。個々の政策や方針は流動的だが、難民保護は国際社会の責任であるという認識のもと、タイは基本的に難民をこれ以上受け入れず、タイに到着した難民は帰国させるか、第三国へ送るという政策方針は一貫している[6]。国境沿いの「一時シェルター」（難民キャンプ）に滞在するミャンマー難民は暫定的な滞在を許容されているに過ぎない。難民に対する寛容な態度は難民流入の誘発要因となるという考えに基づき、タイ政府は難民条約加入の拒否、難民のタイ定住の拒否、海上での難民の追い返しといった閉鎖的な対応をとっている。

　UNHCRはタイ政府が難民受け入れを拒否する重要な要因として治安維持への関心があるとみなしている[7]。タイの難民問題は国家安全保障と密接な関係にあり[8]、特に1990年代後半の度重なる難民キャンプ襲撃事件、ミャンマーの反政府武装集団による在タイ・ミャンマー大使館占拠事件（1999年10月）およびラチャブリの病院襲撃・人質事件（2000年1月）といった一連の出来事は、難民に対する政府の警戒心を一層高めることになった[9]。こうした事件を受け、2004年に全てのミャンマー難民が難民キャンプに居住することを義務付けられた結果、タイにはミャンマー難民キャンプと、ミャンマー国籍者以外の都市難民という2つの難民状況が存在するに至っている。近年でもロヒンギャ難民問題に対して、シナワトラ首相が「（イスラム教徒であるロヒンギャ出身者は）タイ南部のイスラム系反政府勢力に加担するおそれがある」と述べるなど、国境管理の失敗およびそれに伴う治安上の懸念が繰り返し政府高官によって表明されている[10]。

　一方で、タイ政府は国際的批判にも敏感であり、UNHCRの主張を完全には無視できない[11]。UNHCRの最大関心事項は、ノン・ルフールマン（難民の送還禁止）原則の徹底にある。UNHCRは同原則を国際慣習法として認識しており、特に2009年に執行されたラオス難民の強制送還、2008年以降のロヒンギャ難民の追い返し等の政府対応に際し、非常に強く抗議してきた[12]。UNHCRはノン・ルフー

ルマン原則の維持という最終防波堤を時には強硬に守りつつ、同時にタイ政府の関心を見極めながら政治的交渉を通してタイ国内での難民保護を促進するという枠組みの中で事業を展開させているのである。以下、都市難民状況を具体的に見ていく。

2．都市難民

(1) 登録、難民認定、恒久的解決

　都市難民の登録・難民認定、恒久的解決の提供は、UNHCRによって行われている。2013年8月末現在の支援対象者は、難民認定者が1,072人、登録済みの難民申請者が1,704人である[13]。出身国は40カ国以上に亘り、パキスタン出身者が最も多く、続いてベトナム、パレスチナ、スリランカ、中国、ソマリア、カンボジア、イラン、シリアの順となっている。難民登録・認定業務を含むUNHCRの支援活動自体が難民流入の誘発要因とみなされているため[14]、政府の警戒する難民グループ、すなわち、ミャンマー、ラオス（モン族）、北朝鮮国籍者、そしてロヒンギャの正式な難民登録は認められていない[15]。

　2007年にUNHCRの根幹事業である難民登録・認定業務が6カ月間停止するという事件が発生したように[16]、同業務は政府に正式に認められているものではない。UNHCRは、特定の国籍者が突出して多くならないように難民認定審査の優先順位を操作したり、定期的に登録者・難民数を政府に伝え難民の数が極端に増加していないことを示すなど、政府対応には細心の注意を払っている。難民支援NGOは、難民申請者の代理人がインタビューに同席することを長らく要求しているが、UNHCRは政府との微妙な関係を理由にこの要求を拒否し続けている[17]。

　タイの文脈では、難民状況を厳格に制御することがUNHCRによる活動の正当性を担保し、UNHCRの難民保護業務全体がタイ政府に許容される前提条件となっている。政府は難民の現地社会への統合を認めておらず、難民受け入れに関する法的義務も存在しない。ここで、多くの難民にとって帰還は非現実的であるため、第三国定住の果たす役割は非常に大きい。第三国定住こそがタイ国内の難民数を安定させ、難民状況が制御下にあることを政府に示す重要な交渉手段なのである。UNHCRタイ事務所による第三国定住の「戦略的利用」は、特にミャンマー難民の帰還が現実的ではないと判断された2005年から積極的に行われるように

なった。近年の申請者増加もあり、タイからの第三国定住難民は、ネパール、マレーシアに次いで多くなっている[18]。

(2) 警察、入国管理、収容所、強制送還

UNHCRによる登録・難民認定は、難民の法的な在留資格とは全く無関係である。在留資格のない難民認定者・申請者はタイの移民法では不法滞在者となり、入国管理局（以下、入管）および警察による拘束・収容、そして強制送還の危険に晒される。UNHCRはノン・ルフールマン原則が国際慣習法であるとしてタイ政府に同原則の遵守を促しているが、難民認定者・申請者の拘束・収容は頻繁に報告されている。UNHCRの発行する難民登録証および難民認定証に法的拘束力はなく、それらを考慮するかどうかは現場の警察官・入管職員の裁量に任されている[19]。UNHCRは、支援対象者に対し政治活動を控えタイ政府を極力刺激しないようにアドバイスする一方で、支援対象者が収容された場合は、可能な限り早急に恒久的解決（第三国定住）を実現させるという切り札とともに同対象者の即時強制送還の回避を目指すことになる。

政策レベルにおいて、UNHCRは警察および入管への定期的訪問や政府との多様なダイアローグの場を通し、不法入国者・滞在者であってもUNHCRの証明書保持者は拘束・強制送還しないよう要請している。その際に強調するのは、難民は一時的にタイに滞在しているにすぎないこと、そしてUNHCRが責任を持って「タイ国外での」解決を提供する準備があるという点である。つまり、難民を受け入れないとするタイ政府の主張に譲歩する形で、拘束・強制送還回避という即時的な目的遂行を目指すのである。一方、難民が拘束や強制送還の危機に瀕している際、実際に交渉にあたるのは現場レベルの職員であり、そこでは決して警察官や入管職員を怒らせないなど、高度な交渉スキルやコミュニケーション・スキルが要求される。またUNHCR職員と警察官・入管担当職員同士の個人的な関係が当該職員の意思決定に影響を及ぼすため、普段から現場レベルで良好な関係を築いておくことが重要である。こうした個人レベルでの入管職員との関係は、被収容者の仮釈放が認められるための必要条件にもなっている。

(3) 空港

UNHCRは、空港における入管実務の監視を認められていない。空港で入国を認められない際、難民がタイで保護を受けるためにはまずコミュニケーション手

段を持ち、何らかの方法で自らUNHCRに連絡しなければならない。空港からの支援要請は年間を通して20件程度であり、記録に残らない多くのルフールマンが空港で起きている可能性が高いという認識は、現場で共有されている。支援要請の連絡があり、庇護希望者が空港に存在することが明らかになったとしても、UNHCRが空港実務に介入するための明確な決められたシステムは存在しない。政府の対応は場当り的であり、担当職員や意思決定レベル・意思決定機関も曖昧である。UNHCRは、入管職員や航空会社からその庇護希望者に関する情報を得るところから始め、その情報を基に介入の交渉に入らなければならない。普段から連絡のとれる入管・航空会社職員を確保しておくことがここでも重要となってくる。そしてUNHCRは、強制送還が実行された場合には強く政府を批判する一方で、庇護希望者へのアクセスおよび空港での難民保護業務が許可されるたびに感謝状を送付するといった配慮を忘れない。

　その活動自体が政府によって許容されている状態にあるUNHCRの政策方針は、政府の場当り的な決定に大きく左右されてきた。特に政権交代やクーデター、洪水といった不安定な政治情勢の影響で政府の関心が難民問題にない場合、難民関連事項は後回しにされ、ダイアローグの場を持ち政策提言を行うことすら困難になってしまう[20]。こうした難民保護に関する明確な手続きや規則が欠如している状況では、重要な意思決定が既存の移民法の枠組みに沿って機械的になされる危険性が高い。特に在留資格やビザを持たない難民に関する決定は、非公式・非公開かつ不明瞭な政治的領域でなされることが不可避的に多くなる。これまで見てきたとおり、タイの場合、現場の警察・入管職員、更には航空会社職員といった個人レベルでの選好が重要な意思決定要因として登場してくる点に特徴がある。現場の職員個人レベルでのネットワークを介して難民保護が促進されることが非常に多くなり、そこでは政府官僚の「顔を立て」「ご機嫌を取る」必要も時には生じてくる。すなわち、政治的文脈を考慮して難民保護を促進するという戦略を成功させるためには、コミュニケーション力、交渉力、積極的なネットワーク形成といった難民支援者個人・機関の能力、更には人間としての成熟度が非常に重要になることを意味すると言えるだろう。

おわりに

　そもそも政府とのダイアローグを継続し、積極的に政府の政治的意向を考慮す

ることが難民保護を促進する最善の方法なのか、という一般的な問いは未解決のままである。というのも、難民保護に関する重要な決定は、しばしば難民たち自身の努力や、当該政府に対する強烈な真正面からの批判や国際的な圧力に影響されてきたからだ[21]。しかしながら、政府の許可のもとで事業を展開する難民支援機関にとって、政府に対して強硬な態度を取り続けることは自らの事業や組織自体の存続を危機にさらすことになる。支援事業・機関が存続しなくなってしまっては、なにより支援対象者である難民たちが不利益を被ってしまうという思考が働き、政治的文脈を考慮しながら政府との友好関係を維持するという戦略が採用されやすい。この場合、支援機関には、当該国家の関心を正確に把握し、与えられた制約の中で強硬な批判と友好的な関係の均衡点を探りながら、あくまでも国家ではなく難民の利益を最大化させるように行動し続けることが要求される[22]。そしてタイの都市難民の事例が示唆することは、特に法による制御が欠如しインフォーマルな個人的ネットワークが非常に重要な状況において、難民支援に従事する者はコミュニケーション力や交渉力といった多様な個人的能力を意識的に涵養し続けていく努力を怠ってはならないということに他ならないのである。

1. UNHCR, *The Status of World Refugees* (Oxford: Oxford University Press, 2012); A. Betts, G. Loescher and J. Milner, *UNHCR: The Politics and Practice of Refugee Protection*, 2nd edition (London/New York: Routledge, 2011); A. Betts, *Protection by Persuasion* (Ithaca/London: Cornell University Press, 2009); A. Betts, *Survival Migration: Failed Governance and the Crisis of Displacement* (Ithaca: Cornell University Press, 2013); A. Betts, 'Refugee Regime Complex', *Refugee Survey Quarterly*, Vol.29, No. 1 (2010), pp. 12-37.
2. B.S. Chimni, 'The Geopolitics of Refugee Studies: A View from the South', *Journal of Refugee Studies*, Vol. 11, No. 4 (1998), pp. 350-374; G. Loescher, *The UNHCR and World Politics: A Perilous Path* (Oxford: Oxford University Press, 2001); B.S. Chimni, 'From Resettlement to Involuntary Repatriation: Towards a Critical History of Durable Solutions to Refugee Problems', *Refugee Survey Quarterly*, Vol. 23, No. 3 (2004), pp. 55-73.
3. Human Rights Watch, 'Ad Hoc and Inadequate – Thailand's Treatment of Refugees and Asylum Seekers', September 2012; UNHCR, *UNHCR Global Report 2006 – Thailand* (1 June 2007).
4. UNHCR, *2013 UNHCR country operations profile – Thailand* (2013).
5. UNHCR, *UNHCR Global Report 2003* (1 June 2004).
6. 例えば以下を参照のこと。R. Finney, 'Thailand Spotlight Over Stranded Rohingya Boat People', *Radio Free Asia*, 4 June 2013. [http://www.rfa.org/english/news/myanmar/stranded-06042013171404.html, as of 22 October 2013]; Bangkok Post, 'Tanasak demands global help', 19 January 2013. [http://www.bangkokpost.com/news/local/331545/tanasak-demands-global-help, as of 22 October 2013]
7. UNHCR, *supra* note 4.

8 久保忠行「タイの難民政策―ビルマ（ミャンマー）難民への対応から」『タイ研究』No. 9（2009年）。
9 UNHCR, *UNHCR Global Report 1999 – Thailand/Myanmar Border Operations* (2000); UNHCR, *UNHCR Global Report 2000 – Thailand* (1 June 2001). 2006年以降、ミャンマー国籍者の登録は原則行われていない。
10 F. Wade, 'Thai PM: Rohingya 'might join southern insurgency'', 16 January 2013. [http://asiancorrespondent.com/95519/thai-pm-rohingya-might-join-southern-insurgency, as of 20 October 2013]; Bangkok Post, 'Desperate Rohingya want to go home', 9 September 2013; National News Bureau of Thailand, 'Deputy PM meets Chula Ratchamontri', discusses solutions to southern unrest, 8 July 2013. [http://thainews.prd.go.th/centerweb/NewsEN/NewsDetail?NT01_NewsID=WNPOL5607090010001/, as of 22 October 2013]
11 National News Bureau of Thailand, 'Thailand sends 13 Rohingyas home', 15 October 2013. [http://thainews.prd.go.th/centerweb/newsen/NewsDetail?NT01_NewsID=WNSOC5610150010005/,as of 21 October 2013]
12 UNHCR, 'UN High Commissioner for Refugees expresses dismay at forced return of Lao Hmong by Thailand', 28 December 2009. [http://www.unhcr.org/4b38b5f29.html, as of 21 October 2013]; UNHCR, Global Report 2008 – Thailand (1 June 2009).
13 UNHCR Thailand, *Fact Sheet* (September 2013). なお、難民申請を済ませているものの、UNHCR登録がまだされていない「未登録の難民申請者」が約1,500人存在する。
14 UNHCR, *UNHCR Global Report 2001* (1 June 2002).
15 Human Rights Watch, *supra* note 3. なお、ミャンマー難民は約8万人が既に登録されているが、2006年以降、基本的に登録されていない。
16 V.D. Otter, 'Urban asylum seekers and refugees in Thailand', *Forced Migration Review*, Vol. 28 (2007).
17 RSD Watch, 'UNHCR Bangkok Office Defies the Right to Counsel', 19 February 2013. [http://rsdwatch.wordpress.com/2013/02/19/unhcrs-bangkok-office-defies-the-right-to-counsel/, as of 22 October 2013]
18 UNHCR, *Global Trends 2012* (2013). なお、2013年3月時点での登録者数は1,219人なので、5カ月で40%増加した計算になる。UNHCR Thailand, Fact Sheet (March 2013).
19 現場の職員が持つ巨大な裁量は、賄賂要求・汚職事件が頻繁に起きる要因にもなっている。Asylum Access, Boat People SOS and Conscience Foundation, *UNHCR Protection Challenges for Urban Refugees in Thailand: Report and Recommendations* (2009).
20 UNHCR, *UNHCR Global Report 2010* (20 June 2011); UNHCR, *UNHCR Global Report 2011* (1 June 2012).
21 Betts *supra* note 1.
22 M. Weiner, 'The Clash of Norms: Dilemmas in Refugee Policies', *Journal of Refugee Studies*, Vol. 11, No. 4 (1998), pp. 433-453.

Chapter 5　Latin American Tradition of Asylum and the International Protection of Refugees

第 5 章
中南米における庇護と難民保護
その「伝統」を中心として

加藤 雄大　*Yuta Katoh*

キーワード：庇護の「伝統」、庇護慣行の法典化、外交的庇護、恒久的解決、デュアリスモ
Keywords: 'tradition' of asylum, codification of treaties on asylum, diplomatic asylum, durable solutions, dualismo

はじめに

　中南米における庇護・難民保護について近年特に注目を集めた出来事の一つに、アサンジ事件がある。機密情報を暴露するウェブサイト・ウィキリークス（Wikileaks）の創設者兼編集長である J．アサンジ（Assange）氏は、強姦のかどで欧州逮捕状を発行されていたところ、在英エクアドル大使館に庇護を求め（2012年 6 月19日）、与えられた（同年 8 月16日）[1]。

　自国領地での犯罪を疑うスウェーデンが、同氏が在留するイギリスに対して同氏の引渡しを請求していたが、同氏は、もしスウェーデンに引渡されれば、さらに米国に引渡され、政治犯罪のかどで処罰を受けるおそれがあるという理由から、庇護を申請したのである。申請を受けたエクアドルは、複数の国際条約とともに、「…自国の領域又は外交使節の建物に避難所を求める人を保護するその［＝エクアドル政府の］伝統」[2]に言及し、自国による庇護付与行為の正当化を試みた。

　本章で注目したいのは、ここに依拠される「伝統」である[3]。こうした「伝統」は、エクアドルのみならず、中南米全体にかかわる文脈で折に触れ確認されてきた。「伝統」とは何か。いかにして形成され、機能してきたか。本章では、まず、この問いへの回答を試みることにしたい。

1. 中南米における庇護慣行の展開と法典化——19世紀中葉から20世紀中葉まで

(1) 庇護慣行の展開

　一般に、庇護の歴史は、古代ギリシャに遡るといわれる。しかし、それが中南米においても争いなく定着し、維持されたのではなかった。むしろ反対に、同地域の多くの国が宗主国からの独立を果たした19世紀以降、中南米諸国は庇護をめぐり度々対立した[4]。その背景として指摘されるのは、各国国内の政情不安である[5]。中南米地域の多くの国で革命やクーデタが頻発し、新たに政権の座に就いた勢力は、失脚した勢力にしばしば迫害を加えたのである。

　こうした国内の情勢は、流出国と流入国、それぞれの視点から庇護慣行の地域的展開に寄与したものと説明される。まず、流出国の視点を強調する説明によれば、流出国（＝出身国）が流入国への嫌がらせを意図して追放を行うことがあったものの、その場合にも、流入国の政権担当者は、自らが権力を奪われた将来に備え、庇護慣行の維持に利点を見出したものとされる[6]。これに対し、流入国側の視点を強調する説明は、流入国が特定の空間（自国の領域や在外公館、軍艦等）に及ぶ自国の管轄権を用いて「流出国の政府」と「その政敵」を引き離し、それによって自国への暴力の波及を食い止めることが可能となる点を特に指摘する[7]。しかし、こうして流出国の「政敵」に庇護が与えられたならば、当人は、身体的自由が確保された空間から流出国の政権に返り咲く機会を窺うことができるようになる。翻って、流出国側に政敵による反撃への懸念が生じてくる。

(2) 庇護関連条約の法典化

　「伝統」が認識されるに至る要因の一つには、中南米諸国が他地域に先行して庇護に関するいくつかの条約を締結・批准したことが想起されるが、それは、上述したような流出国と流入国の利益・懸念の調整を目指したものと捉えることができよう。世界で初めて庇護を規律した多数国間条約にあたる「国際刑事法条約」（1889年、第1回南米国際私法会議で採択）では、「庇護は、政治犯罪を理由に迫害を受ける人にとって不可侵である。ただし、避難国は、被庇護者がその領域内で犯罪行為地国の公的平穏（paz pública）を脅かす行為を行うことを防止する義務を負う」と規定された（第16条）。本条文には、「犯罪行為地国」（＝流出国）側の懸念が共有されているとともに、「避難国」（＝流入国）側によって庇護が積極的

に与えられた事実が裏書きされているようである。

　つまり、中南米における庇護の慣行は、革命やクーデタの過程での「政府」と「その政敵」とのあいだの暴力の激化を背景とし、一方では、その波及を懸念した周辺国が自国の管轄下にある空間で両者を分断し、他方では、流出国が自国の平穏を脅かされない範囲でその行為を許容する点で合意に至ったものと思われるのである。

　その後、中南米における庇護の慣行は、1928年の「庇護条約」、1933年の「政治的庇護条約」、1939年の「政治的庇護避難条約」等、中南米諸国のみを対象とした諸条約の法典化を通じて、より詳細に規律されていった。

　中南米のみに妥当するこれらの条約は、(後に触れる)戦間期欧州で展開された難民保護制度との比較において、国籍を問わず迫害を受ける人を対象とする点、その該当性を決定する権利を庇護付与国側に認める点、対象者に対して他に庇護付与国が存在する限りその付与を義務づけない点で異なっていた。

(3)　外交的庇護

　中南米諸国の実行が「伝統」として認識されるに至った別の要因として、(欧州を含む)他の地域では庇護の付与を認められない空間で庇護の付与が許容されてきたことも指摘される。「庇護」は、講学上、外国領域で与えられる「領域内庇護」と、大使館や領事館、軍艦等、外国の執行管轄権の下にある空間で与えられる「外交的庇護」に分けられる。特に後者は中南米で独自に展開されたものと叙述されることが少なくなかった[8]。その背景には、(上記諸条約が法典化された当時)中南米諸国を繋ぐ交通手段が必ずしも整備されておらず、追及を逃れるに十分なほど速く他国領域に到達し得なかったという地理的要因が挙げられる[9]。外交的庇護を与える権利を法的に認めるか否かに関しては、特に米国や欧州諸国とのあいだで対立を生じた[10]が、1951年に国際司法裁判所によりその慣習国際法性を否定する判決[11]が下されて以降も、中南米諸国は、1954年に「外交的庇護条約」を締結・批准する等、地域的にその慣行を維持する道を選択した。

(4)　小括

　このように、中南米における庇護の輪郭は、各国内の政情不安とそれに起因する中南米諸国間の対立、庇護付与空間をめぐる他地域との対立を通じて、徐々に彫琢されてきた[12]。しかし、注意を払うべきなのは、20世紀中葉までのそうした

展開が、他面では、戦間期欧州に起源をもつ難民保護制度を中南米諸国が忌避する事態ももたらしたことである[13]。より具体的には、1951年の「難民の地位に関する条約」（以下、難民条約）が起草されるにあたり、中南米諸国のうち起草会議に代表者を派遣した国はわずか4カ国（ブラジル、コロンビア、キューバ、ヴェネズエラ）であり、それら諸国の発言も消極的なものであった。また、締結後の批准状況も芳しくなく、1954年には中南米諸国のみを対象とした「領域内庇護条約」があらためて起草されている。中南米の慣行・条約と他地域の関連規範とのあいだには、第二次大戦が終結して以降もなお大きな懸隔があったのである。

　そこで、以下では、中南米に限定される上述の展開を、戦間期に欧州で生じた事態に対応するために国際連盟下で起草された難民関連諸条約、難民条約と「難民の地位に関する議定書」（以下「難民議定書」）、及び国際連合難民高等弁務官（以下、「UNHCR」）事務所規程に基づく「難民保護」の展開から暫定的に区別した上で[14]、両者の関係の変遷を辿ることにしたい。

2. 中南米における難民保護規範の受容と展開——20世紀中葉から現在まで

(1) 難民保護規範の受容

　「難民保護」制度を中南米諸国が忌避する状態が大きく変化したのは、1970年代以降であった。一つの画期となったのは、チリでの軍事クーデタによる政権交代（1973年）である。直後に粛正が行われ、多数の人々が同国内にある外国の大使館・領事館に殺到した。このときUNHCRが同国内に事務所を開設し、その出国を支援したことが、中南米で生じた難民に対しても同組織の活動が積極的に行われる端緒を開いた[15]。

　ところで、そのUNHCRは、当時から現在まで、「本国帰還」「現地統合」「第三国定住」から構成される「恒久的解決」（durable solution）を追求している。戦間期欧州を舞台に国際連盟下で展開された難民保護制度に起源をもつ「恒久的解決」概念は、いずれかの国家との紐帯の回復を、難民状態の「解決」と認識するものである[16]。そのような認識は、従来の中南米の庇護慣行・条約にはみられない志向を備えていた。

　もう一つの画期は、その後、1984年に採択された「難民に関するカルタヘナ宣言」である。同宣言は、1980年代初頭、エルサルバドル、グアテマラ、ニカラグ

アで内戦が激化する（いわゆる「中米危機」）とともに大規模な人の移動が生じ、これに対応するためにコロンビアのカルタヘナ・デ・インディアスで開かれたUNHCR主催のコロキアムで採択された。その結語には、「寛容な庇護の伝統」とともに、「恒久的解決」概念への言及がなされている。その後、中米諸国に留まらず、南米諸国にも同宣言は受容されていく。またほぼ同時期に、中南米諸国の多くが難民条約・難民議定書の締約国ともなり、「難民保護」規範がそれぞれの国内法に採り入れられていった。

⑵ **難民条約とは異なる「難民」の定義づけ**

ただ、そうした「難民保護」規範の受容過程で、中南米諸国が地域的に独自の展開を試みた事実も無視できない。例えば、上記のカルタヘナ宣言では、「難民条約及び難民議定書に含まれる要素に加え、暴力の一般化、外国による攻撃、国内紛争、大規模な人権侵害又は他の公の秩序が深刻に壊乱される事態により、その生命、安全又は自由が脅かされることを理由に自国から避難した人」（Ⅲ.3）を「難民」の定義の中に含むよう勧告された。

暴力や紛争、公の秩序の壊乱を難民の定義に結びつける視点は、中米危機の長期化に伴い締結された和平協定（Esquipulas Ⅱ）（1987年）にも採用され、「中米難民に関する国際会議（CIREFCA）」（1987-94年）にも踏襲されている。CIREFCAは、難民に関する他の国際会合と比べて特に大きな成功を収め、帰還民と国内避難民を包摂した「保護・援助の原則及び基準」や、「協調的行動計画（CPA）」の策定・履行へと結実していった。その後、カルタヘナ宣言の10周年にあたる1994年には、この流れを確認するため、「難民及び避難民に関するサンホセ宣言」が採択されている。

さらにその10年後、カルタヘナ宣言の20周年にあたる2004年には、「中南米における難民の国際的保護を強化するためのメキシコ宣言及び行動計画」が採択された。同宣言・行動計画では、「中南米における寛容な庇護の伝統を確認した1984年のカルタヘナ宣言20周年を祝して…」[17]採択された旨がその前文に明記され、国境周辺地域での管理当局者による虐待の防止や、難民申請者に対する認定手続へのアクセスの確保のほか、都市部での統合と再定住の促進等、難民の恒久的解決に向けた行動計画が具体的に定められている。

おわりに

　以上では中南米における庇護が、各国内の政情不安とそれに起因する諸国間の対立を通じて慣行や条約として定着し、庇護付与空間に関する他地域との対立、戦間期欧州を起源にもつ「難民保護」（特に「恒久的解決」概念）の受容を通じて、特に「伝統」として認識されるに至るまでの過程を辿ってきた。

　そうした「伝統」の機能については、現在、「難民保護」規範に完全にとって代わられたものとみなされる傾向がある。しかし、I-(2)で述べたように、「庇護」規範は、いくつかの点で「難民保護」規範とは明確に区別される特徴を備えており、流出国の逮捕・処罰権限が及ばないという消極的条件を基礎として実現されるものである。したがって、流入国と流出国のあいだで当該権限の運用が調整されない限り、両者が補完的に作用するという推定をおくことはできず、「難民保護」規範の態様にかかわりなく「庇護」が与えられる余地も残される。

　そうした間隙を縫い、中南米において顕著に現れる「庇護」と「難民保護」の並存（dualismo）は、「一方では、庇護に相当する保護を難民に与えず、他方では、大量流入事態を、難民保護制度に至らない人道的対応の対象とする」[18]現実を生じている、と指摘されている。言い換えれば、庇護の「伝統」が、性質の異なる2つの法規範を恣意的に適用する余地を開いているのである。

　では、これは中南米に限られた現象であろうか。もとよりこの問いへの回答は本稿の任ではないが、「庇護」が与えられる余地が残されているのは、必ずしも中南米に限られないように思われる。そうであるとすれば、やはり申請者の求めに応じるようにみえるときにも、それが放縦の帰結であるか、それともより一般的な観点に立った義務の履行であるかを広く、慎重に見極める必要があるだろう。中南米における庇護の「伝統」は、「難民保護」規範のまた別の可能性とともに、それぞれの特徴と両者の関係を捉える視点を示唆しているように思われる。

1　Ministerio de Relaciones Exteriores y Movilidad Humana, *Ecuador*. [http://cancilleria.gob.ec/statement-of-the-government-of-the-republic-of-ecuador-on-the-asylum-request-of-julian-assange/?lang=en, as of 30 June 2013]
2　*Ibid.*
3　アサンジ事件を含む現代の外交的庇護をめぐる理論的問題に関しては、中谷和弘「外交的庇護をめぐる国際法と外交」岩沢雄司・中谷和弘責任編集『国際法研究』（信山社、2013年3月）、3-49頁において、詳細な検討がなされている。
4　以下参照。C. Neale Ronning, *Diplomatic Asylum – Legal Norms and Political Reality in Latin*

American Relations (Leiden/Boston: Martinus Nijhoff, 1965), pp. 66-96; Jaime Esponda Fernández, 'La tradición latinoamericana de asilo y la protección internacional de los refugiados', in Leonardo Franco (coordinador), *El asilo y la protección Internacional de los refugiados en América Latina* (Siglo XXI, 2003), p. 83, para.16.

5 以下参照。Égidio Reale, 'Le droit d'asile', *Recueil de Cours de l'Académie de Droit international* (1938), pp. 94-95; Dissenting opinion, *Judge Alvarez, Asylum case* (Colombia v. Peru), I.C.J. *Reports* (1950), p. 292.

6 Mario Sznajder and Luis Roniger, *The Politics of Exile in Latin America* (Cambridge: Cambridge University Press, 2009), p.147.

7 Alvarez, *supra* note 5.

8 Reale, *supra* note 5.

9 Jaime Esponda Fernández, *supra* note 4, pp. 83-84, para.18.

10 以下参照。Georges Scelle, 'Chronique des faits internationaux', *Revue générale de droit international public* (1912), pp. 623-634; Ronning, *supra* note 4, pp. 97-124.

11 *Asylum* Case (Colombia v. Peru), ICJ *Reports* (1950), p.266; *Request for Interpretation of the Judgement 20 November 1950 in the Asylum Case* (Colombia v. Peru), ICJ *Reports* (1950), p.395; *Haya de la Torre* Case (Colombia v. Peru), ICJ *Reports* (1951), p.71.

12 本章では、紙幅の都合上、米州人権宣言と米州人権条約、それらに基づく米州人権委員会と米州人権裁判所の実行に関して触れることができなかった。ただし、同宣言と同条約には、世界人権宣言の起草にあたりイギリスが迫害の呼び水となることを懸念して明文化を避けた「庇護を与えられる権利」が明文化された点において特筆される。ただし、同委員会と同裁判所は、2013年6月30日までのところ、いずれの規定にも「庇護を求める権利」以上の内容を認めたことはない。

13 わずかな例外としては、1937年の国際連盟理事会におけるアルゼンチン代表（C. サーヴェドラ・ラマス（Saavedra Lamas）氏）による庇護条約起草の提案と、エヴィアン会議（1938年）におけるコロンビア代表（J. イェペス（Yepes）氏）による発言がある。前者は、スペイン内乱への対応として（領域内庇護と外交的庇護の双方を含む）庇護条約草案を提出したものである。ただし結局、この提案は受け入れられなかった。後者は、戦間期欧州の難民保護制度の中核的概念であった「保護の欠如」とは異質な要素を含む「あらゆる政治的出国者]」を政府間難民委員会（IGCR）の活動対象に含める提案を行ったものである。後者の提案は受入れられている。以下参照。Leopold Bolesta-Koziebrodski, *Le droit d'asile* (Leyde: A.W. Sythoff, 1962), pp. 314-316; Jaime Esponda Fernández, *supra* note 4, pp. 93-94, para.48.

14 中南米に焦点を絞るのでなければ、20世紀以前よりみられる「欧州の庇護の伝統」の歴史的意義も無視できない。例えば、以下参照。Atle Grahl-Madsen, 'The European Tradition of Asylum and the Development of Refugee Law', *Journal of Peace Research*, Vol.3, No.3, (1966), pp.278–289; Vincent Chetail, 'Théorie et Pratique de L'Asile en Droit International Classique: Etude Sur les Origines Conceptuelles et Normatives du Droit International des Réfugiés', *Revue Générale de Droit International Public*, Vol. 115, (2011), pp. 625-652.

15 以下参照。Leonardo Franco y Jorge Santistevan de Noriega, 'La Contribución del Proceso de Cartagena al Desarrollo del Derecho Internacional de Refugiados en América Latina', *La protección internacional de refugiados en las Américas* (ACNUR, 2011), pp.110-117.

16 以下参照。Katy Long, 'Refugees, repatriation and liberal citizenship', *History of European Ideas*, Vol.37, No.2 (June 2011), pp. 232-241.

17 Mexico Declaration and Plan of Action to Strengthen International Protection of Refugees in Latin America, 16 November 2004.

18 César San Juan y Mark Manly, 'El asilo y la protección internacional de los refugiados en América Latina: análisis crítico del dualismo "asilo-refugio" a la luz del Derecho Internacional de los Derechos Humanos', in Leonardo Franco (coordinador), *El asilo y la protección Internacional de los refugiados en América Latina* (Siglo XXI, 2003), p.49.

第3部
難民・強制移動をめぐる多様な課題
Part III Salient Issues Related to Refugees and Forced Migration

Chapter 1 *International Responses to Protracted Refugee Situations and Refugee Hosting Countries in Africa: Searching for International Burden-Sharing and Solidarity*

第1章
長期滞留難民と国際社会の対応
アフリカの事例から

杉木 明子 *Akiko Sugiki*

キーワード：長期滞留難民の状況、恒久的解決、庇護国社会への統合、国際難民レジーム、負担分担
Key Words: protracted refugee situations, durable solutions, local integration, international refugee regime, burden-sharing

はじめに

　国連難民高等弁務官事務所（UNHCR）によると、2012年末の時点で世界には約1,050万人の難民がいる[1]。情報コミュニケーション技術の発達により、今日の我々はより早く、容易に難民となった人々の状況や現地の実態を知ることが可能になっている。またインターネットの動画サイトやフェースブックやツイッターなどのソーシャル・ネットワーク・サービスを通して、ジャーナリストだけでなく、フィールドにいる難民支援関係者や難民自身が情報を発信する機会も増えてきた。しかし、全ての難民問題がメディアで伝えられるわけではない。「ニュースになりにくい」とジャーナリストらが判断した題材は配信されない場合がある。インターネットにアクセスできない状況下にある難民達は自らの窮状を伝えることは難しいかもしれない。例えば、2013年夏に日本で頻繁に報道された難民関連のニュースの一つとしてシリア難民問題がある。シリアにおける武力紛争から逃れるためにヨルダン、レバノン、トルコ等の近隣諸国へ移動した人々の様子が度々テレビや新聞で報道されてきた。UNHCRによると2013年9月3日の時点でシリア難民は約200万人以上に急増したと発表しており[2]、深刻な事態であることは明らかである。だが、数の上ではシリア難民より多いアフガン難民のことは今ではほとんど報道されていない[3]。またシリア難民よりも長期にわたり難民であった人々の実態はあまり注目されていない。一般的に大規模な難民が発生した場合、メディアの関心が高まり、国際社会からの支援が集まるものの、一部の難民問題は長期化し、しかし、メディアや国際社会の関心は低下するという現実があ

る。

　難民の中で、自発的帰還や第三国定住の選択肢がないまま、5年以上庇護国に滞在する「長期滞留難民の状況（Protracted Refugee Situations）」にある難民（以下、長期滞留難民）は2012年末の時点で世界の難民総数の約3分の2（約640万人）におよんでいる[4]。しかし長期滞留難民の実態は殆ど注目されず、十分な支援も提供されていない。難民は国際人権法、および1951年の「難民の地位に関する条約」（以下、難民条約）、1967年の「難民の地位に関する議定書」（以下、難民議定書）などに規定される権利を有している。現在約144カ国が難民条約に加入し[5]、締約国は難民を保護する義務を負う。しかし、近年多くの国は難民を難民キャンプなどの特定の場所に隔離し、就労や移動の自由を制限する「難民隔離政策」といった非人道的とも言える難民政策を行っている。長期滞留難民の滞在期間は1990年代では平均9年だったのに対し、今日では約20年におよび[6]、第2、第3、第4世代の難民が法的にも、政治、経済、社会的にも不安定な立場におかれていることもある[7]。このような状況は基本的人権の侵害であり、難民が提供しうる知識や技術を有効に生かせない経済・社会的損失である一方で、時に難民が難民受入国や地域の安定や安全保障上の脅威になりうることも事実である。

　長期滞留難民問題は、その背景に難民出身国の人権侵害や紛争などの継続、庇護国の難民政策、難民支援に不可欠な諸アクターの消極性などが複合的に絡みあっているため、容易に解決できるものではない。だが、第二次世界大戦後のヨーロッパにおける避難民問題や[8]、1970年代半ばから80年代のインドシナ難民問題に対する取り組みが一定の成果を収めたように、長期滞留難民の問題は必ずしも対処できないものではない。これらの点をふまえ、本章ではサハラ以南アフリカ（以下、アフリカ）に住む長期滞留難民に焦点をあて、この問題の実態と解決策を検討する。なお、こうした難民の個々の状況は多様であるが、紙幅の制約上、本章ではアフリカの典型的な状況を取り上げる。

1. アフリカ諸国の難民政策と長期滞留難民

　1960年代以降、植民地からの独立を達成したアフリカ諸国のほとんどは、難民条約、難民議定書、1969年の「アフリカにおける難民問題の特殊な側面を規定するアフリカ統一機構条約」（以下、アフリカ難民条約）に加入し、比較的寛大に難民を受け入れてきた。しかし、1990年代以降、アフリカ諸国は従来の門戸開放的

な難民政策を変更し、抑圧的な難民政策を行う国が増加している[9]。

　アフリカ諸国の難民政策で特に問題視されている政策の一つが難民隔離政策である。南アフリカやガボンのように難民が居住する場所を自由に選ぶことが認められている国もあるが、政府が指定した場所に設けた難民キャンプや難民定住地に難民が居住することを定めている国もある。通常、難民キャンプは地域社会から孤立した地域に設けられ、難民の自由な移動や賃金を得る就労が禁止されている。タンザニア、ウガンダ、ザンビアなどでは、難民定住地（local settlement）政策が行われている。難民は世帯数に応じて宅地と農地が配分され、農業を営み、自立した生活を送ることが求められている。難民定住地内には学校、教会、コミュニティ・センター、診療所などがあり、アフリカの農村や町と同じ風景がみられる。しかし難民が難民定住地外へ出るには担当者から許可を得ることが必要な国もあり、その場合、定住地の入り口は警備員に管理されている。難民キャンプや定住地ではUNHCRやNGOなどによってスフィア・プロジェクトなどに定められた最低限の人道的援助が難民へ支給されているが[10]、資金不足や治安上の問題から支援が削減されたり、停止される場合もある。

　アフリカで「難民隔離政策」が実施されてきたのは、①安全保障、②国際援助の獲得、③僻地にキャンプや定住地を設けることによる地域開発、④帰還事業の促進などの理由がある。難民隔離政策は難民条約第26条（移動の自由）や第17条（賃金が支払われる労働）に違反するとして、2004年からアメリカ難民・移民協会（US Committee for Refugees and Immigrants）は「反収容キャンペーン（anti-warehousing campaign）」を行い[11]、様々なNGOや研究者達は難民の移動と就労の自由を求めているが、隔離政策は継続している。

　難民キャンプや定住地に住む難民の生活は厳しい。難民が現金収入を得る典型的な方法は主に3つある。第1は難民キャンプ周辺地域に住む地元民から土地を借り、農業を行うケースである。第2は、雇用による現金収入獲得で、難民キャンプ内の学校、診療所、NGO等のスタッフとして働く場合と、農場や建設現場などで日雇い労働者として働く場合がある。第3は日用雑貨やスナックなどの販売、食堂の経営、自転車タクシー等の小規模なビジネスを難民が行う方法である。しかし難民の就労が禁止されている国では、就労資格をもつ同業者に比べ、難民は不利な労働条件で働かざるをえない。時には悪質な業者に搾取されることもある[12]。労働が禁止されている国では難民キャンプや定住地内で働く難民に対しては、給与は支払われず、「インセンティブ」とよばれる僅かな報酬が支払われてい

る。その金額は同等の仕事をしている現地スタッフの給料よりも安く設定されている[13]。難民キャンプや定住地に住む青年達は将来に希望が持てず、自暴自棄になり麻薬やアルコール依存症に陥ったり、犯罪組織や武装集団のメンバーになる者もいる。もちろんアフリカでは難民だけでなく、多くの現地住民も厳しい生活を送っている。国際的人道援助が供与されている難民の生活水準の方が現地住民よりも高い場合もある。しかし、難民の中には困難な状況に直面した際のセーフティネットとなる社会的ネットワークが現地住民に比べて希薄である人や、法的権利が十分に保障されていない点でより脆弱な立場におかれている人が少なからずいる[14]。

　アフリカには迫害や紛争を逃れるために越境し、しかしながら庇護申請を行わず（または庇護申請を行ったが、難民として認定されないまま）、政府が指定した土地以外の場所に住んでいる「自主的定住難民（self-settled refugee）」がいる。また安全や経済的な理由などから都市に住む、「都市難民（urban refugee）」もいる。特別な理由を除き、これらの人々は非合法的に滞在している「外国人」とみなされ、UNHCRや政府から支援を受ける資格はない。農村で暮らす自主的定住難民の多くは、地元民から土地を借り、農業を行うか、日用雑貨、農産物、醸造酒・蒸留酒などの販売、洋裁、ラジオや自転車の修理などの小規模ビジネスや農場や建設現場などでの日雇い労働を行い、現金収入を得ていることが多い。都市難民の場合、建設現場などで日雇い労働や、小規模ビジネスなどのインフォーマル・セクターで働いて生計をたてている。主な仕事は加工食品の販売、農産物の販売、地酒販売、中古衣料や雑貨の販売などの小売業や、自転車や電気製などの修理、バイク・タクシーや、洋裁、美容師（理髪師）などのサービス業である。女性はメイドなどの家庭内労働者になる場合もある。

　全般的に自主的定住難民や都市難民は難民キャンプや定住地で暮らす難民に比べて経済的に自立している人が多い。だが、経済的に豊かな人は少数で、彼（女）らは法的、社会的、経済的、政治的に脆弱な立場におかれている。土地、教育、保健・医療、安全な水などへのアクセスは、難民だけでなく、地元民も直面している問題である。しかし法的身分に起因する脆弱性のため自主的定住難民・都市難民は、しばしば警察や軍のいやがらせや恣意的な逮捕・拘禁、強制送還の対象になり、より脆弱な立場におかれている[15]。労働許可書を所持していないため、劣悪な労働環境の下で働き、賃金が未払いでも法的に訴えることができず、泣き寝入りすることも多い。

2. 難民問題の恒久的解決策と長期滞留難民問題

　長期滞留難民問題の万能な処方箋は存在しないが、解決策を考える手がかりとなるのがUNHCRが提示している難民問題の恒久的解決策である。この解決策には①自発的帰還、②第三国定住、③庇護国定住という３つの選択肢がある。これまでその時代の国際政治情勢や関係諸国の意向によって恒久的解決策の優先順位が定められていた。UNHCRが発足した第二次世界大戦直後は、自発的帰還と庇護国定住が同等に望ましく、現実的な選択肢と考えられ、1980年代半ばから1990年代は自発的帰還が最も望ましい恒久的解決策とみなされてきた[16]。2000年代以降は、自発的帰還重視の反省から、庇護国定住の可能性が再び見直されるようになってきている。以下、アフリカでの恒久的解決策の実施状況を概観する。

(1) 自発的帰還と第三国定住

　長期滞留難民の自発的帰還を実現するには、難民出身国の治安や政治状況が改善し、難民が母国の社会へ再統合できる環境が必要である。政治体制の変化や紛争の終結などによって、1990年代初めにはエチオピア難民、エリトリア難民が帰還し、1992年から96年にかけて約170万人のモザンビーク難民がマラウィや近隣諸国から帰還した[17]。しかし国内の環境が整わないまま難民の帰還を実施すると、帰還先で混乱や不規則な第二次的移動などが生じ、新たな難民問題を誘発する危険性がある。現時点で長期滞留難民の出身国で帰還が可能な環境が整うケースは少ないうえに個々の難民の状況は異なることから、一律に難民へ帰還を促すことは問題がある。

　同様に第三国定住による長期滞留民問題の解決も難しい。第三国定住のプロセスは受入国によって異なるが、一般的に第三国定住受入国は、UNHCRまたは難民推薦団体から照会される難民を受け入れている。第三国定住受入の上位３カ国（アメリカ、カナダ、オーストラリア）はUNHCRの照会以外に、難民が最寄りの在外公館の査証審査官に再定住を申請する制度も設けている。UNHCRの第三国定住プログラムの対象となるのは、難民条約上の難民で、第三国定住の７つの条件のうち少なくとも１つに該当しなければならない[18]。第三国定住受入国は、各国の基準に基づき第三国定住希望者の書類審査、面接、調査を行い、受入の可否は各国の裁量に委ねられている[19]。

　第三国定住の受入国は2012年には日本を含む26カ国に増加し、新規受入国は

増えたが、受入数の上限は依然として約8万人である。また、2009年をピークとして第三国定住国へ出発した難民は減少している。第三国定住受入国へ出発した難民の数は、2009年には8万4,600人だったのに対し、2010年には7万3,000人、2011年には6万1,600人であった[20]。UNHCRの予測によると、2013年度に第三国定住が必要な難民が約18万1,000人いるのに対し、受入枠は約8万1,000人である[21]。第三国定住難民の出身地域を見てみると、アフリカに住む難民の第三国定住による受入は2004年がピークで、2005年から減少が続いている。2012年末の時点でアフリカには2,748万500人の難民がいたが[22]、第三国へ移動した難民は1万1,342人であり[23]、アフリカの長期滞留難民問題に効果的な解決策とは言い難い。

(2) 庇護国定住

アフリカでは第三国定住、自発的帰還の可能性は限られており、難民の庇護国定住が一般的であった。難民の庇護国定住には経済、社会、法的統合という3つの側面がある。

① **経済的統合**：難民が持続的な生業を営み、援助に依存せず、経済的に自立すること
② **社会的統合**：難民が受入地域の住民と相互交流があり、地元民に隣人として受け入れられて生活していること
③ **法的統合**：難民が庇護国政府から庇護国の国民とほぼ同等の権利や資格を持つこと

最終的に難民が庇護国へ統合された状態とは、「難民の受入国社会への統合、すなわち受入国の国民と同等の権利を有し、援助に依存することなく、持続的に生活を営んでいる状態」で、市民権・永住権の取得は必ずしも必要ではないと考えられている[24]。

(a) 経済・社会的統合（いわゆる「事実上の統合」）

アフリカでは法的統合よりも難民の社会・経済的統合が先行する、いわゆる「事実上の統合」が進んでいる。「事実上の統合」をK．ジェイコブセン（Jacobsen）は以下のように規定している。

① ルフールマン（強制送還）などの恐れがなく、難民の身の安全が確保される

②　難民キャンプや定住地に住むことが強制されず、母国へ戻る権利を持つ
③　土地や雇用へのアクセスによって援助に依存することなく、生計手段（livelihood）を維持し、自分と家族が生計を立てることができる
④　教育、職業訓練、医療、住居などにアクセスできる
⑤　冠婚葬祭などを通じてホスト・コミュニティと社会的ネットワークがあり、難民とホスト社会の住民との生活水準に差異があまりみられない[25]

　アフリカでは古くから人の移動が頻繁に行われ、欧米列強による植民地分割で同一の民族・エスニック集団が国境によって分断された後も交易や冠婚葬祭などを通じ、民族・エスニック集団間の交流が続いてきた。また異なる文化や伝統を持つ客人を寛大に受け入れる慣習もある。独立後、多くのアフリカ諸国では厳密な国境管理が行われていないため、国境を越える人の往来が比較的自由に行われてきた。このような状況を反映して、ガボン、コートジボワール、ギニア、タンザニア、ザンビア、ウガンダ、南アフリカなどの農村では自主的定住難民の事実上の統合がみられる[26]。

　他方、都市難民は事実上の統合が進んでいないケースがみられる。教会、モスク、学校などの場で難民と地元民の個人的な交流が行われる場合もあるが、都市では難民と現地コミュニティの関係は希薄な場合が多い。その原因は多様であるが、言語・文化・宗教的相違や雇用問題に起因するところが大きい。一部の現地住民が難民に対して抱く誤解や偏見、妬み、差別的意識も難民の地域社会への統合を阻んでいるといわれている。アフリカでは都市の失業率が高く、現地住民の低所得者層と難民は日雇い労働などの仕事をとりあう競合相手である[27]。一部の富裕層を除き、現地住民の生活は厳しいことから、都市住民の中には自らの経済的苦境を難民に責任転嫁する人もいる。例えばケニアのコースト州では、地元民が難民の経済活動が地元経済に損害を与えるとみなし、地元民の要請で難民の都市での居住や就労が禁止されることになった[28]。

(b)　法的統合

　全般的に法的権利が十分に保障されていない難民は現地住民に比べて脆弱な立場におかれている。また近年、都市であれ農村であれ、難民に対する差別的、排斥的な動きが様々な地域で報告されている。アフリカで難民の法的統合に関してまず問題となるのは、難民法の制度化である。ほとんどのアフリカ諸国は難民条約、難民議定書、アフリカ難民条約および国際人権規約に加入している。しかし難民

条約の特定の条項を留保している国があるとともに[29]、国際基準に沿った難民法が国内法化されていない国も少なくない。

　通常、帰化や市民権・永住権の取得は庇護国社会への統合の絶対条件とされていない。しかし難民条約では難民の市民・政治的権利は認められていないため、難民は自らの生活に大きな影響をもたらす難民政策の政策決定過程に政治参加することができない。社会・経済的権利は市民・社会的権利と不可分であり、相互に依存していることからも、難民の庇護国社会へ統合するには、政治的権利が保障される市民権の取得が望ましい[30]。では、アフリカ諸国において難民が市民権・永住権を取得することができるのであろうか？　難民の永住権・市民権の取得の可能性に関しては、主に４つのタイプに大別できる。

① 難民の永住権または市民権の取得や帰化が可能：南ア、レソト、モザンビークなど
② 基本的に難民は市民権・永住権を取得したり、帰化することはできないが、例外的な措置が設けられている：ボツワナ、タンザニアなど[31]
③ 難民法等に市民権の取得が可能であると記載されているが、実際には難民の市民権取得や帰化が難しい：ウガンダ、ガーナなど
④ 難民が市民権・永住権を取得するや帰化することが法的に認められていない：ケニア、シエラレオネなど[32]

　この他に地域レベルでの「市民権」の取得の可能性もある。1975年に設立された西アフリカ諸国経済共同体（Economic Community of West African States: ECOWAS）の一部の加盟国はECOWAS市民権の枠組みで難民の基本的権利を保障している。2007年にUNHCR、ECOWAS、ナイジェリア、リベリア、シエラレオネ政府間で結ばれた協定では、ナイジェリアに居住するシエラレオネ難民およびリベリア難民に対して出身国政府はパスポートを発行し、難民受入国であるナイジェリア政府は、ECOWAS市民権の枠組みでリベリア・シエラレオネ難民に対して就労、教育、保健医療へのアクセスなどに関してナイジェリア人と同等の権利を付与している[33]。

　国際的基準にそった難民法が国内法として制定されている場合でも、実際に難民の権利が遵守されるわけではない。また、法的権利が認められていることが自動的に難民の庇護国社会への統合を保障するものではない。南アフリカのヨハネスブルグに住む都市難民の事例から、L.ランダウ（Landau）は、難民の法的権利が認められていても、権利が侵害された時にそれを救済する制度がなければ、難

民の法的権利は守られず、庇護国社会へ統合できないと述べている[34]。

　難民の状況やニーズ、難民受入国・難民受入地域や難民送出国の状況も多様であり、随時変化するため、一律に特定の恒久的解決策を長期滞留難民へ適用することはできない。長期滞留問題が継続している背景には複合的な要因が絡んでいるため、個々の難民に配慮した包括的な取り組みが求められる[35]。

3．難民保護に関する国際協力と「負担分担」

　アフリカでは難民の大半が出身国の近隣諸国で暮らしている。しかし、様々な経済、社会、政治的問題を抱えているアフリカ諸国の多くは、難民が庇護国社会で統合するために必要な支援を行う物的、人的資源を十分に有していない。長期滞留難民の権利、とりわけ社会・経済的権利が保障されるには、庇護国の負担を軽減する国際協力が必要であると考えられる。

　現在、国際難民レジームには「難民の保護（protection）」と「負担分担（burden-sharing）」という２つのサブ・レジームが存在すると解されている。前者はノン・ルフールマン原則などを含め広く認知され、規範が整備されてきた。後者に関しては、難民条約の前文やアフリカ難民条約第２条４項などで言及されているが、規範に関する国際的な合意は形成されていない[36]。通常、国際的難民保護の負担分担は、①第一次保護国にいる難民の第三国定住を受け入れる「物理的負担分担」と、②第一次庇護国にドナーが資金を提供する「財政的負担分担」という２つの方策があると考えられている。財政的負担分担は二国間援助（政府間援助）、国際機関またはNGOを通じて行われてきた。その中でUNHCRに対する資金援助は最も大きな財政的負担分担であり、UNHCRの活動資金はその約９割がドナー諸国からの任意拠出金と民間からの寄付によって賄われている。第２節でみたように、第三国定住による物理的負担分担の対象となる難民は限定されていることから、本節では長期滞留問題が多く居住するアフリカ諸国の難民保護に対する財政的負担分担を考えたい。

(1) 難民保護の財政的負担分担に関する国際社会の対応

　国際的難民保護の財政的負担分担を考える上で、庇護国の難民受入に伴う「負担」をどのように計るか、国際的難民保護に対して各国がどのような貢献をしているかを計るかは難問である。これらの問題は実務家、研究者の間で度々論議さ

れてきたが、難民保護の負担や貢献を計る指標に関するコンセンサスは存在していない。またドナー諸国の大半は難民を受け入れ、他の難民庇護国へ財政的支援を行っているため、難民受入国とドナーという区分も明確に線引きできない[37]。

　UNHCRは難民受入国の難民数、GDP比率、人口比率、面積比率などのいくつかの指数を組み合わせて、難民受入国の貢献度を示している。2012年末の時点で開発途上国は世界の難民の80％を受け入れており、GDP比率で最も多く難民を受け入れている上位10カ国は全て後発開発途上国であった。人口比率の上位10カ国は新興国もしくは開発途上国である[38]。多くのアフリカ諸国は様々な経済・社会的問題に直面している。2013年ミレニアム開発目標報告書によると、世界全体では1990年から2010年にかけて1日1.25ドル以下で暮らす人々の比率は半減したものの、サハラ以南アフリカでは未だに人口の約48％が絶対的貧困であり、その数は1990年では2億9,000万人だったのに対し、2010年には4億1,400万人に増加していると報告している。また現在の状況では、食糧、教育、医療、安全な水などのアクセスなどに関する目標を2015年までに達成することは難しい[39]。

　このような厳しい社会・経済環境であるアフリカ諸国では、難民の受入は①行政コストの増加、②公共サービスに関する支出の増加、③失業率の増加などの経済的負担をもたらすと考えられてきた。難民キャンプや定住地ではUNHCRやNGOなどによる難民関連業務や様々なサービスに対する援助が提供されているが、難民と認定されていない自発的定住難民や都市難民は地元民と教育や保健・医療などの公共サービスを共有し、しばしば仕事や希少な資源（水や薪など）をめぐり競合することになる。むろん難民の受入は経済的な負担だけでなく、恩恵をもたらす場合もある。難民キャンプや定住地が設けられている地域は僻地で、国内の経済開発から取り残された地域であることが多い。難民キャンプや定住地が建設され、国際的な支援が行われることによって、難民キャンプおよび周辺地域のインフラが整備される。難民キャンプや定住地で提供されている教育、保健・医療などは地元民も利用できる。さらに難民受入地域に対しても農業支援や環境整備など特別な支援プログラムが実施されることもある。難民キャンプでの地元民の雇用やビジネスの機会が増え、地域経済が活性化する可能性もある。例えば、ケニアのダダーブで難民が長期的に滞在することで受入地域にもたらした経済効果は年間約760万ドルに及ぶと推計されている[40]。

　過去の調査から難民の受入が受入地域と政府にとって政治的経済的に恩恵をもたらし、国際社会の支援が持続的であるならば、開放的な難民政策が実施される

可能性が高く、逆にネガティブな体験をした受入国は抑圧的な難民政策をとる可能性が高いという報告がある[41]。政府が難民の受入を否定的に捉え、国際難民支援を活かす意欲が欠如している場合、持続的な国際社会の支援が人道的な難民政策に結びつくとは言い難い。しかし庇護国政府が国際社会からの財政的支援を活用し、難民と難民受入地域の住民に対する開発援助を行うならば、直接、間接的に難民の福利や権利保護を向上させることは可能である[42]。

　庇護国に対する財政的負担分担に関してはこれまで様々な国際社会の場で話し合われてきた。例えば、アフリカの庇護国の負担分担に関しては、1970年代末から開発援助を通じた負担分担に関する協議が本格化し、1981年に第1回アフリカ難民援助国際会議（First International Conference on Assistance to Refugees in Africa: ICARA I）、1984年に第2回アフリカ難民援助国際会議（ICARA II）が開催された。しかし、ドナーはアフリカ諸国への支援に消極的で、会議は失敗に終わった[43]。

　グローバル・レベルでの負担分担に関する協議としては、2003年から2005年にかけてUNHCRの主導によって進められたコンベンション・プラス・イニシアティブ（Convention Plus Initiative）がある。同イニシアティブでは既存の難民条約・難民議定書で今日の難民問題に十分対処できないことをふまえ、難民保護の負担分担に関する規範的枠組みを国際交渉を通じて策定しようと考えられていた。UNHCRは国家、NGO、専門家とともに難民保護に関するグローバル・コンサルテーションを2001年から2002年にかけて開催し、2002年6月に「保護のための課題（Agenda for Protection）」が活動指針として発表され、そのうちの目標の一つが「難民の受入、保護に関する責任と役割の平等な分担と能力向上」であった。2002年10月に開催された執行委員会でR．ルベルス（Lubbers）高等弁務官（当時）は「コンベンション・プラス」という概念を提示し、2003年6月の第1回フォーラムでの討議を経て、第三国定住の戦略的利用、「不規則な第二次的移動（Irregular Secondary Movement、以下、第二次的移動）」、「難民を対象とした開発援助（Targeting Development Assistance、以下、難民開発援助）」の3分野から構成され実施されることになった。これらの3分野は難民保護の国際分業を想定し、第三国定住と難民開発援助は北側諸国による南側諸国の難民保護に対する支援と考えられた。第二次的移動は南側諸国からのコミットを引き出すもので、最も多くの難民を受け入れている南側諸国が適切な難民保護を行うことによって、難民が北側諸国へ庇護を求めて移動することを回避することができる

と考えられていた[44]。難民開発援助に関しては2003年10月のUNHCR執行委員会では、「難民および支援対象者のための恒久的解決の枠組み」として、3つの方策が打ち出された。それらは①「難民のための開発援助 (Development Assistance for Refugees: DAR)」、②「庇護国社会への統合のための開発 (Development through Local Integration: DLI)」、③「帰還・再定住・復興・再建 (Repatriation, Reintegration, Rehabilitation and Reconciliation)」である。③に関しては、紛争後の復興支援・平和構築と難民の帰還がリンクした支援が考えられた。①と②は、難民および難民受入地域の住民を対象とした開発援助を行うことによって難民の経済的自立と庇護国社会への統合を促進し、同時に難民受入国の負担を軽減することを目的としていた。2004年の執行委員会で大量難民発生時における国際協力と負担・責任分担に関する結論100 (LV) が採択され[45]、2005年の執行委員会では難民問題の恒久的解決（特に庇護国定住）に関する結論104 (LVI) が採択された[46]。コンベンション・プラス・イニシアティブは、南側および北側諸国の関心をリンクさせることで双方が協力し、長期滞留難民問題の解決を図ることを目的としていた。しかし、関係諸国が相互協力に関して合意することはなく、ルベルスの辞任によって2005年11月に同イニシアティブは終了した。

　2005年以降も長期滞留難民問題や難民保護に関する責任分担に関する議論は続いている。2008年6月からA．グテーレス (Guterres) 高等弁務官は「長期滞留難民状況に関する高等弁務官イニシアティブ (High Commissioner's Initiative on Protracted Refugee Situations)」を開始し、2009年5月から執行委員会で長期滞留難民問題が討議され、同年12月に結論109 (LXI) が採択された[47]。加盟国は長期滞留難民の新たな定義[48]を設定し、難民の自立を奨励し、長期滞留難民の受入に伴う負担に配慮することや、難民を庇護国社会へ統合する場合、国家主権を尊重することなどを合意した。個々の難民の状況に応じた恒久的解決策の適用や、国家と国際機関が長期滞留難民問題へコミットメントすることも確認している。またUNHCRと他の国連機関との連携を推進することも「結論」に盛り込まれた。2010年には「難民保護の課題に関する高等弁務官の対話 (High Commissioner's Dialogue on Protection Challenge)」において財政的負担分担の必要性が確認され[49]、2011年のUNHCR専門家会議でも国際協力を強化することが合意された[50]。

　このように難民保護に関する国際協力や負担分担（責任分担）の必要性は度々確認されてきた。しかしドナーは実際の財政的負担分担には消極的であ

る。例えばコンベンション・プラス・イニシアティブ時にDLI型の模範例（good practice）として注目されていたザンビア・イニシアティブは、当初ドナーの反応は良好で2004年8月の時点で約1,400万ドルがドナーから提供された。だが、ドナーは支援を次第に停止し2,500万ドルの予算を獲得できず、様々なプロジェクトが未完成のまま放置された。2007年には賃金の未払い問題をめぐってアンゴラ難民がザンビア政府を訴えるといったトラブルも発生した[51]。

(2) 財政的負担分担の制度化を阻む要因

　これまで行われてきた難民保護の財政的負担分担に関する交渉では、ドナーである北側諸国と途上国の難民庇護国である南側諸国の対立が露呈してきた。例えば1980年代に行われたICARA I・IIでは、ドナーと庇護国の認識の違いが明らかになった。アフリカ諸国は難民保護に伴う負担を軽減するために、インフラ整備のための「追加援助（additional assistance）」を求め、ドナー側の関心は難民問題の恒久的解決にあった。ドナーは難民保護の負担分担という考えは受け入れたが、恒久的解決に結びつかない支援に余剰の経済援助を実施することに消極的であった[52]。2000年代のコンベンション・プラス・イニシアティブ関連の交渉でも南北間の「溝」は埋まらなかった。ドナー諸国は追加援助を南側諸国へ供与することに躊躇し、ドナーを中心に同イニシアティブに関する協議が行われていることに南側諸国は失望し、北側諸国は庇護国定住や自立に対して消極的な南側諸国に失望した[53]。その結果、コンベンション・プラス・イニシアティブが当初目的としていた南北間の協力に基づく財政的負担分担の制度化は具体的に進展することはなかった。

　これまで難民保護負担分担に関する様々な交渉が行われてきた中で1989年に開催された「中米難民に関する国際会議（International Conference on Central American Refugees）」と1989年にジュネーブ開催されたインドシナ難民国際会議で採択された「インドシナ難民包括的行動計画（Comprehensive Plan of Action for Indochinese Refugees）」は数少ない成功例といわれている。この2つが成功した背景には、①問題を関係諸国が高い政治課題とみなし、②鍵となる国（または組織）が関与を続け、③難民問題が他の重要な政治問題とリンクされたことである。そのため各国が難民支援のために負担分担を行うことは国益に適うと判断し、支援した。このような政治力学がアフリカの難民に対する負担分担には働いていない。過去の失敗例、成功例からドナーは人道的理由のみで難民支

援を行わないことは明らかであり、このような点からA.ベッツ（Betts）は、ドナーからの支援を引き出すには、ドナーにとって優先順位の高い諸問題（安全保障、第二次的移動、平和構築、ビジネスなど）と財政的負担分担をリンクさせ、問題横断的な交渉と制度構築を行う必要があると提案している[54]。また政府間の調整に関してはUNHCRが積極的に関与すべきであると述べている[55]。ただし、問題横断的説得や国際協力が必ずしも難民保護を向上させるとは限らない。特に安全保障やテロに関しては、難民問題とリンクさせ、問題横断的説得を行う上で有力な問題の一つであるが、難民問題を「安全保障問題化」することは、抑圧的で非人道的な難民政策を正当化することにもなりかねない[56]。

　ジェイコブセンは、難民支援を提供するドナー側と受入国政府の間には、一種の「政治的駆け引き」が存在すると論じている。受入国政府の主な関心は、①難民保護の責任を国際社会が果たし、難民支援が自国へ提供されること、②難民支援が政府と自国民に利益をもたらすこと、③政府の存在が国際援助機関から認知され、政府の正統性を維持することである。他方、ドナー側の関心は①国家が難民の受入を継続し、②難民の保護と治安に関する責任を国家が果たすことである[57]。だが、財政的負担分担によってコンベンション・プラス・イニシアティブで提示されたDAR型、DLI型の難民開発援助を実施するには、主に4つの問題がある。第1は難民開発援助が難民の権利の向上に寄与する可能性である。ここで問題になるのは、受入国の姿勢である。政府が難民の受入を否定的に捉え、難民開発援助を活用する意欲がない場合は、財政的負担分担が長期滞留難民問題の解決に結びつくとは言い難い。第2の問題は、難民開発援助を実施する場合のUNHCRと国連開発計画（UNDP）、世界銀行などの援助機関との連携である。これまでUNHCRは国連開発グループ（United Nations Development Group）に参加し、二国間援助に大きな影響力を有するOECDの開発援助委員会（DAC）のオブザーバーになった。かねてからUNHCRはUNDPや世銀と協議し、難民援助と開発援助のギャップを解消することを試みた。しかし、UNHCRと援助機関の間の優先順位、開発アプローチ、組織的文化の違いなどから連携を常態化することは難しい[58]。

　第3の問題はドナーの反応である。UNHCRの予算はドナーからの拠出金に依存しているが、1990年代半ば以降ドナーのアフリカ難民問題に対する関心が低下したことに伴い、アフリカの難民支援プログラムに対してUNHCRへ提供された資金はUNHCRが要請した金額の半分以下となった。慢性的な財政的困難が続

き、2012年度は必要な支援のうち49％しか提供できなかった[59]。アフリカ支援に対する拠出金は、注目が集まる緊急事態や帰還事業に集中し、長期滞留難民に対する支援資金が集まらないのが現状である。

　第4の問題は、財政支援が難民の統合に対して消極的もしくは否定的な庇護国政府の政策の転換を促すことにつながるかどうかという問題である。T.ポルツァー（Polzer）はドナーやUNHCRによる支援が難民の庇護国社会への統合を促進することにあまり効果的ではないと指摘している。例えば、1990年代初めのコートジボアール、1960年代のタンザニア、マラウィのように、政府が難民を寛大に受け入れたのは政治戦略上の理由からであったと分析している[60]。

　しかし南側諸国、北側諸国の目的や関心は異なるが、交渉によって政治的妥協が図られ、難民保護に関する協力が進められる可能性はある。例えば、ウガンダのアルア県は開発政策から取り残された地域の1つであったが、1999年に難民と難民受入れ地域の住民を対象とした自立戦略（Self-Reliance Strategy）と呼ばれる難民開発援助プログラムを実施した結果、農業の生産性が高まり、教育、医療、安全な水へのアクセスが向上した。難民の受入地域に対する支援は、難民と地元民の双方に利益をもたらしてきた。その結果、難民と地元民の関係は良好である[61]。あるいはデンマークのように、自国の内政問題と外交戦略が難民開発援助と連動している場合、ドナーはより積極的に財政的負担分担に関与するかもしれない[62]。だが、難民保護の負担分担に関しては、難民受入国である南側とドナーである北側の関係は対等でなく、ドナーが圧倒的に優位な交渉力を有している。財政的負担分担によって難民受入国を固定化することになれば、難民保護の責任転嫁、負担転嫁を制度化してしまう可能性がある。

おわりに

　難民問題は、モラルや法的問題であるとともに政治的問題である。紛争や迫害により庇護を求めている人びとを救済するという思想や理念は古くから存在したが、次第にグローバル・レベルで難民に関する様々な規範が認知され、国際難民レジームが制度化されてきた。アフリカやラテンアメリカなどでは地域レベルでの難民保護に関する規範の制定や制度化の試みがみられる。しかし、現在の国際難民レジームが支援を必要としている人々の救済に十分機能しているとは言い難い。その最たる問題の1つが長期滞留難民問題である。一般的に紛争や内戦が勃

発し、大量難民が発生した緊急時には国際社会の関心が高まり、支援も集まるが、長期滞留難民のように切迫した危険や非常事態でない問題の場合には、国際社会の関心もドナーからの支援も低下するのが現状である。

　本章では、長期滞留難民問題解決の方策を検討する一助としてアフリカで暮らす長期滞留難民の典型的な状況を概観し、恒久的解決策の適用可能性を検討した。長期滞留難民問題を単一的にとらえることはできないが、難民キャンプや定住地に暮らす難民であれ、自発的定住難民・都市難民であれ、難民の生活は厳しく、多くの難民は将来に希望を持てない生活を送っている。難民問題の3つの恒久的解決策のうち、自発的帰還や第三国定住をアフリカに住む長期滞留難民へ適応することは難しい。そのため庇護国定住が現実的な選択肢であり、実際に多くの長期滞留難民は第一次庇護国に居住している。その場合、法的に庇護国へ統合されているケースは稀であるが、事実上庇護国社会へ統合されているケースは少なくない。しかし、生命の危険や強制送還など直接的な危機を免れても、難民は難民であるが故に厳しい制約に直面している。従来、比較的寛容に難民を受け入れてきたアフリカ諸国は1990年代以降、抑圧的な難民政策を実施するケースが増えてきた。これらの政策は難民保護の基本的理念やほとんどのアフリカ諸国が加入している一連の国際難民法や国際人権法に違反している。難民の基本的人権を侵害する政策を看過することはできないが、難民の受入に様々な負担が伴い、多くの難民受入国が物的、人的資源を有していないことを考えると、アフリカ諸国を単に批判するだけでは長期滞留難民問題は解決しないことは明らかである。

　長期滞留難民問題を解決するには国際的な連帯が必要であり、難民保護の負担分担が求められる。しかし負担分担の制度化は進展していない。これまで地域レベル、グローバル・レベルで負担分担に関する協議は度々行われ、既に長期滞留難民問題の重要性、国際的負担分担の必要性は認知され、ほぼ国際的なコンセンサスは存在している。しかし北側・南側諸国の関心やニーズが異なり、新たな原則や規範の制定には至っていない。難民保護に関する規範が歴史的に形成され、その時々の情勢や諸アクターの関心に応じて変化、変容してきたことを考えると、難民保護の負担分担に関する交渉が進展する可能性はある。例えば、ラテンアメリカでは、2004年に「メキシコ宣言および行動計画」が採択され、地域レベルで難民保護の負担分担・責任分担が制度化しつつある[63]。各国の難民政策は、単に人道的な理由や国際難民条約上の国家の義務から決定されるわけではなく、歴史、安全保障、環境、経済の国内的要因や「国益」や対外関係などの国際的要因

などを考慮して策定されている。長期滞留難民問題に関する国際協力を各国から引き出すには、難民問題に関わる多様なアクターが連帯を強化するとともに、他の主要な国際問題（開発、人権、環境、安全保障、教育など）に関与しているNGO等の諸アクターが問題横断的に国内外でネットワークを形成して連帯し、政府や国際機関に対する働きかけを強化していく必要があるだろう。

1 UNHCR, *Global Trends 2012* (June 2013), pp. 2-3.
2 [https://www.japanforunhcr.org/syria/syria1.html, as of 30 September 2013]
3 UNHCRによると2012年末の時点でアフガン難民は約258万5,600人である。UNHCR, *supra* note 1, p. 13.
4 *Ibid.*, p. 12.
5 UNHCRによると2011年12月末の時点で国際難民条約加入国は144カ国、難民議定書加入国は145カ国である。[http://www.unhcr.org/3b73b0d63.html, as of 13 July 2013]
6 James Milner and Gil Loescher, 'Responding to Protracted Refugee Situations: Lessons from a Decade of Discussion', *Forced Migration Policy Briefing* 6 (Oxford: Refugee Studies Centre, University of Oxford, 2011), p. 3.
7 例えば1972年にタンザニアへ大量のブルンジ難民が移動したが、2007年の報告ではタンザニアで登録されているブルンジ難民の約85%はタンザニア生まれであった。Alexandra Fielden, *Local Integration: An Under-reported Solution to Protracted Refugee Situations,* New Issues in Refugee Research, Research Paper No. 158 (UNHCR, 2008), p. 5.
8 第二次世界大戦後、ソ連から追放されたドイツ系住民約1,200万人以上を含む3,000万人が取り残された。さらに東欧諸国の共産化に伴い大量の人々が出国した。1947年に発足した国際難民機関（IRO）は100万以上の避難民を再定住させ、約7万3,000人の避難民を帰還させた。
9 Bonaventure Rutinwa, *The End of Asylum? The Changing Nature of Refugee Policies in Africa,* New Issues in Refugee Research, Working Paper No. 5 (UNHCR, 1999); Jeff Crisp, *A New Asylum Paradigm: Globalization, Migration and the Uncertain Future of the International Refugee Regime,* New Issues in Refugee Research, Working Paper No. 100 (UNHCR, 2003).
10 スフィア・プロジェクトに関しては、以下参照。[http://www.sphereproject.org/, as of 1 September 2013]
11 US Committee for Refugees and Immigrants, Warehousing Campaign. [http://www.refugees.org/our-work/refugee-rights/warehousing-campaign/recent-progress.html, as of 24 July 2013]
12 杉木明子「サハラ以南アフリカの難民と定住化」小倉充夫・駒井洋『ブラック・ディアスポラ』（明石書店、2011年）、131-157頁。
13 Guglielmo Verdirame and Barbara Harrell-Bond, Rights in Exile: Janus-Faced Humanitarianism (New York/Oxford: Berghahn Books, 2005), pp. 218-224.
14 例えば以下参照。Human Rights Watch, '"You are all Terrorists": Kenyan Police Abuse of Refugees in Nairobi' (May 2013).
15 難民条約第31条1項に違反すると解される場合が多い。
16 Jeff Crisp, *The Local Integration and Local Settlement of Refugees: A Conceptual and Historical Analysis,* New Issues in Refugee Research, Working Paper No. 102 (UNHCR, 2004), pp. 4-6.
17 Milner and Loescher, *supra* note 6, p. 7.
18 7つの条件は、①ルフールマンの危険性を含む、難民の法的または身体的保護の必要性、②拷問もしくは

暴力の生存者、③医療の必要性、④危険に晒されている女性と少女、⑤家族再統合、⑥危険に晒されている子ども・青年、⑦他の恒久的解決策の可能性がないことである。
19 第三国定住受入国の中には健康や公益（安全保障、犯罪歴）の理由で申請者を不適格として除外する制度を設けている国がある。また身障者、同伴者のいない未成年者、高齢者などの「社会的弱者」を優先的に受入れる方針を示している国や、特定の国または地域の受入枠を設けている国もある。
20 UNHCR Executive Committee of the High Commissioner's Programme, *Progress Report on Resettlement,* EC/63/SC/CRP.12, 5 June 2012, pp. 2-3.
21 UNHCR, *Projected Global Resettlement Needs 2013* (July 2012), p. 7.
22 UNHCR, *supra* note 1, p. 12.
23 UNHCR, *Projected Global Resettlement Needs 2014* (July 2013), p. 19.
24 Crisp, *supra* note 16, pp. 1-2.
25 Karen Jacobsen, *The Forgotten Solution: Local Integration for Refugees in Developing Countries,* New Issues in Refugee Research, Working Paper No. 45 (UNHCR, 2001), pp. 9-10.
26 Fielden, *supra* note 7, pp. 6-12.
27 Refugee Law Project, *"A Drop in the Ocean": Assistance and Protection for Forced Migrants in Kampala,* Refugee Law Project Working Paper No. 16 (May 2005), pp. 36-37.
28 Cassandra R. Veney, *Forced Migration in Africa: Democratization, Structural Adjustment, and Refugees* (NY/ Hampshire: Palgrave Macmillan, 2007), pp. 116-122.
29 アフリカ諸国が主に留保しているのは、難民条約第13条、第15条、第17条、第18条、第24条、第26条、第31条、第32条、第34条などである。
30 庇護国社会への統合を望んでいない難民や、第三国定住を希望しているために市民権・永住権の取得を望んでいない難民もいる。
31 2007年にタンザニア政府は1972年にタンザニアへ移動したブルンジ難民6万2,000名に市民権を付与すると発表した。だが、現時点（2013年7月）で実施されていない。これに関しては、以下参照。International Refugee Initiative, *"I Can't be a Citizen if I am still a refugee." Former Burundian Refugees Struggle to Assert their new Tanzanian Citizenship,* Citizenship and Displacement in the Great Lakes Region Working Paper 8 (March 2013); James Milner, *Two Steps Forward, One Step Back: Understanding the Shifting Politics of Refugee Policy in Tanzania,* New Issues in Refugee Research, Working Paper No. 255 (UNHCR, 2013).
32 Bronwen Manby, *Citizenship Law in Africa: A Comparative Study,* Open Society Foundations, (2010), pp. 88-95.
33 'Liberian, Sierra Leonean Refugees to Settle in Nigeria', *Reuters,* 7 August 2007. [http://www.reuters.com/article/2007/08/07/us-nigeria-refugees-idUSL0759686620070807, as of 3 July 2013]
34 Loren B. Landau, 'Protection and Dignity in Johannesburg: Shortcomings of South Africa's Urban Refugee Policy', *Journal of Refugee Studies,* Vol. 19, No. 3 (2006), pp. 308-327.
35 以下参照。Martin Gottwald, 'Back to the Future: The Concept of "Comprehensive Solutions"', *Refugee Survey Quarterly,* Vol. 31, No. 3 (2012), pp. 101-136.
36 Alexander Betts and Jean-François Durieux 'Convention Plus as a Norm Setting Exercise', *Journal of Refugee Studies,* Vol. 20, No.3 (2007), p. 510.
37 UNHCR, *The State of the World's Refugees 2012: In Search of Solidarity* (Oxford: Oxford University Press, 2012), pp.195-196.
38 UNHCR, *supra* note 1, pp. 14-15. 国によっては帰化した難民の数は統計に表れてこないために留意する必要がある。
39 United Nations, *The Millennium Development Goals Report 2013* (June 2013), pp. 6-7.
40 Nordic Agency for Development and Ecology, 'Socio-Economic and Environmental Study of the Impact of Refugee Camps in Dadaab, Kenya', 2010.

41 Karen Jacobsen, 'Factors Influencing the Policy Responses of Host Governments to Mass Refugee Influxes', *International Migration Review,* Vol. 30, No. 3 (1996), pp. 660-661 and 669.
42 以下参照。杉木明子「アフリカにおける難民保護と国際難民レジーム」川端正久・落合雄彦『アフリカと世界』（晃洋書房、2012年）。
43 Alexander Betts, *Protection by Persuasion: International Cooperation in the Refugee Regime* (Ithaca/London: Cornell University Press, 2009), pp. 53-77.
44 Alexander Betts, 'International Cooperation in the Refugee Regime', in Alexander Betts and Gil Loecher (eds), *Refugees in International Relations* (Oxford: Oxford University Press, 2011), p. 74.
45 結論100の焦点は大量難民発生時の国際協力であるが、長期滞留難民にも言及されている。UNHCR Executive Committee, Conclusion on International Cooperation and Burden and Responsibility Sharing in Mass Influx Situations, No. 100 (LV), 2004.
46 UNHCR Executive Committee, Conclusion on Local Integration, No. 104 (LVI), 2005.
47 UNHCR Executive Committee, Conclusion on Protracted Refugee Situations, No. 109, 2009.
48 2万5,000人以上という条件が削除された。
49 Report by the Co-Chairs, High Commissioner's Dialogue on Protection Challenges "Protection Gaps and Responses" (8-9 December 2010), Breakout Session2: International Cooperation, Burden Sharing and Comprehensive Regional Approaches. [http://www.unhcr.org/4d09e4e09.html, as of 4 August 2013]
50 UNHCR, Expert Meeting on International Cooperations to Share Burdens and Responsibilities, 27-28 June 2011, Summary Conclusions. [http://www.unhcr.org/4ea0105f99.html, as of 2 May 2013]
51 The Post (Zambia), 7 July 2007.
52 Betts, *supra* note 43, pp. 53-66.
53 *Ibid.,* p. 151.
54 *Ibid.,* pp. 173-183.
55 *Ibid.,* pp. 183-186.
56 James Milner, *Refugees, the State and the Politics of Asylum in Africa* (Hampshire/NY: Palgrave Macmillan, 2009), pp. 61-83.
57 Karen Jacobsen, 'Can Refugees Benefit the State? Refugees Resources and African Statebuilding', *Journal of Modern African Studies,* Vol.40, No.3 (2002), pp. 588-589.
58 以下参照。UNHCR Policy Development and Evaluation Service (PDES), *Still Minding the Gap? A Review of Efforts to Link Relief and Development in Situations of Human Displacement, 2001-2012* (February 2013).
59 UNHCR, *supra* note 1, p. 131.
60 Tara Polzer, 'Negotiating Rights: The Politics of Local Integration', *Refuge,* Vol. 26, No. 2 (2009), p. 100.
61 杉木「前掲論文」（注42）、374-376頁。
62 杉木明子「国際的難民保護の『負担分担』と難民開発援助に対するドナーの動向—デンマークの事例から」『神戸学院法学』第39巻1号（2009年6月）、27-51頁。
63 Mexico Declaration and Plan of Action to Strengthen the International Protection of Refugees in Latin America, Mexico City, 16 November 2004.

Chapter 2   *Voluntary Repatriation and Reintegration*

第2章
自発的帰還と再定住

中尾 秀一 *Shuichi Nakao*

キーワード：自発的帰還、再定住、平和構築、移行期正義、開発支援
Keywords: voluntary repatriation, reintegration, peace building, transitional justice, development assistance

はじめに

　自発的帰還は、難民の状況に対する最も望ましい恒久的解決であるとされている[1]。しかし、出身国への帰還、受入国での定住、そして第三国定住の3つからなるとされる恒久的解決のそれぞれの役割とその優先順位は、時代と共に変化するものである。冷戦期の難民は、北側では共産主義からの逃亡が強調され、南側では二大国の代理戦争と関連づけられることが多かった[2]。東西対立の中で帰還が現実的な選択肢とはなりえない中、彼らには難民の地位が与えられ、受入国での定住が認められた。

　冷戦が終わると新しい世界秩序に対する楽観論に伴い、多くの研究者や政策立案者は難民問題の解決が進むであろうと予測し、国連難民高等弁務官事務所（UNHCR）は1990年代を「自発的帰還の10年」と宣言した。事実、1990年代は冷戦期に始まったいくつかの長期にわたる紛争が終結したことにより、空前の規模で帰還が起こった。難民自らによる自主帰還（spontaneous return）、またはUNHCRなどによって組織されたプログラムにより1,200万人が帰還した。このような帰還者数の急上昇は、「帰還が最適で最も実現可能な恒久的な解決である」という難民政策で主流となっていた説を裏付け、正当性を与えることになる[3]。事実、UNHCR執行委員会（Executive Committee）は「難民の国際的保護に関する結論」において、自発的帰還が最も適切な解決策であるとの認識を示し、帰還を促進するためのUNHCRの積極的な関与を主張した[4]。

　しかし、帰還の急増に伴い2つの問題が浮かび上がってくる。第1の問題は、帰還の自発性がどれだけ尊重されているのか、また、どこまで尊重すべきか、という問いである。自発的とはいえない帰還が散見される中で、UNHCRは従来よ

りも柔軟で実践的な対応を行っていくが、その積極的な政策についても議論がある。加えて、紛争で荒廃した地域に大半の難民が帰還し、自立も難しく、再び移動を余儀なくされるかもしれないと国際社会が懸念する中で、紛争後の社会での平和構築、移行期正義、開発支援によって、いかに帰還を持続的なものにするか、という第2の問題が提起される。本章では、冷戦後の難民帰還の実態を踏まえ、帰還の自発性をめぐる議論を整理し、帰還後の再定住のあり方を論じる。帰還の成功を左右するのは難民の再定住であるが、その際に、平和構築、移行期正義、開発支援といった取り組みはいかに関わってくるのか。そうした点にも言及しながら、今後の展望を考察してみたい。

1. 自発性をめぐる議論

(1) 自発的帰還とは

　自発的帰還について規定する条項は1951年の「難民の地位に関する条約」(以下、難民条約)にはない。UNHCRは、自発的ではない帰還は実際には強制送還に等しいため、迫害を経験した(またはそのおそれがある)国への追放・送還を禁止するノン・ルフールマンの原則(第33条1項)の帰結として、帰還は自発的、すなわち自由意思に基づくものでなければならないとしている[5]。UNHCR規程は、UNHCRは「難民の自発的帰還または新しい国内社会内での同化を促進するために(中略)難民問題の恒久的解決を図るという任務を負う」として、自発的帰還を任務の一つとして明記している[6]。

(a) 「自発的」な帰還とは

　帰還において自発的な性格が尊重されるべきことについては、UNHCR執行委員会の結論で幾度も強調されている。では、どのような帰還であれば自発的であるのだろうか。一般的には、いかなる圧力も受けることがなく、十分な情報を与えられた上で難民自身が帰還を決定した場合には、当該帰還は自発的であるとみなされる。言い換えれば、帰還を強いるいかなる身体的、心理的、物質的圧力も存在してはならず[7]、あからさまな威圧を通じて、あるいはそうでなくとも受入国が難民から居住に関する権利や自由を奪うこと(例えば必要なサービスの削減、敵意のある地域への移転など)によって帰還が求められる場合には、その帰還は自発的ではない[8]。

また、十分な情報に基づく帰還の決定のためには、出身国の状況についての正確で客観的な情報が必要である。具体的には、治安面での安全状況や地雷の存在などの問題に加え、インフラの復興計画といった積極的な要因、通関や出入国管理等を含む帰還の手続き、脆弱な人々への特別な配慮に関する情報なども含まれる[9]。情報を入手する方法として、個々の難民（または難民の代理人）が出身国の状況を把握するため当該国を訪問することも含まれる[10]。

(b)　安全かつ尊厳ある帰還
　UNHCRは更に、自発的帰還が「安全かつ尊厳のある」帰還でなければならないとしている。まず、「安全」であるが、その意味するところは多義的であり、法的な安全、身体的な安全、物的な安全が含まれる。具体的には以下のとおりである。

- ❏ **法的な安全**：難民は、国から脱出した事実に加え、兵役に就いたことや脱走についても差別待遇や懲罰を免除するアムネスティが適用されるべきであるとされる[11]。また、国籍があってこそ市民的、政治的、経済的権利の行使が実効的となることに鑑みれば、国籍の喪失や不明瞭な国籍の状態（たとえば外国出生の難民の子の場合）、また婚姻による個人的な地位の変更も、帰還民にとっては重大な問題となる。さらには、出身国における住居と財産に関する権利関係の問題も自発的帰還の成功を左右する。住居と財産の権利の回復ができない場合は、適切な補償が必要となるだろう。
- ❏ **身体的な安全**：治安状況のみならず、地雷や不発弾の存在は帰還において一般的な脅威となるため、地雷除去と地雷啓発プログラムが重要となる。紛争後の社会では、帰還の環境を確実に安全にするために、UNHCRが軍（地元の軍、多国籍軍、PKO部隊）と連携する必要がしばしばある。
- ❏ **物的な安全**：帰還の初期段階では、水や保健、教育といった生存のための基本的な支援が必要となる。帰還民が再定住のために収入創造活動の支援を必要とする場合も多い。帰還先が地方の場合は、土地の復旧や土地の権利の回復が生活を再建するために必須である。出身国が、帰還民を公務員や教員、医療者などの元の職務に再任用することも有効である[12]。

そして、UNHCRは、「尊厳」とは、手荒に扱われないこと、帰還に条件が付けられないこと、仮に難民が自力で帰還するのであれば、自らのペースで行えること、家族と恣意的に引き離されることがないこと、敬意をもって扱われること、権利の完全な回復を含め、当局によって十分に認められることを意味するとしている[13]。

(2) 自発的ではない帰還
(a) 難民は帰りたいのか
　UNHCRの実務において帰還の自発性が強調されているが、現実には難民の意思に反した帰還がかなりの規模で起こっていることは指摘せねばなるまい。そもそも、安全で尊厳のある帰還が可能になった場合には、全ての難民が家に帰りたがっていると帰還の推進者は仮定するが、難民が一様に帰還を望んでいるとは言い難い。

　受入国で過ごす時間の経過が決定的な要因となる。第二世代の難民はほとんど知らない、見たことがない故郷に帰ろうとはあまり思わない傾向にある[14]。主要な難民発生地域での避難生活は平均期間が17年と推定されている[15]。難民の46％は18歳未満の子どもなので[16]、かなりの割合の難民が受入国生まれの二世であり、帰国への強い意志を持っているとは限らない。例えば、リベリアには2000年代に周辺諸国から30万人以上が帰還したが、若いリベリア難民の多くは、リベリアについておぼろげな記憶しかないか、外国生まれであるので、帰還は家に帰るというよりも外国に行くようなものであったという報告もある[17]。

　また、受入国での生活により、「家」の意味はしばしば変わる。単にノスタルジーの対象としての場所の意味と、反対により現実的な必要を満たす家という意味がある。1980年代にソ連侵攻後にパキスタンに逃れたアフガニスタン難民の大部分は農村部の出身で、伝統的な文化を有していたが、パキスタンでは長期間にわたって農業を営むことができず、生活様式の都市化が進んだことで、彼らの家の概念は変化したと言われる。その結果、タリバン政権崩壊後に大規模な帰還プログラムが始まり2002年に200万人近くの難民が帰還したものの、長期間キャンプに生活の基盤を置いていた難民が帰還したケースはわずかで[18]、60％以上は過去７年以内にアフガニスタンを去った難民であった[19]。

(b) 強制的な帰還

　難民の強制的な帰還について、最も顕著な例は1996～1997年のルワンダのケースといえるだろう。120万人のルワンダ人及びルワンダ系住民がタンザニアとザイール（現コンゴ民主共和国）から政府、地元コミュニティ、民兵などからの圧力で送還された。

　自発的と強制的の境界があいまいなので、正確な統計は難しいが、例えば、1998年の「米国難民委員会（U.S. Committee for Refugees: USCR）」の情報によると、アンゴラ、ギニア、ルワンダ、シエラレオネ、タンザニア、ウガンダ、コンゴ民主共和国の7つの受入国から強制的な帰還があった[20]。UNHCRも「明らかに強制されて帰還した例がかなりあった」と認めている[21]。

(c) 帰還に対する圧力の背景

　世界全体の難民の80％を占める840万人の難民を途上国の国々が受け入れており、そのうちの230万人（世界比では22％）が後発開発途上国の48カ国が受け入れているという統計がある。途上国への負担が大きいという側面は否定できないだろう[22]。

　アフリカでは、1970年代まではタンザニアやザイールなどが難民の定住を積極的に進め、完全な市民権さえ与えたケースもあった。対応可能な人数であり、かつ帰還が不可能であることが確実であった場合には、国際社会からの支援が受けられることとも相まって、定住は考慮に値する選択肢としてアフリカ諸国に映った。しかし、難民の数がかなりの規模に上り、もともと限られた資源に悪影響を与え、かつ難民の存在により社会的、政治的な緊張が悪化すると考えられた状況において、難民の帰還を促す政治的な力学が働く状況がしばしば発生した[23]。大量の難民は経済的にも、環境面でも負担であると考えられるようになるが、多くの受入国が経済的に後退し、人口が増加し、紛争に影響を受けるようになると、その傾向はより強くなる。特に1994年のルワンダの危機以降、難民が地域や国内にとって安全保障上の脅威であると考えられるようになる場面も増えた[24]。

　しかし、そうした傾向は何も南の途上国だけで見られるものではない。先進国においても難民の地位の付与はますます厳しくなり、難民が自国に到着することを防ぐために様々な仕組みが築かれたり、例えば旧ユーゴスラビアからの難民の帰還を図るなど、難民の帰還を性急に進めるといった動きが先進国において見られた。そうした先進国の姿勢は、同じことが南側の諸国で起こった時に、自発的

ではない帰還に北側の諸国が抗議する倫理的な正当性を失わせている。

　先進国が途上国での難民支援に対して財政的な支援にも消極的であることは、受入国が帰還に積極的であることの原因にもなっている。先に述べたように難民受け入れにおける途上国への負担は大きいが、庇護の面でも、財政の面でも、北側諸国が貧しい受入国の負担を分担しようとしなければ、難民が帰還しない限りは、難民の存在は受入国の重荷となり続け、その重荷は途上国が背負うことを意味するのである[25]。

　帰還の進行における出身国政府の役割も過小評価できない。出身国の政策上の優先順位が帰還のプロセスを政治化し、影響を与えることがある[26]。1977年から83年にかけてジブチからエチオピア難民が非自発的に帰還した事例では、多くの国民が難民となっていて国内にいないことがエチオピア政府の正統性を傷つけるとみられるので、エチオピア政府がジブチ政府に難民を返すように圧力をかけた。

(d)　長期滞留難民の状況と帰還

　2000年以降、UNHCRや他のアクターは、長期滞留難民の状況（protracted refugee situation）の問題に一層取り組むようになり[27]、長期滞留難民問題の解決策として自発的帰還の必要性が強調されるようになっている[28]。

　現在、世界の難民のほぼ3分の2は避難生活に収束の見込みがない状況である。長期滞留状況の件数は30を超え、該当する受入国は全てが途上国となっている。受入国での平均滞在期間は1990年代初めは9年であったのが、現在では20年近くに伸びている[29]。

　長期滞留難民が多く存在する事実は、難民の出身国、受入国双方の安定した国家建設や持続的な開発の大きな障害となり、周辺国との関係の不安定化にもつながりかねない。受入国社会は滞留する難民の存在を負担と受け止め、難民を雇用や土地、食料、福祉のニーズの競争者と見るようになっている[30]。加えて、受入国での定住や第三国定住の機会に恵まれる難民は限られており[31]、ますます難民に対する帰還への圧力が高まっている。

(e)　終止条項

　難民条約第1条Cには難民の地位が終止する状況が規定されている。C(1)から(4)は難民自身によってもたらされる状況の変化であるが、C(5)と(6)は出身国の状

第2章　自発的帰還と再定住　213

況変化を反映する条項であり、自発的帰還との関連を考えたい。

　条約では「難民であると認められる根拠となった事由が消滅したため、国籍国の保護を受けることを拒むことができなくなった場合」（第1条C(5)）、また同じ理由で「常居所を有していた国に帰ることができるとき」（同(6)）とされているが、難民としての保護がもはや必要ないことを確実にするため、終止条項は徹底的な評価の後に慎重に適用されなければならない。まず、出身国の変化が実質的な政治的重要性を有するものでなければならない。つまり、迫害が行われる可能性を生み出した権力構造が消滅していなければならない。迫害を行っていた政権の崩壊、自由かつ民主的な選挙の実施、人権を保障する政府が政権を担うこと、前政権の敵対勢力に対する恩赦などが変化の指標となる。また、政治的な変化が実効性のあるものでなければならない。つまり事実上の行政権限がかつての抑圧者に残っている場合など、形式的な政治的転換の事実だけでは終止にふさわしくない。同時に、状況の変化が持続的にあることも条件となる[32]。

　終止の条件となるこのような根本的な変化と、安全で尊厳のある帰還の基準は理論的には同じでなければならない。そうでなければ、安全と尊厳が脅かされ、恒久的ではない帰還を経験する危険が生じうる。しかし、現実にはUNHCRが自発的帰還を積極的に推進する時でさえ、出身国の状況の変化が終止条項にふさわしいとまではいえないことがある。自発的帰還の完了の数年後に、状況の変化による終止条項が適用されるという事実が、自発的帰還がより低い基準で行われていることを裏付けている[33]。例えば、アンゴラとリベリアの難民については、2012年6月に難民の地位が正式に終止しているが[34]、帰還のピークはアンゴラが2003年、リベリアが2006年であり、それ以前にUNHCRによる組織的な帰還が始まっている。安全と尊厳が十分に確保できると考えられた終止条項の適用の時点よりはるか以前にすでに多くの難民が帰還を果たしているのである。

　このように、終止条項よりも低い基準で自発的帰還が起こることをどのように考えるべきか。状況の根本的な変化（難民条約に言う事由の消滅）と言っても、安定のプロセスには一定の時間がかかること、また帰還するという難民の決定の自発性が帰還を促進する主要な要素となることをUNHCRは理由にあげて、低い基準を正当化している[35]。しかし、UNHCRが帰還を行うにあたって、安全が確実に保障される場面に限定するのではなく、言うなれば時期尚早とも考えられる場面においても先取的なアプローチを採用していることについては、多くの研究者から批判がある。

国際的な保護を与える責任から難民の地位の終止と自主帰還の分野に責任の範囲が広がっていることに、UNHCRが抱えるジレンマがある[36]。

2. 難民の再定住を促すさまざまな試み

　難民が数年ぶり、時に数十年ぶりに帰還する出身国は、元々開発のレベルが低かった上に長年の紛争によって全てが破壊され、より厳しい環境となっていることが多い。受入国で生活に必要なサービスを受けることができていた難民にとっては、帰還後の再定住[37]は避難先よりも厳しい経験となるかもしれない。自発的ではない帰還、安全ではない紛争地域への帰還であれば、なおさらである。

　厳しい状況を経験する難民の立場に立てば、単に難民が帰還するだけでは十分ではなく、再定住が持続的でなければ帰還が成功したとは到底言えないだろう。難民が帰還する文脈は紛争後の社会の復興と重なり合うことが多く、難民の再定住もそうした紛争後の社会の中で進められることになる。とすれば、平和構築や移行期正義、開発支援といった社会復興に関連した一連の取り組みも、難民の帰還の成功と密接にかかわってくることとなる。そこで、ここからは、国際機関の活動を踏まえて、望ましい再定住の姿を探ってみたい。

(1) 平和構築

　帰還民は他の市民と同様に、法の支配がほとんど存在せず、暴力的な犯罪がはびこり、除隊した兵士が市民を食い物にし、散発的な戦闘が継続する環境で、生きていかなくてはならないだろう。加えて、帰還民は、かつて脱出の原因となった敵対勢力から攻撃されたり殺されたりする難民特有の危険にさらされるかもしれない。特に強制的に帰還させられた場合には、帰還民は様々な形の危険に直面することになる[38]。反対に、難民の帰還によって、社会サービス、雇用、教育の機会などの社会資源をめぐって地元住民との間に厳しい競争が起こり、政治的な力のバランスを変化させ、紛争を再燃させる可能性がある[39]。そのため、紛争の荒廃した社会の中で、移行期正義と和解、住居と財産権、法の支配の強化から生計手段の提供まで、帰還民が直面する幅広い問題に対応する平和構築活動が必要となる[40]。

　帰還民にとって平和構築が重要である一方、難民の帰還は平和構築の成功の指針と見られる。難民の帰還が紛争後の和解にとってだけでなく、地域の安全保障

第2章　自発的帰還と再定住　215

にとっても不可欠であることは、国連機関も認識しているところである。紛争当事者間の和平協定、民主的な政府の代表を選ぶための選挙の実施、暫定的な国際平和維持軍の派遣、多民族国家の建設などと並んで、難民の帰還は平和構築と国家の和解のプロセスに必須であると考えられている[41]。

(a) 帰還民の政治参加

　帰還民が出身国で選挙などの政治に参加しなければならない理由は、難民になるということが、政治的に排除されることを意味し、そうした排除からの復帰の手段を選挙が提供すると考えられるからである。特に、冷戦後の民主化のプロセスにより、派閥主義や民族的な排斥を求めるエリートによる政治的な操作で難民化が起こる危険性が増したことに留意せねばなるまい。

　政治的な排除の手段として、あるいは結果として強制移動が起こりうることに鑑みれば、難民の保護と支援がたとえ人道的な性格を有するとしても、難民流出に帰結する内政問題の解決のための方法が政治的となるのは必然である。そのため、帰還した元難民の政治参加を支援する重要性を国際社会が認め、それを支援する必要がある[42]。

　平和構築のプロセスにおいて、出身国に市民権の主張が認められることと、その結果として選挙や国民投票といった公式な政治活動に難民が参加することは、同等な市民としての政治的なコミュニティへの再承認の力強い象徴ともなる。そのような政治的な参加は、同時に過去の強制移動の非を出身国が公的に認めて償うことをも意味する。

　自国の政治に帰還民が参加することは、出身国の再建に実際的な価値がある。紛争後の政治的な交渉に難民の参加を促進することにより、平和構築と再建のプロセスの当事者であることが自覚できるからである。政治参加はさらに持続的な帰還を導き、帰還民は出身国で同等な市民であることを認められ、自らもそのことを実感するようになる[43]。

　出身国の政治に帰還民が関与することを促進するための国際的な努力は、選挙への帰還民のアクセスを確保することに集中する傾向がある。しかし、帰還民の政治参加は、投票行動に限定されるものではない。帰還民が究極的に紛争後の出身国の同等な市民になれば、彼らは政府を選択するだけでなく、政府そのものに参加して、持続的な平和の建設に貢献していく。加えて言うならば、帰還民は投票権のみならず、被選挙権も行使できるのが望ましいだろう[44]。

(b) 受入国での平和構築

　難民の帰還に備えつつ、帰還後の安全に寄与するような積極的な支援活動が難民の受入国において行われている。その一つとして、UNHCRは平和教育をいくつかの受入国で実施し、より良い紛争解決や仲裁の技術を難民に提供している[45]。加えて、UNHCRは民主主義の理解と帰還民の政治的なアイデンティティの発展を促進させるために、難民キャンプでの代表選挙の組織化、人権教育の提供、そしてそれらの活動への女性の参加の奨励などといった支援が求められるところである[46]。

　また、難民キャンプでの職業訓練は平和構築にも貢献することを指摘しておきたい。多くの帰還民は家もインフラも破壊されているところに到着するので、到着後すぐに再建のために懸命に働かなくてはならない。つまり、帰還民は開発にとって不可欠な人的資源となるのである[47]。反対に、職に就けない帰還民の男性は武装集団の新兵募集の対象となりやすく、不法な活動に巻き込まれて平和を脅かす存在になるかもしれない。そのため、生計を得る技術を身に付けさせる職業訓練は、いずれは出身国における平和の一助となると考えられる[48]。

(2) 移行期正義

　持続的な難民の帰還は、持続的な平和によって支えられる。紛争、大規模な暴力、組織的な人権侵害が起こった後に難民を生み出す原因が再発することを防止するためには、過去と未来の両方の問題に対応する包括的な法の支配と移行期正義が必要である[49]。移行期正義は近年特に注目されるようになった概念であるが、紛争や独裁制から社会が脱却する際に、紛争時や旧体制期に行われた人権侵害などの行為を処遇し、和解を目指そうとする一連の取り組みを指す。

　移行期正義と難民の密接な関係については、これまで国際場裡において論じられてきたところであるが、その一つが国連事務総長の2004年報告書「紛争中及び紛争後の社会における法の支配と移行期正義」である[50]。同報告書は、広域で包括的な移行期正義のあり方に言及するが、こうした包括的なアプローチは「少数者、高齢者、子ども、女性、被収容者、避難民および難民といった紛争によって最も影響を受けた集団に対して行われた犯罪に対して特別な注意を払い、かつ、これらの者の保護ならびに司法および和解プロセスにおける救済のための特別の措置を設置するべきである」と述べている[51]。では、帰還する難民にとって、実際にはどのような取り組みが必要となるのであろうか。

第2章　自発的帰還と再定住　217

(a) 法的な安全の保障

　帰還民の法的な安全を保障することは、難民の自発的帰還を促進するためにも、再定住を持続させるためにも必要である。アムネスティの実施は自発的帰還の初期の段階で最も重要である。帰還する難民へのアムネスティは、彼らが過去に国を去った事実や、徴兵忌避、脱走、徴兵といった行為に対し、差別や罰を受けることを免除し、起訴や懲罰的な処置の不安を取り除くものである。UNHCRは、アムネスティの実施を促進することと、その実施を監視することが求められる。しかし、アムネスティは、虐殺や戦争犯罪などに対する罪に問われる帰還民に適用されるべきではないというのが一般的な了解である[52]。

　また、国籍の回復と書類の発行も帰還の初期に不可欠である。有効な国籍を持つことによってのみ、個人が基本的な市民的、政治的、経済的な権利を実行することができる。帰還に関しては、国籍の喪失、曖昧な国籍の地位（例えば、外国生まれの難民の子）、結婚による地位の変化などが帰還民が直面する最も一般的な問題である。二重国籍の問題もまた、元難民が受入国で国籍を取得している時に、対応しなければならない。無国籍者に対する特別な責任に関して、UNHCRは無国籍を特に解決するために各国と取り組んでいる。

　出生や結婚、養子縁組、離婚、後見、死亡といった個人に関する登録制度やその証明書の発行の問題もある。帰還の文脈で特に重要なことは、受入国が文書を発行している場合の出身国当局による当該文書の承認である。加えて、UNHCRは身分証明や土地や財産などの公的な記録の発行を促進している。帰還民が外国で取得した学歴証明書が同じ価値を持つことを承認することは、彼らの自立と再定住に重要である[53]。

(b) 住居、土地、財産の権利

　帰還した難民が出身国で住居と財産を回復できないような場合は、自発的帰還事業が成功したとはいえない。自国に帰還する権利は適切な居住権と密接に関連しているというのが一般的な認識である。国連の人権保護促進小委員会は2005年、「難民と避難民のための住居と財産の返還に関する原則」（通称、ピニェイロ原則）を承認し、難民と避難民が自らの住居と土地に帰る権利と、住居と財産の返還（および場合によっては賠償）の権利についての国際基準を定めた[54]。また、UNHCR執行委員会は、財産が返還されない場合は、帰還民は出身国によって補償されるべきであると唱える[55]。

また、少なからぬ国において、女性の所有権が制限されていることが多いが、状況によっては、帰還民の女性が財産と相続の権利を行使することを可能にするために特別な取組みが必要であろう。帰還が持続的になるように、住居や土地、その他の財産の返還と賠償に関する問題が帰還の初期の段階で然るべく対応されることが重要である[56]。事実、土地をめぐる深刻な紛争は難民帰還に伴う構造的な問題である。難民の出身国は大部分が途上国であり、住民の多くが生産手段として土地を必要としており、難民の帰還による人口増加は、土地の希少性を増すことにつながる。特に長期滞留難民の状況による不在は土地の権利関係を複雑化し、土地の所有権をめぐる問題を引き起こしやすい。

　さらに、帰還民がかつて紛争当事者であった時の政治権力と政治的な結びつきを持つ場合、地元住民以上の厚遇を受けるかもしれない。そのことは地元住民に過度の犠牲を強いることになり、新たな政治的不安定や武力紛争の原因になりかねない[57]。賠償のような移行期正義のメカニズムは、難民の住居や土地を乗っ取った人たちの物的な利益に反するものとなりかねず、現在の所有者が自らの所有物としている財産を守るために帰還や和解のプロセスを妨げられることもある。移行期正義のメカニズムは和解を生みだし、より安全で尊厳のある持続的な帰還を可能にする一方で、難民問題の解決や長期的な和解を妨げるリスクをもたらしかねないことにも留意が必要である[58]。

(c) 和解

　財産の賠償などの個々の難民の救済よりも、コミュニティ内や国レベルの和解が恒久的な解決にとってより重要であるという考え方もある。コミュニティレベルでの社会心理学的プログラムや社会の一体性を強化する活動などで和解の努力が欠けていると、帰還する難民や国内避難民の差別や非難の継続につながり、恒久的解決の達成に否定的な影響を与えかねないと指摘される。その意味で、UNHCRが再定住・共生促進プログラムを支援し、恒久的な解決の方針の中に十分な人権保護とコミュニティの和解を組み込むなど、帰還民と地元住民の和解の促進において中心的な役割を果たすことが期待されている。

　概して共生促進政策は地方レベルに集中する傾向があり、実際に草の根レベル、地方レベルの共生促進活動が恒久的解決に最も貢献しているが、難民と難民に対する人権侵害に加担した国の機関との間の信頼関係を作り上げる政治的な和解も併せて必要である[59]。

(d) 法の支配

　紛争後の社会では、基本的な行政または司法組織がしばしば機能不全となり、これらの組織を運営する物的、人的、財政的な資源が不足したり、適切な人選と任用が行われず、恣意的で差別的な法の行使や法外な徴税が行われるといった問題が生じうる。UNHCRは、国連事務局の平和維持局や、国連人権高等弁務官事務所（UNOHCHR）、国連開発計画（UNDP）といった国連機関、法の支配について知見を有する国際NGOと帰還における法的、行政的な障害を取り除くために緊密に協力を行っている。こうした協力の一例として、司法関係者の研修事業、伝統的な紛争解決制度の促進、行政と司法の制度構築への支援があげられる[60]。

(3) 開発支援

　難民キャンプで食料や住居など基本的な生活の支援を受けていた難民も、帰還すれば経済的に自立して生きていかなくてはならない。数十年の紛争で荒廃した地域に大半の難民が帰還しており、彼らは自立することができず、再び避難するかもしれないという、国際的な懸念があった。UNHCRは1980年代までは帰還民個人に対し1年間の食糧支援、住居の材料、種、農具、現金などの帰還パッケージを提供する程度であったが、1990年代以降、より積極的な政策が求められるようになり、伝統的な保護の活動を超えて、出身国の帰還民居住地域での再定住、復興、開発のプロセスで活動するようになる[61]。

　もっとも、UNHCRは自らの役割を開発機関ではなく、開発機関、ドナー、その他全ての関係国を喚起、奨励、協力する「触媒」であると位置づけ、開発機関との連携を模索している[62]。しかし、十分な知見をもたない開発事業に関与することに加え、流動的な状況で即効性の高い事業を追求せざるをえないため、こうした開発支援の事業が初期の目的を果たせないままに終わることも多く、そうした事例に対してUNHCRが十分な説明責任を果たしていないのではないかといった指摘もある。

(a) 即効プロジェクト

　1990年代初期にニカラグアで最初に導入された「即効プロジェクト（Quick Impact Projects: QIP）」と呼ばれる支援事業は、帰還直後の時期に、帰還民が最低限の手段を確保し生活を始めるための支援であり、中長期の支援の足がかりと

位置付けられていた。

　QIPは、単純で、小規模、迅速に実施できる低予算のもので[63]、できる限り地元の資源を活用し、コミュニティの参加を奨励するものであった。例えば、学校、病院、水供給と衛生施設といった共同施設を建設、修理するプロジェクト、道路や橋などを修復して人の移動と物資の流通を促進するプロジェクト、農機具や漁具を配布して生産性を向上されるプロジェクト、集会場の建設など地域社会の仕組みを発展させるプロジェクトなどがあった[64]。

　こうしたプロジェクトの利点は、政府や開発機関が資金を準備できない中で、喫緊に必要な資源をコミュニティに提供することで、帰還民の士気と生活の質を高めると同時に、彼らが地域社会に溶け込むことを促し、地域経済の活性化にも貢献することである。一方で、不十分な計画、データ収集、政府機関や国際開発機関からの孤立など、事業上の困難も多かったことが指摘されている[65]。

　QIPは2000年代に入ってもUNHCRの標準的な業務として継続されるが[66]、UNHCRは再定住支援の持続性を阻害している要因が、組織間の関係性の問題と、資金の問題であると分析する。開発機関の長期的な開発支援と適切に連動できていないことが、再定住支援の持続性を妨げているというのである[67]。特にUNDPとUNHCRの事業を実施する体制、組織の文化が著しく違っているために、帰還民の再定住や帰還に大きく影響を受けた地域の復興を目的とした事業の責任をUNDPに引き継ぐことができるという期待自体が、根本的な誤解に基づいていると指摘される[68]。

(b)　ブルッキングス・アプローチ

　UNHCRと世界銀行は1999年に新しい提携関係を打ち出す。このブルッキングス・アプローチは帰還民と国内避難民の長期の持続的な再定住を達成するために、両機関が特定の時点でプロジェクトの責任を引き継ぐのではなく、初めから体系的に協力して調整していくというものである[69]。

　結果として、ブルッキングス・アプローチはほとんど軌道に乗らなかった。原因の１つは、人道支援団体とUNDP等の開発団体の間のプライオリティ、計画と実行のサイクルの違いによる組織上のギャップである。資金調達のギャップが２つ目の原因である。ドナー国の関心が一様ではなく、帰還事業に割り当てられた特定の予算が欠けていたために、慢性的な予算不足であった[70]。UNHCRと世銀はギャップを乗り越えるために新しいアプローチに取り組んだが、結果としてはギ

ャップを埋めることはできなかった。

　また、ドナーにとっては、新たな資金提供を義務付けられることに加え、国際援助システムに更なる官僚集団を導入することも積極的な参加を妨げる原因になったと考えられる。ドナーはむしろ、資金調達のコントロールを維持することを望み、支援機関に団体間の調整を改善することでギャップに対処するように主張した[71]。

(c)　4Rsアプローチ

　2003年に作成された「難民および支援対象者のための恒久的解決のための枠組み」の一部として、UNHCRは4Rsアプローチ（Repatriation, Reintegration, Rehabilitation and Reconstruction）を発表した[72]。4Rsは、UNDP、世界銀行といった開発機関と共同で、帰還、再定住、復興、社会の再建を統合的に扱い、難民帰還後の再定着をサポートする試みである。持続的な再定住のためには包括的な対応が必要という認識により、帰還民の短期から長期の開発のニーズに包括的、統合的な方法で対応し、紛争予防の観点から、地域社会が主導する政策に協力していくことを目指すものである。UNHCRと開発機関の共同事業を制度的に確立させ、特別なものではなく、より当然のものとすることを4Rsは目的としており、政策、実践両面での統合的、組織横断的な計画立案を図っている[73]。

　4RsについてのUNHCRの経験は玉石混淆である。国連システム自体にある制約だけでなく、移行の概念の理解が異なるなど支援現場の環境が厳しい中で、関係者が優先順位を決めることは困難であったというのが、このアプローチの評価となっている[74]。

(d)　移行的解決のイニシアティブ

　UNHCRは2010年、緊急援助と開発の空白（ギャップ）の橋渡しすることを目的として、移行的解決のイニシアティブ（Transitional Solutions Initiative: TSI）と呼ばれる新たな政策を発表した。概念文書によれば、その目的は、難民と国内避難民と地元住民に対する復興と開発事業への持続的な支援のために、二国間と多国間のアクターと共同し、現地政府が開発政策の中で難民問題に取り組むように働きかけることである。

　これまでは、UNDPは積極的なロビーイングやドナーの支援、追加の財源がなければ、難民の自立や定住に向けた合同事業に乗り出すことに消極的なこと

が多かったが、東スーダンではノルウェー政府からの財政支援によりUNDPとUNHCRが共同でプロジェクトを行うという実績を作った[75]。一方で、TSIはこれまでの政策と何も変わりがなく、名称が変わっただけという声もあり、成功するか否かは資金調達次第である[76]。

(e) 埋まらないギャップ

　UNHCRが開発機関とのギャップの問題に取り組み始めて、20年以上が経過した[77]。しかし、長年の協議と様々な手法による取り組みにも関わらず、実際の解決策が見つかったとはいえない。

　人道機関はミクロ重視で、コミュニティや弱者グループに食料、住居、保健サービスなどの基本的な救援活動を行っていて、ほとんどが小規模で短期間の支援である。目前の人命を救うことに集中しており、地域の関与や持続性、制度構築には力が注がれない。一方、UNDP等の開発機関はマクロ重視で、政府当局と緊密に連携し、包括的な事業と計画、長期の持続性と制度構築に重点を置いている。難民や弱者グループに特化するよりむしろコミュニティ全体が支援の対象となり、救援の段階で始まった事業への資金は通常準備していない。組織のアプローチの違いは、組織ごとの優先順位、文化、使命など根本的な違いを反映しており、ギャップは簡単に埋められるものではない。

　人道支援と開発支援の予算はドナーからの資金に依拠しているが、それぞれが別の理論的根拠を持っている。人道支援は危機にあって生命を救うことで正当化され、少なくとも原則としては政治的に中立で、受益者のニーズに基づいて行われる。一方、開発支援は受益者のニーズと同時にドナーの関心にも応えなくてはならない。そのため、相当な人道支援を受け取った国が、移行と再建の段階に移った際に、そのニーズに見合う支援を受けられないという資金調達の空白状態が起こるのである[78]。

　人道機関と開発機関のギャップよりも根本的な問題は、支援を受ける側の「紛争後」社会の環境であることも指摘しておきたい。

　近年大規模な帰還を経験しているほとんどの国は、「紛争後」であるというよりも、むしろ長期的な政治危機が続いているといえる。そのような国は、人権を保護し福祉を提供する政治的な意思や制度、体系的な力に欠ける「破綻国家」といえるのかもしれない。実効的な統治機能を再建することは容易ではない。数年どころではなく数十年かかるようなこともある。非武装化、非軍事部門への資源配分

の転化によって戦争で疲弊した経済を再活性化させることが望ましいが、簡単ではない。このような環境の中では、難民の持続的な再定住は達成困難で非常に長い時間がかかる目標である。援助実施上の組織的、財政的なギャップを埋め合わせたとしても、UNHCRの努力だけでは達成できることではない課題である[79]。

　紛争後の長期の開発プロセスにUNHCRはどこまで関与すべきなのか。UNHCRは帰還についてより積極的な政策を求められるようになり、伝統的な保護の活動を越えて、出身国での再定住、復興、開発のプロセスに関与するようになった[80]。経済的な困窮状態によって新たな人口移動が促されることがあるが、難民が脱出を決意する際には、経済的な環境よりもむしろ軍事的、政治的な要因が大きな影響を与えている。元戦闘員の動員解除や新政権の設立など軍事的、政治的な問題に対応することは、明らかにUNHCRの能力や使命を越えている。

　持続的な開発はUNHCRの専門分野ではない。難民の再定住に携わるとしても組織的に十分な能力を有しておらず、UNHCRの活動は復興や開発の橋渡しには概ね効果的でないことも明らかになっている。帰還民の長期の福祉に配慮は必要であるが、UNHCRは保護や緊急支援といった分野に努力を集中させるべきとの意見も傾聴に値するだろう[81]。

おわりに

　残念ながら、自発的帰還に明るい展望は見えない。2011年に世界で帰還した難民の数は53万人であり、前年よりも多少増加したというものの、低いレベルにとどまっている[82]。受入国での定住と第三国定住は自発的帰還と比較するとかなり小規模で推移しており、全体としてみれば難民状況の長期化が解決しないままとなっている。大部分の難民は途上国が受け入れており、負担は増すばかりである。結果としてこれからも帰還の圧力は高くなっていくであろう。しかし、積極的な帰還の推進が難民にとって望ましい結果をもたらすかどうかは疑問である。

　2000年代、世界的に見て最も多い難民の帰還を経験したのはアフガニスタンであった。2000年代の10年間で合計565万人のアフガン難民が出身国に帰還したが、その一方で、アフガニスタンからの難民数は260万人から289万人へ増加しており、帰還数以上の新たな流出があったことになる。帰還数上位10カ国のうち、イラク、コンゴ民主共和国、ルワンダも同様に難民数が増加した[83]。逆に難民数が大幅に減少したブルンジ、アンゴラ、リベリア、シエラレオネ、セルビア・モンテ

ネグロの事例を踏まえれば、軍事的、政治的な状況が再定住の成功を左右しているといえるだろう。自発的帰還が持続的な帰還となり、難民の安定した再定住につながっていくためには、UNHCRは出身国の政治状況と安全について、より慎重に検討し、帰還の推進について判断することが必要であろう。一方で、慎重な姿勢により帰還が進まなければ、難民状況はますます長期化して受入国の負担が増し、結果的に難民受入の消極性につながるというジレンマがある。

また、再定住のための支援の模索が続いているが、一つ明らかなことはUNHCRによる帰還民支援だけでは不十分であるということである。長期的な平和構築、開発支援の努力を国際社会がいかに連携して取り組むことができるかが問われている。

【補記】本章で表明されている見解は筆者のものであり、所属先の公式な見解を反映するものでは必ずしもない。

1 voluntary repatriationは「自主帰還」とも訳されるが、UNHCRからの支援を受けない難民自身による自主的な帰還（spontaneous returnと呼ばれる）と区別するため、本章では「自発的帰還」と訳して用いる。
2 K. Koser and R. Black, 'The End of the Refugee Cycle?', in K. Koser and R. Black (eds), *The End of the Refugee Cycle? Refugee Repatriation and Reconstruction* (New York/Oxford: Berghahn Books, 1998), p. 2.
3 *Ibid.*, p. 3.
4 UNHCR ExCom, 'Conclusion on Voluntary Repatriation', No. 18 (1980); UNHCR ExCom, 'Conclusion on Voluntary Repatriation', No. 40 (1985).
5 UNHCR, *Handbook on Voluntary Repatriation: International Protection* (1996), chapter 2. 3.
6 UNHCR規程第1条。OAU難民条約では、第5条に「帰還の本質的に自発的な性格は、全ての場合において尊重されなければならない」と記されている。
7 UNHCR, *supra* note 5, chapter 2.3.
8 *Ibid.*, chapter 4.1.
9 *Ibid.*, chapter 4.2.
10 UNHCR ExCom, *supra* note 4 (1980).
11 amnestyは「恩赦」と訳されることが多いが、恩赦（特赦）は有罪が確定した犯罪行為者が刑罰の全部または一部に服することについて免除される公的な行為であるので、本章では「アムネスティ」と訳して用いる。望月康恵『移行期正義』（法律文化社、2012年）、149頁。
12 UNHCR, 'Voluntary Repatriation, Global Consultations on International Protection', EC/GC/02/5 of 25 April 2002, para. 14-27.
13 UNHCR, *supra* note 5, chapter 2.4.
14 B.S. Chimni, *From Resettlement to Involuntary Repatriation: Towards a Critical History of Durable Solutions to Refugee Problems,* New Issues in Refugee Research, Working Paper No. 2 (UNHCR, 1999), pp. 4-5.
15 UNHCR ExCom, 'Protracted Refugee Situations', Standing Committee, 30th Meeting, EC/54/

SC/CRP.14, 10 June 2004.
16 UNHCR, *Statistical Yearbook 2011* (2012), p. 47.
17 N. Omata, *Repatriation is not for everyone: the life and livelihoods of former refugees in Liberia,* New Issues in Refugee Research, Working Paper No. 213 (UNHCR, 2011), pp. 4-5.
18 D. Turton and P. Marsden, 'Taking Refugees for a Ride? The Politics of Refugee Return to Afghanistan' (Afghanistan Research and Evaluation Unit, 2002), pp. 26-27.
19 *Ibid.,* p. 49.
20 J. Crisp, *Africa's Refugees: Patterns, Problems and Policy Challenges,* New Issues in Refugee Research, Working Paper No. 28 (UNHCR, 2000), p. 16.
21 UNHCR『世界難民白書1997/98』(読売新聞社、1997年)、145頁。
22 UNHCR, *supra* note 15, p. 24.
23 Koser and Black, *supra* note 2, p. 5.
24 J. Crisp, *No solutions in sight: the problem of protracted refugee situations in Africa,* New Issues in Refugee Research, Working paper No. 75 (UNHCR, 2003), pp. 3-4.
25 Chimni, *supra* note 14, p. 11.
26 Koser and Black, *supra* note 2, p. 5.
27 G. Loescher and J. Milner, *Responding to protracted refugee situations: Lessons from a decade of discussion* (Oxford: Refugee Studies Centre University of Oxford, 2011), p. 9.
28 UNHCR ExCom, 'Conclusion on Protracted Refugee Situations', No. 109 (2009).
29 Loescher and Milner, *supra* note 27, p. 3.
30 *Ibid.,* p. 1.
31 2000年から2009年の10年間に受入国で国籍を取得した難民は130万人強、第三国定住したのは約81万人である。UNHCR, *Statistical Yearbook 2009* (2010), pp. 30-31.
32 ジェームス・C・ハサウェイ『難民の地位に関する法』(現代人文社、2008年)、238-244頁。
33 M. Zieck, 'Voluntary Repatriation: Paradigm, Pitfalls, Progress', *Refugee Survey Quarterly,* Vol. 23, No. 3 (2004), p. 37.
34 UNHCR, *Comprehensive Solutions Strategies for Angolan, Liberian and Rwandan refugees affected by the cessation of refugee status* (2012).
35 UNHCR, *supra* note 5, chapter 2.2.
36 G.S. Goodwin-Gill, *The Refugee in International Law,* Second Edition (New York: Clarendon Press, 1996), p. 270.
37 再定住 (reintegration) は、広義では持続的な帰還の達成であり、帰還した難民が生命、生計、そして尊厳を保つのに必要な政治的、経済的、法的、社会的な状況を獲得できること、ともいえる。J. Macrae, *Aiding Peace…and War: UNHCR, Returnee Reintegration and the Relief/Development Debate,* New Issues in Refugee Research, Working Paper No. 14 (UNHCR, 1999), p. 3. Reintegrationは、「再統合」「再定着」「社会復帰」と訳されることもあるが、本章では「再定住」と訳して用いる。
38 J. Crisp, *Forced displacement in Africa: dimensions, difficulties and policy directions,* New Issues in Refugee Research, Working Paper No. 126 (UNHCR, 2006), p. 16.
39 L. Hammond, 'Examining the discourse of repatriation: towards a more proactive theory of return migration', in Koser and Black (eds), *supra* note 2, p. 228.
40 J. Milner, *Refugees in the peacebuilding process,* New Issues in Refugee Research, Working Paper No. 224 (UNHCR, 2011), p. 7.
41 S. Petrin, *Refugee return and state reconstruction: a comparative analysis,* New Issues in Refugee Research, Working Paper No. 66 (UNHCR, 2002), p. 3.
42 *Ibid.,* p. 5.
43 K. Long, 'Voting with their feet: A review of refugee participation and the role of UNHCR in country of origin elections and other political processes', PDES/2010/12 (UNHCR, 2010), p. 6.

44 *Ibid.*, p. 42.
45 Milner, *supra* note 40, pp. 4-5.
46 Long, *supra* note 43, p. 49.
47 Petrin, *supra* note 41, p. 6.
48 Milner, *supra* note 40, p. 5.
49 UNHCR Excom Standing Committee, 'Legal Safety Issues in the Context of Voluntary Repatriation', EC/54/SC/CRP.12 (7 June 2004), para. 20.
50 *The Rule of Law and Transitional Justice in Conflict and Post-Conflict Societies, Report of the Secretary-General,* S/2004/616 (23 August 2004), cited in M. Bradley, *Displacement, Transitional Justice and Reconciliation: Assumptions, challenges and lessons,* Forced Migration Policy Briefing 9 (Oxford: Refugee Studies Centre University of Oxford, 2012), p. 8.
51 *Ibid.*, para. 25.
52 UNHCR, *supra* note 49. para. 12.
53 *Ibid.*, paras. 13-14.
54 Centre on Housing Rights and Evictions, *The Pinheiro Principles: United Nations Principles on Housing and Property Restitution for Refugees and Displaced Persons* (2005), pp. 3-4.
55 UNHCR ExCom, 'Conclusion on Protracted Refugee Situations', No. 101 (2004).
56 UNHCR ExCom Standing Committee, *supra* note 49, para. 16.
57 武内進一「難民帰還と土地問題―内戦後ルワンダの農村変容」『アジア経済』第44巻5・6号（2003年6月）、270頁。
58 Bradley, *supra* note 50, p. 14.
59 *Ibid.*, pp. 9-10.
60 UNHCR ExCom Standing Committee, *supra* note 49, para. 17.
61 G. Loescher, *The UNHCR and World Politics: A Perilous Path* (New York: Oxford University Press, 2001), p. 284.
62 UNHCR ExCom Standing Committee, *supra* note 49, para. 27.
63 1993〜1996年に実施されたQIPはほとんどが4万ドル以下の規模であった。UNHCR『前掲書』（注21）、166頁。
64 UNHCR, *Voluntary Repatriation Training Module RP1* (1993).
65 J. Crisp, *Mind the Gap!: UNHCR, Humanitarian Assistance and the Development Process,* New Issues in Refugee Research, Working Paper No. 43 (UNHCR, 2001), pp. 11-14.
66 QIPは、今では再定住支援のためだけでなく、難民のための開発援助、定着を通じた開発においても、地域社会を対象として小規模な事業として実施されている。UNHCR, *Quick Impact Projects; A Provisional Guide* (2004).
67 Crisp, *supra* note 65, p. 14.
68 UNHCR, *Review of UNHCRs Phase Out Strategies Case Selection in Selected Countries of Origin* (1997), paras. 73-75.
69 小泉康一「難民帰還と国際開発援助―慢性的な政治不安定状況下での戦略は有効か」『国際政治』第137号（2004年）、91-93頁。
70 UNHCR, 'Policy Framework and Implementation Strategy: UNHCR's Role in Support of the Return and Reintegration of Displaced Populations', EC/59/SC/CRP.5 (2008), para. 17.
71 A. Suhrke and A. Ofstad, *Filling "the Gap": Lessons Well Learnt by the Multilateral Aid Agencies,* CMI Working Paper, No. 14 (Chr. Michelsen Institute, 2005), p. 12.
72 UNHCR Core Group on Durable Solutions, 'Framework for Durable Solutions for Refugees and Persons of Concern' (2003).
73 B. Lippman and S. Malik, 'The 4Rs: the way ahead?', *Forced Migration Review,* No. 21 (2004), pp. 9-11.

74 UNHCR, *supra* note 49, para. 18.
75 G. Ambroso, J. Crisp and N. Albert, *No turning back: A review of UNHCR's response to the protracted refugee situation in eastern Sudan* (UNHCR, 2011), p. 29; UNHCR, *Concept Note on Transitional Solutions Initiative* (2010).
76 D. Deschamp, 'Still minding the gap?; A review of efforts to link relief and development in situations of human displacement, 2001-2012', PDES/2013/01 (UNHCR, 2013), p. 43.
77 1992年、UNHCR執行委員会はBridging the Gap Between Returnee Aid and Developmentを発表している。UNHCR, 'Returnee Aid and Development' (1994), para. 1.
78 Suhrke and Ofstad, *supra* note 71, pp. 3-4.
79 Crisp, *supra* note 65, p. 18.
80 Loescher, *supra* note 61, p. 284.
81 Crisp, *supra* note 65, p.17.
82 UNHCR, *supra* note 16, p. 33.
83 UNHCR, *Statistical Yearbook 2000* (2001); UNHCR, *supra* note 31, pp. 61-63.

Chapter 3 *Situations of Mass Refugee Influx: International Law Perspectives*

第 3 章
大量難民
国際法の視点から

山本 哲史 *Satoshi Yamamoto*

キーワード：大量難民、国際法、一時的保護、補完的保護、ノン・ルフールマン
Keywords: mass refugee influx, international law, temporary protection, complementary protection, non-refoulement

はじめに

　大量難民（mass refugee influx）に国際社会が対応しようとするとき、国際法は具体的にどのような役割を果たしうるのか。国際法および国際法学においては、難民条約が難民保護の中核を成すものとして理解され、また、その定義に該当するとされる人の条件や各種解釈論をめぐっては活発に議論されてきたとしても、それらは基本的に個人単位の難民の保護とその追求を意味している。したがって、集団または大量の難民に対応する枠組の存否とその詳細は、難民条約以外の実定法の検討を通じて確認されなければならない。

　本章はこうした作業の最初の段階として、その思考枠組の設定を試みようとするものである。大量難民の場合、ただでさえ義務として想定されていない受入の負担に、諸国がどのように応じ、また、国際協力の枠組を設定することになるのかという課題がまず一つある。さらに、そうした義務や制度の設定が、人権保障や〈人間の安全保障（human security）〉のような難民を含めた弱者目線の価値（ただし難民は必ずしも弱者ではない）をどこまで反映しうるのかという意識も重要になってくるだろう。

1．大量難民という単位設定

(1) 本章の射程

　その主体を伝統的に主権国家のみと擬制してきた国際法は、その後、国際社会の行為主体が多様化すると、その論理を変化させてきた。今日までに、国家自身

が設立する国連をはじめとする各種の国際機構や国際機関、また、多国籍企業のようにグローバル経済を大きく左右する実力組織、さらには、人権に関する国際法の実体法と手続法の普及を通じて、その主体としての完全性はともかく、個人さえも国際法主体として意識されるようになっている。それでもなお、国際法は、その本来の主体である国家について、少なくともその利益を大幅に損なう方向に発展することは、依然として想定しにくい。

そもそも国際法の根本規範である「合意は拘束する (*pacta sunt servanda*)」に従えば、一般法としての慣習国際法や上位規範として想定される強行規範 (*jus cogens*) などの例外はあるとしても、原則として諸国は自国の意思に基づく法以外には拘束されないのである。合意形成に際しては、1969年の「条約法条約」においても国家の意思は最大限に尊重されており、錯誤（第48条）、詐欺（第49条）、国の代表者の買収（第50条）や強制（第51条）、さらには、武力による威嚇又は武力の行使による国に対する強制（第52条）などに基づく条約が条約法条約においても無効とされている（これらは慣習法の法典化と言って良い）とおりである[1]。こうして、国際法において諸国の国益は常に確保される方向にある。

実定法の文言や形式的な理念だけ捉えてみたところで、その運用に影響する実体要素の理解がなければ、実効性ある機能を把握することは難しい。あとで述べるように、現代国際法において当然視されている人道の精神[2]（それはたとえば「難民の地位に関する条約」（以下、難民条約）[3]の前文などにおいて表現される[4]）は、しかし一昔前の難民保護をめぐる議論を顧みる時、如何に建前に片寄った発想に基づくものであるのかが明らかになるのである。たとえば1891年、当時の米国大統領B.ハリソン（Harrison）は、ロシア難民の受入についてはロシアから米国に負わされた（一方的）負担として捉えている旨を議会において述べており、難民保護を人道配慮の面から捉えてはいない[5]。この状況はそこから半世紀後の1938年においても基本的に変わってはいない。非アーリア人種国外追放を目的とするナチスによる迫害に際して、関係諸国はエヴィアン会議（Évian Conference）において最終的に次のように述べている。「…難民受入国に課せられる重い負担を考慮し、他国領域に難民を存在させることによって課すことになる負担を幾分でも和らげることは難民を流出させた国の国際的義務であると委員会は考えている…」[6]。

このように難民保護を負担の文脈から捉えることは、過去の世界が野蛮な原始時代にあったことを意味しない。国際法は、そもそも諸国の関係調整のためにあ

るのであって、その中でたとえば人権に関する規範が生まれようとも、その動態を決定する要素としては、負担（裏を返せば国益）の議論は隠されこそすれ消滅しはしないのである[7]。その証拠は、具体的に現在の難民保護の主流をなす難民条約の基本構成のなかにも明確に見出すことができる。すなわち、難民条約はいわゆる（領域的）庇護の付与を加入国に義務として課していない。あくまで、既に入域しその管轄内にある個人のうち、一定の定義（第1条Aの2）に該当する個人を、各種事情のために退去強制させる場合において、その送還先の中に一定地域（難民の国籍国に限定しない「本国」）を含めてはならないとするにとどまるのである。これは、いわゆるノン・ルフールマンの義務（obligation of *non-refoulement*）と呼ばれるものであり、多くの場合にこの義務が「原則（principle）」として言及されるのは、難民の国際的保護[8]はこのノン・ルフールマンの義務の確保なくして成立しないという意味で、各種法的保護の基礎を成す原則であると強調されているものの、難民条約は難民を積極的に自国領域に招き入れるまでの関与を締約国に求めてはいない。

　加えて、難民条約における難民の国際的保護は、迫害を受けるか怖れるかする個人（individuals）を想定したものとして事実上運用されており、その保護対象の設定はあくまで制限的である。難民は個人であるべきとする文言自体が用いられているわけではない[9]が、多様な解釈運用があり得る中、諸国はそれぞれに難民認定審査（Refugee Status Determination: RSD）のための手続を用意し、その中で個人としてこの定義を満たすか否かを検討するという実行を積み重ねてきた。もちろん例外もある。これまでに、インドシナ難民のように、「一見して明白（*prima facie*）」な要件確認（その判断自体をUNHCRに委ねることもあった）を前提として、特定の集団を（厳密な意味では条約難民とはみなさないものの）「難民」[10]として扱う方式も見られた。それでも、難民条約による難民の国際的保護は、難民定義に該当しない者を原則として個人単位において排除する方向に機能的に進化して今日に至る。

　しかし他方では、同じく現代国際法の基底を為すもう一つの性質であるところの、人権の国際的保障に関する各種の仕組みが、こうした国益中心主義を克服しようとする方向へのモメントを有している。また、〈人間の安全保障〉のように、弱者救済のための新たな概念提起も、実定法のレベルでの確立に至らないまでも活発であることに疑いはない。このような、国益と国際的保護の要請のバランスの中で、大量難民という概念はどのような振る舞いを見せるのだろうか。

そしてまた、本章では難民条約の重要性は踏まえた上で、難民条約以外の（人権条約などの）実定法や、実定法以外の各種文書をも手がかりに議論を行う。この点、難民保護に関する国際法の文献において、必ずと言って良いほど言及されるのが、1969年の「アフリカにおける難民問題の特殊な側面を規定するアフリカ統一機構（OAU）条約」[11]や、中米諸国が1984年に採択した「難民に関するカルタヘナ宣言」[12]である。前者は「その出身国または国籍国の全部または一部における外国からの侵略、占領、外国による支配、または、公序を著しく乱す事件（external aggression, occupation, foreign domination or events seriously disturbing public order in either part or the whole of his country of origin or nationality）」からの避難者に対する国際的保護を規定している。その対象者は「人々（people）」としてではなく「全ての個人（every person）」として言及されており、その文言上は必ずしも集団という単位設定を見出すことはできないものの、論理的には、こうした内容は個人に波及した被害やその怖れを個別に判断するというより、事件そのものに対する評価を前提として特定地域に居住していた人々を一律に扱おうとするものであると容易に想定できることから、集団を対象とする国際的保護義務の設定と考えて良いだろう。
　とはいえこれらの取り組みは、いずれも地域限定的なものであり、その対象地域以外の国に何らの義務も設定するものではない。しかし、それが国際法における大量難民の国際的保護を検討するうえで何らの意義も有しないと切り捨てるのは、性急と言わねばならない。それら地域限定的な実定法規範や宣言などの非実定法文書も含めて、難民条約以外の各種文書のなかに表現された論理構成の理解を通じて、大量難民を保護する仕組みが国際法のなかに如何に設定されており、また、設定されうるのか、以下にみてゆこう。

(2) 法的概念としての大量難民

　難民条約の中には大量難民という明確な概念提起は見当たらない一方で、前文において「難民に対する庇護の付与が特定の国にとって不当に重い負担（unduly heavy burdens）となる可能性のあること」が明記されている。大量難民についてもそこに何らかの関連づけを持たせて読み込むことが可能であろう。その場合、何を大量と呼ぶべきかについては、一定期間内にどれだけの数が集中的に到来し、それにどう対応する能力が受入国にあるのか、という、受入国への負荷（単位時間あたりの量）を要素とした議論になることは容易に想像のつくところであ

る。極論であるが、同じ1万人の難民を受け入れるとしても、それが100年間においてであるか、1日においてであるか、受入国の負担はまるで異なるのであり、要素は数と時間であることが分かる。

　この点、欧州連合理事会（Council of the European Union、EU理事会）によるEU指令「避難民の大量流入に対する一時的保護」（2001/55/EC[13]。以下、一時的保護指令）における「受入能力（reception capacity）」概念（第25条）が参考になるであろう。ここでの「大量流入（mass influx）」という表現は、受入国の視点から状況を描いた概念である。この「一時的保護指令」第25条において、EU諸国はそれぞれの国の「受入能力」をあらかじめ明らかにし、その限界に応じて一定の人々を「受け入れなければならない（shall receive）」ことになっている。ここでの一定の人々こそ「大量難民」のことであるが、誰が（どの範囲の集団が）「大量難民」とみなされるのかについて、このEU指令は興味深い設定を行っている。そこでは、「大量難民が存在することはEU理事会決定（Council Decision）によって決定される」（多数決）とされており、その議案を提出する欧州委員会（European Commission）は、提案する大量難民について、その特定集団の説明、一時的保護の開始の日、さらには移動人数の規模の見積もりについては少なくとも明らかにしなければならないことになっている（第5条2項）。つまり、大量難民には確定的な定義があるわけではなく、それが存在するとみなす決定は、それを提案する欧州委員会と、審議し決定するEU理事会に委ねられているのである。

　こうして、大量難民という概念は受入国の（自己申告に基づく）能力を抜きには成立しえないとされている点は重要であろう。すなわち、大量難民は条約難民とは異なり、個人の属性によって識別されるのではなく、受け入れにあたる国々なりEUという国際機構の判断によって識別される。この点については、難民条約に設定されている義務の免除の理由づけにも類似の論理を見出すことができる。通常の人権条約や、なかでも逸脱不可能（non-derogable）とされる人権群とは異なり、難民条約にはそもそも義務履行にあたる国の能力に左右されることを想定した限界が設定されている。典型的なものが、上記のノン・ルフールマンの義務であり、「締約国にいる難民であって、当該締約国の安全にとって危険であると認めるに足る相当な理由があるもの又は特に重大な犯罪について有罪の判決が確定し当該締約国の社会にとって危険な存在となったものは、1の規定による利益の享受を要求することができない」（第33条2項）とされている。また、ノン・ルフールマンの義務の発動を必要とする前提として、追放（または送還）が行われると

第3章　大量難民　233

いう場面が難民条約においてどう想定されているかについても同様のことが言える。一般的に、難民はそもそも追放自体を免れることになっているが、例外として、「…国の安全又は公の秩序を理由とする場合を除くほか、合法的にその領域内にいる難民を追放してはならない」（第32条1項）という規定が置かれていることを軽視すべきではないであろう。これらの規定について、諸国はその国益の最たるものとして安全保障や治安の維持を拡大的に主張することが想定されるのであり、大量難民はまさにそのような文脈で検討対象とされるものと言うべきであろう。

　この点、国連は早くも1967年に国連総会において決議の形で「領域的庇護に関する宣言」[14]を採択し、一定の回答を与えている。なお、注意が必要なのは、この宣言が前提とする国際的保護の対象者は、難民条約における「難民」とは範囲設定が異なる、という点である。この宣言の対象とする人々（保護対象）は、世界人権宣言[15]の第14条に言及される権利[16]を行使しようとする人[17]全般であって、難民条約における限定された原因に基づく迫害の対象者としての難民ではない。当時の時代背景の影響からか、「植民地主義と闘争する人々」にも、あえて例示の言及が行われている（第1条1項）。ともかくも、領域的庇護に関する宣言は次のように規定しているのである。まず、原則として「1条1項に言及されるいかなる者も、国境における追い返し（rejection）、または、その者が庇護を求めようとする国の領域に既にある場合には、その者が迫害の対象とされるおそれのある如何なる国に対しても追放または強制送還してはならない」（第3条1項）としたうえで、重要なことに、その例外として、「上記原則に対する例外は、人々の大量流入の場合のような国家安全保障または人民の安全確保の重大な理由（overriding reasons of national security or in order to safeguard the population）のためにのみ許されるに過ぎない」（同2項）、として、大量難民を例示しているのである。

　ただしこの例外設定はあくまで「国家安全保障または人民の安全確保の重大な理由」を根拠とし、大量難民は、そのような状態の例の一つになる場合があるに過ぎない、という構成であることは明らかである。このように、大量難民という概念はノン・ルフールマンの義務において固有の法的単位を成してはいないのである。

⑶ 一時的保護の対象としての大量難民

　旧ユーゴからの難民を大量に受け入れてきた欧州諸国は、共通の庇護制度の設定とも相まって、とりわけ21世紀に入ってから[18]一連の国際的保護のための制度構築に努めてきた。EU理事会は、既に見たとおり2001年に「一時的保護指令」を採択したのを皮切りに、2004年にはEU指令「難民又はその他の国際的保護の対象者の選定、地位、および保護の内容」（2004/83/EC[19]。以下、資格指令）を、さらに翌2005年にはEU指令「難民の地位の付与及び撤回の手続」（2005/85/EC）[20]を、それぞれ採択している。

　これらのうち、「一時的保護指令」は大量難民へのEU内での対応の歩調を合わせることを主眼としている。EU指令はEU加盟国内における共通の目的を達成するための「指令」であり、一定期日までにその実現を結果的に確保できるのであれば、どのような国内法や制度を整備しようとも各国の自由という、EUに独自の調整ツールということができる。したがって、国際法の法源として直接の価値を認めることはできないが、大量難民という概念提起を明確に行った国際文書であり、かつ、それが負担分配（burden sharing）という現実問題を直視しつつ提起された制度であることに鑑みれば、少なくともその構造を明確にしておくことは国際法における大量難民の国際的保護の展望や課題を知る上で有用であろう。

　このEU指令の内容は比較的単純である。まず、「大量難民（mass influx）」とは、「自らか、または、たとえば何らかの避難プログラム（an evacuation programme[21]）のような支援を得て到来したのか否かによらず」、「特定の国又は地理的区域（a specific country or geographical area）から到来した大量の避難民（a large number of displaced persons）」であるとされる。ここで、既に述べたとおり、しかし結局のところ大量難民のあるなしの決定はEU理事会によるものとなっている。そうして大量難民として認められると、次いで、彼らをEU加盟国内において分担して受け入れることが行われる。この分担は、前述のとおり加盟国それぞれの「受入能力（receiving capacity）」に基づく。この場合、重要なことは、それが諸国それぞれから上がってくる情報（information received from member states）に応じて決定されるものであり（第5条3項c）、つまり諸国はこの点においても、本章冒頭に示した通り、自国の国益を保持すること（難民受入の決定権の留保）を確保している点である。

　その点のみを見れば確かに強制力もなく、また、国益保持にしがみついた妥協の産物と言えるかもしれないこの対応は、一方で、国際法における大量難民への

対応の展開において、着実な第一歩を刻んでいる。まず、そうした負担分配をEU加盟国間において柔軟化するため、諸国は「加盟国からまた別の加盟国への、一時的保護を受ける人々の居住地の移動」について、もちろん「当人の同意」を前提としつつ、「協力しなければならない」としているのである（第26条1項）。また、強制送還を実施する場合においても、加盟国は「個別の事案ごとに」帰還を不可能にするような「あらゆるやむなき人道的理由について検討する」ことが義務づけられており、すなわちノン・ルフールマンの義務については、少なくとも個人毎に検討することが義務づけられている（第22条2項）。EU指令が期限内に具体的措置を各国に求めるものであることからすれば、これらの点を概観するだけでも、それは国際法による直接の国際的保護を成すものではなくとも、（EU指令としての理想としては）統一的な方向への各国の国内措置の形成を導くものであり、その文脈において大量難民という概念と、それへの対処（国際的保護の具体的な構成）が、現在ある制度（個人としての難民の国際的保護）への配慮を見せながら現実的に提示されていることは注目に値するであろう。つまり、現在ある実定法上の国際的保護を損なうことなく、それに追加的内容を上乗せしてゆくとすれば、EU指令の示した方向性は、それが最善の方法であるかはともかく、参考すべき内容に満ちている。

2．大量難民に適用可能な保護の枠組

(1) 補完的保護の実定法上の意義

　難民に関する国際法は、既に見た通り難民条約を軸に国際的保護の形を整えたものの、それによって包括されない避難民（広義の難民）の窮状が意識されるようになると、それとは別の対応が追加的に整備されるようになった。そのような追加的な保護は、一般的に補完的保護（complementary protection）と呼ばれる。補完的保護の概念をめぐっては、難民条約を補完するあらゆる手段を含みうるという性質上、厳密な定義に基づく一貫した用語法はいまだ確立していないが、その内容には大きく分けて2種のものがあると考えられている[22]。

　まず、難民条約以外にも、ノン・ルフールマンの義務を定めた（と解釈され運用される）人権諸条約があり[23]、そうした人権条約（つまり国際法）を通じた保護を、難民の国際的保護の枠内に概念的に再分類して理解しようとする意味での補完的保護がある。これは、上記の「資格指令」における「その他の国際的保護」とほ

ぼ同義とみなしうるものであり[24]、EU指令において、こうした保護は「補助的保護（subsidiary protection）」と呼ばれている。「補助的保護」はEU指令自体を直接の根拠として成立しているものではなく、別次元において（別の人権条約を通じて）成立しているものを、難民保護の枠内で再確認しているに過ぎない点には注意されたい。

　他方、難民保護はなにも国際法を根拠に行われる必要はなく、国際法とは別次元の、各国国内法において独自に追求される補完的保護（国内法上の補完的保護）もある。ただし国内法上の補完的保護とは言いながらも、国際法は領域主権に基づきどの外国人を匿おうとも原則自由とするため、その枠内で与えられる一定の保護（つまり国際法上の領域主権に基づく入国管理権の正当行使）とみることもできる。こうした補完的保護は、したがって、各国の国内法上の動きにすぎないとしても、各国がその実行や制度構築をそれぞれに進めた場合に、国際法上の入国管理権の具体的行使の実行の蓄積を同時に構成することになる。したがって、国際法上の規範形成への働きかけとなる可能性は、国際法の実定法解釈（たとえば法解釈を通じて導くノン・ルフールマンの義務など）および立法（たとえば新条約の起草のほか、難民条約第33条以外の内容による慣習国際法上のノン・ルフールマンの義務の成立のための要件充足）の両面において十分にある。

　補完的保護の実務は多様であるため、それらを内容整理して把握するためには、上記のような2分類それぞれの意義を意識しつつ、諸国の実行を検討することが重要である。具体的には、たとえば日本の制度のなかでこの両者は明確に区別されない形で「在留特別許可」制度の中に包摂されていると言える。「出入国管理及び難民認定法」において、滞在資格を有しない者は退去強制を受ける可能性があり（第24条）、その送還先については、原則として「その者の国籍又は市民権の属する国」（第53条）とされ、それが何らかの事情で不可能である場合には本人の希望を容れて送還先が決定される（同2項）ものの、その送還先として選択してはならない国を例外指定する（同3項）という形で、「補助的保護」に相当する保護を規定している。この第53条3項は、①難民条約第33条1項、②拷問等禁止条約第3条1項、③強制失踪防止条約第16条1項の3つを列挙（網羅であって例示ではない）している[25]。他方、法務大臣は「在留資格未取得外国人」について「在留を特別に許可することができる」（第61条の2の2第2項）としており、そこには国際法に根拠を有する「補助的保護」でなければならないとする限定はない。また、その判断は基本的には法務大臣の裁量によるとされながらも、行政の実態と

しては、いわゆる「在特ガイドライン」[26]に記された内容の中で、裁量行使に一定の制約がかけられるようになっている。これは拘束力ある規範とまでは言えないが、行政の現実の中で、一定の行為規範として個別の判断を統一的な方向へと導く力を有していることは疑いない。

(2) 補助的保護と「重大な危害」

上記のうち「補助的保護」については、大量難民の国際的保護が、明文においてこそ現れないものの、以下に見るように実質的には意識されていると言って良い。その意味では前出のアフリカ難民条約と共通する内容を有するものであるが、アフリカ難民条約とは異なり、EU指令には実定法としての直接の効力を認めることはできない。それでもなお、今後の実定法の整備や方向性を検討する上で注目すべき事例ということができるだろう。

まず「資格指令」の第1条は、その「主題とその範囲」として、EU域外諸国の国民または無国籍者の「難民または国際的保護を必要とするその他の人々」としての選定および付与すべき保護の内容についての最低基準を定めるものであるとする。そして、その第2条(a)において「国際的保護とは難民保護ならびに(d)項および(e)項に規定される補助的保護である」とし、その(e)項において、「補助的保護を受ける資格がある者」とは、「難民と認められなかった者のうち、その本国または無国籍者の場合には従前の常居国に送還された場合に、第15条に定義される重大な危害（serious harm）を被る真の危険（real risk）に直面することになると考えられる十分な理由（substantial grounds）」を提示する者であると規定している。そして「重大な危害」について、(a)死刑または処刑、(b)拷問または非人道的もしくは尊厳を奪うような扱いもしくは処罰に加えて、(c)国際または国内武力紛争状況における市民生活もしくは個人に対する無差別の暴力による深刻かつ個別の脅威（serious and individual threat）を挙げている。

ここで、「個別の脅威」とは、漠然とした抽象的な脅威を排除し限定された脅威を意味している。このような限定については、一見すると「無差別の暴力」について個別の脅威としての確認を求めるものであり、不合理に感じられる。反面、仮に「無差別の暴力」を抽象的な範囲について漠然と認め、そのことへの脅威を主張する者を全て保護するとなれば、それはそれで問題であろう。この点については議論がある。まず、EU指令は頭書き第26項において「その国の人民およびその一部が一般的に直面している危険は、重大な危害とみなすべき個別の脅威をそれ自

体としては通常は構成しない」[27]としているのに対し、UNHCRはこの頭書き第26項全体および第15条(c)における「個別の」という用語の削除を勧告しているのである[28]。また、第15条(c)項に限らず、脅威についてどこまでの個別性を要求すべきか、すなわち関係個人への直接の影響がどこまで明確でなければならないかについては、ヨーロッパ人権裁判所は、欧州人権条約第3条の文脈において、（あまりに厳しく脅威の個別性を求めることは、第3条が規定するところの）「保護から実体を奪いかねない」と述べている[29]。

　これらの議論は、それぞれの主張の趣旨はともかく、「個別の脅威」が如何なるものであるべきかについては、有効な回答を結局のところ行っていない。この点、興味深い解説を行っているのはEU法務官（Advocate General）のP.マズラ（Madura）である。オランダからの質問に回答する形で、「脅威の個別的性質については、第15条(c)の場合には、第15条(a)および(b)と同様の高い立証基準を求めるべきではない」としている[30]。他方、個別の性質はともかく、主張されるところの脅威の「無差別かつ重大な性質（indiscriminate and serious nature）」については「疑いの余地なしというまでの明確な証明が必要」としており、脅威の原因となる事実の存在と、その事実が申請者と具体的にどのような関係にあるかの確認を区別し、後者について厳密な証明を求めるべきでない、との立場を明確にしている[31]。さらに、マズラは脅威の個別性と、無差別かつ重大な性質という2つの要素は、脅威の証明においてトレードオフの関係にあるとの理解を示している[32]。このような理解は、脅威となる事実が無差別であるならば、個別の脅威の証明は本質的に不要であるという論理を端的に採用していると言え、その意味で一般化した無差別の暴力からの保護対象としての集団という存在を、形式的な文言や概念の中で提起したのではなく、実質的な論理構造の中で明確に提起したものとして、評価に値するであろう。

　ところで、こうした補助的保護は、文字通り補助的であるためには、主たる国際的保護との関係では、付与の是非に関する手続上も、従たる順序によらなければならないであろう。先に見た一時的保護は条約難民の地位の認定に「影響してはならない」とされ、両者は次元の異なる国際的保護であり、それゆえ難民条約の適用の是非の判断に先んずる場合も想定されているが、補助的保護の場合には、基本的に条約難民としての保護に適わない者について、その保護の可能性を探るという順序が想定されている。たとえばドイツ連邦行政裁判所（*Bundesverwaltungsgericht*）は、政府（行政）も裁判所も、まず条約難民としての是非を検討

第3章　大量難民　　239

した後にはじめて補助的保護の検討をなすべきとの立場を明らかにしている[33]。この点、先に一時的保護の文脈で確認したのと同様に、受入国の能力の限界が個別認定審査の手続の負担にも左右されるものであるとすれば、補助的保護にはその意味での限界はあると言わなければならない。補助的保護に限らず、保護は時宜を得たものでなければならないはずである。まして大量難民の場合に個別審査を経た後でなければ発動できない保護の制度があるとすれば、およそ柔軟性と実用性に欠けると言うべきである。その意味で、大量難民への対応は、そもそも個別審査と切り離したものとして設計されるべきであろう。

おわりに

　現代は、国際法における難民保護が難民条約を中心に整備され、条約当事国は140を超え、その法的義務の履行のための各種手続や法的論点についても議論は充実し、もちろん問題がないとは言わないまでも、少なくとも成熟期にあるとは言えるはずである。ただしその保護は、難民を個人として特定して実施することを前提とし、すなわち集団に対して鷹揚に与えられるものではなく、難民認定審査の実態を見ても、その程度に各国毎の特徴は見て取れるものの、基本的には厳格かつ限定的であることは否定できない。

　こうした一般的状況を前提に大量難民への現実的対応のための法的枠組を検討してみると、とりわけ〈人間の安全保障〉の確保について克服すべき課題は少なくないことが明らかになってくる。難民に限らず、国際法はその一般的性格として、国家に負担となるような行為を義務づけることに消極的であり[34]、このことは、難民保護について人道主義が少なくとも形式的には疑いなく確立したと言える現在においてさえ、いまだに問題の中心に鎮座している。難民条約には、こうした難民保護の偏りを是正する機能は備わっておらず、そうしたなか、「長期滞留難民の状況（protracted refugee situations）」[35]が顕著になるにつれ、難民の再定住の機会の斡旋と受け入れを通じた、現実に即した新たな行動と、それに対応した規範形成が促されるようになったのである。

　逆説的ではあるが、こうした状況の改善のためには、欧州諸国が現在制度設計しているように、まず難民の国際的保護が、とりわけ大量難民の状況においては確実に受入国に負担をもたらすものであることや、少なくともそのように捉えられていることを直視することから着手することが重要であるように思われる。つ

まり、建前を捨てて実態を直視しなければ、結局のところ問題は解決しない。今このとき、日本に大量難民が到来したとすれば、難民条約を通じた個人を前提とする難民保護制度以外には、これといった国際的保護の制度は法的には存在しない[36]。それは丁度インドシナ難民がボートピープルとして日本近海で救助されるようになった1970年代と何ら変わらぬ状態を意味している。

　完全な制度を整備することは困難である。しかし、近隣諸国をはじめとして関係国との間で難民の国際的保護に関する基本的な理念を共有すること（しようとすること）には、それほど大きな障害はないように思われる。今や、大量難民であろうとなかろうと、人の扱いにおいて生命や人権はもちろん、日本政府が国際社会において推進する〈人間の安全保障〉という価値は無視しえない。他方、そうした価値を具体的に実現するための主体や責任の具体的所在の明確化や手続や制度の整備は、それほど簡単ではない。せめて、理念の特定と共有から着手して、大量難民の受入国の負担を具体的に分担する仕組みの原則の部分についてだけでも、欧州諸国を先例として批判的に参考にしながら法整備に取り組むことが重要であろう。

1　Vienna Convention on the Law of Treaties, 1155 U.N.T.S. 331, 8 I.L.M. 679, *entered into force* Jan. 27, 1980.
2　ICJは1986年のニカラグア事件判決において、赤十字の「人道の原則（principle of humanity）」に言及しており、その後、この原則は各所で踏襲されている。Nicaragua v. United States, Merits Judgment, 1986 *I.C.J. Reports* 14, June 27, 1986 (I.L.M. Vol. XXV, No. 5, Sept. 1986, at 1023-1289).
3　Convention relating to the Status of Refugees, 189 U.N.T.S. 150, *entered into force* April 22, 1954.
4　難民条約前文は「…難民問題の社会的及び人道的性格を認識し…」としている。
5　R. Yewdall Jennings, 'Some International Law Aspects of the Refugee Question', *British Yearbook of International Law*, Vol.20, 1939, pp.112-113.
6　See, C.2, M.2, 1936, XII, the preamble to the Resolution of the Evian Conference.
7　現在までに欧州などで言及されることの多くなっている「混在移動（mixed migration）」などは、庇護申請手続を様々な理由で目的外利用しようとする人々への対応を意識した課題としての側面を有している。また、同じく庇護申請手続を域外において整備し（extra territorial proceedings）、庇護申請者の到来自体を管理しようとする動きにも、審査そのものや審査期間における外国人の管理（また、結局のところ不認定後における居残りにもつながる者の処遇）を負担とみなした現実的対応策としての側面を見ることができる。
8　具体的には難民条約の第2〜34条に規定されるような各種の権利保障や締約国の義務（就労や社会保障などについての内国民待遇や最恵国待遇など）を指す。
9　難民条約には「ある者（a person）」という形で難民の定義が与えられているものの、それらの認定を個別に行うか集団について行うかまで、その文言が支配すると即断すべきではないであろう。
10　たとえば日本政府はインドシナ難民の地位と条約難民の地位は原則として別個のものとする立場を示しつ

つ、可能な限り両者の処遇に格差が生じないよう配慮するという立場を明確にしている（1981年4月22日インドシナ難民対策連絡調整会議決定）。
11 Convention Governing the Specific Aspects of Refugee Problems in Africa, 1001 U.N.T.S. 45, *entered into force* June 20, 1974.
12 Cartagena Declaration on Refugees, Nov. 22, 1984, Annual Report of the Inter-American Commission on Human Rights, OAS Doc. OEA/Ser.L/V/II.66/doc.10, rev. 1, at 190-93 (1984-85).
13 COUNCIL DIRECTIVE 2001/55/EC of 20 July 2001 on minimum standards for giving temporary protection in the event of a mass influx of displaced persons and on measures promoting a balance of efforts between Member States in receiving such persons and bearing the consequences thereof.
14 Declaration on Territorial Asylum, G.A. res. 2312 (XXII), 22 U.N. GAOR Supp. (No. 16) at 81, U.N. Doc. A/6716 (1967).
15 Universal Declaration of Human Rights, G.A. res. 217A (III), U.N. Doc A/810 at 71 (1948).
16 言うまでもなく、世界人権宣言は国際法の実定法ではなく、それ自体として法的拘束力を有しない。
17 「すべて人は、迫害を免れるため、他国に避難することを求め、かつ、避難する権利を有する」（第14条1項）。
18 EUという枠組設定以前にも、たとえば欧州評議会において一定の取り組みが見られる。難民条約の適用対象とならないものの、事実上の難民とみなしうる人々についても、なるべく条約難民と同様の諸権利を保障することを推奨したものとして、下記を参照。なお、このような取り組みは、2000年代における一連のEU指令を通じた取り組みと比した場合に、特にその実効性の面で高い評価を得ることはできなかった。Council of Europe: Parliamentary Assembly, *Recommendation 773 (1976) on the situation of de facto refugees,* 26 January 1976, 775 (1976). [http://www.refworld.org/docid/4720706b2.html, as of 18 August 2013]
19 COUNCIL DIRECTIVE 2004/83/EC of 29 April 2004 on minimum standards for the qualification and status of third country nationals or stateless persons as refugees or as persons who otherwise need international protection and the content of the protection granted.
20 COUNCIL DIRECTIVE 2005/85/EC of 1 December 2005 on minimum standards on procedures in Member States for granting and withdrawing refugee status.
21 具体的には、たとえば1999年に旧ユーゴスラヴィアのコソヴォと南部国境を接するマケドニアへの避難民を、欧州諸国が短期間のうちに欧州諸国へ「航空移送」することを前提にマケドニアに国境を開かせたプログラムなどが想起される。
22 2004年の「資格指令」において明確に区別される以前、この両者を区別することなく同一のものとして扱う文献もあった。たとえば右の文書においては、両者を包括して「本国に戻れない又は戻ることを望まない人々に与えられる、条約難民の地位以外のあらゆる地位（の付与）」としていた。ECRE, *Complementary/ subsidiary forms of protection in the EU Member States: an overview,* July 2004.
23 たとえば自由権規約第6条（生命に対する権利及び死刑）、同議定書第2選択議定書第1条（死刑の禁止）、子どもの権利条約第22条（難民の子どもの保護・援助）、拷問等禁止条約第2条（生命に対する権利）や、第3条（拷問実施国への追放・送還・引渡の禁止）。また、地域条約として欧州人権条約第3条（拷問禁止）など。
24 頭書き第25項において次のように述べられている。「国際的保護の申請者が補完的保護（subsidiary protection）を受ける資格がある（eligible）と認められるための基準に関する基準を導入することは必要である。そうした基準は（EUの）加盟国における人権諸条約および実行から引き出されたものであるべきである」。
25 この点、前記のとおり他にも明言されるべきノン・ルフールマンの義務は他の人権条約にもみられるはずであるが、日本の入管法に明文規定があるのはわずかにこの3件のみである。前掲（注23）参照。

26 法務省入国管理局「在留特別許可にかかるガイドライン」（平成18年10月、平成21年7月改訂）。
27 Recital 26, *supra* note 19.
28 UNHCR, 'Building a Europe of Asylum: UNHCR's Recommendations to France for its European Union Presidency (July–December 2008)', p.10, para. 2.4, item ii. See also UNHCR, 'UNHCR Statement: Subsidiary Protection under the EC Qualification Directive for People Threatened by Indiscriminate Violence' (January 2008).
29 *Salah Sheekh v The Netherlands* App No 1948/04 (11 January 2007) para 148.
30 Opinion of Advocate General Poiares Madura, *Elgafaji v Staatssecretaris van Justitie* (Case C‐465/07) (9 September 2008) para 42.
31 *Ibid.*
32 *Ibid.,* para.37.
33 International Association of Refugee Law Judges, Report of the Convention Refugee Status and Subsidiary Protection Working Party, *Implementation of the EU Qualification Directive: some Features,* 2009, p.10.
34 2013年現在、世界全体の難民の約80%は発展途上国によって庇護されているとされる。この偏りは、難民条約が発効してから今日まで継続的に指摘され続けてきたにも関わらず、10年前（約70%）と比べても、意識されながらも益々拡大するという傾向を見せている。UNHCR, *Global Trends 2012:, Displacement, The New21st Century Challenge* (19 June 2013), p.2.
35 UNHCRの活動方針や諸国による難民保護に関する指針を採択するUNHCR計画執行委員会（執行委員会）は、この「長期滞留難民の状況」に関する結論（以下「結論109」）を2009年12月の年次会合において採択し、その定義を「避難開始から5年以上にわたり、持続的解決実施について当面の見込みもないまま足止めされつづけている（continue to be trapped）」人々の状況として明確にしている。2012年末の時点で、25,000人以上の規模で5年以上キャンプなどに滞留を続ける難民の数は、世界全体で25カ国640万人にのぼるという。1990年代初頭以来、ソマリアからの難民を保護し続けるケニアや、1991年から2001年の間にクロアチアおよびボスニアを逃れた難民を、デイトン合意後も抱え続けるセルビアはその典型例である。また、アフガニスタンからの難民は、2002年以来、パキスタンおよびイランから500万人以上が帰還してはいるものの、約170万人の難民は30年以上にわたりいまだにパキスタンにとどまり続けている。ネパール南東部には、ブータンからの難民が1990年代初頭以来滞留し続けており、タイではミャンマーからの難民を受け入れ始めてからすでに25年が過ぎ、9つの難民キャンプでは10万人以上の難民たちが依然として生活を続けている。Conclusion on Protracted Refugee Situations No. 109 (LXI, A/AC.96/1080, 2009); UNHCR, supra note 34, p.12.
36 なお、日本は「拉致問題その他北朝鮮当局による人権侵害問題への対処に関する法律（平成18年6月23日法律第96号）」において、「北朝鮮当局による人権侵害の被害者に対する適切な施策を講ずるため、外国政府又は国際機関との情報の交換、国際捜査共助その他国際的な連携の強化に努める」（第6条）ものとし、「政府は、脱北者の保護及び支援に関し、施策を講ずるよう努める」（同2項）としている。ただし条約難民に関する国際的保護のような制度構築は、いまだ具体化されておらず、また、国際的な協調のための法整備についても具体的な施策は講じられていないというべきであろう。

Chapter 4 Mixed Migration Flow: Trafficking-Asylum Nexus

第4章
混在移動
人身取引と庇護の連関性

橋本 直子 *Naoko Hashimoto*

キーワード：移民、混在移動、人身取引、庇護、特定の社会的集団
Keywords: Migrants, mixed migration flow, human trafficking, asylum, a particular social group

はじめに

　世界における「移民」の数は、2010年末時点の推定で2億1,400万人を超えたとされ、更に増加し続けることが見込まれている[1]。また、人の移動の形態もますます多様化、複雑化している。一言で「移住」と言っても、以前のように永住目的で家族全員が片道切符で移動する形態ばかりでなく、父親だけあるいは母親だけが単身で労働移住するケース、出身国と外国との往来を中期的周期で繰り返す循環移住、就労のためでなく留学や結婚のために移住するケース、あるいは人権侵害や紛争と貧困や環境破壊等が複雑に入り混じった複合的理由のために母国を離れる場合など、多種多様化している[2]。このような多様な移住形態の中でも、特に複合的な人の移動を分析し、対応するための枠組みの一つとして「混在移動（mixed migration flow）」という新たな概念が提唱され、そのうちの一問題領域である「人身取引[3]と庇護の連関性（trafficking-asylum nexus）」が着目されている。
　本章では、まず日本ではあまり議論されていない「混在移動」の概念と課題について紹介する。その上で、人身取引と庇護の連関性については、一般的に国際機関や欧米諸国で推奨されている勧告が、日本の国内制度や保護支援措置の実態には当てはまらない場合があることを、日本における実例を踏まえつつ実務家の視点から指摘したい。

1．「混在移動」とは

　「混在移動」を論ずる前に、「移住（migration）」「移民（migrant）」の概念を簡

単に確認しておく必要があろう。移住や移民の定義については、国際的に必ずしも明確な合意が形成されている訳ではなく、大きく分けて、「外国生まれの人」を移民とする考え方（主にアメリカ、カナダ、オーストラリア、ニュージーランドなどの伝統的移民国家が採用）、と「外国籍を有する人」を移民として数える考え方（主にヨーロッパ諸国が採用）という2つの考え方があり、どの程度の期間国内に留まる人を移民とみなすかは各国、各地域で多様である[4]。このような相違は、世界の移民に関する統計を収集したり、国際比較を行う際に大きな障害になっている。そのため国連事務総長は1997年の国連統計委員会に提出した報告書の中で、「（長期の移民とは）通常の居住地以外の国に移動し、少なくとも12カ月間、当該国に居住する人のこと」[5]と定義するよう、国連加盟国に推奨した。この定義は、移動の原因や目的について不問であるため、国境を超えた先で12カ月以上滞在する人全てが含まれることとなる。それらの人々は一般的に、迫害を逃れたのであれば「難民」、環境破壊や自然災害を逃れたのであれば「避難民・被災者」、移住先で搾取に遭えば「人身取引被害者」、出稼ぎ目的であれば「移住労働者」、結婚に伴い移住する場合には「結婚移住者」と呼ばれ、他にも留学生、研修生、駐在員、外交官、国際機関職員、長期旅行者までをも含むこととなる。このように、それぞれの移動の原因・目的・アイデンティティーに基づき一定の呼称が存在するが、ここで留意すべきなのは、実際には人の移動の原因・目的・アイデンティティーは複雑な絡み方をしているということである。例えば日本でも、技能実習生として東北地方で働いていた中国人が2011年3月11日の東日本大震災の被害に遭い「被災者」となったのは記憶に新しいところである。また、母国における紛争や迫害を逃れるために中東諸国から日本に「留学生」という資格で滞在している人もいる。あるいは外交官としてニューヨークに赴任中に母国で政変が起こり、帰れなくなったため米国で庇護申請した元イラク人外交官もいた[6]。最近の事例では、いわゆる「アラブの春」の一環として起きたリビアにおける政変により、2011年に約79万人の移住労働者がエジプトやチュニジア等の近隣諸国へ「避難民」として緊急脱出した。中には、人権侵害や迫害を恐れてリビアを逃れたリビア人もいる可能性があったため、国際移住機関（IOM）と国連難民高等弁務官事務所（UNHCR）は合同で「緊急人道脱出対策本部（Humanitarian Evacuation Cell）」を立ち上げ、登録、緊急人道支援、振り分け作業、母国への渡航等の包括的な支援を行った[7]。同時に、自力で地中海を渡り対岸イタリアのランペドゥーサ（Lampedusa）島に辿り着いた「ボート・ピープル」もいたと言われ、ランペド

ゥーサには2011年で合計6万人以上が漂着している。時には、海上で救助され島に搬送されるボート・ピープルの数が島民の数6,000人を上回ることや[8]、瀕死の状態で運ばれる者も珍しくないという。そこで2006年以降、イタリア赤十字、IOM、UNHCR、および「セーブ・ザ・チルドレン・イタリア支部（Save the Children Italy）」が共同で、受け入れ時の緊急人道支援、ニーズと人定事項の把握、振り分け作業等を行っている[9]。同様の事態は、ソマリア、ジブチ、エチオピアからイエメンを目指して渡るアデン湾や、インドネシアからオーストラリアへ向かうルート、スペインのカナリア諸島、ギリシア、カリブ海等でもみられる[10]。

このように複雑な絡み方をした人の移動を称して、「混在移動」という言葉が使われるようになっている。それは一般的に「難民、庇護申請者、人身取引被害者、密航者、経済移民や他の移住者によって、同時並行的、複合的に同様の移動方法により異なる目的のために、しばしば非正規な形で行われる（国境を越えた）移動のこと」[11]と定義できる。ここで確認しておくべき重要事項を3点あげたい。

第1に、上記のように様々な名称で形容される人々が混ざり合った形で移動する事象自体は、新しいものではない。人類は、有史以前より常により良い環境を求めて移動しつづけてきた。現代のような主権国家による国境管理が行われるようになってきたのは17世紀以降であるし、「難民」や「人身取引被害者」といった定義が国際法上で策定・合意されてから100年も経っていない。「ボート・ピープル」という言葉が日本で身近になったのもインドシナ難民漂着が顕著となった1975年以降であろう。「公海上での海難救助」は海洋法では確立された原則であるが、実務面での適用は発展途上である[12]。2007年以降、「混在移動」という言葉が頻繁に国際会議や国際機関の文書に登場するようになってきたが、これは新たな現象が発生したのではなく、古来より続いてきた事象を概念化したに過ぎない。また一般的には、上記で触れたような「アラブの春」により発生した突発的な人々の大量流出や、海上で今にも沈没しそうな小舟に大勢の人々が所狭しと乗って助けを求めているイメージが浮かぶかもしれない。しかし、途上国においては国境地帯における出入国管理が厳密に行われている国ばかりではなく、「混在移動」は日常的に静かに多数発生している。

第2に、人が国境を越えて移動する際の理由は、国際法上で定義付けられているよりも実際は複雑で多岐におよんでおり、様々な要因、動機、事情、思惑、目的が「混在」している。もちろん、突発的な紛争や自然災害などで、本当に何も考える余裕も無く着の身着のまま危険から避難する、ある意味「純粋」な非自発的移動

も中にはあろう。しかし、例えば母国で人権侵害の危険がある一家の世帯主が、家計の安定や子どもの将来の教育のことを考え、既に姉一家がいる外国へ移住することを決意した場合、当初の契機は迫害であるが、出稼ぎ、子どもの教育、家族の統合という目的が絡まり、どの国へ逃れるかを慎重に見極めることは往々にしてある。またソマリアでは既知の通り数十年にわたり、国内紛争、統治機能不全、人権侵害、民族間対立、貧困、失業、気候変動による環境破壊と食糧不足、干ばつ、飢餓などの「複合的危機」が続いており、ソマリアから逃れてきた人々の国外脱出の理由は単純に説明できるものではない[13]。「混在」と言った場合には、同一人物の中で、様々な「押し出し要因」と「引き寄せ要因」が複雑に絡み合っている場合があり、それは人が移動を決意する際の意思決定過程として究めて当然である。

　混在移動に関する第3点目の重要事項は第2の点と関連しており、移動する人のアイデンティティーも時間や空間と共に変化しうることである。例えば、アデン湾を渡る航海で言うと、まずソマリア側から船に乗る前はほぼ全ての人が、少なくとも一瞬は「国内避難民」となるであろう。次に、船に乗るために密輸業者に金銭を払った段階では潜在的「密航者」であろうし、その船が公海上で難破し外国船に助けられた際に、一切の身分証明書や渡航文書等を提示できなければ、少なくとも形式上は「無国籍者」と見なされるかもしれない。次に、外国船が寄港地（例えばイエメンのアデン）でそれら遭難者を下ろし、地元当局や国際機関等に引き渡した際には、「密入国者」「無国籍者」「難民（または庇護申請者）」「人身取引被害者」「経済移民」の全てに該当する可能性がある[14]。その後、イエメンから西欧諸国を目指して非正規な形で「二次的移動」を行うかもしれないし、逆にイエメンで「難民」と認められた後、第三国定住プログラムなどを通じて欧米諸国へ移住した場合には、「移民」ひいては「市民」となるであろう。UNHCR発行の2012年度版Global Trendでは、2003年から2012年の10年間に第三国定住した難民（約83万人）は既に恒久的解決を見つけられた者と解され、「難民」として統計に含まれておらず[15]、これらの第三国定住難民を「（難民ではない）移民」として捉えることもできる[16]。「難民という地位はいつ終わるのか」という問題は、難民条約の「終止条項」の適用とも相まって重要な議題である[17]。

　このように人の移動は、有史以前より日常的に、様々な事情や思惑、目的を持った人が複雑に入り混じって起こっており、各々のアイデンティティーも時空と共に変化しうるものである。そのような「混在移動」の中で、特に近年「人身取引と庇護の連関性」について国際・国内レベルにおいて概念と実務の両面で発展が

見られている。以下で詳しく見ていきたい。

2.「人身取引と庇護の連関性」に関する国際的原則と諸外国の事例

(1) 国際的原則

「人身取引と庇護の連関性」に関する国際的原則は、人身取引問題で最も重要な国際条約である「国際的な組織犯罪の防止に関する国際連合条約を補足する人(特に女性及び児童)の取引を防止し、抑止し及び処罰するための議定書」(以下、人身取引議定書)[18]において、以下の通り定められている。

> 第7条(受入国における人身取引の被害者の地位)
> 1　締約国は…(中略)…人身取引の被害者が一時的又は恒久的に当該締約国の領域内に滞在することを認める立法その他の適当な措置をとることを考慮する。
>
> 第14条(保留条項)
> 1　この議定書のいかなる規定も、国際法(国際人道法並びに国際人権法、特に適用可能な場合には1951年の難民の地位に関する条約及び1967年の難民の地位に関する議定書並びにこれらに含まれるノン・ルフールマン原則を含む)の下における国家および個人の権利、義務及び責任に影響を及ぼすものではない。

また人身取引議定書の採択を受けて、国連人権高等弁務官事務所(UNOHCHR)が2002年に策定した「人権と人身取引に関して推奨される原則とガイドライン」[19]においても、以下の勧告がある。

> ガイドライン1：人権の促進と保護
> 「人身取引被害者を含む全ての人が国際難民法に則って迫害からの庇護を求め享受する権利に対して、人身取引対策のための法令、政策、計画、措置が悪影響を及ぼさないよう努める。特にそれは、ノン・ルフールマン原則の効果的な適用を通じて担保されるべきである。」
> ガイドライン2：人身取引被害者と加害者の特定

「…国家、また適用可能な場合には多国間政府機構や非政府組織は以下のことを検討する。(中略)
　７．人身取引被害者あるいは密航者である庇護申請者による庇護申請を受理し検討するための諸手続きが機能していること、およびノン・ルフールマン原則が常に尊重され遵守されていることを確保すること。」

　同様の原則は、人身取引被害者の保護と支援について最も包括的な実用書とされているIOMの『人身取引被害者支援のためのハンドブック』においても、以下の通り明記されている。

第３章：他の団体への委託と社会復帰のための支援
「出身国ないし出身地域への帰国が、被害者にとって常に最善のまたは望ましい解決策であるとは限らない。したがって、被害者のために活動している組織は、出身国での迫害や生命・自由に対する脅威を恐れ、帰国できない、または帰国を望まない人身取引被害者もいることを考慮に入れる必要がある。帰国できないまたはしたくない旨を表明した被害者は、目的国または経由国において、庇護手続きか、人身取引被害者保護のために特別に設けられている他の制度に付託されるべきである…（中略）…外国籍の被害者が目的国または経由国での在留許可を求めている場合、支援提供団体はその国の適切な公的機関に被害者を紹介し、連携を図る必要がある。被害者が帰国することへの恐れを表明している場合、適切な公的機関にはUNHCR等の庇護機関も含まれる。」[20]

　このように国際条約や勧告において、人身取引被害者が庇護申請する権利と、母国に退去強制されないという原則が大枠で定められている[21]。

⑵　「人身取引と庇護の連関性」に関する２つの流れ
　では、人身取引被害者が庇護を申請して難民認定される可能性は、1951年の「難民の地位に関する条約」（以下、難民条約）の文言に照らし合わせると、具体的にどのような場合にあるのか。大きく分けて以下の２つの流れが考えられる。

(a) そもそも「難民」である者や潜在的庇護申請者が、国外脱出の過程で人身取引の被害に遭った場合

　これはそもそも迫害のおそれがあり、国外に脱出できれば難民条約上に言う難民として認められる可能性があった者、あるいは既に第一次庇護国にいるもののまだ有効な国際的保護を見いだせていない難民が、恒久的解決を求めて別の国に移動する手段として第三者の助けを利用したところ、その第三者が実は人身取引加害者で他国に到着したら搾取された、又は搾取されそうになった場合である。このようなケースが全世界で実際にどれくらい存在するかは、人身取引の数の集計の難しさと相まって、信頼に足りうる統計資料は存在しない。しかし、国境を越えた移動、特に先進国への移動が国境管理の強化と共により厳しくなる中で、そのような者の「国外に逃亡しなければ身に危険が迫る」「より有効な国際的な保護がどうしても必要」といった差し迫った思いは、人身取引業者にとっては格好の標的となる。迫害の恐れがあるがまだ国籍国にいる潜在的庇護申請者や国内避難民、あるいは既に第一次庇護国の難民キャンプなどにいる難民、無国籍者で居住地の国家による有効な保護を受けられていない者が、「安く国外逃亡を助けてあげる」などといった甘言にだまされてしまう場合が数多く存在するであろうことは、想像に難くない。これらの人々はそもそも難民として認められ保護されるべきであり、彼らが人身取引の加害者の助けを借りて国外に脱出したことは、その人が従前から有する迫害のおそれを減じるものではなく、人身取引業者の手を借りて非正規の方法で入国したことは切り離して、難民性が審査されるべきである。実はこのようなケースは、1951年以前に予見され、難民条約第31条（避難国に不法にいる難民）の1項に定められている。

　もちろん、人身取引加害者の手を借りて国境を越えた移動をする場合、必ずしも偽造旅券などを使用した不法な入国方法がとられるケースばかりではない。最近の日本では、正真正銘の自分の旅券や身分証明書や査証などを持って形式的には「合法的な」入国をする傾向がみられる。しかし多くの場合は、超過滞在であったり、いわゆる「偽造結婚」であったり、「資格外活動」に従事させられており、ほとんどの場合が出入国管理法等のいずれかの法令に抵触している。このような法令違反に関しては不問・不処罰とし難民として扱うということが上記第31条の趣旨であり、これはUNHCRの『難民認定基準ハンドブック』でも30年以上前に確認されている[22]。

(b) もともとは迫害の恐れは無かったが、人身取引の被害に遭ったために事後的に難民となった場合

　人身取引の被害に遭ったために新たに迫害の恐れが生じ、主に目的国に到着した後に難民となる場合で、「後発的難民（refugee sur place）」と呼ばれるグループの一部である[23]。人身取引の被害と難民条約上の「迫害」の概念を結びつける考え方は、上記(a)と比べると比較的新しい分野で発展途上と言えるが、基本的な考え方は以下の通りである。実際に多くあるケースとしては、人身取引の被害を受けた結果、母国に帰国したら親族あるいは現地社会から追放、差別、処罰、排除される可能性がある場合や、加害者から逃亡したり加害者訴追のために警察や検察と協力した結果として加害者側からの復讐、報復、脅迫等を受ける可能性がある場合、または帰国しても再度人身取引される危険性が非常に高い場合である。そのような事情に対して国籍国の政府当局が適切な対応を取る意志や能力が無く、また国内避難の可能性も無く[24]、更にそのような帰国後の迫害のおそれ、あるいは当局の無意志・無能力のいずれかが難民条約上の「迫害の５つの理由」（人種、宗教、国籍もしくは特定の社会的集団の構成員であること、または政治的意見）と因果関係にあることが立証できれば、強制送還されるべきではなく難民として認め保護されるべきである。

　また、2006年にUNHCRが発表した「国際的保護に関するガイドライン：1951年条約及び1967年議定書の第１条A(2)の人身取引被害者および潜在的被害者への適用について」[25]（以下、UNHCRの人身取引ガイドライン）では、人身取引の被害そのものが難民条約上に言う「迫害」の概念に当てはまるともしている。人身取引の被害者が受ける典型的な人権侵害や搾取の例として、誘拐、監禁、性的暴行、性的隷属、強制売春、強制労働、臓器摘出、暴力、食料の不提供、医療不措置などが挙げられるが、これらは深刻な人権侵害であり、一般的な意味での迫害とみなしうる。もしそれらの迫害を受けるに至った、あるいは迫害を受けるおそれを感じる背景に、難民条約上の５つの理由があり、更にそのような状況について国籍国の政府当局が適切な対応を取る意志や能力が無く、国内避難の可能性も無い場合[26]、難民として認めうるという考え方である。確かに、人身取引被害者が受ける人権侵害や搾取が、難民条約上に言う「迫害」に当てはまるという認識は国際的に広まりつつある。ただしここで問題になるのは、そのような人身取引の被害に「今後遭うおそれがある」という理由で、難民として認められるかどうかである。人身取引とは、「獲得、輸送、引き渡し、蔵匿、収受」といったプロセスが究極的に搾

第４章　混在移動　251

取の目的で行われたか否かが最も重要な判断基準であるが[27]、人身取引のプロセスには多くの見知らぬ人同士が関わっていることが多く、最初にコンタクトを取ってくる斡旋業者が、人身取引プロセスの最後に例えば売春宿経営者がいるかどうかを承知していない場合もある。したがって、本国にいる間から潜在的被害者が「この斡旋業者は自分を搾取する意図がある」と認識し、そこから自力で逃れ、他国に移動できる場合は非常に稀であろうし、また目的地に行ってから本当に搾取に遭うかどうか、本国にいる時点では不明な場合も多い。多くのケースは、最初は他国への労働移住を手伝ってくれる密航業者だと思ったら、目的地に着いた途端に売り渡され搾取に遭ったというパターンである。よって、一度も人身取引の被害に遭ったことがない者が、人身取引され搾取される将来の危険があったことを事前に察知し、斡旋業者などの管理から脱出し自力で国外に逃れ、さらに難民条約上にいう「迫害」の定義に当てはまる程度の人権侵害や搾取を受ける可能性があったという恐怖について十分な客観的根拠を提示し、その蓋然性を立証できるケースは、実際には非常に稀であろう。実際に難民と認められるケースの圧倒的大多数は、人身取引という迫害を受ける将来のおそれではなく、既に人身取引され搾取され、帰国すると迫害されたり再度人身取引されるおそれがある者であると推察される。

また、「後発的難民性」の判断において問題になるのは、難民条約上の５つの理由と人身取引の結果受ける恐れのある迫害との因果関係の立証である。５つの理由のうち、「人種、宗教、国籍、政治的意見」については、それが人身取引の標的にされる直接的原因になるというよりは、それらの理由により国籍国政府からの保護や支援が不十分であるために、人身取引を含む様々な人権侵害、犯罪、迫害に対して脆弱な状態に陥りやすい場合が一般的だろう。他方、「特定の社会的集団の構成員であること」[28]は人身取引とより直接的な関係にある[29]。女性や子どもは特に性的搾取を目的とする人身取引の標的になりやすいことは国際的統計からも明らかであり[30]、若い男性については強制労働の標的になりやすい。また、自然災害や紛争などで伝統的な保護者である男性家族を失ってしまった未亡人や孤児、保護者のいない未成年が社会的弱者となり搾取の対象となる危険性もある[31]。人身取引により固有の現象としては、「海外に連れて行かれて性的搾取などの人身取引の被害者になった者」として「特定の社会的集団」とみなされ、その結果、帰国後に家族や地元社会から追放、差別、処罰、疎外されることもある。

(3) 諸外国の判例

　上記の(b)の考え方に基づき、諸外国においては人身取引の被害者が難民認定されるケースが増加している。行政手続き内で難民と認められたケースについては、プライバシー等の関係から具体的な事例や件数を網羅的に把握することは困難であるが、以下で代表的な判決を簡単に紹介する[32]。

《事例1》
2000年12月、カナダの連邦裁判所は、中国の福建省出身の保護者のいない未成年者を、人身取引の再被害の恐れがあるとして集団難民認定した。未成年者の親達は人身取引加害者に既に多額の借金を負い、子ども達は中国から不法に出国していることから、帰国後も多額の罰金を科される可能性があり、再度人身取引される可能性が高いと判断された。このケースでは、親と出稼ぎ斡旋業者との間の搾取的な契約に基づき、保護者がいない状態で国外に出た福建省出身の少女を「特定の社会的集団」と認めただけでなく、少年も人身取引被害者である難民として認めたことが注目される[33]。

《事例2》
2003年2月、オーストラリアの難民認定裁判所は、ミャンマー[34]からタイに強制売春のために人身取引されたシャン族の女性を難民認定した。この事件では、その女性が既に誘拐、監禁、性的虐待、強制売春という人身取引に特徴的な迫害に遭っており、人身取引の過程にミャンマー政府軍が関与していた可能性があり、一般的にシャン族の女性が性的虐待の対象となっているといった報告などに基づき、「人種」および「特定の社会的集団」に基づく迫害であると認定した[35]。この判決で画期的だったのは、「強制売春のために人身取引されたシャン族の女性」を「特定の社会的集団」と認めたことである。

《事例3》
2005年に、アメリカの出入国判事は、イタリアでの強制売春のために誘拐されたアルバニア人女性に深刻なトラウマ障害があり、帰国したら近隣の者から差別や排除を受けたり、人身取引の再被害に遭う危険が高いとして、難民認定した[36]。本ケースでは、被害者親族の政治的意見のために被害者が人身取引加害者に狙われることになった点、また加害者側にアルバニア当局の関

係者が関わっていた点が特に考慮された。

《事例4》
2008年、英国の出入国控訴審裁判所は、モルドバ出身の女性で人身取引の被害（性的搾取）に遭った者を「特定の社会的集団」として難民認定した。この判決において決定打になったのは、被害者の証言により有罪判決を受けた加害者が東欧諸国に幅広いネットワークを有し、モルドバ内で大規模な人身取引業を継続していたことであった。またモルドバ当局が人身取引被害者に対して効果的な保護を提供する意志と能力が不十分であり、モルドバ国内の別の場所で有効な保護を享受できる可能性が低いと判断された[37]。

⑷　国際的原則の限界

　これらの判決は、上記で検討した「人身取引と庇護の連関性」を認めた画期的な判例である。ただし判決が出ているということは、行政府による難民認定手続きでは不認定であったことを暗示している。また人身取引の被害者を救出し被害者認定することの難しさに加えて、庇護との連関性という問題意識が比較的新しいことから、判決の内容に、国毎（また決定権者毎）に基準の適用に際し、個々の案件の特殊性に対する配慮を超える程度の「揺れ」が散見される[38]。加えて、上記は全て欧米諸国の事例であるが、そもそもアジア諸国には難民条約を批准していない国が多く、「人身取引と庇護の連関性」を確認し履行する上で根本的な問題となっている。

　更に議論を進めると、国籍国に帰ることが出来ない人身取引の被害者の保護措置として、搾取の被害を受けた国（目的国）において庇護が付与されるだけでは不十分な場合がある。人身取引の被害者が加害者側の管理下から逃亡したり、法執行機関による加害者の訴追作業に協力したものの、人身取引に関わった加害者側の全ての関係者が逮捕・拘禁されていない場合や執行猶予付き判決が言い渡された場合、加害者側関係者が被害者に対して、庇護が与えられた目的国において復讐・報復措置として危害を加える可能性があるからである。もちろん目的国の法執行機関や政府当局などによる保護・支援措置はある程度有効であることが期待されるが、加害者側が大規模な国際的犯罪組織である場合もあり、身の安全を完全に保障することが困難な場合もある。そのような場合、第三国への出国つまり「難民としての第三国定住」が必要となる。ただし、これを実現するには、目的

国においてUNHCRが当該人身取引被害者を「マンデート難民」[39]と認定することと、潜在的な第三国政府が受け入れに応じるか否かが決定的な鍵となる。更に、身の危険により、国籍国に帰ることも目的国に留まることもできない人身取引被害者であり、人道的な観点から第三国に緊急出国させる必要は明らかであるものの、難民条約上の難民として認定されるための全ての条件を満たさない（例えば、迫害の危険はあるが「5つの理由」には該当しない）ために「難民」としては認められない者もいる。そのような「難民とはみなされない人身取引被害者」のための新たな保護措置として、「保護的転居（Protective Relocation）」という先駆的な概念も、2010年から2011年にかけて世界各地で開催されたUNHCR・IOM合同の「庇護と人身取引に関する内部ワークショップ」で検討された。ただし、この「保護的転居」は非常に新しい概念であり、特に難民条約上の難民とは認められない者に対する保護措置であるため、UNHCR本来の職務権限から逸脱する可能性があり、どのような場合にUNHCRが関与すべきか、必ずしも諸条件が定まっていない。

では、「人身取引と庇護の連関性」原則の日本における適用可能性はどうだろうか。次項で具体的な事例をもとに詳しく検証する。

3．日本における事例

(1) 日本における人身取引対策

　特例的な個別対応や民間団体による長年の取り組みを除くと、日本における人身取引対策に関する初の公的な枠組みは、2004年12月に犯罪対策閣僚会議において策定された「人身取引対策行動計画」であると言える。その後、2005年から2006年にかけて刑法、出入国管理及び難民認定法、風俗営業等の規制及び業務の適正化に関する法律、組織的な犯罪の処罰及び犯罪収益の規制等に関する法律などの関連条項が続々と改正され、刑法において「人身売買罪」が新たに定められた。更に5年間の実施経験を踏まえ、2009年12月の犯罪対策閣僚会議において上記の行動計画が改訂され、「人身取引対策行動計画2009」が発表された[40]。この改訂版行動計画の3．「人身取引被害者の保護」(4)被害者保護施策の更なる充実の「①中長期的な保護施策に関する検討等」は、以下のように謳っている。

　　「（中略）…帰国することのできない被害者については、本人の意思を尊重し

つつ、その理由や、会話のできる言語等を考慮し、関係行政機関が連携して必要な支援を行うように努めるとともに、個別の事情を総合的に勘案した上、必要に応じて<u>就労可能な在留資格を認める</u>。さらに、我が国で就労可能な在留資格が認められた被害者については、就労の希望等を勘案し、必要に応じて就労支援を行うように努める[41]。」(下線は引用者)

　実際にIOM駐日事務所が日本で支援した人身取引被害者約300名のうち、2005年5月から計15名が様々な事情から本国に帰らず、日本で暮らしている。彼女たちのほとんどは、来日後に知り合った日本人男性と結婚したり、日本国籍を持つ実子を養育するために「日本人の配偶者等」や「定住者」の在留資格を取得し日本に残っているが、迫害を受けるおそれのために帰国できないケースが1件あった。以下、プライバシー保護のため大幅に簡略化して事例を紹介するとともに、対応策について検証してみたい。

(2) 日本における事例

　某イスラム教国出身のAさん(未成年)は、日本に住む親戚の薦めもあり、ブローカーZの手配で他人名義の偽造パスポートを所持し、15日の短期滞在ビザで入国した。当初ブローカー側から打診されていたのは日本での就労であったが、来日直後よりブローカーから繰り返し性的暴行を受け、その様子はビデオで録画され、しばらく軟禁状態に置かれた。その後、国際刑事警察機構(ICPO)を通じて母国の警察から日本の警察に捜索願いが出されたお陰で、Aさんは救出され女性相談所に保護された。ブローカーZは母国にてAさんの親族の申し立てにより起訴され有罪判決を受けたが、地元の有力者であり様々な人脈を持っていたためにすぐに保釈された。逆にAさんの両親はブローカー側からの報復を恐れ、失踪・逃亡を余儀なくされた。

　IOMでは、被害者の母国にあるIOM事務所やその他の関係者から、当該被害者や加害者に特化した情報と、各国政府や国際機関が発行している一般的な出身国情報を収集した。それらを踏まえ、母国の一般的社会状況、宗教、伝統、情報網、公的機関の信頼度、人身取引被害者保護・支援制度を調査し、被害者個人が帰国した場合の危険性、社会復帰の可能性、加害者側からの報復措置の可能性、公的機関や援助団体からの保護と支援の有効性、国内避難の妥当性、家族・親族との再統合の可能性等について分析した。上記の情報を総合的に検証した結果、帰国

すると身の安全が保障されず、重大な人権侵害、つまり迫害が及ぶ可能性があると判断した。また、被害者に対して日本での心理的物理的被害の回復へ向けた支援と、中長期的な定住を認められるべきであると結論づけ、その旨の「意見書」を入国管理局に提出した。NGO、女性相談所、自治体の福祉担当者などからの力強い支援や応援をうけ、Ａさんは公設や民間のシェルターに滞在しながら、カウンセリング治療、日本語学習、自立のための訓練などを受けた。その間の在留資格としては、人身取引被害者としての「特定活動」が付与され、これを数回延長した後、当初の救出から約１年９カ月後に「定住者」の在留資格が認められた。

　本件についてIOMは、Ａさんは人身取引の被害者であり、またイスラム教国出身の未成年女性で性的暴行を受けた者であり、更に直接の加害者が母国において起訴されたが保釈されており、出身国の状況および個別の事案から判断して、帰国すると難民条約上に言う「特定の社会的集団」と見なされ迫害を受ける可能性が高く、また母国政府による十分な保護・支援も国内避難の可能性も認められないので、日本での保護が必要な者であるという見解を示した。国際的には難民条約上に言う「難民」である可能性が高く、日本において庇護申請を行うことも考慮された。同時に、それが未成年であるＡさんの「最善の利益」に適うか否かの検討も、母国にいる両親との協議の下で行われた。この「最善の利益分析（Best Interest Analysis）」での比較検討事項は以下の通りであった。

　まず、日本で庇護申請し難民認定された場合に付与される在留資格は通常「定住者」であり、「定住者」は基本的にその活動に制限が無いため就労・就学でき、国民健康保険にも加入でき、必要であれば自治体から生活保護も受給できる。しかし、日本における難民認定率が非常に低いことは既知の通りであり、特に難民認定の先例の無い出身国で、本人が母国で迫害を受けた証拠が無い本件では、正式に難民認定される可能性は非常に低いと見込まれた。Ａさんが庇護申請した場合に、「補完的保護」として日本政府より付与されるであろう在留資格は「特定活動」であり、それは必要がある全ての人身取引被害者に付与される在留資格と同じであるため、より有利な在留資格を得るという観点からは、あえて庇護申請する意味は認められない。またＡさんが救出され日本で「特定活動」の資格下で被害の回復をしていた時期はちょうど、日本政府の「人身取引対策行動計画」の改訂作業が進んでいた途中であり、母国に帰ることができない被害者には「就労可能な在留資格」、つまり一般的には「定住者」の資格が与えられる方向で既に政府内での検討が始まっていた。よって、Ａさんの場合「人身取引被害者」という立場のま

までいた方が、敢えて「庇護申請者」という立場に変更するよりも最終的に「定住者」の資格が与えられる可能性が高いのではないか、と考えられた。実際、Aさんには「定住者」が付与され、その審査結果が出るまでの期間は1年9カ月と決して短くは無いが、一般的に難民認定にかかる時間（平均2年）と比べて長いというわけでは無い。

　なお、正式に難民と認められた場合には、難民事業本部による定住支援や語学研修も受けることができ、「難民認定証明書」も発行され身分証明として使用できるため、「特定活動」しか付与されない可能性があるにせよ、庇護申請すべきだという考え方もあろう。その場合に注意深く比較検討すべきなのは、庇護申請者の法的地位および生活支援と、人身取引被害者のそれである。合法的に入国し在留資格が有効なうちに庇護申請した人には、基本的に人身取引被害者と同じ「特定活動」の資格に変更され、国民健康保険に加入でき、庇護申請から6カ月経った後でも審査結果が出ない場合、就労許可を得ることもできる。ただしAさんのように非正規の方法で入国し、有効な在留資格を持たない庇護申請者は、一定の要件を満たせば「仮滞在」が与えられるが、これは正式な在留資格ではなく、国民健康保険に入ることも就労することもできない[42]。そこで、「仮滞在」資格の庇護申請者にどのような支援があるかが問題となるが、難民事業本部が日本政府から受託している「保護費」の枠組みで、食費や医療費の補助として1日一人当たり1,500円と、月上限4万円の家賃補助またはシェルターが提供される場合がある[43]。しかし、「保護費」は年間400人までの支援が限界と言われており、受給手続きには数カ月かかり、シェルターも緊急宿泊施設として提供されているため滞在期間は最長6カ月と言われている[44]。特に近年、庇護申請者数が増加しているため、「保護費」や民間団体からの支援には全く余裕がないと言われている。

　一方で、日本に滞在する人身取引被害者には、（女性であれば）女性相談所や母子生活支援施設、または自立援助ホーム等の公的シェルターに入り、衣食住が一定程度保障される環境にあり、医療、カウンセリング、法律扶助なども無料あるいは低額で受けられる制度がある。また重要な懸念事項として退去強制の不安があるが、一旦人身取引被害者と正式に日本政府が認定した者は、自らの意思に反して本国への帰国を迫られることは無い。その点は庇護申請者も人身取引被害者も同様である。更に、日本における人身取引被害者の認定と種々の支援策は諸外国と異なり、被害者が加害者訴追のために法執行機関に協力しなくても提供され、被害者支援が加害者訴追への協力を前提条件としないことは特筆に値する。

このように人身取引被害者に対する支援が、「証人保護制度（witness protection programme）」から独立して提供される点は、諸外国と比べ日本の制度が秀でている[45]。

　上記のように、難民あるいは庇護申請者に与えられる法的保護と生活支援の内容と、人身取引被害者に付与されるそれらを比較した場合、現行の取得しうる最も有利な在留資格が双方とも「定住者」であり、また庇護申請の末に「定住者」が与えられる可能性が非常に低く、更に庇護申請中あるいは人身取引被害者として日本滞在中の種々の生活支援は、個々の事案にもよるが、人身取引被害者に対する生活保障の方が充実している可能性がある。確かに、人身取引被害者で母国に帰国できなかった例は非常に少なく、一般化しうるだけの事例数はまだない。日本における難民認定制度も、今後さらに改善・発展していく可能性もある。また、人身取引被害者としての法的地位と支援を享受しながら庇護申請することを可能にする制度を構築することも、将来的な検討には値しよう。しかし、少なくとも現在の日本の制度下では、迫害を受ける可能性があるため母国に帰国できない人身取引被害者が直ちに庇護申請することが、その被害者の最善の利益に資するかどうかは、慎重に検討する必要がありそうである。

おわりに

　本章で見てきたように、人の移動はそもそも要因、目的、対処方法が複雑に絡まっていることが常であり、そのような「混在移動」に効果的に対応するには、関係する諸機関が各々の強みを生かし協力することが重要である。これは、北東アジア地域で今後もし突発的・大規模での「混在移動」が発生した際の対応策作りの上で、念頭に置いておくべき重要な点であろう。

　本章で検討した「庇護と人身取引の連関性」については、まず人身取引被害者に特化した保護・支援措置が採られるべきである。そのような人身取引被害者を対象とした保護・支援措置が無く、退去強制の恐れがあり、万策尽きた場合の最終手段として庇護申請が考慮されるべきであろう。少なくとも現時点の日本では、人身取引被害者が直ちに庇護申請をすることが本人の「最善の利益」に資さない可能性があることに注意すべきである。また難民と人身取引被害者の間の大きな違いは、難民の場合、一般的には第一次庇護国などの国外に脱出すれば切迫した迫害の危険から逃れられることが多いが、人身取引被害者の場合、加害者は目的

国にも存在することにも十分に留意する必要がある。したがって、まずは目的国において、その国の制度の実態、身の安全、法的地位の安定性、生活支援などについて個々の事案を考慮し、最善と思われる措置を試みた上で、それでも目的国における保護、特に身の安全が十分に確保される可能性が低い場合に、第三国への再定住が考慮されるべきである。「保護的転居」といった新しい概念と制度の今後の発展にも期待したい。

【補記】本章で表明されている見解は筆者個人のものであり、所属先の公式見解を反映するものでは必ずしもない。

1 UNDESA, *World Migration Report* (United Nations, 2009), p. xviii. [http://www.un.org/esa/population/publications/migration/WorldMigrationReport2009.pdf, as of 15 May 2013] この数は、基本的に各国政府が「当該国に居住している外国生まれの人」として発表している数字、またはそのような数字が存在しない国については「当該国に居住している外国籍の人」またはその推定値を総計したものである。UNDESAの統計は、必ずしも本文中の国連事務総長提案の「移民」の定義に基づく数字ではなく、「居住」の概念も各国毎に異なることに留意する必要がある。
2 W. Barriga, 'Migration Trends in the Contemporary World – An Overview',『移民政策研究』第5号（2013年）、150-170頁。
3 Human traffickingを人身「売買」と訳すか、人身「取引」と訳すかについては議論が分かれるが、本章では外務省の公式訳に倣うこととする。
4 S. Castles and M.J. Miller, *The Age of Migration, Fourth Edition* (London: Palgrave MacMillan, 2009), p. xviii.
5 Report of the Secretary General, UN Doc. E/CN.3/1997/15/Add.1, para. 8.
6 筆者が日本政府ニューヨーク国連代表部に赴任していた2001年から2003年の間に実際にあったケース。
7 リビア危機に対するIOMの対応についてより詳しくは、IOM, *Migrants Caught in Crisis: The IOM Experience in Libya* (Geneva, 2012).
8 BBC, 'Pope Francis visits Italy's migrant island of Lampedusa', 8 July 2013. [http://www.bbc.co.uk/news/world-europe-23224010/, as of 10 July 2013]
9 本件事業についてより詳しくは、UNHCR, Policy Development and Evaluation Service, 'Refugee Protection and international migration: a review of UNHCR's operational role in southern Italy', PDES/2009/05, September 2009.
10 詳しくは、以下参照。Parliament of Australia. [http://www.aph.gov.au/library/pubs/BN/sp/BoatArrivals.htm, as of 13 July 2013]; Mixed Migration Task Force, Somalia and Yemen, 'Mixed Migration through Somalia and across the Gulf of Aden', (June 2010); UNHCR, 'Asylum and Migration'. [http://www.unhcr.org/pages/4a1d406060.html, as of 10 June 2013]
11 IOM, 'International Migration Law, Glossary on Migration' (Geneva, 2004), p.42; Regional Mixed Migration Secretariat [http://www.regionalmms.org/index.php?id=53, as of 15 August 2013]の定義を参考に、筆者が編集した。
12 「1974年海上における人命の安全のための国際条約（SOLAS条約）」および「1979年海上における捜索及び救助に関する国際条約（SAR条約）」。
13 イエメン政府は、ソマリア出身者については個別の難民認定手続きを行わずに全員を難民として推定する

「prima facie」認定を行っている。
14 人の密輸（smuggling）と人身取引（human trafficking）の違いについては、IOM『人身取引被害者支援のためのIOMハンドブック』（2009年）、22頁参照。
15 UNHCR, *Global Trends 2012* (June 2013), p. 11 and p. 19.
16 「移民」と「難民」の概念の歴史的考察については以下参照。R. Karatani, 'How History Separated Refugee and Migrant Regimes: In Search of Their Institutional Origin', *International Journal of Refugee Law,* Vol. 17, No. 3 (2005), pp. 517-541; K. Long, 'When Refugees Stopped being Migrants: Movement, Labour and Humanitarian Protection', *Migration Studies,* Vol. 1, No. 1 (2013) pp. 4-26.
17 難民の地位に関する終止条項についてより詳しくは、E. Feller, V. Turk, and F. Nicholson (eds), *Refugee Protection in International Law: UNHCR's Global Consultations on International Protection* (Cambridge: Cambridge University Press, 2003), pp. 491-550.
18 2000年11月15日、国連総会決議A/RES/55/25にて採択、2003年12月25日発効。日本政府は2013年8月現在未批准であるため正式な公定訳は無いが、外務省の公式訳を使用した。
19 OHCHR, 'Recommended Principles and Guidelines on Human Rights and Human Trafficking', E/2002/68/Add.1, para 6.
20 IOM『前掲書』（注14）、55-61頁。
21 2005年に採択された「人身取引に関する欧州評議会条約197号（Council of Europe Convention on Action against Trafficking in Human Beings）」の第14条（滞在許可）及び第40条（他の国際的文書との関係）にも同様の趣旨の文言がある。詳しくは[www.coe.int/trafficking, as of 1 June 2013]を参照。
22 UNHCR駐日事務所『難民認定基準ハンドブック（改訂版）』（2000年）、61パラ。
23 Refugee sur placeについて詳しくは同上、94-96パラ。
24 「国内避難の可能性」については難民条約上では要請されていないという意見もある。詳しくは以下参照。UNHCR, 'Guidelines on International Protection: "Internal Flight or Relocation Alternative" within the Context of Article 1A(2) of the 1951 Convention and/or 1967 Protocol relating to the Status of Refugees', HCR/GIP/03/04, July 2003; J. Hathaway, 'The Michigan Guidelines on the Internal Protection Alternative', agreed to at the First Colloquium on Challenges in International Refugee Law, the University of Michigan Law School, 9-11 April 1999.
25 UNHCR, 'Guidelines on International Protection: The application of Article 1A(2) of the 1951 Convention and/or 1967 Protocol relating to the Status of Refugees to victims of trafficking and persons at risk of being trafficked', HCR/GIP/06/07, April 2006.
26 注24参照。
27 人身取引議定書第3条(a)。
28 より詳しくは、UNHCR, 'Guidelines on International Protection: Membership of a Particular Social Group within the context of Article 1A(2) of the 1951 Convention and 1967 Protocol relating to the Status of Refugees', HCR/GIP/02/02, 7 May 2002; UNHCR, 'Guidelines on International Protection on gender-related persecution within the context of Article 1A(2) of the 1951 Convention and/or 1967 Protocol relating to the Status of Refugees', HCR/GIP/02/01, 7 May 2002.
29 K. Saito, *International protection for trafficked persons and those who hear being trafficked,* New Issues in Refugee Research, Working Paper No.149 (UNHCR, 2008).
30 ジェンダーに基づく迫害については、Deborah E. Ankerが詳しい。[http://www.law.harvard.edu/faculty/directory/10024/Anker/publications, as of February 2013]
31 実際2004年末のスマトラ島沖地震・津波の際にはそのような恐れがあったため、UNICEFとIOMが共同で人身取引防止のための大規模な広報啓発活動を実施した。
32 2011年11月にクアラルンプールで開催された「庇護と人身取引の連関性」に関するUNHCR・IOM合同

ワークショップ、およびSaito, *supra* note 29.
33 Bian v. Canada (Minister of Citizenship and Immigration) IM-932-00, Federal Court, 11 December 2000. [http://www.canlii.org/index_en.html, as of 5 June 2013]
34 判決においては「Burma」が使われているが、本章においては国際機関において通常使用されている国称に従う。
35 Australia Refugee Review Tribunal (RRT), N03/45573, 24 February (2003). [http://www.austlii.edu.au, as of 5 June 2013]
36 Centre for Gender and Refugee Studies, University of California Hastings College of Law (CGRS) Case No.3438 (Albania) [A79-607-478, 20 December 2005]. 米国における人身取引と庇護について詳しくは以下参照。S. Knight, 'Asylum From Trafficking: a failure of protection', *Immigration Briefings,* No.07-07 (July 2007).
37 SB (PSG – Protection Regulations – Reg 6), Moldova CG [2008], UKAIT 00002, 2007. [http://www.bailii.org, as of 6 June 2013] 英国における別の代表的判例として、SK (Prostitution) Albania UKIAT [2003] 00023, 7 July 2003. [http://www.bailii.org, as of 10 June 2013]
38 より詳しくは、Dechert LLP, Klasco, Rulon, Stock and Seltzer LLP, 'Comparative Report on the Application of Asylum Standards to Protect Women Trafficked for Sexual Exploitation. An Analysis of the Laws of the United States, France, Canada, Luxembourg and the United Kingdom', (2004); B. Burgoyne and C. Darwin, 'UK victims of trafficking', *Forced Migration Review,* Issue 25, (May 2006), p. 43.
39 「マンデート難民」について以下参照。UNHCR『前掲書』(注22)、13-19パラ。
40 犯罪対策閣僚会議「人身取引対策行動計画2009」(2009年12月)。[http://www.kantei.go.jp/jp/singi/hanzai/kettei/091222/keikaku_hon.pdf、2013年5月15日現在]
41 同上、11頁。下線は筆者が加筆。
42 難民支援協会「難民認定申請を行う人への助言」2009年2月。
43 岩田陽子「我が国の難民認定制度の現状と論点」『調査と情報』第710号 (2011年5月)、10頁。
44 2013年6月、関係者への電話インタビューに基づく。
45 この点における諸外国の取り組みとその限界については、T.M. Christensen, *Trafficking for sexual exploitation: victim protection in international and domestic asylum law,* New Issues in Refugee Research, Working Paper No. 206 (UNHCR, 2011). 米国における庇護制度と人身取引被害者保護制度の比較についても検討されている。

Chapter 5 *Ensuring Appropriate Treatment of Detainees and Prevention of Human Rights Violations in Immigration Detention Centres: Practices in the UK, France and Japan*

第 5 章
出入国管理施設における適正運用確保と人権侵害防止の取り組み
イギリスとフランスの先例と日本

新津 久美子 *Kumiko Niitsu*

キーワード：出入国管理施設、施設における透明性と可視化の確保、視察委員会、拷問等禁止条約選択議定書、欧州拷問等防止委員会

Keywords: immigration detention centre, ensuring transparency inside the centres, visiting committee (inspection), Optional Protocol to the Convention against Torture (OPCAT), European Committee for the Prevention of Torture (CPT)

はじめに

　日本の難民行政をめぐる動きは、急激に認定件数が増えるということはないが[1]、2010年9月から新たに第三国定住者の受け入れを始めるなど、新しい動きが徐々に進行している。同年夏には、長年その必要性がうたわれてきた出入国管理施設内での第三者機関の訪問視察による透明性確保の動きが実現し、出入国管理施設における「視察委員会」制度が発足した。

　出入国管理施設は、強制退去待機者や庇護申請者といった外国人に対する事実上の収容施設でもあるため[2]、その性質に外部から隠れて見えにくい密室性を有しており、人権侵害が生じやすい[3]。そのため、透明性と可視化の確保は、施設の存在意義に関わる重要な要素である。本章では、新しく導入された視察委員会制度の概略を紹介しつつ、今後の有り様を、海外の組織なども参考に考えてみたい。特にその密室性に着目し、可視化という観点から視察委員会制度を検討する。なお、英語のinspectionには、査察、監視、視察、といった異なる邦訳があるが、本章では先行研究を引用する以外は、法務省の新制度の名称に合わせ「視察」と表現する。

1. 日本の制度——入国者収容所等視察委員会とは

(1) 根拠法および目的

　2009年7月15日に改正された「出入国管理及び難民認定法」（以下、改正入管法）および「出入国管理及び難民認定法施行規則」（以下、施行規則）により、入国者収容者等視察委員会の設置が新たに決まった。

　入国者収容所等視察委員会の設置は「法務省令で定める入国管理官署に、入国者収容所等視察委員会（以下「委員会」という）を置く」とする入管法第61条の7の2による。詳細は、入管法第61条の7の2から7、また、施行規則第59条の3から5にわたり新たに規定された。

　法務省のホームページには、その目的を「入国者収容所等の視察および被収容者との面接を行い、その結果に基づき、入国者収容所長等に意見を述べ、もって、警備処遇の透明性の確保、入国者収容所等の運営の改善向上を図ること」とある[4]。実際の設置に至ったのは2010年7月1日である。

(2) 対象施設および担当区域

　具体的な対象施設は、施行規則第59条の3によれば全国に22カ所あり、内訳は、入国管理センター3カ所[5]、支局や出張所を含む地方入国管理局の収容場16カ所[6]、出国待機施設3カ所である[7]。視察委員の設置官署は東西2カ所あり、東京入国管理局に「東日本地区入国者等視察委員会」を、大阪入国管理局に「西日本地区入国者収容所等視察委員会」を設置し、担当区域は東西で分けている。

(3) 視察委員の構成と任期

　実際に視察にあたる視察委員の構成は、改正入管法第61条の7の3に規定される通り、東西各委員会とも10人以内で、法務大臣が任命する非常勤国家公務員であり、その人選は、既に運用がなされていた刑事施設視察委員会等の状況[8]等も参考にし、幅広い分野の有識者に参加してもらう形を取っている。

　具体的な人選に関しては公表されていないが、東西10人ずつ、合計20人で構成され、実際には、学識経験者、弁護士、国際機関関係者、医療関係者、地元町内会関係者などで構成される。運用当初とは異なり、開始3年目の現在は委員会構成者の職業も公開されている[9]。ただし具体的な人名やプロセスは非公開であり、透明性の確保が目的であることに鑑みれば、その機能に疑問を投げかけると言えな

くもない。任期は7月から翌年6月までの1年間で再任もある。

(4) 委員会の招集、進行、情報提供

委員会の招集は委員長が行い、開催や議決には委員の過半数の出席が求められる。年度始めの委員会で入国者収容所長等から情報提供が行われ、その他に随時必要情報は提供される（改正入管法第61条の7の4および施行規則第59条の5）。実際に提供されうる情報は、収容定員、入国者収容所等の管理の体制のほか、被収容者に対して講じた衛生上・医療上の措置、面会・通信の状況、被収容者からの申出の状況など入国者収容所等の運用の状況等が想定されている[10]。

(5) 「提案箱」制度

被収容者から視察委員への意思伝達の方法として、被収容者が禁止や制限なしに認められる書面提出の手段がある（改正入管法第61条の7の4第4項）。具体的には、施設内に設置された「提案箱」に被収容者がいつでも意見を投函できる。「提案箱」は、投函者のプライバシーを確保し意見投函による不利益から防御するため、原則として委員会が直接開封にあたる。秘密性の確保が最も注目される点である。

関係者によれば、提案箱は施錠され、鍵は委員会と施設側がそれぞれ保持し、鍵のかかった箱そのものを委員会に渡し秘密性を保持している。ただし施設の性質上、多くの意見が外国語での記述となるが、翻訳するのは現在のところ法務省自身である。別所管の職員が翻訳するなどして、直接担当者が案件に触れることは無いようだが[11]、法務省の部局内で行なっているという事実は変わらない。処遇の改善等、要望を受ける当事者側が翻訳に関わる状況は、制度の独立性の根本的欠陥ともなりかねない。

加えて被収容者に制度が十分に浸透しておらず[12]、提案箱に手紙を提出することで不利益を被らない担保がなく、手紙への対応に関する結果通知は特段本人宛にはない。提案箱の手紙回収が常時でなく定期的で、更に委員に渡るまでに翻訳等を経るため、緊急性の高い相談に対応しきれないことも課題である。このような現実的な課題、特に、翻訳における秘密性の確保や、緊急性の有無の判断等の機動性確保は、予算と人員を別途確保し、外部の事務局を設置することで、ある程度担保できると考えられる。

⑹ 実際の視察と面接、報告書

　視察や面接は、東西の視察委員会が担当地域を視察し、その際に希望者と面接することもある（改正入管法第61条の7の4第2項）。視察終了後、各委員会は意見も含めた「視察結果報告書」を年1回作成し、東日本および西日本の入国者収容所長らに提出する。具体的には任期末の6～7月に提出するが、あくまで非公開である。また、その報告書を受け、入国者収容所長らが実際に講じた措置内容の活動概要報告書を取りまとめ、法務大臣が概要を公表することが定められている（改正入管法第61条の7の5）。年に何回行くか、どのように面接を進行するかなどは現場の判断に任され、回数や形式などは決まっていない。

⑺ 視察委員会による指摘や報告書の有用性の確保

　視察委員会の視察の結果なされた制度改善への指摘や報告書には、法的拘束力は担保されていない。委員会制定時の国会審議では、委員による指摘は、一定程度、反映が担保されるとの言及があるが[13]、規定などで定められておらず、実際は運用をしながら有用性を確保する。

2．世界の制度——国連、地域人権機構、諸外国のメカニズム

　以上が日本に新しく導入された制度であるが、翻って世界に目を転じてみると、出入国管理施設の被収容者への人権侵害を視察するどのようなメカニズムがあるのか。拘禁問題を扱う人権NGOの国際的な集合体である「国際拘禁連盟」（International Detention Coalition: IDC）の報告書[14]によれば、考えられる視察のメカニズムは、①国際メカニズム、②地域メカニズム、③国内メカニズム、④局所メカニズムの4つである。

　このうち、①国連の制度から特に「拷問等禁止条約選択議定書（Optional Protocol to the Convention against Torture and Other Cruel, Inhuman or Degrading Treatment or Punishment: OPCAT）」を、②地域人権機構として特に欧州拷問等防止委員会（European Committee for the Prevention of Torture and Inhuman or Degrading Treatment or Punishment: CPT）の運用状況を、また、③先駆的な諸外国の制度としてイギリスおよびフランスの国内制度を、紙幅の都合からそれぞれごく簡単に見ていきたい[15]。

(1) 国連の制度、特に拷問等禁止条約選択議定書（OPCAT）

　まず、拷問等禁止条約の選択議定書は、2002年7月24日に国連経済社会理事会により採択され、総会に送付、2006年6月22日に必要署名数を超えて発効している[16]。外部からの監視システムがなければ、いかなる収容施設においても拷問や虐待は防止することが不可能である、という考えにより、まさに収容施設に対して定期的に視察訪問を行うメカニズムを作ることを目的とする議定書である。

　欧州拷問等防止委員会の視察機能を手本とし、締約国内の出入国管理施設はもとより、警察拘禁施設、刑事施設、精神病院等の収容施設全般を管轄とし、それらを定期的および臨時に視察訪問し必要時には改善勧告を行う小委員会を国連内に設置し、同時に、締約国内に同趣旨の視察機能を持たせた機関を設けることを定めている[17]。具体的には条約上の組織である拷問防止小委員会と、各締約国に別途設置される視察システムを持った国内防止機関との協働監視作業によりその内容を担保していく。

　日本は現在、未加入である。

(2) 地域人権機構、特に欧州拷問等防止委員会（CPT）

　拷問等禁止条約選択議定書の起草にあたり、そのモデルとなったのは、地域人権機構である欧州拷問等防止委員会（CPT）における収容施設に対する視察機能であった[18]。

　1989年2月に欧州評議会において発効した欧州拷問等防止条約（European Convention for the Prevention of Torture and Inhuman or Degrading Treatment or Punishment: ECPT）に基づく条約機関であるCPTであるが、その視察機能は訪問制度の形をとる。訪問には、定期訪問（periodic visit）と臨時訪問（ad-hoc visit）の2種類がある（第7条）[19]。臨時訪問では当該国に通告するだけで、いつでもどの施設でも訪問して良いことになっている（第8条）。締約国は「その領域内で人が公権力によって自由を奪われている全ての場所」について訪問を受け入れなければならず（第2条）、具体的に対象とする訪問先は、加盟国47カ国の刑務所、少年院、警察留置場、入国管理施設、精神病院、老人介護施設を含む収容施設である[20]。

　注目すべきは、CPTの訪問は休日も祝日も関係なく24時間深夜でも実際に行われる点である。規定があるだけでなく、現実に行われていることは委員の発言を見ても明らかである[21]。こうした規定は、後述するイギリスの国内視察委員の制

度等でも採られている。調査団は約4～8名で構成され、そのうち2～4名が委員、2名が事務局員、場合によっては1～2名が別途エキスパートや通訳として同行する。調査対象国の国籍の委員は訪問には参加しない。通常2～3週間その地に留まって、NGOや弁護士会、オンブズパーソン組織等と接触し情報を得る。

　1989年の委員会発足後、1990年の最初の訪問から2013年8月5日時点まで約340回の訪問を行っている[22]。内訳は、定期訪問が約200回、臨時訪問が約140回である。近年の訪問の統計を見ると、1年毎に約15カ国の数の訪問を行っているが、問題のある国が出てきた場合には、連続して訪問する。

　どの国の収容施設が問題を抱えているかといった情報に誰でもアクセスできる一方、訪問後6カ月以内にCPTがまとめて当該国に送る報告書は、当該国の同意がない限り非公表である。各国は報告書に対し改善措置を含めた回答を寄せ、その後最終的な報告書がまとめられる。CPTは改善措置に向け当該国に勧告するが、欧州人権裁判所と異なり、その決定に法的拘束力はない[23]。よって、拘束力のある欧州人権裁判所の決定とどのように有効に手を組むか、ということも、実行性確保の上で常に求められてもいる[24]。

(3) 諸外国の制度、特にイギリスとフランス

　様々なスタイルの国内訪問メカニズムがあるが、本章では歴史の古いイギリスの制度と、最近制度が構築されたフランスの制度を簡単に概観し、その後に、著者による現地担当者へのインタビューを見ていきたい。

(a) イギリス

　イギリスの視察制度[25]は詳述すると3種類あり、①専門家集団からなる「王立刑事施設視察委員会」(Her Majesty's Inspectorate of Prisons for England and Wales: HMIP)、②地元の人びとを中心とした「独立監視委員会」(HM Independent Monitoring Board: IMB)、③被収容者からの申立てを受け調査を行う「不服申立て機関」(いわゆるオンブズパーソン) (The Prisons and Probation Ombudsman) がある。ここでは日本の入管施設視察委員会に相当する①「刑事施設視察委員会」を見ていく。

　イギリスの刑事施設視察委員会は、CPTの場合と同じく、視察対象は出入国管理施設のみでなく、刑務所を含む収容施設である[26]。同種の委員会として、警察留置場を対象とする留置施設視察委員会 (HM Inspectorate of Constabulary)、保

護観察視察委員会（HM Inspectorate of Probation）があり、お互い協働している。根拠法は1982年に改正された1952年監獄法（Prison Act 1952）第5条である。司法長官により任命される首席視察官（任期5年）の下、副首席視察官、視察官30余名で構成され、その中から抽出された視察官により視察団を構成し実際の視察にあたる。それぞれの視察官には専門分野があり、大まかな担当施設は決まっている。視察の種類には、総合視察（full inspection）とフォローアップ視察（follow up inspection）がある[27]。前者は視察の前の事前通知がある場合とない場合があるが、後者に事前通知はなく、基本的に直前に[28]告げて訪問をする。出入国管理施設の場合の総合視察では、チームリーダーを含む5人以上の視察官と他にスペシャリストなどが加わった平均8人で、1施設につき5日間かけて100項目以上の調査を行う。調査の項目と進め方は、詳しい視察マニュアル（'Inspection Manual'）[29]が基準として存在する。夜間視察（夜9時半から朝6時半に挙行）も必ず行うこととされる。フォローアップ視察の場合、調査時間は少し短く、前回以降の改善状況の確認が主なポイントとなり、総合視察後の1年から3年以内に必ず行われる。すべての入管関連施設は、必ず3年から5年に1度は視察を受ける。

　視察によって明らかになった状況を記述し、改善勧告を付記した視察委員による各施設の視察報告書であるが、刑務所に関する報告書は司法長官及び関係閣僚に、出入国管理施設に関する報告書は内務大臣に送付され公表される。視察後5カ月以内の送付と公表が目標とされる。各施設に関する報告書はホームページに掲載され、国民がインターネットを通じて自由にアクセスできる状況になっている点が重要である。マスコミや被収容者を含む全ての人に閲覧の機会が保障され、施設の現状が詳細に渡り（1施設につき100頁超）記載されている。また別途、年間報告書も大臣に提出され、国民に公表される。調査にかかる費用は毎月すべてホームページ上に公表される[30]。改善勧告に法的拘束力はないが、フォローアップ視察でその後の改善状況を頻繁にチェックされ、かつ、その結果を公表されるため、指摘された点は改善しない限り何度も改善項目として挙げられ、周知の事実となってしまうことから当局も改善せざるを得ない。そのような意味で事実上の強制力を持っている。

　さらに、別途、刑事施設の中でも出入国管理関連施設に特化した指標（Expectationsと呼ばれるチェックリスト）もあり、そこには被収容者の生活全般につき、守られるべき権利や視察にあたり注目し確認すべき事項が150頁にわた

り事細かに記載されている[31]。中でも注目すべき点の一つは、多様性の確保に言及がある点であろう。性的指向や民族/国籍/文化/宗教の違い、障害の有無によって差別的な言動を収容所内で受けぬよう、積極的な理解推進に向けた言及がなされ、視察の際にはそうした点が確保出来ているかスタッフや被収容者に確認すること、とある。また、部屋の温度管理や水への無料アクセスの確保、医療の確保、法的書類の翻訳作業や日常の言語サービスの確保、精神面のケアの確保の確認など、多岐にわたる視察ポイントが具体的に列挙してある。

(b) フランス

一方、同様の制度を新しく導入した国としてはフランスが挙げられる。フランスにおいてもごく近年、出入国管理関連施設を含む収容施設を視察する「拘禁施設総監督官」（contrôleur général des lieux de privation de liberté）が2007年に発足した[32]。同制度は「拘禁施設虐待防止法」（2007年10月30日制定）第1条に基づくが、そうした法律制定に至ったのも、「拷問等禁止条約選択議定書」をフランスが2005年に署名したことによる[33]。

特徴としては、対象施設として入管のみならず、警察、精神病院、刑務所など、拘禁施設全般を含むこと（第1条）[34]、独立性が担保されていること（第2条）、事前告知のない訪問を含む視察（第8条）、視察後の報告書作成と公表（第9条）、予算の独立性の確保（第13条）等が挙げられる。総監督官は大統領令に基づいて任命され、任期は6年、調査担当の監督官を一定数任命できる。視察職務による不利益享受のないことが明記され、訴追からも免れ、事後審査を受ければ一定程度が支出自由な予算措置と合わせ、独立性を担保されている。オンブズパーソン形式であり、法人、個人、NGOなどからも申立てを受け付ける。このフランスによる新しい視察制度は、イギリスの刑事施設視察委員会をある程度模倣していると言われている[35]。日本と同じく比較的新しい国内制度なので、今後も注目されるところである。

これら2カ国のシステム、特に経験のあるイギリスの制度に関しては、非常に高く評価され、各国の手本ともされている。視察後の報告書の公開や記者会見の開催、加えて、視察官が聞き取りをした被収容者にさえも報告書の公表日時が伝えられるようマニュアルに含まれていること[36]など、情報公開が相当程度確保されており、可視化の観点から言えば、高く評価できよう。特に、制度が始まったばかりの日本にとり、参考となる要素が相当程度含まれるであろうことを改めてこ

こに付記したい。

3. インタビュー

　本節では、フランス、イギリスについて個別の調査結果を記載したい。著者は2011年9月にフランスおよびイギリスにて、複数人の視察担当者と面談する機会を得た。制度の詳細説明を受けると同時に、予め用意した疑問点に答えてもらう形で両国の視察責任者等にインタビューを行い、イギリスでは実際の視察活動への同行（5日間かけて行う）も実施した。紙幅の関係で、インタビューの一部を掲載し、イギリスでの視察同行の全行程に関しては別の機会に論ずるものとする。

(1) フランス
グザビエ・デュポン（Xavier Dupont）拘禁施設総監督官事務局長
　（前保健省官僚。於パリ市内事務所）

Q1. 拘禁施設総監督官制度の視察委員の選任方法
　公募の形式で募集した。208名の応募の中からジャン＝マリー・ドラリュー（Jean-Marie Delarue）総監督官[37]が監督官（計12名）を選抜したが、あらゆる出身母体の個人が集められた。警察官、裁判官、官僚経験者も構成員にいる。平均年齢は50〜55歳。委員に選ばれると出身母体との関連はいったん切れ、どの団体からも独立した存在となる。監督官の任期が終われば省庁を含む元の職場に戻ることは可能であり、この点が独立性という点で疑問視されるが、行政の制度運営を良く知る人びとが担う方が実質的に問題にうまく対処できるため、今はこのやり方が良い仕組みであると考えている。

Q2. 拘禁施設総監督官制度創設のきっかけ
　ひとえに国際的な動きによる。具体的には「拷問等禁止条約選択議定書」の誕生である[38]。呼応する国内的な動きとしては、長年の収容システム全体の劣悪さがあり、刑務所処遇その他は常にやり玉に挙げられてきた。2000年から収容システムの変更が図られ、議会主導により政府による収容システム監視の外部組織設立を決定することにつながった。このように、国際的な動きと国内的な動きが一つに交わった結果が創設に結びついたと言えよう。総監督官の任期は6年間、再任

は不可である。

Q3. 拘禁施設総監督官制度のフランス国内における認知度

　2008年の設立当初に比べれば多くの人に知られるようになっただろう。2010年には、被収容者からの手紙は年間3,500通にまで達している。刑務所では広く知られているだろう。しかし、警察施設では収容が最長24時間以内と短時間であるため、被収容者にシステムを知ってもらう時間はあまりない。

Q4. フランス語のわからない外国人への対応方法

　フランス語のパンフレットはどの施設にも置いてある（他の言語はない）。視察の間、通訳が雇われ、フランス語のできない被収容者と監督官が意思疎通を容易にできるようにしている。

Q5. 被収容者からの手紙等の処理

　手紙は送り主の自己負担で当機関に送られてくる。被収容者からの手紙が施設関係者によって開封されることは禁じられている。直接監督官に手紙を提出する提案箱のような仕組みはないが、将来的にそのような箱を置くか、必要な場合に使える切手を貼った封筒をいつでも被収容者が使えるよう常設の場所に設置する必要はあろう。受刑者を含むすべての被収容者が外部への手紙の数の制限を受けることは全くない。監督官の役割の一つは、被収容者に対し、彼/彼女自身を表現する機会を提供することである。

Q6. 最長収容時間

　現在は32日間であるが、47日間に延びる予定である。収容日数制限が設けられたのは、不法滞在により送還される件数が1年に3万件の多数となったことによる。

Q7. 刑務所及び出入国管理施設から外部へのコミュニケーションの確保

　インターネット接続は許可されていない。2009年の法改正により普通電話での通話は可能である。しかし受刑者/被収容者は電話を使うため房の外に出なくてはいけない。携帯電話は禁止されている[39]。

Q8. 被収容者への調査

　各視察時に、被収容者への調査が行われ数カ月先に結果は公表される。年次報告書も公表する[40]。

(2) **イギリス**

(a) マーティン・ロマス（Martin Lomas）HMIP副首席視察官（Deputy Chief Inspector of Prisons）

（前職は刑務所長〔勤務歴27年〕、2011年9月より現職。於ロンドン市内HMIP事務所）

Q1. 王立刑事施設視察委員会（HMIP）の歴史

イギリスには収容施設に対するプロの視察官とボランティア訪問者の長い歴史がある。刑事施設に対する視察官の歴史は1835年に始まった。しかし、視点が施設寄りで独立性が不足し適正に機能していないとの批判が1970年代の度重なる刑務所暴動により強まり、1982年のHMIP設立に至る。

Q2. スタッフと予算

首席視察官は2010年6月よりN. ハードウィック（Nick Hardwick）氏[41]である。他に、視察官、調査官など、独自任命のスタッフが計45名いる。そのスタッフたちの職歴としては、元刑務所職員、ソーシャルワーカー、医学関係者、麻薬取締従事者、リサーチャー等がある。国王による任命であり、政治任用ではない。収容施設から独立した外部の人間である。視察実施の際には、視察官の他、外部の専門視察官[42]を招いた混合での視察実施が通常である。独立予算があり、2011年度は年間400万ポンド、数年後には減らされる予定である。

Q3. 代表的な視察の方法

①独自の基準（前述の「指標」（Expectations）と名付けた150頁超の基準）を使い視察を行うこと、②視察時に誰からも束縛されず、全てにおいて独立し、個々の視察官に完全に委ねられた自由な形式で視察が行われ、特に首席視察官は政治的には決して干渉を受けないこと、③視察の75％は、先方に予め通知をせず視察訪問する「非事前通知視察」の形式を取ること、④定期的な訪問を行うこと、⑤一施設ごとの視察に時間をかけること[43]、⑥テーマを決めた視察も時折行うこと[44]、⑦比較調査を重んじること[45]、が挙げられよう。

Q4. 視察活動のインパクト

視察結果をどこからも縛られることなく公表する権利が保障されていることは大きい。2010～2011年の1年間に97カ所の施設視察の報告書が発表されたが、その実際の効果として、①それぞれの報告書に記された「アクション・プラン」の3カ月以内の実施、②97％の勧告が施設側に拒否されず受け入れられている事

実、③66％の勧告が実施されている事実がある。

(b) ローラ・ペイトン（Laura Paton）HMIP上級政策担当官（国内防止メカニズム担当）
　　（前職はスコットランド子ども委員会〔the Children's Commissioner in Scotland〕勤務。於ロンドン市内HMIP事務所）

Q1. 権限と予算
　視察団の構成員である視察委員は、施設長の許可を得ることなくいつでも望む時に当該施設に出入りができ、秘密を保った形で被収容者と一対一で話す権利が保障される。全ての機関からは独立性が担保されている。HMIPはイギリス政府により予算が提供されていることから、「独立性」の度合いを疑問視する声もあるだろうが、政府は一切干渉しない。ただ、例えばスコットランド人権委員会はスコットランド政府ではなく、厳密には、議会から資金を得ている。その点でHMIPよりも独立性が高いと言える。

Q2. 視察の多様さ
　収容施設に出入りを許されている団体による違いはある。たとえば、類似のオンブズパーソンである独立監視委員会（Independent Monitoring Board：IMB）は、決まったボランティア・スタッフが週に1回以上の頻度で担当する収容施設を訪問する。全ての施設にIMBの委員会があり、地域の住民がメンバーとなり日常的な定期訪問を担っている。一方、HMIPは1回の視察は5日間程度と長いが、全施設に対して2、3年に1回必ず行うという有給の専門家集団であり、イギリス全土の出入国管理施設視察の責任主体である。

Q3. エスコート・サービス[46]における視察の実施状況
　新しい活動対象の一つであり、2011年、HMIPは不法移民の送還時の視察を初めて行った。ナイジェリア人とジャマイカ人の本国への強制送還時のチャーター機に同行した。以前は強制送還時には視察官は被拘禁者の飛行機搭乗までを見守るだけであった。2010年、ウガンダとアンゴラに強制送還される人々のうちの1人が、飛行機内で拘束中に死亡する事故が発生した[47]。事故を一つのきっかけに、飛行機が目的地に到着するまでの間の視察が実施されるようになった。もし被拘禁者が暴れだした場合、その安全コントロールは難しい。適切に扱わず制圧した場合に呼吸器が止まりやすい。送還は、被拘禁者に難しい時間である。多くの者

はイギリスで長く過ごし、時には言葉もよくわからず、連絡先も特にない場所へ送還される場合もあり、非常に大きなストレス下にあることは無視出来ない。

Q4. 外国語への対応

電話通訳（language line）が、出入国管理施設にはある。司法省から予算支出を受けている。多くの被収容者は英語を話すが一人で法的問題を捌けるほどは上手くない。外国の言語で提案箱に出された手紙は、必要に応じてHMIPの予算で翻訳される。また、視察に先立って行なわれる調査官による被収容者への聞き取りなどの事前調査は数言語で行われ、HMIPの外部機関のスペシャリストによって翻訳される。これらの調査は非公開で行われ、政府はその個別情報を見ることはない。

(c) エイミー・サマーフィールド（Amy Summerfield）調査官（Researcher）
（視察委員の視察に先立ち対象施設での被収容者への事前調査などを行う。大卒後に現職、専攻は心理学。於ロンドン市内HMIP事務所）

Q1. 調査時期

事前通知視察（announced inspection）はあらかじめ所内の被収容者に対して事前アンケートを行う。施設の性質上、被収容者の出入りが激しいので、調査も正確な数字を反映出来るようできるだけ視察日程直前に行う。出入国管理施設では視察の2週間前に、刑務所の場合には視察の1カ月前に行う。非事前通知視察（unannounced inspection）の場合は、どの施設でも視察の1週間前に、先方に通知の上、被収容者に対する事前アンケート及び面接調査を行う。

Q2. 調査参加を促すために気をつけている点

視察委員の役割と調査の目的をまず被収容者に対し説明する。調査が施設から独立し、秘密は保持されること、特定の個人でなく無記名回答として扱われることが強調される。同時に、事実の調査と公表が目的であり、具体的事象への対処は業務対象外であり、個別案件にアドバイスはできない旨も誠実に伝える。

Q3. 外国人への調査時の配慮

アンケート調査は23の言語に翻訳された設問が配布され、英語話者かどうかに関係なく参加できる。要請があれば電話翻訳も使用可能である。英語ができない被収容者間に大きな共通言語グループがあればその言語の通訳を帯同する[48]。制度を全く知らない外国人被収容者からヒアリングをする場合は、秘密を守る第三

者である旨を通訳から伝える。特定言語の該当者全員を呼び、食堂などで一気に調査履行することが一般的である。

Q4. 調査活動の特徴

多様性の分析を行うため属性ごとの比較をする。例えば、英語話者かそうでないか、障害があるかないか、などで回答結果の違いを見る。通訳や翻訳には支障のないように気を遣っているはずが、英語話者か否かで全く違う回答結果が出ることもある。また、収容施設スタッフと被収容者の関係性、管理監督の適切さも被収容者に対して聞くようにしている。

Q5. 調査チームの構成

HMIPにはほぼ10名の調査専門官がおり、分担して各施設の視察毎に2名ずつで施設の調査にあたる。

Q6. 調査項目

視察対象施設によって項目は多少変化するが、主要な部分は刑務所でも入国管理施設でもあまり変わらない。調査項目の一例には、「到着時に自分のわかる言語で説明を受けたか」、「今後何が起きるか説明を受けたか」、「望んだ場合に施設スタッフや弁護士と容易に面会出来るか」、「この半年に肉体的制圧を受けたことがあるか」、「時間を埋めるためにすることはあるか」がある。直近で調査した施設では76項目の質問をした。結果は全て公開される。

(3) フランスとイギリスの事例からの教訓

フランス、およびイギリスの出入国管理施設における視察の方法とプロセスを、インタビューを通じ、つぶさに見てきた。むすびに、日本に示唆するもの、著者の気づきを簡単に記してみたい。

まず、視察の方法である。「視察」は行えば良いのではなく、その方法こそが問われよう。本章内で見てきたように、例えば、イギリスの場合は「視察マニュアル」があり、「指標」と名付けられた独自基準や、①安全、②尊重、③目的のある活動、④社会復帰、と視察に際した厳密な評価基準（「健全な刑務所」検査）の存在がある。視察に客観的指標を用いることで、外部から見た際にも信頼がおける状態を担保している。あわせて、施設および被収容者の属性や状況把握のため事前に行う統計調査もまた、視察の効果的な履行確保のため大きな役割を果たしている。

次に、外部への情報の公表の重要性も、フランス、イギリスの実践から改めて見えてきた。視察の方法や施設の状況に関する詳細な報告があってこそ、初めて

視察の全行程は完了する。印象論に終わらせず、客観性の担保された視察であったかどうかを、納税者である国民の側からチェックできる機会を最大限に確保しておくことも視察委員会制度には求められる。

また、警察、入管、刑務所とそれぞれの性質の異なる収容施設ごとに別々の視察委員会が存在する日本と異なり、イギリスやフランスの場合は、収容施設全般が対象範囲である。その中で、特に出入国管理施設に特化した新たな示唆としては、エスコート（移送）・サービスでの視察の実施があげられよう。イギリスにおいても送還中の死亡事故をきっかけに強化されたばかりの種類の視察であるが、近年日本においても同様の送還中の死亡事件が発生していることに鑑みても[49]、移送過程もいずれ視察範囲に含めていくことは検討に値しよう。

一方、日本と大きく違う点として見えたのは、外国人被収容者の使用可能言語の問題である。イギリスの場合、収容人員全てが外国人の出入国管理施設であっても、多くの被収容者が主要言語である英語を話せる割合が非常に高い[50]ことが、日本の場合と比較して顕著に異なる。被収容者の日本語の理解度が低い日本であれば、意思疎通の確保のため、翻訳や通訳サービスへの更に高い配慮が求められるわけでもあり、その適正な運用担保は、今後も視察において着目すべき部分であろう。

国内防止メカニズムの創設を締約国に求める拷問等禁止条約選択議定書に関してだが、参加国が2006年の条約発効以来順調に増え続けており[51]、その批准を視野に入れるべき時が、日本にも遠くない将来にやって来るであろうことは想像に難くない[52]。密室である収容施設の視察は、特に厳密な独立性が要求されるものであるため、一国の制度に加えて、重層的に、地域機構や国際人権機構との補完があって、制度としてより高度な形で完遂していくことは言うまでもない[53]。

おわりに

日本には、国内に独立した人権委員会もないこと、また、アジアの地域人権機構もないこと、加えて、拷問等禁止条約の選択議定書もまだ未加入なことがあり、公の第三者としては一国の国内視察委員会が単独で出入国管理における人権侵害を防止し監視する義務を一手に担っている。その分、この新設の視察委員会制度には、本章で検討した国々の場合よりも、人権侵害のチェック機能に関しさらに高い度合いの実効性が求められているとも言える。

そしてチェック機能の実効性を担保するには、可視化の徹底を図ることであることが改めて見えてきた。可視化、特に密室におけるそれは、言うまでもなく非常に大切であり、人権確保のために必要不可欠な事項である。いみじくも本庄武が指摘するように、収容施設は人権の擁護と処遇の適正化という２つの点において、被収容者自身、外部専門家、市民の三者にアカウンタビリティを果たしていかなければならない[54]。そうした中で、被収容者本人の権利がどこまで保障され、どこまで秘密が保持でき、どのように苦情を申し立てることができ、いつ回答が得られるのか予め明示してあることは、外との交流が自由に出来ない被収容者にとり生命線となる重要事項であろう。加えて、委員会側が得た情報も、必要最小限を除き誰でもアクセスできるよう公開し、施設当事者とも積極的に対話をしていくことが重要である[55]。そのように外部だけでなく内部関係者とも相互に意見をやりとりすることで、情報の風通しの良さと透明性の確保につながっていくことは先例から見てよくわかる。

　しかしながら、前出の国際人権NGOであるIDCが2011年に発行した報告書[56]によれば、現在の世界の出入国管理収容施設を取り巻く大きな課題として、各国における施設モニタリング機能が全く存在しないか、存在していても非常に限られている点が挙げられており、世界的に難しさが残る分野であることもまた一方で見て取れる。

　日本の出入国管理施設視察委員会の制度は産声をあげたばかりであり、初めから全て整った状態であることは難しいが、徐々に制度をあるべき姿に整えていくことは非常に重要である。その際、本章でも部分的に論じたように、実際に同様の制度を整え運用している国の経験の検討を続けていくことは大変に有用であろう。加えてA. コイル（Coyle）も指摘するように、こうした視察は一国の制度で完遂することは難しく、実効性担保のために地域機構や国際人権機構との補完が望ましい[57]。

　フランス、イギリスの視察関係者とのやり取りの中で、「なぜ日本は選択議定書を批准しないのか、とても役に立つのに」と双方から無邪気に聞かれたことが、著者の印象に強く残る。当然のような無邪気さは、収容施設視察における制度履行の真の完遂は、国内外のシステムが深く連関し合ってこそ成立するのだ、という実感と確信の現れでもある。視察委員会制度の発展と国際的なメカニズムとの連関、中でも、国内防止メカニズムとの連動の可能性の研究に関しては、今後に繋げる課題としたい所である。

制度ができたことでよしとせず、今後も折に触れて原点に立ち戻り、何を目的として制度が発足したのかを考えるのは、制度の成長にむけた大切な作業である。引き続き優れた先行事例の研究を深く行い、新しい可能性を広く共有していくことは、実務家と研究者にとり、成熟した制度構築にむけて今後も更に求められる積極的な課題であろう。

【補記】本章は、新津久美子「入国者収容所等視察委員会について　その機能と課題―密室における可視化確保の視点からの検討」『国際人権』第22号（2011年）、114-122頁、および、新津久美子「入国者収容所等視察委員会制度―イギリスおよびフランスにおける制度運用の実際」『移民政策研究』第4号（2012年）、68-82頁をもとに加筆修正を行ったものである。また、英仏両国の現地調査に際し、成蹊大学アジア太平洋研究センターによる助成を受けた。

1　2012年難民申請者は2,545名、うち難民認定者は18名、人道配慮による特別在留許可者は112名であった。
2　難民申請者の収容に関しては、村上正直「難民認定申請者の収容」『21世紀国際法の課題』（有信堂、2006年）、第3章等に詳しい。
3　同様の密室性を持つ国の施設としては、刑務所、拘置所、警察留置場、自衛隊施設等が挙げられよう。また、公立および民間の精神病院の閉鎖病棟も列挙できよう。
4　法務省ホームページ「平成21年入管法改正について」より「5．入国者収容所等視察委員会の設置」。[http://www.immi-moj.go.jp/newimmiact/newimmiact.html、2013年8月1日閲覧]
5　東日本入国管理センター、西日本入国管理センター、大村入国管理センターの3カ所。
6　札幌、仙台、東京、名古屋、大阪、高松、広島、福岡の各入国管理局、成田空港、横浜、中部空港、関西空港、神戸、那覇の各支局、下関、鹿児島の16出張所。
7　成田、中部、関西空港支局の各出国待機施設3カ所。
8　入国者収容者等視察委員会の設置以前に、刑務所における第三者監視機関である刑事施設視察委員会（2006年導入）、警察留置場における留置施設視察委員会（2008年導入）が既に存在していた。
9　法務省「入国者収容所等視察委員会の活動状況」[http://www.moj.go.jp/nyuukokukanri/kouhou/nyuukokukanri01_00102.html、2013年8月1日現在]
10　法務省「前掲ホームページ」（注4）。
11　初年度の2010年度は、意見箱への投函書類は視察委員から法務省総務課職員に手渡しし、入管局の依頼を受けて民間業者に翻訳が委託されたようである。鬼束忠則「入管視察委員会の活動と今後について」『監獄人権センターニュースレター』第67号（2011年6月10日）、11頁。2013年現在、提案箱は、東日本においては、委員の各施設視察時に開封し内容確認する他、年に数回、各施設から箱ごと回収し、中央での会議の際に、視察委員全員でどの施設からの箱に何通入っていたかを確認し、次の会合までに内容の翻訳を法務省の事務局経由で外注、その翻訳が来た後に対応協議となる、という。一方、西日本では、委員の各施設視察時の内容確認の他は、各施設から回収された箱を委員長が鍵を持って代表してまとめて開け、数の確認をし、その後同経由で翻訳にまわす、というやり方を採っているという。筆者による関係者への聞き取り、2013年8月。
12　入所時および入所後も被収容者に対する説明は特になく、箱が置いてあるのを見て口伝えで使用されるのが現実とも聞く。筆者による関係者への聞き取り、2011年1月。

13 平成21（2009）年6月30日衆議院法務委員会、西川克行入管局長答弁「（前略）当該施設における警備、処遇の透明性あるいは運営の改善向上を図ると、このために設置されるというものでございますので、意見を述べるということができます。（中略）したがって、委員が収容所等に申し述べた意見が無視されたり、そういうことはなくて、その意見は十分担保されるというふうに考えております」。今野東衆議院議員「委員が改善を申し入れたことについて、これはそうなっていないよというやりとりは要するにできるんですね」。西川入管局長「当然できるというシステムにしようと思っております」。
14 International Detention Coalition, *Human rights for detained refugees, asylum seekers and migrants,* November 2009, p. 26.
15 選択議定書締約国の国内防止メカニズムの現状を紹介、分析した主な研究として、桑山亜也・海渡雄一「拘禁施設内における拷問等防止の意義」『龍谷大学矯正保護研究センター研究年報』第6号（2009年）、80-100頁。
16 選択議定書は2013年8月4日現在、署名72カ国、批准69カ国である。条約本体は署名78カ国、批准153カ国。
17 選択議定書第17条「（当該議定書）締約国は、この議定書が効力を生じた後又はその批准若しくは加入が効力を生じた後の遅くとも1年以内に、国内で、拷問防止のための1以上の独立した国内防止機構を維持し、指定し又は設置する」と定める。
18 欧州拷問等防止委員会（CPT）に関して、新津久美子・Timothy Harding「ヨーロッパ拷問等防止委員会の活動」村井敏邦・今井直監修『拷問等禁止条約をめぐる世界と日本の人権』（明石書店、2007年）、131頁を参照。当時ジュネーブ大学法医学部長であったT.ハーディング（Harding）医師（現在は同大学名誉教授）はCPT専門家委員を長年務め、実例に基づき構造、特徴、活動に触れている。
19 CPTと異なり、拷問等禁止条約選択議定書には臨時訪問制度は規定されていない。
20 他にも、難民キャンプ、軍隊の兵舎も含まれるとの指摘もある。ロッド・モーガン・マルコム・エバンス（葛野尋之・水谷規男訳）「収容施設の査察──ストラスブールからの視点」『三重法経』第107号（1996年12月）、35頁。
21 三谷革司「ヨーロッパ拷問防止委員会ハーディングさんを迎えて」『監獄人権センターニュースレター』第27号（2001年2月3日発行）、9頁、および新津・Harding「前掲論文」（注18）、131頁。
22 Council of Europe, signature and ratifications, CPT website. [http://www.cpt.coe.int/visits.html, as of 5 August 2013]
23 前CPT委員のO. ラスムセン（Rasmussen）によれば、「我々の活動は予防的なものであり、司法的な役割を担っている訳ではない」。「拘禁施設における国際査察機関の役割、刑務所医療の改革」『自由と正義』第55巻4号（2004年）、60頁。
24 新津・Harding「前掲論文」（注18）、133頁。
25 イギリスにおける視察委員の制度に関しては以下に詳しい。土井政和「イギリスにおける刑務所の透明性の確保について」『龍谷大学矯正・保護研究センター研究年報』第1号（2004年）。
26 HMIP, 'Inspection Manual 2008', p. 14. [http://webarchive.nationalarchives.gov.uk/20110204170815/http://www.justice.gov.uk/inspectorates/hmi-prisons/docs/Inspection_Manual_2008_rps.pdf, as of 5 August 2013] 同書を翻訳し関連文書を付したものとして、山本哲史・新津久美子・宮内博史編・監訳『視察マニュアル2008日本語版』（人間の安全保障フォーラム、2013年）。
27 HMIP, *Ibid.* 以下、詳細規定は、すべて前掲の'Inspection Manual 2008'による。記載は全181頁に及ぶ。
28 まったくの「直前」であると事前アンケートなども取れないため、1週間前程度には連絡する。ただ、対外的には視察実行当日まで秘密にされる。著者のHMIPへのインタビューによる（2011年9月）。
29 HMIP, *supra* note 26.
30 2013年8月現在の首席視察官の給与は11万5,000英ポンドである。
31 HMIP, 'Expectations', 2012. [http://www.justice.gov.uk/about/hmi-prisons/inspection-and-appraisal-criteria, as of 5 August 2013] なお、Expectationsは入国管理施設、刑務所、留置場、裁判所内拘置所、軍拘禁施設での視察用にそれぞれ存在する。同上サイトで入手可。

32 [http://www.cglpl.fr, as of 5 August 2013]
33 ここでは鈴木尊紘「フランスにおける拘禁施設虐待防止法制—警察留置場から精神病院までの人権保障」『外国の立法』第239号（2009年3月）を参照した。ほかに、ミシェル・ダンディジュアン（白取祐司訳）「フランスにおける自由剥奪施設の総合視察制度の創設」『龍谷法学』第41巻4号（2009年）にも詳細が載っている。
34 ただし、イギリスと異なり軍隊の収容施設への視察はフランスの拘禁施設総監督官制度では行なわない。
35 鈴木「前掲論文」（注33）、12頁。
36 HMIP, *supra* note 26, p.35.
37 前国家アドバイザーの他、仮拘禁に関するフォローアップ委員会議長、生命科学と健康に関する国民委員会事務局長、経済財政省閣僚技術諮問団副代表を歴任。
38 フランスは2005年9月16日に署名、2008年11月11日に批准している。
39 だが隠し持つなど事実上出回っているようである、とのことであった。
40 以下のサイトで見ることができる。[http://www.cglpl.fr/2009/829/, as of 25 January 2012]
41 前職では、独立警察苦情委員会議長、難民支援NGOである「難民審議会（Refugee Council）」事務総長など歴任。執筆時点の2013年8月現在も同職は同氏が務める。
42 教育問題を扱う教育基準局（Office for Standards in Education: OFSTED）の教育施設視察官などを招聘。
43 完全視察には5日間（標準）、短期視察には3日間かける。
44 イスラム教徒（2010年）や若年層ギャング（2010年）といった個別テーマでの調査が別途実施されている。
45 例えば、イスラム教徒と非イスラム教徒、外国人と英国人、ブラック・マイノリティとそうでない人といった、属性の違いによる回答の比較を行う。
46 移送中の被収容者への付き添い。例えば、警察署から裁判所拘置所への移送、強制送還時の空港から出身国への送還など。
47 BA（英国航空）機77便にてアンゴラに送還途上のジミー・ムベンガ（Jimmy Mubenga）氏が2010年10月12日に死亡した事件。送還を嫌がり複数の保安要員に制圧されたことが原因で死亡したとみられる。
48 近年は大きなグループを形成している中国語の通訳を連れて行くことが多い。
49 アブバカル・アウドゥ・スラジュ（Abugakar Awudu Suraj）氏（当時45歳）が、2010年3月22日、ガーナへの強制送還のため搭乗していたエジプト航空機965便にて、離陸前に刑務官の同行中に死亡した事件。現在裁判係争中。
50 ブルックハウス出入国管理施設の場合、80％の被収容者は英語が理解出来るとの調査結果が出ている。
51 同議定書の署名国と批准国については、*supra* note 16。
52 日本政府への拷問禁止委員会審査は、2013年5月の第50会期にも行なわれ、その審査の際にも選択議定書の批准が勧告されている。
53 なお、拷問等禁止条約選択議定書に規定される国内防止メカニズムに関しては、今井直「被拘禁者の国際人権保障の新たなメカニズム—拷問等禁止条約選択議定書の成立経緯とその内容・特徴」『龍谷大学矯正保護研究センター研究年報』第1号（2004年）、165頁以降、桑山亜也「拷問等禁止条約選択議定書の国内防止メカニズム」『法律時報』第83巻3号（2011年）、46-52頁に詳しい。
54 本庄武「刑事施設のアカウンタビリティと第三者機関の役割」刑事立法研究会編『21世紀の刑事施設—グローバル・スタンダードと市民参加』（日本評論社、2003年）、240頁。
55 特に、イギリスでは、視察委員会のマニュアルに、訪問の準備段階、そして本訪問のはじめと終わりには、施設側と必ず対話するよう指示記載がされている。HMIP, *supra* note 26。
56 IDC, 'The Issue of Immigration detention at the UN level: January 2011'. [http://idcoalition.org/wp-content/uploads/2011/01/idc-report_id-un-level-24jan2011-1.pdf, as of 20 February 2011]
57 Andrew Coyle, *A human rights approach to prion management: handbook for prison staff* (London: International Centre for Prison Studies, 2002), p. 111.

Chapter 6　*Health Problems of Refugees and Asylum Seekers: the Viewpoint of Social Determinants of Health*

第6章
難民の健康問題
健康の社会的決定要因の視座から

森谷 康文　*Yasufumi Moritani*

キーワード：健康の社会的決定要因、難民の健康問題、メンタルヘルス、在留資格、保健医療へのアクセス

Keywords: social determinants of health, health issues of refugees, mental health, status of residence, accessibility to health care

はじめに

　移住は良きにつけ悪しきにつけ、人の「健康」に影響を与え、健康は人の移住の転機を左右する。移民と健康の問題は、人の移動の拡大にともなって、海外から持ち込まれる感染症の予防対策として[1]、あるいは生活習慣の変化による問題として着目されるようになった[2,3]。

　近年では、人の健康には、教育、職業、収入、性別、民族や人種などに基づく社会経済的地位が深く関わっているとする「健康の社会的決定要因」に注目が集まっている。移民の健康においても、移住そのものが健康問題の直接要因ではなく、人が移住の過程や移住先での生活において体験する困難な出来事や社会からの排除といった社会的環境が与える影響が大きいといわれている[4]。2008年におこなわれた国連の第61回世界保健総会では、「移民に配慮した保健・医療政策とその実践」を呼びかける決議が採択された[5]。世界的な人口移動がますます活発になるなか、労働や教育、保健・医療へのアクセスをはじめとした移民をとりまく社会構造上の問題が一層厳しいものになっており、健康への影響が懸念されている。難民の移動には、出身国での紛争や迫害といった体験が背景にあり、そのために安全とはいえない方法で出国することがある。他国に逃れても、収容や就労や保健・医療など社会サービスへのアクセスを制限されるなど、健康を阻害する要因は数多く考えられる。

　日本は、1970年代後半に始まったインドシナ難民の受け入れを皮切りに、

1981年には「難民の地位に関する条約」、続いて翌1982年には「難民の地位に関する議定書」(以下、この２つをあわせて難民条約等)を批准し、さらに2010年からは第三国定住のパイロットケースを実施するなど、難民受け入れの枠組みをつくってきた。ただし、難民に対する直接的な支援は必ずしも積極的とはいえず、定住に係る公的な支援は極めて不十分なものとなっている[6]。日本で暮す難民には、日本語の習得も上手くいかず、不安定で低賃金の仕事に就くことを余儀なくされるなど、社会生活に困難を抱える者も少なくない[7][8]。

日本における難民の健康に関する調査、特にインドシナ難民以外に関するものは少なく、その実態についてはあまり知られていない。本論では、日本で暮らす難民について理解を深めるために、健康の社会的決定要因の視座から、難民の抱える健康問題とその背景、保健や医療へのアクセスの現状と課題について検討していきたい。

1. 難民の健康問題

(1) 難民の健康問題の特徴と背景

ある国から別の国や地域に移り住む過程は、大まかには「移住前・出発」、「移動中」、「再定住」の３つの段階にわけることができる[9]。慣れ親しんだ人間関係や地域から離れる、あるいは新しい環境で生じる生活変化による心理的なストレスは、程度の差はあるにせよ、こうした過程において誰もが経験するものである。しかし、難民の場合、その背景には出身国での紛争や迫害があり、その過程は必ずしも安全なものではない。「難民を受け入れている多くの国が、経済不況や政治の変化による不安定な情勢にあり、その権利擁護は決して十分ではなく、時には社会不安定のスケープゴートにされている」[10]という指摘にあるように、保護を求めて辿り着いた国においても困難な状況に置かれている難民は少なくない。

難民となる過程では、身体に直接的に傷や障害を負う可能性があることはもちろん、心理的ストレスが過大、あるいは日常的に持続すると、体内のアドレナリンなどの神経伝達物質の放出に異常が起こり、心拍、血圧、血糖値、免疫機能などの身体機能に影響を与え、高血圧や心臓病、糖尿病といった身体疾患をも発症させる可能性がある[11]。長期に続く心理的ストレスは、不適切な食習慣やアルコールやタバコを含む薬物の使用、疾病の予防や治療を継続する行動の欠如といった危険行動 (risk behavior) を誘発し、間接的にも健康を阻害する危険因子でもあ

る[12]。

(2) 難民の移動過程における健康問題の背景

　難民となる背景には、出身国における「武力行動への参加やその被害」「投獄体験」「住居、食料、水などの深刻な欠乏」「凄惨な暴行被害」「拷問」「強姦や性的暴力の被害」「家族メンバーの殺害や行方不明」などが特徴的な体験としてみられる[13]。こうした体験が心身に影響を与えることはいうまでもないが、不安定な社会情勢や迫害や差別等によって必要な医療や幼少時におこなうべき予防接種を受けることができないことも健康問題に発展する要因として指摘されている[14]。移動によって土地や財産を手放さざるを得ない、いつ帰国できるのか見通しがないまま家族と離れるといった自分にとって大切なものや社会的なつながりの喪失も心理的ストレスの要因である[15]。

　難民の移動手段には、トラックの荷台や汽車の下に隠れて長時間過ごす、小さなボートで海を渡るなど命を脅かすような危険なものであることもしばしばみられる特徴であり、特に出国が正規の手続きを踏まない場合は、心理的ストレスが高く、身体に直接傷を与え生命を落としかねない危険な移動となることが多い[16]。

　難民キャンプにおいても、水や食料、衛生設備や医療が適切に確保されず、栄養失調や下痢、感染症が発生したり[17][18]、ドメスティック・バイオレンスや強盗、レイプ、子どもの誘拐などの報告もみられる[19]。迫害された体験からくる心理的な不安定状態やキャンプ生活に希望を見いだせないことからマリファナや麻薬、アルコールなどの乱用や生活費のためにそうした薬物を販売する行為も確認されている[20]。心理・身体的健康問題は、難民キャンプにおいても大きな課題の一つとなっている。

　難民の健康問題は、保護を求めた国における処遇により移住に先立って生じた健康問題が悪化する、あるいは新たな健康問題が発生することも少なくない[21]。一般に移住直後の移民には、社会経済的状態や保健・医療へのアクセスが十分でないにもかかわらず、現地生まれの住民に比べて健康である人が多いという「ヘルシー・イミグラント・エフェクト」がみられる[22]。それは、移住するという行為を行えるのは、比較的健康状態がよい者であること、健康で労働力となれることが移住を許可される条件となっていることなどに起因している[23]。しかし、移民の健康状態は移住から年数が経過するにつれて悪化する傾向にあり、特に関節炎、高血圧、糖尿病といった慢性疾病の割合が高くなるという研究結果もある[24]。

生活上の出来事や日常的な困難などの心理的ストレスが過大あるいは持続により身体機能に異常が生じ、心身の健康問題を発症させ、健康の悪化を招く危険行動を誘発することは先にも述べた。移民の生活状況を画一的に扱うことができないが、例えば、人種や言語、民族などの属性がマイノリティーのグループは、失業率や低所得・貧困世帯の割合が高くなり、高等教育への進学率が低下するなど社会経済的地位が低くなる傾向が強いと言われている[25][26][27]。日常生活や労働における心理的な苦痛を感じる割合は、社会経済的地位が似通っていても、移民のほうが現地で出生した者より高くなるという報告もある[28][29]。新しい環境におかれ、言葉やこれまでの知識や対処技能が通用しないことは生活上の困難に直結する。言葉の習得や社会生活上のオリエンテーションに対する十分な援助がなければ、教育や社会参加の機会を得ることが困難となり、社会的にも不利な立場におかれてしまうだろう。非熟練労働者や母国での職歴が認められない移民は、危険で低賃金、長時間の就労を余儀なくされるといういっそう厳しい環境におかれやすい。D.マルムウジ（Malmusi）[30]らは、強制的な移動によるグループは移住先においても社会経済的な地位が比較的低い傾向にあることを指摘しており、難民は移民の中においても健康問題のリスクがより高いグループといえる。

2. 難民の健康問題への視座

(1) 難民の健康の社会的決定要因

　健康の社会的決定要因とは、社会経済的地位をはじめとする健康の質に影響を与える人をとりまく社会的条件である[31]。健康の社会的決定要因に焦点を当てることは、社会階層やジェンダー、民族、教育水準や職業、収入に基づく「社会経済的地位」によって健康状態に格差があることに着目し、「社会経済的地位」を決定する文化・社会・経済・政策的な仕組みといった「社会経済的・政策的背景」までも含めて、健康の質に影響を与える要因を総合的に捉えようとする試みである[32]（次頁の図参照）。

　今日、健康の社会的決定要因が特に注目されてきた理由として、近藤[33]は以下の3つの状況を指摘している。①医学・医療技術が、目覚ましい進歩を遂げる一方で、貧困や低所得、医療制度に関する情報不足、日々の生活に追われるなどの理由で、その進歩を享受できない人たちがいること。②健康に好ましくない行動の変容が必要な人たちは情報提供や健康教育をおこなっても、その社会経済的地

図　健康の社会的決定要因に関する枠組み[34]

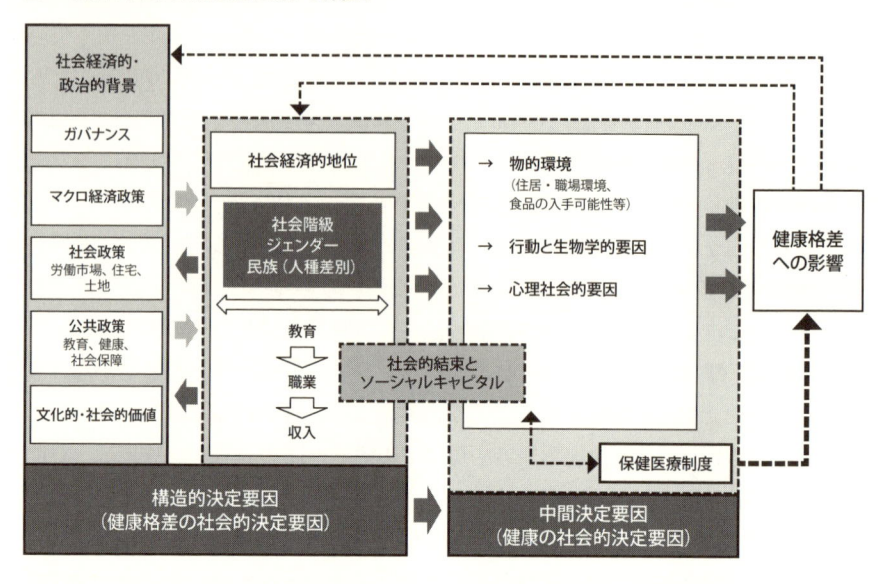

位が故に簡単には生活習慣を変えることができないこと。③社会経済的地位の格差による健康格差はどの階層間にも存在し、その格差は今日ますます広がっていること。

　世界保健機関（WHO）の「健康の社会的決定要因に関する枠組み」に基づけば、人々の健康格差はそれぞれの社会経済的地位を決定する要因でもあり、その「地位」は健康の社会的決定要因の構造的決定要因の根幹である社会経済的・政策的背景を決定づけるものでもある[35]。社会経済的に不利な地位にある人の健康の増進のためには、その人がおかれた地位が向上することが必要であり、そのためには不利な地位におかれている人自らが「社会経済的・政策的背景」を変容する主体となることが求められる。

　従来の難民支援は、難民を受益者として救済するニーズ・アプローチが主流であり、難民自身が政策決定過程に参加できる機会が限定されたトップダウン方式により実施されてきた。そうしたプログラムにより、難民は自由や権利を制限され、依存した生活を送ることを余儀なくされてきたとの批判があり、今日では、自立や社会貢献ができる潜在能力を引き出すアプローチに転換してきた[36]。近年では、過酷な体験をしながらも、移動先の環境でたくましく生活し、健康を維持あるいは特別な支援を必要とせずに回復する難民に焦点をあてた研究もみられ

る[37][38]。過度な心理的ストレスや貧困など社会生活の維持や適応を阻害する危険因子を抱えながらも、心身ともに良好な状態を維持あるいは不適応状態から回復し肯定的な成長を達成することができる能力やその過程をレジリエンスという[39][40]。レジリエンスの要素については様々な議論があるが、性別や年齢、自尊心や自己効力感、良好な人間関係を築く技能などの個人的要素に加え、安全の保障、ソーシャルサポート、教育、在留資格など環境要因の重要性も指摘されている[41]。

難民の健康問題を「社会的決定要因」から捉えていくことは、その背景となる難民のおかれている状況をより多面的に理解し、政策や支援のあり方を問い直すことはもちろん、難民自身が、治療や援助の対象という受益者の立場から、自らの健康状態やその要因となる社会経済的背景を理解し、変革していく主体となる試みでもある。

(2) 難民のメンタルヘルス

うつ状態や不安障害、そして心的外傷後ストレス障害(Post Traumatic Stress Disorder、以下、PTSD)といったメンタルヘルスの問題を抱えている難民も少なくない。心理的に過度なストレスを伴う体験をした難民に心的外傷に関連した障害の発生率は高いといわれているが、その背景には移住に伴って生じる迫害や危険な移動だけでなく、移住後の社会的経済的な困難や孤独、差別や社会的地位の喪失などと大きく関係している[42]。カナダ政府の移民のメンタルヘルスに関する報告書[43]では、メンタルヘルスの危機につながる要因として「思春期の子どもや高齢者」「移住先で話されている言葉が話せない」といった個人要因や「家族や友人、慣れ親しんだ地域社会との離別」「移住前の国で暴力や迫害、戦争等の心的外傷を負うような経験」など移動に伴う要因に加えて、「移住した地域社会の移民・難民に対する拒否的な態度」「働く場所(機会)がみつからない」「同じ文化背景をもつ人(集団)との接触がない」といった移住後の問題が指摘されている。難民として認められず、将来の見通しがつかない、送還されるかもしれない恐怖の他、差別や生活困窮を背景とした苛立ちや気分の落ち込み、不安で眠れないといった訴えも少なくない[44][45]。とりわけ、移住後に不法滞在者として扱われ収容される体験が、大きな心的外傷(トラウマ)となり、移住前に負った心身の健康の悪化や新たな健康問題の発症を招いていることが報告されている[46][47]。

トラウマとは、命の危険を感じるなどの体験によって心理的に大きなストレスを受けることであり、そのことが何らかの心理的な影響をその後も与え続けてい

る状態を「トラウマ反応」という[48]。PTSDは代表的なトラウマ反応であり、体験が突然脳裏によみがえる「フラッシュバック」や悪夢を見る「再体験」、周囲の物音や刺激に過敏になる、不安で苛立ちやすく眠れないといった「過覚醒」、体験したことの記憶の欠落や話すことを避ける、感情が麻痺し幸福感や希望がもてないといった「回避／麻痺」などの症状がみられる[49]。トラウマ反応は時間の経過とともに自然に治癒する場合もあれば、長く続き慢性化することもある。その症状も、抑うつや焦燥といった感情の変化から不安にともなう動悸や呼吸困難といった身体症状まで様々である。自信や自尊心が低下して、人との接触を避けるなどの行動として現れることもあり、必要な治療や支援の拒否、トラウマを援助者に対する怒りに転移することもみられる[50]。こうした状態が長く続くと、移住した国の言葉の習得や就労をはじめ日常生活の障害となり社会適応が困難となる。生活をよりよいものにするための情報が入手できない、あるいは社会的に孤立し存在そのものが発見されず支援が提供されないこともありうる。支援者側を含む周囲とのトラブルも起こしやすくなり、支援の提供が中断されて健康状態がいっそう悪化することも考えられる。

　難民のメンタルヘルスの問題は、難民認定手続きにも影響を与えることにも注意が必要である。難民認定審査では、申請者が迫害などをうけた経緯や状況を詳細に供述する必要があるが、ハーリヒーとターナー（Herlihy and Turner）[51]は難民認定審査における心理的問題について次のような指摘をしている。

- ❏ 難民申請者が知的あるいは心理的発達上の障害や頭部外傷など脳の障害による影響から申請の主張が十分にできないことがある。
- ❏ PTSDなどのトラウマ反応がある場合は、拘禁や拷問あるいは残虐な行為の目撃といった難民となった体験を話せない、記憶があいまいで食い違う供述をしてしまうことも考えられる。
- ❏ 難民申請者の供述が凄惨な場合は、それを聞いた面接者がトラウマを共有するという「代理受傷」がみられることがあり、面接者が凄惨な体験を聞くことを避ける、迫害体験の矮小化や否定する発言がみられることがある。

　難民のメンタルヘルスは、難民自身の社会生活における課題であると同時に、支援の提供や難民認定審査に対しても大きな影響を与える問題である。真に保護

の必要な難民を不利な立場に追いやることのないように、収容をはじめとする保護を求めてきた国でのメンタルヘルスのリスクを軽減し、難民の支援や認定審査の過程においてもメンタルヘルスに関する理解と配慮がなされなければならない。

3. 日本で生活する難民

(1) 分類される難民

　法務省入国管理局が毎年発表する「我が国における難民庇護の状況等」では、日本が難民の保護に関連して受け入れた者を「定住難民」と「認定難民」そして「その他の庇護」の3つに分類している[52]。「定住難民」とは、インドシナ難民とその家族及び2010年から第三国定住のパイロットケースとしてとりくんでいるタイのキャンプから受け入れた難民である。「認定難民」は、日本が、出入国管理及び難民認定法に基づき「難民」として認定した者であり、「その他の庇護」は難民認定審査の結果、難民として認定されなかったが人道的な配慮等で特別に日本に在留することが許可（以下、在留特別許可）された者を指す。こうした難民の分類は日本で滞在する際の在留資格の種類と関わっている。一般に定住難民と認定難民は「定住者」の在留資格を、在留特別許可の場合は「定住者」もしくは「特定活動」の在留資格を得ることとなる。この在留資格の違いにより、同じ迫害を逃れて保護を求めている者でも、日本での活動、生活保護や医療保険をはじめとする享受できる社会保障が異なる。

　さらに、近年著しく増加している難民申請者は、認定審査の期間に一定の条件の下で就労が許可される者とそうでない者がいる。経済的に困窮する場合は、政府の保護措置により生活費等をはじめ医療費も支給される。ただし、その実施率は2012年度で6.9パーセントと申請者の増加に伴い実際に保護費を受給できる申請者は限定されたものとなっている[53]。難民認定審査は、早くて数カ月、異議申立や裁判になると数年かかることもある。難民不認定に対する異議申し立てや不認定取消訴訟の結果、ようやく認定される者もいるなかで、難民認定審査の迅速かつ公正な審査とその間の保障が求められる[54]。

(2) 日本で生活する難民の健康問題

　日本で難民支援をおこなう特定非営利活動法人難民支援協会（JAR）が2001年

から2002年に行った難民の生活実態調査[55]によれば、100名の調査対象者のうち、77名が医療機関の受診を経験しており、骨折・外傷が13名と最も多く、続いて喘息（3名）、胃・十二指腸潰瘍（3名）となっている。筆者も2006年にJARの協力を得て難民・難民申請者の健康調査[56]をおこなったが、1999年から2005年にかけてJARが対応した750人のうち217名から健康問題を主とする相談が寄せられていた。その中で実際に受診となったのは142名で、39名の胃・十二指腸潰瘍を中心した消化器疾患と、統合失調症などの精神病圏も含めメンタルヘルスに関する問題が31名と多い。続いて、出産に関連した受診、腰痛や骨折による整形外科受診がそれぞれ19名、高血圧や狭心症の循環器疾患15名となっている。さらに筆者が2011年から2012年にかけておこなった難民に対するインタビュー調査では、14名の対象者のうち、3名が慢性的な不眠と抑うつ状態で精神科に、3名は腰痛や膝関節痛を訴えて整形外科に、脳梗塞による片麻痺や糖尿病の治療のためそれぞれ1名が通院を続けていた。受診には至っていないが腰痛を訴え治療を希望している者が1名と半数が健康に問題を抱え、医療を必要としていた。

　日本では難民の健康について疫学的な調査は少なく、その実態や背景について詳細な状況を把握することは難しい。倉田のおこなったインドシナ難民の調査[57]では「日々の平和な生活の機会を剥奪された状況を多年に渡って経験しており、本人や配偶者に戦争や政治的迫害に起因する身体的・精神的疾患を引きずっている者が多く見られた」とあり、難民の健康問題の背景に母国での体験も無視することはできない。同時に倉田[58]は、安定した生活を送っているインドシナ難民においても、多くが製造業の生産工程で働き、労働市場の底辺的な部分に集中しており、労働市場での地位は定住から十数年が経っても上昇移動する兆しが見られないといった現状を報告しており、難民の日本での労働環境や住居環境の厳しさが窺える。同じくインドネシア難民に関する川上[59]の報告でも、呼吸器系の疾患や胃潰瘍、胆石などの発症が大人数で狭いアパートに住むなどの居住条件や過酷な労働環境との関連性が示唆されている。インドシナ難民以外では先にも述べたJARの調査[60]があるが、そこでは就労していた人61名のうち49名が非正規雇用であり、11名が1日10時間以上勤務していた。筆者のインタビュー調査では、1名は建設現場での労働災害による後遺症で通院しており、残る2名も工事現場や製造工場で働き、深夜までの勤務を強要されることがあると述べていた。

　住居環境をみてみると、JARの2001年の調査では、一つの部屋を2人で共有する人が27名、8名が家族以外の5人以上と一室で同居しており、2DKのアパート

に7人が共同で住んでいるといった事例もみられた。筆者のインタビューでも、10名は支援団体の提供するアパートなど自室を確保していたが、12畳程の部屋に6人で住んでいる者、就労先で提供された工場の倉庫やコンテナに数人で住んでいるなど厳しい住居環境におかれている者もみられた。

　難民申請者が増え続ける中、政府による公的な支援はもちろん、NGOなどによる支援も行き渡らない状況が続き、食事も十分にとれずホームレス状態となる者もいる[61]。こうした状況が続けば、身体的にもメンタルヘルスの面からも健康悪化が進み、難民と認定されても、日本で自立した社会生活を送ることができない状態になりかねないだろう。

4．保健・医療へのアクセスに対する障壁と課題

(1) 制度上の障壁

　そもそも日本の社会保障制度は日本国籍を有する者以外への適用を前提とせず創設されたものが多いが、1979年に国際人権規約、1982年には難民条約等を批准したことに加え、日本に滞在する外国人が増加したことなどから制度の適用を日本国民に限定する国籍条項が削除される動きがはじまった[62]。1982年には国民年金法や児童手当法、1986年には国民健康保険法の国籍条項が削除されている。感染性の高いⅠ類、Ⅱ類感染症の医療[63]、地方公共団体の責務として実施する予防接種、母子保健法の「未熟児に対する養育医療の給付」や児童福祉法に定める妊産婦の助産施設への入所措置と母子手帳の交付についても同様に国籍や在留資格の種類及び有無は問われない[64][65]。業務上等の事由による負傷や疾病等に対する保障をおこなう労働者災害補償保険も国籍や在留資格による制限はない。雇用されることが加入の前提となるため、仮滞在や在留資格がない難民申請者が対象となることは少ないが、事業所等に雇用される者を対象とする医療保険も国籍による制限はない。

　国民年金や児童手当、国民健康保険・後期高齢者医療制度及び介護保険（以下国民健康保険等）は、その対象を「（日本国内あるいは当該市町村の区域内に）住所を有する者」としている。2001年の「出入国管理及び難民認定法」と「住民基本台帳法」の改正によってその対象者は住民基本台帳に記載された者であることが明確化されている。難民申請者も在留資格が特定活動の場合や仮滞在が許可されていると住民基本台帳の対象となっており、制度上は国民健康保険等に加入でき

る。ただし、加入要件を満たしていても保険料や受診した際の医療費の自己負担分を支払う必要があり、蓄えがあるか就労して収入を得ることができなければ実際に利用することは難しい。

　日本の社会保障制度では、困窮し他に救済する方法がみつからない場合は、生活保護法が適用され、治療に係る費用は、「医療扶助」として支給される。生活保護制度には国籍条項があり、日本国籍を有しない者には1954年の厚生省社会局長通知「生活に困窮する外国人に対する生活保護の措置について」に基づき、「準用」というかたちで適用されている[66]。当初、その対象は在留資格を問わず「急迫した状況」が基準となっていたが、1990年にはその対象を「永住者、定住者、永住者の配偶者等、日本人の配偶者等、特別永住者、入管法上の難民」に限定する旨の口頭通知がおこなわれている[67]。一方、在留資格が特定活動の者については生活保護法の準用対象として明記されていない[68]。国民健康保険等に加入や医療費の自己負担ができない困窮した状態であっても、在留特別許可により日本で生活する者の在留資格が特定活動であると、生活保護法は原則として適用されず、「医療扶助」での救済はできないこととなる。

⑵　難民保護施策の未整備・欠陥という障壁

　ここでは、難民の保護施策として保健・医療へのアクセスという点で、「健康診断」「難民申請者の保護措置」について整理する。

　難民の移動に伴う体験では、迫害によって心身に傷を負い、不安定な政情によって医療へのアクセスが制限されるなど健康に問題を抱える可能性が高い。そのため、難民支援においては保護を求めて辿り着いた国での健康診断は欠かせない。EUに加盟する25カ国（2006年当時）のうちギリシャを除く24カ国では、新しく入国した難民申請者に対して健康診断を実施している[69]。特に19カ国で結核、22カ国がHIVの検査を実施率しており、その他の身体的なスクリーニングも17カ国、11カ国でメンタルヘルスに関するスクリーニングを実施している。

　日本の難民受入れにおける健康診断は、日本語教育や生活ガイダンス、職業斡旋などとあわせて定住難民や認定難民に対する定住支援プログラムの中で提供されているが、難民申請手続の過程では設けられていない。さらに、難民申請者が、在留特別許可により特定活動の在留資格が与えられた場合は、定住支援プログラムの対象とならず、自分で健康診断を受けるかNGOなどの民間団体の支援に頼ることになる。健康は、就労をはじめとする生活を維持するための活動に欠かせ

ない要素であるが、生活に困窮しても生活保護法による救済を受けられないという制度の障壁に加え、健康診断や日本語教育や生活ガイダンス、就職斡旋など生活の自立を促す難民保護施策からも排除されるという二重の障壁に直面することになる。なお、移民に対する感染症検査をはじめとする健康診断は、受け入れ国側の社会防衛的な要素もあり、健康診断が難民を選別する道具となる可能性もあることに注意する必要がある。

難民申請者については、困窮する申請者に対する保護措置として医療費の支給があるが、緊急時には事業の委託をうけた機関の職員が同行して支払ったり、医療費が高額な場合は医療機関に直接後払いする例外があるものの、原則として後日、領収書に基づき清算する償還払いとなっている[70]。そのため、医療機関受診の際には、食費などを削って医療費を捻出しなければならない。傷病を抱えたときこそ食事などに気を使い健康的な生活を維持する必要があるにもかかわらず、医療機関受診のために健康を維持する行動が制限されるといった矛盾が生まれている。

(3) 医療機関を受診する際の障壁

ここでは、筆者がおこなったインタビュー調査から得られた難民申請者の受診体験にもとづいた事例から、医療機関における障壁を整理する。なお、各事例は、問題の本質を損なわないように配慮しつつ、個人が特定されないよう改変している。

《事例1》
ある難民申請者は、子どもの喘息発作で受診したが、窓口で医療保険がないことを告げると自費診療となり、高額な医療費を請求された。医師からは、翌日も受診したほうがよいと告げられたが、医療費が支払えず困り果て、難民支援をおこなう団体に相談した。支援団体のスタッフが医療機関に難民申請者であることを説明したところ理解が得られ、医療費を分割で支払うこととなり、受診が継続された。

《事例2》
長期の治療が必要な状態だと診断された申請者は、自分が難民であることを医師に伝えていたにもかかわらず、医療費が高額になるので帰国したほうが

よいと言われた。申請者は、医師に自分が難民であることを疑われており、日本から出て行けと言われたように感じていた。

《事例3》
医療機関では、診察に際して、氏名や年齢、生年月日に加え、これまでの生活歴や職歴等を問診の一環として訪ねる場合がある。ある難民申請者は、受診の問診で入国までの経緯や日本での生活状況などを訪ねられたことが入国管理局での事情聴取で何度も聞かれていることと重なり苦痛で苛立ちを覚えたという。また、病院で話したことが入国管理局に通報されるのではと不安を感じていた。

　事例1は、医療機関側が難民申請者の状況について理解が不足している問題があげられる。医療機関によっても異なるが、医療費が払えない患者に対しては、医療ソーシャルワーカーなどが相談にのり、分割での支払いができる場合もある。難民申請者側も分割の支払いを相談できることを知らないという情報不足もあったといえる。
　事例2では、難民が母国を逃れてきたことに対する配慮を欠いた対応がおこなわれているが、難民に接したことがない医療機関では、「日本語が話せるのか」といったコミュニケーションに関わる不安と「保険に加入しているのか」といった医療費の支払いに対する不安と合わせて、「不法滞在ではないか」といった反応があるという[71]。医療従事者の難民の基本的な理解が広がることが望まれる。
　事例3では、まず問診の意図などが難民に伝わっていないことが問題として考えられる。アスガリーとセガーレ（Asgary and Segarh）[72]は、医療をはじめとする社会サービスの提供にかかわる申請手続きなどの過程が難民認定審査の一環と感じている者が少なくないことを指摘し、受診に際しては秘密が守られることも含めて十分な説明や情報提供が必要であると述べている。こうした点からも、医療機関において難民が認定審査や日本での生活の中で体験している困難を理解することが重要だといえる。

(4) **エスニック・コミュニティがないという障壁**
　インドシナ難民をはじめ、日本に定住する難民には出身国に加えて、民族や宗教を基盤とした集住化がみられる。例えばインドシナ難民は、定住促進センター

の近隣に集住する傾向があったが、そこには母語によるネットワークの形成や情報、就労、住居、エスニック・フードへのアクセスの容易さという生活の便宜性に加えて、難民を受け入れる体制が不十分な日本で生き抜くための心理的安定や相互扶助といった生活戦略があったと川上は分析する[73]。条約難民にもこうした状況がみられるグループがある[74]。母国の政治運動を支える活動を結節点とするネットワークによる難民申請や生活の支援、年中行事の開催などもおこなわれている[75]。日本の難民受け入れ施策は、こうした難民の集住化やネットワークによって形成されたエスニック・コミュニティによって補完されてきた[76]。エスニック・コミュニティは、保健・医療へのアクセスにおいても機能し、医療機関や福祉制度に関する情報提供、受診費用、医療機関に同行しての通訳や情緒的支援などが提供される。また、集団や組織のもつ信頼、規範、サンクションの行使といったソーシャル・キャピタルは、そのメンバーの健康とも関連が深いといわれている[77]。

一方、近年の日本における難民申請者は、国籍の多様化がみられる[78]。その中には、日本にエスニック・コミュニティがない者も多く、日本での生活を支援団体に依存する傾向が強くなる。国内の難民支援団体は限られており、運営資金なども盤石ではないため、依存度が高い難民が増えることは、一人ひとりに十分な対応ができなくなることにもつながり、これまで以上に保健・医療のアクセスに困難を抱える者が増えることが予測される。

おわりに

本章では、難民に特徴的な健康問題を移住の過程にそって、その社会的決定要因について整理した。日本に滞在する難民の健康問題の背景には、難民が在留資格によって分類され、一部には社会保障制度の利用について「制度上の障壁」が生じるという格差がある。公的な難民の保護施策はそれを補っておらず、「難民保護施策の未整備・欠陥という障壁」がある。特に難民申請の結果、在留特別許可となり「特定活動」が与えられた者は、母国に帰れないという点では難民認定された者と同じであるにもかかわらず、生活保護と定住支援施策の双方から排除された存在となっている。こうした状態を補うものとして、民間レベルの活動があげられるが、日本では難民に対する理解が十分ではなく、情報不足や偏見、誤解といった「医療機関を受診する際の障壁」も生まれている。その解消には、支援団体と

医療機関をはじめとした地域とのより緊密な協力関係づくりが必要である。難民保護制度の改善に関するロビー活動などマクロな活動と医療従事者を対象にしたワークショップなどの啓発活動といったメゾな場における活動に加え、一人ひとりの難民の支援を難民支援団体、医療従事者、その他関連団体などが連携してミクロな場での実践を積み重ねることが理解を広げることにつながるだろう。その中に当事者である難民自身が加わることが重要である。難民を多く受け入れてきた国では先に移住した難民による支援が定住支援プログラムに組み込まれており、難民が支援団体・機関のスタッフとなっていることも少なくない。

　エスニック・コミュニティがない難民が増えていることも保健・医療へのアクセスの課題となっているが、これに対しては、森[79]が提唱する、地域住民の主体的な参画・参加のもとで展開される地域福祉活動に難民を積極的に組み入れて行く「地域福祉のメインストリームへの統合」も有効な取り組みとなるだろう。東北地方太平洋沖地震及び津波による被災地の支援では、難民が復興のボランティアとして食事の提供や瓦礫の撤去にかけつけており、その可能性が窺われる。健康の向上に効果的なソーシャル・キャピタルの形成も期待できるだろう。

　「健康は、自分にとって大切な計画や事業を追求する自由を与えてくれる人生に大きな影響を与える要素である[80]。」これは全ての人に共通することだ。しかし、難民がおかれた厳しい状況を踏まえるなら、健康は難民が移住先の社会で生活していくためにいっそう重要なツールであり、保健や医療へのアクセスは、難民が移住した社会の中でどのように位置づけられているのかを映す鏡となる。

　ヨーロッパにおける移民の健康問題に関するWHO報告書『医療制度は移住とエスニシティに関連する不公平にどう対処できるか』[81]は、移民の健康の向上には、雇用、教育、住居、保護、社会事業、そして司法や法の施行における地位向上による社会的排除の解消や保健・医療へのアクセスの改善が不可欠であると強調している。日本でもこうした施策が難民保護と連動しておこなわれることが望まれる。今後、難民の健康とその社会的決定要因に焦点をあてた旺盛な議論とともに日本社会のなかで難民への理解がいっそうすすむことを期待したい。

【謝辞】本論で筆者がおこなったインタビュー調査及び先行研究の一部は、文部科学省科学研究費補助金基盤研究（C）課題番号21530579から助成をうけておこないました。インタビューに答えていただいた方、グループワークの記録作成やインタビューの補助をしていただいた難民支援協会に深謝いたします。

1　Douglas W. MacPherson, Brian D. Gushulak and Liane Macdonald, 'Health and Foreign Policy: Influences of Migration and Population Mobility', *Bulletin of the World Health organization,* Vol.85, No.3 (2007), pp. 200-206.
2　Yo Takeya, et al. 'Epidemiologic Studies of Coronary Heart Disease and Stroke in Japanese Men Living in Japan, Hawaii and California: incidence of stroke in Japan and Hawaii', *Stroke,* Vol. 15, No. 1 (1984), pp. 15-23.
3　José J. Escarce, Leo S. Morales, and Rubén G. Rumbaut, 'The health status and health behaviors of Hispanics', in M. Tienda and F. Mitchell (eds), *Hispanics and the Future of America* (Washington, D.C.: National Academies Press, 2006), pp. 362-409.
4　Anita A. Davies, Anna Basten and Chiara Frattini (eds), *Migration, a social determinant of the health of migrants: International Organization for Migrant (IOM) Background Paper* (Geneva: IOM Migration Health Department, 2006), p. 3.
5　WHO, *Health of Migrants: The Way Forward, Report of a global consultation, Madrid, Spain,* 3-5 March 2010, (Geneva: World Health Organization Press, 2010), p. 4.
6　荻野剛史「わが国における難民受入れと公的支援の変遷」『社会福祉学』第46巻3号（2006年）、12頁。
7　西野史子・倉田良樹「日本におけるベトナム人定住者の社会的統合」『Center for Intergenerational Studies Institute of Economic Research』No. 74（2002年）、12頁。
8　長谷部美佳「結婚移民に対する移民ネットワークと移民コミュニティの役割―インドシナ難民の配偶者の事例から」『社会学論考』第31巻（2010年）、13-15頁。
9　Diane Drachman, 'A stage-of-migration framework for service to immigrant populations', *Social Work,* Vol. 37, No. 1 (1992), pp. 68-69.
10　Karen Jacobsen, *The economic life of refugees* (Bloomfield: Kumarian Press, 2005), p. 17.
11　川上憲人「社会疫学―その起こりと展望」川上憲人・小林廉毅・橋本英樹編『社会格差と健康―社会疫学からのアプローチ』(東京大学出版会、2006年)、8頁。
12　Maria Kristiansen, Anna Mygind and Allan Krasnik, 'Health effects of migration', *Danish Medical Bulletin,* Vol. 54, No. 1 (2007), p. 46.
13　Louis Loutan, et al., 'Impact of trauma and torture on asylum-seekers', *The European Journal of Public Health,* Vol. 9, No. 2 (1999), p. 94.
14　Michael J. Toole and Ronald J. Waldman, 'The Public Health Aspects of Complex Emergencies and Refugee Situations 1', *Annual Review of Public Health,* Vol. 18, No. 1 (1997), pp. 283-312.
15　Anita A. Davies, Anna Basten and Chiara Frattini, *supra* note 4, p. 7.
16　*Ibid.,* pp. 7-8.
17　Augustine Tanle, 'Refugees' reflections on their stay in the Buduburam Camp in Ghana', *GeoJournal* (2012), p.12.
18　Jonathan A. Polonsky, et al., 'High levels of mortality, malnutrition, and measles, among recently-displaced Somali refugees in Dagahaley camp, Dadaab refugee camp complex, Kenya 2011', *Conflict and Health,* Vol.7, No.1 (2013), pp. 1-9.
19　Marwan Khawaja, 'Domestic violence in refugee camps in Jordan', *International Journal of Gynecology & Obstetric,* Vol. 86, No. 1 (2004), pp. 67-68.
20　Emmanuel Streel and Marian Schilperoord, 'Perspectives on alcohol and substance abuse in refugee settings: lessons from the field', *Intervention,* Vol. 8, No. 3 (2010), pp. 268-270.
21　難民として認定されないまま審査が長期化している難民申請者の中には、将来の見通しがたたないことから、うつ状態になっていたり、送還の恐怖からPTSDの症状を悪化させていることが多い。野田文隆「各論15　難民」金吉晴編『心理的トラウマの理解とケア』(じほう、2006年)、281頁。
22　Alexander Domnich, et al., 'The "healthy immigrant" effect: does it exist in Europe today?', *Italian Journal of Public Health,* Vol. 9, No.3 (2012), pp. e7532-1-7532-2.

23 Jiajian Chen, Edward Ng, and Russell Wilkins, 'The health of Canada's immigrants in 1994-95', *Health Reports-Statistics Canada,* Vol. 7 ,No.4 (1996), p. 33.
24 Bruce K. Newbold and Jeff Danforth, 'Health status and Canada's immigrant population', *Social science & medicine,* Vol. 57, No. 10 (2003), p. 1985.
25 James Y. Nazroo, 'The structuring of ethnic inequalities in health: economic position, racial discrimination, and racism', *American Journal of Public Health,* Vol. 93, No. 2 (2003), pp. 277-284.
26 Joseph J. Sudano and David W. Baker, 'Explaining US racial/ethnic disparities in health declines and mortality in late middle age: the roles of socioeconomic status, health behaviors, and health insurance', *Social Science & Medicine,* Vol. 62, No. 4 (2006), pp. 909-922.
27 Heaven Crawley, 'Moving Beyond Ethnicity: The Socio-Economic Status and Living Conditions of Immigrant Children in the UK', Child Indicators Research, Vol. 3, No. 4 (2010), pp. 547-570.
28 Laurence J. Kirmayer, et al., 'Common mental health problems in immigrants and refugees: general approach in primary care', *Canadian Medical Association Journal,* Vol. 183, No. 12 (2011), pp. E960-E961.
29 Marion C. Aichberger, et al., 'Socio-economic status and emotional distress of female Turkish immigrants and native German women living in Berlin', *European Psychiatry,* Vol. 27, No.2 (2012), pp. S12-S14.
30 Davide Malmusi, Carme Borrell and Joan Benach, 'Migration-related health inequalities: showing the complex interactions between gender, social class and place of origin', *Social Science & Medicine,* Vol. 71, No. 9 (2010), pp. 1613-1616.
31 近藤克則「健康の社会的決定要因(1) 健康の社会的決定要因と健康格差を巡る動向」『日本公衆衛生雑誌』第57巻4号(2010年)、316頁。
32 Orielle Solar and Alec Irwin, *A Conceptual Framework for Action on the Social Determinants of Health. Discussion Paper,* Commission on Social Determinants of Health (2007), pp. 51-54.
33 近藤克則「健康の社会的決定要因(15・最終回)WHOの健康格差対策」『日本公衆衛生雑誌』第58巻7号(2011年)、550-551頁。
34 WHO, *A conceptual framework for action on the social determinants of health,* Social Determinants of Health Discussion Paper 2 (2010), p. 48. 日本語訳は厚生科学審議会地域保健健康増進栄養部会 次期国民健康づくり運動プラン策定専門委員会「健康日本21(第2次)の推進に関する参考資料」、(2012年)、10頁。
35 Orielle Solar and Alec Irwin, *supra* note 32, p. 5.
36 杉木明子「難民開発援助と難民のエンパワーメントに関する予備的考察―ウガンダの事例から」『神戸学院法学』第37巻1号(2007年)、35-36頁。
37 Tahereh Ziaian, et al., 'Resilience and Its Association with Depression, Emotional and Behavioural Problems, and Mental Health Service Utilisation Among Refugee Adolescents Living in South Australia', *International Journal of Population Research,* Vol. 2012 (2012), pp. 3-6.
38 Derek Summerfield, 'Childhood, War, Refugeedom and "Trauma": Three Core Questions for Mental Health Professionals', *Transcultural psychiatry,* Vol. 37, No.3 (2000), pp. 428-430.
39 Norman Garmezy, 'The Study of Competence in Children at Risk for Severe Psychopathology', in Elwyn James Anthony and Cyrille Koupernik (eds), *The Child in His Family: Children at Psychiatric Risk,* Vol.3 (New York: John Wiley & Sons, 1974), pp. 77-97.
40 Michael Rutter, 'Protective Factors in Children's Responses to Stress and Disadvantage', in Martha Whalen Kent and Jon E. Rolf (eds), *Primary Prevention of Psychopathology: Vol. 3. Social Competence in Children* (Hanover/New Hampshire: University Press of New England,

1979), pp. 49-74.
41 Ayesha S. Ahmed, 'Post-traumatic stress disorder, resilience and vulnerability', *Advances in Psychiatric Treatment,* Vol. 13, No. 5, (2007), pp. 372-373.
42 Laurence J. Kirmayer, et al., 'Common mental health problems in immigrants and refugees: general approach in primary care', *Canadian Medical Association Journal,* Vol.183, No.12 (2011), pp. e959-e962.
43 Canadian Task Force on Mental Health Issues Affecting Immigrants and Refugees and Morton Beiser, *After the Door Has Been Opened-Mental Health Issues Affecting Immigrants and Refugees in Canada: Report of the Canadian Task Force on Mental Health Issues Affecting Immigrants and Refugees* (1988), p. 91.
44 Regina Pernice and Judith Brook, 'Refugees' and Immigrants' mental health: Association of demographic and post-immigration factors', *The Journal of social psychology,* Vol. 136, No. 4 (1996), pp. 511-519.
45 山村淳平「〔活動レポート〕日本の難民の医療状況―医療相談をとおして」『公衆衛生』第70巻5号（2006年）、407-411頁。
46 Masao Ichikawa, Shinji Nakahara and Susumu Wakai, 'Effect of post-migration detention on mental health among Afghan asylum seekers in Japan', *The Australian and NewZealand Journal of Psychiatry,* Vol. 40, No. 4 (2006), pp. 341-346.
47 Shakeh Momartin, et al., 'A comparison of the mental health of refugees with temporary versus permanent protection visas', *Medical Journal of Australia,* Vol. 185, No. 7 (2006), pp. 357-361.
48 金吉晴「トラウマ反応と診断」金『前掲書』(注21)、3頁。
49 黒木俊秀「神経症障害、ストレス関連障害、および身体表現性障害」加藤進昌・神庭重信編『text 精神医学（改訂3版）』（南山堂、2007年）、238頁。
50 金『前掲書』(注21)、3-8頁。
51 Jane Herlihy and Stuart W. Turner, 'The Psychology of Seeking Protection', *International Journal of Refugee Law,* Vol. 21, No.2 (2009), pp. 175-188.
52 法務省入国管理局「平成24年における難民認定者数等について」（2013年3月19日付プレスリリース）。
53 外務省「平成25年行政事業レビューシート　事業名 難民等救援業務委託費」。
54 全国難民弁護団連絡会議「2011年の難民統計に関する全難連声明―過去最低の難民認定率をうけて」（2012年4月6日・声明）。
55 本調査では、日本政府より難民認定もしくは審査中の者を対象としており、インドシナ難民は含まれていない。2001年と2002年の難民申請者数はそれぞれ353人と250人であり、2002年末での難民認定は305名、人道的配慮による在留は259人となっている。特定非営利法人難民支援協会編『財団法人アジア福祉教育財団難民事業本部委託　難民申請者等に対する生活状況調査』（2002年5月）、30-34頁。
56 森谷康文「日本で生活する難民・庇護希望者の医療・健康問題」（外務省NGO専門調査員調査・研究報告書、2005年）。
57 倉田良樹「日本に定住するベトナム系住民の就労状況」『Center for Intergenerational Studies Institute of Economic Research』No. 149（2003年）、7-14頁。
58 同上、11頁。
59 川上郁雄『越境する家族―在日ベトナム系住民の生活世界』（明石書店、2001年）、158-160頁。
60 難民支援協会『前掲書』(注55)、18-21頁。
61 根本かおる『日本と出会った難民たち』（英治出版、2013年）、1-3頁。
62 田中宏『在日外国人―法の壁、心の溝』（岩波書店、1991年）、159-161頁。
63 「金田誠一委員質問」『第143回国会衆議院厚生委員会議事録』第5号（1998年9月16日）。
64 「参議院議員大脇雅子君提出外国人の医療と福祉に関する質問に対する答弁書」（内閣参質147第26号、2000年5月26日）。

65 「行田邦子議員質問に対する伊岐典子政府参考人答弁」『第171回国会衆議院総務委員会議事録』第23号（2009年6月30日）。

66 「準用」とは本来日本国籍を有する者に限定した制度を拡大して適応しているために法律上の権利としては保障されず、申請の却下に対する不服申し立てができないとされてきた。「社保第40号厚生省社会援護課長通知　生活保護法関係の不服申し立ての取り扱いに係る質疑応答について」（1963年5月28日）。しかし、2010年に従来の取り扱いを違法であるとする判決をうけ、現在では、不服申し立てが認められている。「社援保発1022第1号厚生労働省・援護局保護課長通知　生活保護に係る外国籍の方からの不服申し立ての取り扱いについて」（2010年10月22日）。

67 第一東京弁護士会人権擁護委員会国際人権部会編『新外国人の法律相談Q&A』（ぎょうせい、2001年）、362頁。

68 厚生労働省が2009年3月に各都道府県、指定都市及び中核市市に配布した「新生活保護問答集」を見ると、外国人の保護について特定活動の在留資格を有する者のうち日本国内での活動に制限を受けない者等について疑義がある場合は厚生労働省に照会することを促しており、特定活動の在留資格の者が、生活保護の対象から一律に排除されているわけではないとも解釈できるが、その運用状況は明らかにされていない。「厚生労働省社会・援護局保護課長　生活保護問答集について　3　外国人保護　問13-32」（2009年3月31日）。

69 Marie Norredam, Anna Mygind and Allan Krasnik, 'Access to health care for asylum seekers in the European Union: a comparative study of country policies', *The European Journal of Public Health,* Vol. 16, No. 3 (2006), pp. 285-289.

70 日本弁護士連合会「難民申請者の生活状況をめぐる制度の改善に関する意見書　別紙　財団法人アジア福祉教育財団難民事業本部に対する照会結果」（2009年6月18日）、14頁。

71 尾方欣也「医療機関からの報告」森恭子監修・難民支援協会編『外国人をめぐる生活と医療』（現代人文社、2010年）、70頁。

72 Ramin Asgary and Nora Segar, 'Barriers to health care access among refugee asylum seekers', *Journal of Health Care for the Poor and Underserved,* Vol. 22. No. 2 (2011), pp. 510-513.

73 川上郁雄「インドシナ難民受け入れ30年を振り返る―私たちは何を学んだのか」『日本の難民・避難民受け入れのあり方に関する研究』（東京財団研究報告書、2005年5月）、68頁。

74 森恭子「難民及び難民申請者と地域福祉―最近の事例からの検討」『生活科学研究』第35号（2013年）、159頁。

75 人見泰弘「ビルマ系難民の政治組織の形成と展開」『現代社会学研究』第20巻（2007年）、9-11頁。

76 森谷康文「エスニック・コミュニティのない難民申請者へのグループワークによる支援」『難民研究ジャーナル』第1号（2011年）、101-110頁。

77 イチロー・カワチ・S.V.スブラマニアン・ダニエル・キム（藤澤由和・高尾総司・濱野強監訳）『ソーシャル・キャピタルと健康』（日本評論社、2008年）、11-19頁。

78 2010年の法務省の報告では単年度で47カ国、同2011年の報告では51カ国と国籍の多様化は年々広がっている。法務省入国管理局「平成21年における難民認定者数について」（2010年2月26日）、「平成22年における難民認定者数について」（2011年2月25日）。

79 森「前掲論文」（注74）、158頁。

80 イチロー・カワチ・ブルース・P・ケネディ（西信夫・高尾総司・中山健夫監訳、社会疫学研究会訳）『不平等が健康を損なう』（日本評論社、2004年）、37頁。

81 WHO, *How health systems can address health inequities linked to migration and ethnicity. Copenhagen,* WHO Regional Office for Europe (2010), p. 9.

Chapter 7 *Analysis of Livelihood Assistance for Refugees in Dadaab Refugee Camps, Kenya*

第7章
ケニア・ダダーブ難民キャンプの生計支援に関する一考察

副島 知哉 *Tomoya Soejima*

キーワード：ダダーブ難民キャンプ、生計支援、UNHCR、ソマリ難民、長期滞留難民の状況
Keywords: Dadaab Refugee Camps, livelihood assistance, UNHCR, Somali refugees, protracted refugee situations (PRS)

はじめに

ダダーブ（Dadaab）難民キャンプ群はソマリアとの国境から80kmほどケニア側に入ったところにある。約15km圏内に5つの難民キャンプがあり、そこに難民42万人以上が住んでいる[1]。難民人口の95.9%がソマリ人で、そのほとんどがソマリア内戦に起因する迫害を逃れて避難している。

5つのうちイフォ（Ifo）、ダガハレ（Dagahaley）、ハガデラ（Hagadera）の3つのキャンプは1991～92年に設置され、そこに住む難民の大半は少なくとも5年以上の長期にわたって避難を余儀なくされている。さらに2011年には「アフリカの角」地域で大規模な干ばつが発生したこともあって、難民16万人以上が新設された2つのキャンプに押し寄せた。新たな難民の多くは生活に困窮していたために、生活の保護に必要な最低限の支援が集中的に行われた。一方で2011年10月にキャンプ内で援助関係者の拉致事件が起こり、警察車両を狙った爆破テロも頻発するようになって著しく治安が悪化した。悪化した治安は、現在も難民の生活と援助機関の支援活動に大きな影響を及ぼしている。

こうした難民キャンプにおいて、難民の安全を守り、難民の法的地位を確保し、生命の維持のために必要な最低限の物資と公共サービスを提供することが、支援の最も基本的な目的だと考えられている。さらにダダーブのように避難が長期化した難民キャンプでは、恒久的な解決策がすぐには見つからないことを想定して、難民キャンプの生活水準を改善したり、難民の自立を促したりすることが必要になる。難民も人間らしく生活するための環境を享受する権利があり、最も基

本的な支援だけでは不十分だと考えられているからである[2]。

　ところがダダーブ難民キャンプの生計支援は、さまざまな社会的要因によって著しく妨げられているのが現状である。さらに生計支援は「生命の維持にかかわる支援（life-saving activities）」とはみなされず、支援全体の中で常に後回しになってきた。緊急に人道支援が必要とされる時にはなおさらその傾向が強まる。

　もちろん難民キャンプでの自立支援は必要である。しかし難民約42万人に対して、限られた予算で生計支援を行うのは容易ではない。はたしてこのような状況で、生計支援を戦略的に促進することは可能だろうか。なぜダダーブキャンプで生計支援が必要とされているのか、本章では3つの理由を挙げて論じることにする。

1．ダダーブ難民の生活

　ダダーブのイフォキャンプで暮らすユスフ（24歳・仮名）の生活をみてみよう。ユスフは1992年、3歳の時にソマリアでの迫害を逃れてダダーブに来て以来、人生のほとんどをキャンプで過ごしている。兄弟姉妹はみな独立し、妻一人と年老いた両親が頼れるのは一緒に暮らすユスフしかいない。

　彼の家族もダダーブの他の難民と同じように、援助機関の配給に頼って生活している。配給で手に入るのは小麦や塩、石鹸など、量も種類も必要最低限のものにすぎない。ユスフは17歳でキャンプ内の4年制高校を卒業すると、同じくキャンプ内にある公立小学校で英語と理科を教える教員になった。当初は完全な無給のボランティアだったが、その後月40ドル程度の奨励金をNGOから受けとる「難民従業員（incentive workers）」になった。しかし難民であるユスフは、どんなに働いても正当な給与をもらうことは許されず、収入に満足できなかった彼は公立小学校を辞めた。

　現在はイフォで学習塾を経営し、約200名の難民の生徒を教えている。塾の月収は200ドルに満たず、それを難民の講師4人で分配している。難民はキャンプの外への移動が制限されているため、教材や文房具の調達は知人やケニア人の業者に頼んで取り寄せる。また塾経営のかたわら、平和教育を推進するNGOで難民従業員としての働き口があるときなどに、臨時収入を得るなどして生計の足しにしている。

　キャンプ生活の閉塞感や治安の悪化を考えれば、母国ソマリアで活動するNGO

で働いて正規職員としての給料を稼ぐという選択肢もある。しかし故郷の記憶はほとんどなく、いまだにテロや迫害の危険があることを考えると、帰国は躊躇せざるを得ない。かといって水や食料の配給を失ってまで、難民と折り合いの悪いキャンプ周辺のソマリ系ケニア人住民に同化することは考えられない。米国などへ第三国定住する望みもほとんど絶望的で、キャンプでの支援に依存して生計を立てる以外の展望が開けないでいる[3]。

2. 生計支援の現状

　生計（livelihoods）とは「生活を維持し向上させるための人々の能力、財産、活動」のことを一般に指す[4]。ダダーブキャンプでの支援活動は、生活を「維持」する支援と「向上」させる支援に大きく分けられる。

　ダダーブの支援活動全体の多くを占めるのは、最低限の生活の維持に関する支援である。例えばキャンプでは「人道支援と配給」が行われ、食糧、水、住居、医療といった基本的な公共サービスが提供されている。また「難民登録や法的保護」によって、難民は自らの生命と財産を守り、生計を確保する手段を得ることができる。人道支援と配給、そして難民登録や法的保護は「命にかかわる支援」であると考えられている。

　これに対して生活を向上させるための支援には、「小規模ビジネスの支援」や「教育や職業訓練への投資」といったものがある。狭義の「生計支援」はこちらだけを指すことが多い。

　「小規模ビジネスの支援」は多岐にわたるが、理髪店、キオスク、美容サロン、電気修理、本屋、洋裁屋、染物屋、学習塾などが難民キャンプで経営されている。援助機関から助成金を受ける団体もあり、例えばこの2年間で63の青年組織が合計10万ドル以上の助成金を受けている。「教育と技能訓練への投資」に関しては、例えばダダーブで青年教育事業を担当するNGOが金属加工や裁縫などの技能訓練を1年間提供し、若者の自立を促進している。また看護師や教師といった専門性の高い分野でも、別のNGOがケニアの教育機関で技能訓練を受けられる支援事業を難民に対して行っている。

3. 生計支援の阻害要因

　ところがこのように自立を促すような生計支援の機会はダダーブでは非常に限られている。ユスフの住むイフォキャンプでは、就業人口の65.4%が失業中で、家事手伝い及び主婦を加えた割合は82%に上り、正規雇用の機会はほとんどない[5]。また教育や職業訓練の機会も限られており、高校の就学率は8.3%、さらに職業訓練校の在校生は750名でこちらは対象人口の0.1%にすぎない[6]。その原因は、キャンプでの自立を著しく妨げるようなダダーブ特有の社会的要因にある。

(1) ケニア政府の難民政策

　ケニア政府は大勢の難民を受け入れる代わりに、ダダーブの難民の労働や移動に対して厳しい制限を設けている。まずダダーブの難民は、援助機関や企業で正規職員として働くための労働許可をケニア政府から得ることがほとんどできない。キャンプ内での小規模な自営業や肉体労働などは禁止されていないが、そうした雇用は不安定で就労可能人口の11.8%ほどに留まっている[7]。援助機関などで難民従業員として働いた場合も少額の奨励金しか支払われず、その額は同程度の業務にケニア人が従事した場合のおよそ4分の1にすぎないこともある。また、難民はキャンプ外の地域に移動することも著しく制限されている。伝統的な遊牧を営むことはもとより、ナイロビ等にある質のよい大学、病院、市場に行くことも困難で、キャンプで難民が商店を営んでいても取引の上で著しく不利になる。

　それに加えて、例えばキャンプ内にNGOが施設を建設するときは周辺地域のケニア人建設業者が優先的な割当を受けるなど、キャンプ周辺のケニア人住民に配慮した雇用のしくみが根付いている。ダダーブ難民キャンプの存在によって周辺住民が享受する経済的恩恵は、難民人口が少なかった2010年ですでに年間1,400万ドルに上るという試算もある[8]。こうしたケニア政府の政策は、難民の経済的自立に対する障壁となっている。

(2) UNHCRの任務

　援助機関にとって生計支援の優先順位が低いことも、難民の自立を難しくさせている。UNHCRの大きな任務は難民の保護である。難民キャンプの運営責任はケニア政府にあるが、UNHCRは政府を支援するという立場で事実上その責任を

果たしている。そこでは難民の法的保護、治安の確保、最低限の支援の提供が中心的課題になるために、自立支援はUNHCRの主要な課題として考えられてこなかった。実際、UNHCRケニアの2011〜12年度の予算のうち「自立と生計の向上」の項目に対する予算は約810万ドルで、全体の3.4%に過ぎない[9]。生計支援の予算は「命にかかわる支援」に比べて圧倒的に少ないのが現状であり、難民46万の人口規模に対して十分な自立支援を行うだけの予算規模や支援能力をUNHCRは有しているとはいえないのである。

(3) その他の環境要因

難民の自立を阻害している環境要因として、その他には次のような状況が挙げられる。

① キャンプの治安悪化に伴う、難民の住居や商店を標的にした強盗や略奪
② テロ取締りを目的にした警察による恣意的な家宅捜索、暴力的な尋問、財産の差押
③ 難民の土地所有権の不在と、薪などの資源や土地をめぐる周辺地域住民との争い
④ 乾季の干ばつや火事、雨期の洪水といった災害と隣り合わせの、居住に適さない気候
⑤ 利子を原則禁止とするイスラム法に配慮のない銀行との取引を認めないソマリ社会の慣行

4．生計支援をすべき3つの理由

このような限界を克服して、ダダーブで生計支援を促進するよい方法はあるだろうか。そのためには、援助機関だけでなくケニア政府やドナーからの理解が得られやすい支援戦略が求められる。その意味で、筆者は次の3つの理由でダダーブでの生計支援が必要であると考えている。

(1) 保護に配慮した生計支援

第1に、難民の保護を確実なものにする手段としての生計支援がある。つまり効果的な保護が妨げられる危険性（protection risk）が高いと考えられる難民に、集中的に職業訓練や自立支援を行うことである。障がい者、性暴力被害者、女性

を世帯主とする家族、バンツー系ソマリ難民などキャンプにおける少数派の民族がこれにあたる。こうした人々は、キャンプの中で二重に差別や迫害にあう可能性が高い。そのような難民に対しては重点的に支援を行い、自尊心を高め、コミュニティの受け入れ体制を創り、保護を妨げる危険性を減らさなくてはならない。

また性産業、犯罪、配給品の売買など「好ましくない生存戦略（Negative Coping Mechanism）」に手を染めることで生計を立てようとすることがある。こうした行動も予防されなくてはならない。たとえば性産業従事者に職業訓練を行い、売春の代わりとなる職業機会を提供する支援がある。また男性の若者を生産的な活動に従事させ、薬物乱用、家庭内暴力、性的暴力、氏族間の抗争、テロ行為といった、保護の脅威となりうる活動を予防し、キャンプ全体の治安を高めることも重要である。

この理由づけが有効なのは、生計支援をUNHCRの中心的任務である保護活動と結びつけることができるからである。ダダーブでも障がい者や性暴力の被害にあった女性に対してそれぞれ職業訓練を提供するNGOがあるが、その活動は限定的である。弱者の保護のための生計支援という目的を一層明確にすることで、支援の優先順位を高め、狭義の「生計支援」以外の予算を分野横断的に活用することが期待できよう。

(2) 緊急時のための人材育成

第2に、緊急時に難民自身によってキャンプの運営を行うことをめざす人材育成が考えられる。2011年に治安が悪化し援助関係者がキャンプに行けなくなった時には、水や食糧の配給、病院や学校の運営、犯罪の抑止や監視などの業務が大きく混乱した。万が一、援助機関の活動が著しく制限された状況でも、難民自身によって「命にかかわる支援」を継続する必要がある。そのためには職業訓練を通じて人材が育成されなければならない。

すでに難民の互助のしくみはダダーブに根付いている。例えば2010年の干ばつで難民が激増したときも、旧キャンプの難民を中心に互助組織ができ、新しい難民に対して衣服や食糧を配布する草の根の支援が行われた。こうした取り組みがより評価され、さらに専門性の高い技能訓練を受けて、キャンプ運営全体が強化されていくことが望まれる。

この議論は現在の不安定な治安状況において非常に説得力がある。また緊急

時だけでなく通常のキャンプ生活での難民の自立にも結び付くだろう。すでにUNHCRはNGOと共同で「支援継続計画」を実施し、難民の人材育成を中心的な課題として位置付けている。これは緊急事態を想定した戦略であるが、さらに踏み込んで通常のキャンプ運営の意思決定においても難民が主体的に関与するようになれば、援助依存の体質の改善にもつながることが期待される。

(3) 帰還を想定した職業訓練

　第3に、難民が本国に帰還することを想定した職業訓練も重要な生計支援の柱である。仮に難民の帰還が実現すれば、帰国後は速やかに生活を立て直さなければならない。キャンプにいるうちから職業訓練を通じて手に職をつけることができれば、帰国後の生活に対する難民の不安は軽減される。専門職の技能があれば、国家再建に直接貢献することも期待できる。

　この考え方の強みは、20年以上続く難民状況の解決を望むケニア政府の政策との親和性が高いことにある。また難民人口も2012年に比べて4万人程度漸減しており、自発的にソマリアに帰還した難民の増加がその一因だとみる向きもある。ソマリアの和平プロセスや国家再建への機運を支持するドナー国の後押しも得やすい。もっとも、生計支援が帰還後の生活にどう役立ったかまで評価をすることは難しいので、ドナーの判断が変わる可能性もあろう。また原則として難民が望まない帰還は、国際法上許されない。またソマリアでの迫害状況が大きく改善しないうちは、大規模な帰還事業の支援は難しい。

　帰還を想定した支援が慎重に扱われるべきであることは間違いない。しかし、少なくとも帰国後の生活再建への不安を取り除くための自立支援は必要だろうと筆者は考えている。もちろんその大前提は、安全で自発的な帰還のみが容認されることである。帰還の実現までの間、そうした生計支援がキャンプにおける生活水準の改善にも資することも期待できよう。

おわりに

　ダダーブの難民のほとんどが、ユスフのように現状の生活に閉塞感を覚えている。しかし難民の労働や移動に制限を課すケニア政府の政策や、「最低限の生活を維持するための支援」を重視する援助機関の方針などが大きな障壁となっているために、ダダーブで自立支援を行うことは非常に難しい。キャンプ内の生活水準

を向上させることだけを直接の目的とした場合はなおさらである。

　そのような課題を克服してダダーブで生計支援を促進すべく、本章では３つの戦略的な目的を検討した。すなわち、難民の保護に直接結びつける自立支援、緊急時に備えた人材育成、本国への帰還事業を想定した生計支援である。包括的な生計支援を望むには、42万人の難民人口規模はあまりに大きく、援助機関の予算規模や能力も限られている。そのなかで生計支援の枠を広げるには、戦略的にその優先順位を高めていくしかない。

　ユスフは昨年１年間の村落開発の遠隔地教育プログラムを終え、一番の成績で学位を取得した。この講座もまた、生計支援の一環としてダダーブ難民の若者を対象にしたものである。今後は難民キャンプの運営に携わったり氏族間での争いを仲裁したり、またソマリアに帰国することがあればその経歴を活かしてNGOや役所等に就職したときにその能力を発揮することなどが期待されている。

【補記】筆者はUNHCRダダーブ事務所に派遣された国連ボランティアであり、本章で表明されている見解は筆者のものであって、UNHCRの公式な見解を反映するものでは必ずしもない。

1　Camp Population Statistics as of 31/5/2013-Dadaab/Alinjugur. [http://data.unhcr.org/horn-of-africa/download.php?id=1203/, as of June 2013]
2　Machtelt De Vriese, 'Refugee Livelihoods: A review of the evidence', UNHCR Evaluation and Policy Analysis Unit (February 2006), para. 10.
3　ダダーブの若者の状況については以下を参照。UNHCR, *A Global Review UNHCR's Engagement with Displaced Youth* (March 2013). [http://www.refworld.org/pdfid/5142d52d2.pdf/, as of Oct 2013]
4　難民の生計に関する定義および分類については以下を参照。De Vriese, *supra* note 2, para. 10.
5　UNHCR Dadaab ODM Unit, *Registration & Verification Activities in Sub Offices Dadaab and Alinjugur* (Nov. 2012).
6　Norwegian Refugee Council, *Why Are Children Not in School? Multi-Agency Assessment of Out-of-School Children in Dadaab Refugee Camp, Kenya* (June 2012) p. 1. [http://www.acaps.org/ img/documents/w-nrc-education-assessment-dadaab---30-may-2012-final.pdf/, as of May 2013]
7　UNHCR Dadaab ODM Unit, *supra* note 5.
8　Danish International Development Assistance, *In Search of Protection and Livelihoods - Socio-economic and Environmental Impacts of Dadaab Refugee Camps on Host Communities* (August 2010), para. 37.
9　UNHCR, *Global Appeal 2013 Update: Kenya*. [http://www.unhcr.org/50a9f821b.html/, as of May 2013]

Chapter 8　IDP Camp as a Dynamic Living Space: Case Study on Morni IDP Camp, West Darfur, Sudan

第 8 章
国内避難民キャンプという生活空間の動態
スーダン・西ダルフール州モルニ国内避難民キャンプにおける考察

堀江 正伸 *Masanobu Horie*

キーワード：国内避難民、人道支援、伝統的統治システム、ダルフール、IDPキャンプ
Keywords: internally displaced persons (IDPs), humanitarian assistance, traditional governance system, Darfur, IDP camp

はじめに

　スーダン西部のダルフール地方では、2003年2月、反政府組織である「スーダン解放軍（Sudan Liberation Army: SLA）」が北ダルフール州の州都エルファシャール（El Fashar）にある政府機関を攻撃したことに端を発するいわゆるダルフール紛争が勃発した。紛争は泥沼化し、和平の試みは重ねられてはいるが、勃発後10年が経過する現在に至るまで根本的解決には至っていない。国連は、この紛争により推定160万人が国内避難民となり、20万人が難民として隣国のチャドと中央アフリカへ避難したとしている[1]。

　この10年という年月はまた、移動を強いられた国内避難民の社会にさまざまな変容を促すものであった。その要因は数多くあろうが、国内避難民の生活を維持する目的で行われる人道支援もその一つである。外部よりもたらされる、誰も見たことのない大量の物資は、国内避難民の生活の隅々にまで浸透していく。しかし、そうした人道支援は、受益者社会の権力構造に変化をもたらす。新しい権力構造は人びとの生活に影響をおよぼすとともに、変化をもたらした人道支援でさえも、新たな力学の影響を受けるようになるのである。

　ところで、研究の世界を見渡せば、国内避難民の状況に関してはすでに日本においても多くの研究が行われている[2]。しかし、難民に関しては生活実態に迫る研究[3]が多くみられるのに対し、同じような視点、つまり国内避難民の国内避難民キャンプでの生活に注目した研究はまだ一般的ではない。国内避難民の生活に密着

した先行研究においても、その舞台はキャンプではなく都市への流入を取り上げている場合が多い[4]。さらに、脆弱性などでその類似点が指摘されることが多い難民と国内避難民だが[5]、異なる側面も少なくない。例えば、難民キャンプが受入国の同意に始まり、国連難民高等弁務官事務所（UNHCR）による設立、そして管理のもとに成り立っている場合が多いのに対して、国内避難民キャンプは自然発生的で、かつ、領域国から疎まれる存在であることがある。さらに、国内避難民は、難民と違い、国内避難民としての公的登録が無かったり、部分的であったりする場合が多く、その数や移動の状況が把握しにくいこともある[6]。もちろん、難民キャンプであっても正確な統計が準備されているとは限らないが、自然発生的に各地に成立した国内避難民キャンプの状況を把握することはことのほか難しい。

　国連世界食糧計画（WFP）の職員でもある筆者は、通常、研究者や人道支援機関職員ですら入ることが難しい、西ダルフール州モルニ（Morni）に形成された国内避難民キャンプで2008年6月より2011年5月までの3年間を過ごす機会を得た。本章は、その3年間に行なった参与観察や日常会話、意見交換を含めた定性的調査に基づくものである。モルニ国内避難民キャンプは、筆者調査開始時までに、形成後4年が経過していた。そのため、キャンプは、避難の場所であると同時に〈社会〉としての側面を持っており、そこからさまざまな視座が得られるのではないかと考える。

　その点を踏まえつつ、本章においては特に人道支援が、ダルフールを生活の場所としてきたさまざまな人びととの間の関係、伝統的統治システム、そして国内避難民社会における変化にどのような影響を与えているかに注目し、そこから見える人道支援の問題点のいくつかを明らかにする。これらの考察を通じ、国内避難民のキャンプに特徴的な社会的変容を解き明かしてみたい。

1．モルニ国内避難民キャンプ

⑴　成り立ちと概要

　モルニ国内避難民キャンプは西ダルフール州最大の国内避難民キャンプであり、WFPの受益者登録ベースで7万3,584人の人びとが暮している（2011年5月時点）。国内避難民が流入する前のモルニは人口4,600人ほどの村であり、周辺の村々と比較しても特に大きな村ではなかった。そこに、元の人口の十数倍にのぼる人口が流入してきたのである。現在では、空き地ばかりでなく道や広場にも支

援機関から配布されたビニール・シートで屋根を葺いた国内避難民の家々が密集して建てられている。

　病院は1カ所であり、スーダン政府保健省から派遣された研修医が1名勤務している。学校は、小学校が14校、中学校が1校ある。小学校のうち12校は、国内避難民の流入以降に国際NGOによって作られたもの、あるいは国連児童基金（UNICEF）より資金提供を受けスーダン政府が建てたものである。いずれも柱と藁葺きの屋根だけの教室で、空き地に無造作に建てられているといった感じである。

　人道支援の中で最大のものは、WFPによる食糧支援である。食糧支援は2005年6月に行われた登録に基づいて行われている。WFPは、基本的に2005年6月時点に存在した国内避難民全員ならびにモルニに元から住む現地住民を登録し、各受益者の摂取カロリーが一日あたり2,100キロカロリーになるよう食糧を配給してきた。WFPはモルニだけではなく、ダルフールの全てのキャンプで同じ支援を展開しており、その受益者総数は250万人に及ぶ[7]。食糧の購買、購入国からスーダンまでの輸送、スーダン国内での各配布地までの輸送を考えればそれだけで巨大なオペレーションである。ダルフールの国内避難民キャンプが存在する場所は、半砂漠のような場所であるうえ国内避難民の多くが耕作地から切り離されており生産手段がないため、食糧支援は7年間一時も絶やすことなく続けられてきた。しかし、これだけの食糧がキャンプに投下されれば、単に受益者によって消費されるということ以外に何かしらのインパクトをダルフールの社会に与えていると考えるのが妥当であろう。

　モルニにおいて住人7万人以上を受益者として登録し、さらに彼らに途絶えることなく食糧支援を行うことはモルニに配属された6人のWFP職員だけでは行えない。この点は、他機関が担当している非食糧支援[8]についても同じである。そこで、支援機関はシェイク（Sheikh）[9]と呼ばれる「コミュニティ・リーダー」に受益者の統括、物品のハンドリングなどを委託しながら支援を展開しており、この方法は、他のキャンプでも同じである（第4節で後述）。しかし、支援に従事する者の多くが、支援におけるシェイクの仲介が利権化している実態に懸念を抱いている。実はこの利権化こそが、外部介入である支援が、支援側が想定していなかったさまざまな「副作用」を生み出す最も大きな要因の一つとなっている。

モルニ周辺地図

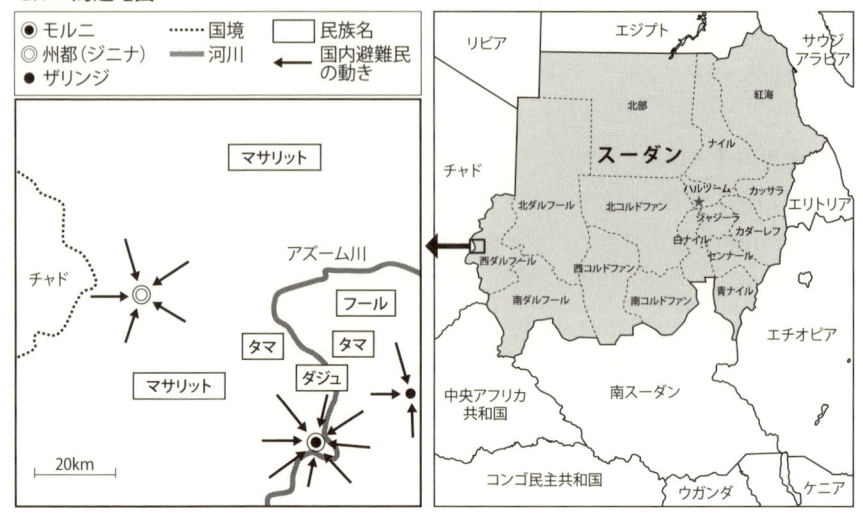

- ● モルニ
- ◎ 州都（ジニナ）
- ● ザリンジ
- ……… 国境
- ≡≡≡ 河川
- ☐ 民族名
- ← 国内避難民の動き

(2) モルニ国内避難民キャンプの地理的、民族的特徴

　西ダルフール州の州都であるジニナ（El Geneina）から南へ80キロメートルの距離にあるモルニ国内避難民キャンプは、同州にあるキャンプの中でも最大であるということのほか、地理的な特徴がいくつかある。その一つが、モルニは西ダルフール州南部を東西に二分するアズーム川[10]の西岸に位置しているということである。

　ダルフールは、1916年英領スーダンの一部となるまで民族別王国が支配しており、フール人[11]によるフール王国はその王国の中で最大のものであった。「ダルフール（Darfur）」という語は、現在では単に地方の名称、あるいは州の名称[12]として使われているが、もともとはアラビア語で土地を意味する「ダール（Dar）」とフール人の「フール（Fur）」、つまりフール人の土地を指す言葉であった。そのフール人の勢力の西端は、歴史的にアズーム川として認識されている[13]。この地域は、今日のアズーム川以東の西ダルフール州、南ダルフール州全域、北ダルフール州全域を含む広大な地域で、フランスとほぼ同じ面積がある。

　一方、モルニを含むアズーム川から西側の地域は「ダール・マサリット（Dar Masalit）」と呼ばれ、歴史的にマサリット人の支配下にあった。マサリット人の勢力は、西ダルフール州のアズーム川以西および隣国チャドの東部へ及んでいる。マサリット人の王は現在に至るまで存続しており、ジニナに居を構えている。

なお、今日、フール人自身も好んで使い、支援従事者の間でも確固とした民族名であるかのように認識されているフール人であるが、歴史的に確固とした民族でなかったことが指摘されている。アフリカ地域研究者のA. デ・ウォール（De Waal）は、1600年から1916年に存在したフール王国の勢力下にあった人びとが政治的目的のためにフール人を名乗ったり、父系社会であるダルフールにおいて、有力者の移住先での婚姻によりフール人に帰属を変更したりした人もいることを指摘している[14]。

2．ダルフール紛争──遊牧民と農耕民との関係を中心に

(1) 紛争の一般的な理解と紛争の下地

　ダルフール紛争には、一般的に「アラブ系遊牧民とアフリカ系農耕民の間の紛争」という見方がある。例えば外務省ウェブサイトにある、「スーダン西部のダルフールでは、アラブ系遊牧民族とアフリカ系農耕民族間で昔からあった水や牧草地などを巡る抗争を背景に、2003年に政府・アラブ系民兵と、反政府勢力の本格的な紛争が勃発しました」といった紹介の仕方はその典型であろう[15]。しかし、前出のデ・ウォールは「アフリカ系」「アラブ系」という分類の仕方自体がスーダン国家の成り立ちのプロセス、つまり、アラブ世界とアフリカ世界との関係の中から形成された見方であり、もとからダルフールに「アフリカ系」「アラブ系」との分割があったということを否定している[16]。

　紛争の要因に関して言えば、近年のサハラ砂漠の拡大や水資源の減少のために、遊牧民が準定住あるいは定住へと生活様式を変化させる中で、元々からあった小競り合いが激化したと説明する論者もいるが[17]、気象等自然条件の変動を背景にダルフールで紛争が生じたという見解は根強いものがある[18]。定住には土地が必要であるが、ダルフールにおいて土地は個人所有ではなく、民族の所有物とされて「伝統的統治システム」により管理されてきた（第4節にて後述）。その「伝統的統治システム」の中で管理されている民族の土地を「ハクラ（Hakura）」[19]という。ところが、西ダルフール州および北ダルフール州の遊牧民の中には、伝統的にハクラを所有していない民族がいた。そのことが、元来定住型の生活を営んでいる農耕民と、遊牧民との間に摩擦を起こしているのである[20]。さらに、アフリカ系とされる人びとの中にも遊牧を生業としている人びとがおり、アラブ系とされる人びとの中にも農業を生業としている人びとがいることも指摘されてい

る[21]。よって、ダルフール人を二分するのであれば、「遊牧民」と「農耕民」と分類する方が適切であるといえる。

(2) 紛争前の遊牧民と農耕民の関係

　支援従事者など部外者がキャンプに来てまず違和感を覚えることは、ラクダに乗った遊牧民[22]の存在だろう。何故ならば、外部者は「紛争はアラブ系遊牧民とアフリカ系農耕民の間に起きている」という認識を持ってやって来るからだ。支援従事者の中には遊牧民を見るなり「ジャンジャウィド（「騎乗の妖怪」）[23]だ、危険なので目を合わせるな」と来訪者に教える者までいる。しかし、そのような「危険」な存在が、農耕民にとって安全な避難先であるはずのキャンプの中をうろうろと動き回っているのである。

　市場が催される日[24]、キャンプの中心は買物をする者、知り合いと挨拶を交わし路上に設営された茶屋で茶を飲む者など、さまざまな人びとでごった返す。その人波に混ざって、遊牧民たちの姿が見られる。彼らは、日常品、食糧を購入するため、あるいはキャンプ外で収集した薪を国内避難民へ売るためにキャンプへ来ているのである。しかし、彼らと国内避難民が積極的に交わる姿は見かけない。

　それでは、紛争が始まる前の遊牧民と農耕民の関係はどのようなものであったのであろうか。紛争が表面化した2005年から遡ること30年程前、この地方の遊牧民と農耕民の関係を調査したG.ハーランド（Haaland）は、両者の経済的結び付きに注目している[25]。例えば、前述の通り土地は民族の管理者より割り当てられているため売買の対象に成り得ず、その代わりに農耕民が富を家畜に変えて貯めるメカニズムを説明している。さらに、農耕民は家畜を遊牧民に対価を払い預けていた事実を指摘している。ハーランドによれば、地理的な違いはあるが、雨季に家畜を湿地となる農村のそばで放牧することにより家畜が病気にかかるというリスクを避けるため、遊牧民に預け乾燥地で放牧する必要があったからである。

　筆者のモルニでの情報収集を通じても、彼らの共存の関係を示す次のような事例が明らかになった。遊牧民は家畜を放牧している間に必要な穀類、豆などを全て携帯することは不可能であり、またそれら食糧が市場に出回る時期も限られている。そこで遊牧民は、収穫期に農村にてそれら食糧を購入し、さらに農耕民宅に預けていた。その際、農民が預かった食糧は、ダバンガ（Dabanga）と呼ばれる素焼きの壺に入れられ保管されていた。一つのダバンガには、主食のモロコシであれば200キログラムから250キログラムを収容でき、大人がゆうゆう入れる大

きさである[26]。また、農耕民も遊牧民から生産物である乳製品、肉を購入していた。

モルニの元からの住人の中には、農耕民と遊牧民双方の血を引く者も多い。小学校の教員をしているMもその一人だ[27]。2010年2月筆者は、モルニの元からの住人の家が並ぶ地区のほぼ中央に位置するM宅を訪問した。Mであれば、農耕民と遊牧民の関係に明るいのではと考えたからである。自宅訪問に際しては、農耕民と遊牧民の関係について教えて欲しいと前もって伝えてあった。当日、M宅の門をくぐると、敷地内に設置されているラコーバ（Rakoba）と呼ばれる家事用の日除けの下に敷いた茣蓙に腰を降ろすよう促された。Mが話してくれたことを整理すると、以下のようになる。

裕福な遊牧民になると、数百頭の牛を所有しており、家族だけでは世話ができなくなる。そこで、比較的貧しい農耕民の男子を雇い牛の世話をさせた。賃金は、現金で支払われていた。雇う子どもの選択にあたっては、遊牧民はまず農耕民のシェイクと相談し、さらにシェイクが農家と相談のうえ決めていた。また、農耕民の中にも数頭の牛を所有するものがいたが、村内で放牧することが難しくしばしば遊牧民に預けて飼育してもらっていた。農耕民であるオーナーは、時折、自分の牛の成育具合を見るために放牧地を訪れ、遊牧民と食事をし、遊牧民のテントで夜を明かすこともあった。また食糧の備蓄などで遊牧民が農耕民の村へ入る場合は、遊牧民はまず農耕民のシェイクに挨拶をしたという。さらに、両者は結婚式などの儀礼が執り行われる際には、互いを招いていたとのことである。

また、ある文献では収穫終了後の畑は、遊牧民の家畜に解放されていたことが指摘されている。これは、家畜が作物を刈り入れた後の残骸を食べることにより、次の農業期に向けた畑の清掃となり、また同時に家畜の排泄物が畑を再肥沃化するからである[28]。実際、筆者は国内避難民である友人のRにこの点を確認してみた。彼は、上記の家畜による畑の清掃、再肥沃化は文献に記されている通りだと確認するとともに、「通常、農作業は、互助的な集団作業であるニフィル（Nifil）で行われていたため収穫の進捗具合はまちまちで、しばしば未収穫の畑が家畜に荒らさてしまうことがあったが、そのような作物へのダメージは話し合いのもと解決できていた」と説明、そして「良い時代の話だ」と付け加えた。

上記が示すように、遊牧民と農耕民は、単にダルフールという場所に別々に存在していただけではなく、互いの生活様式に深く組み込まれたいわば共生の関係にあったと言える。

(3) 今日の遊牧民の生活の一例

　現在、ほぼ全ての農耕民はキャンプで暮らし、支援を受けながら生活している。紛争は、国内避難民とならざるを得なかった農耕民にとって悲痛な出来事であったことは間違いない。しかも、彼らは、農地という生活の基盤を失い、現在も安全上の理由から村へ帰還することを躊躇している。ほとんどの国内避難民は、「アラブ（筆者注：遊牧民のこと）が自分達の畑を使っている。アラブは武器を持っているので危険で村へ帰ることはできない」と言う。

　しかし、遊牧民と農耕民が既に論じた通り共生の関係にあったのであるから、パートナーを失ったのは遊牧民とて同じである。ダルフールの人道支援を調査しているH. ヤング（Young）は、農耕民が国内避難民となり農村が消滅したことにより、遊牧民が日常必需品を買い、生産物を売っていた市場が失われたと述べている。また、共生の関係が崩れたことによって、遊牧民も、キャンプ外に出ることができない国内避難民相手の薪売りなど、脆弱な生活基盤に頼らざるを得ない事実を指摘している[29]。

　それでは、遊牧民の生活状況は現在どのようなものであろうか、また彼らが経験する脆弱性とはいかなるものなのであろうか。筆者は2010年3月、遊牧民が定住生活をしている場所の一つで調査する機会を得た。場所は、モルニから北東へ約30キロの場所にあるノルエルサラム・ダムラ（Nor El-Salam Damrat）[30]であった。ノルエルサラムに到着すると、5、6人の青年が「ウムダ（Omda、ダムラの長）[31]を呼んでくるので待っていてくれ」と言って筆者を「クリニック（診療所）」と呼ばれる建物へ案内した。「クリニック」といっても、土むき出しの床に組立式のベッドが一つ置かれているだけの粗末なものである。10分もすると青年達はウムダとイマーム（Imam、宗教的リーダー）を連れて「クリニック」へ戻ってきた。こうして、筆者は初めに筆者を迎えてくれた青年達、ウムダ、イマームを含む20人程度と話をすることとなった。

　ウムダの話によれば、ノルエルサラムは9つの小さなダムラからなっており、住民たちは1995年頃より遊牧生活をやめて、定住生活を始めたという。その理由は、放牧地や水資源の減少などにより、家畜の多くが死滅してしまったことであった。そこで、ウムダは仲間を「これからは遊牧には将来はない。定住して子供達に教育を受けさせなければいけない」と説得して、800の家族[32]とともにノルエルサラムでの定住生活に入ったという。しかし、遊牧民であった彼らは農業に関す

る知識を持っておらず、定住生活は容易ではなかった。

　今日、定住生活をしているノルエルサラムの人びとの主な収入源が、まだ定住していない遊牧民の家畜の世話をして得られる賃金であるということは皮肉である。帰り際にウムダは筆者に「ここに学校を作ってもらえませんか？　ここには読み書きができる者が、私も含めて3人しかいないのです」と訴えた。このように、定住を目指す遊牧民の生活状況もかなり厳しい。

　しかし、国連機関が策定した2005年の年間計画によれば、「ダルフールにおいて支援が必要なのは、国内避難民と彼らを受け入れたことにより資源と基本的サービスが圧迫されたホスト・コミュニティの約250万人」[33]としており、遊牧民は支援の対象になっていない。前出のヤングは、支援機関は特定の遊牧民の生活の脆弱性と、また彼らの必要としている援助は国内避難民のそれとは質的に違うことを考慮に入れるべきであり、植民地政府や独立後の政府が遊牧民を無視してきたのは不幸なことであったが、支援機関がその政策を継続、さらに正当化することはあってはならないと警鐘を鳴らす[34]。

　支援機関は、実務の運営においては、受益者を国内避難民に限ってはいない。しかし、支援の遂行場所は、倉庫など施設の問題、職員の安全上の問題、受益者の可視性などから、キャンプに限られてきた。そのため、援助の受益者が国内避難民にいる農耕民に偏ってしまう傾向があったことは否めない。

　この支援の偏りは、その受益者である国内避難民の間にある種の特権意識を生み出している。2010年3月、79名の遊牧民がモルニから南東へ40キロあまり離れたハビラ（Habila）にあるWFPハビラ事務所で発行された受益者カードを持ってWFPモルニ事務所へやって来た。彼らは受益者登録が行われた際ハビラ付近におり、受益者として登録されたと考えられる。WFPの取り扱いでは、受益者カードを持っていれば別の場所で発行されたものであっても食糧を受け取ることができることになっている。よってモルニ事務所は、彼らへの食糧配布をスケジュールに組み込んだ。配布当日、倉庫担当の職員が「配給を管理しているシェイク達が、新来者への配給を拒んでいる」と無線で事務所へ連絡してきた。筆者が現場へ到着するとシェイク達は、「何故アラブが食糧を受け取りに来るのだ」と抗議した。筆者は彼らがWFPの受益者カードを持っておりハビラ事務所の登録者リストに含まれていることを説明、彼らへの配布を月間スケジュールの最後に組み込むことで理解を求めた。このことは、受益者の意識の中に「支援を受けるべき人」「支援を受けるべきでない人」という区別ができていることを示唆している。長引く

キャンプ生活は、つい7年前までは共生とも言える関係を何世紀にも渡って保ってきた人びとの間に、意識の溝を作り出しているのである。

3. 国内避難民キャンプと「伝統的統治システム」の変化

(1) 「伝統的統治システム」の仕組みと外部からの介入

先に、モルニはアズーム川の西岸に位置すること、歴史的にアズーム川の東側はフール人の土地、西側はマサリット人の土地であることを紹介した。つまりモルニは、マサリット人側にある村である。しかし、紛争から身を守るために逃避している人びとにこのような境界線は関係ない。モルニには、アズーム川の東側からも多くの国内避難民達がやってきた。彼らは主にフール人である。それに対し、西側からやってきた国内避難民は主にマサリット人である。また、元からモルニに住む住人たちは、大多数がマサリット人である[35]。フール人、マサリット人それぞれが国内避難民として流入した結果、現在モルニのフール人とマサリット人の数は均衡している。

それでは、先述の土地管理の基礎となっている「伝統的統治システム」はどのように機能するだろうか、ここで少し詳しく見ておきたい。筆者が3年間行った聞き取りの中で、「伝統的統治システム」ならびにそれによる土地管理をはっきり説明できた者はいなかった。今日、ダルフール人の間には土地は王から与えられたという意識は希薄であり、先祖が開墾した土地を使用しているという意識が一般的なものとなっている。しかし、使用者は使用権を有するものの、総合的には土地は民族に帰属するという意識、そしてそれは「伝統的統治システム」により管理されているという意識は、ほとんどの人びとによって共有されていることが確認できた。このシステムはフール人とマサリット人の間で共通する部分が多い。それぞれ王の下に3段階の階層がある。フール人の場合の階層は、上位から王であるスルタン、地区を統括するシェルタイ（Shartay)、複数の村あるいは大きな村を管理するウムダ、そして最下位に村やコミュニティレベルを管理するシェイクとなっている。マサリット人の場合、王であるスルタン、フルシャ（Fursha）、そしてウムダ、シェイクとなっている。地区を統括するのが、シェルタイであるか、フルシャであるかの違いである[36]。

しかし、このシステムは実は新たに作られた「伝統」であるという指摘もある。デ・ウォールは「1916年に英国はダルフールを植民地とするが、当時の不安

定な治安状況下[37]において直接統治は不可能であり、英国は『土着統治（Native Administration）』方式を採った。しかしここでいう『土着統治』は、住民の間に民族内に新たな階級制度を作って統治するものであった」[38]と説明している。これは、英国植民地政府が、スルタンによるフール王国全土の統治を廃止したうえで、それ以下の伝統的統治システムを残し「土着統治」とし、その「土着統治」システムに王国時代以上の権限を、地区別にあるいはフール王国領域内に存在したフール人以外の民族には民族別に与えたからである。さらに「土着統治」は、植民統治が終了した1956年以降も時々の中央政府により廃止、再開を繰り返されたり、その権限を変更されたりしながら政治的に利用されつつ今日まで存続している[39]。

　現在スルタン、シェルタイ、フルシャ、ウムダには、スーダン政府から給与が支給されている。しかし、彼らにかつての土地管理、司法、租税上の権限はなく、むしろ住民を管理するという目的のみで役職が保たれている。植民地政府、スーダン政府とも住民を効率よく管理するために、このシステムを継続させてきているのである。しかし、裏返せば、このシステムは、今日まで一般住民の間に一定の影響力を持っているということもまた事実である。

(2)　人道支援と「伝統的統治システム」

　住民の日常生活に最も関わってきたのは、「伝統的統治システム」において最下位の役職であるシェイクである。伝統的なシェイクの役割は土地所有に関する事務的事項、税の徴収、小さな争い事の調停、そして儀礼であった[40]。筆者の聞き取りでは、シェイクは父親から継承されるケースもあったが、住民により選出され、その後ウムダに承認されることにより任命されていた。また、住民はウムダに提訴することによって、シェイクを解任することもできたという。モルニの国内避難民は、シェイクに引率されてモルニへやってきたというのが一般的であり、シェイクたちはキャンプにおいてもシェイクであり続けている。キャンプ生活が8年となる今日、国内避難民はキャンプ内で同一の場所に住み続けているとは限らないが[41]、当初はシェイクとともにモルニへ来て、同じ村から来た者たちは近所に住んでいた。

　冒頭で触れたように、支援機関はダルフールにおいて、このシェイクを窓口に受益者への支援を展開している。シェイクは「コミュティ・リーダー」と訳され、また実際コミュニティ・リーダーとして「民意を反映している住民の代表」、あるいは「受益者社会の『伝統』は尊重されるべき」という考えのもと支援に登用され

てきた。その背景には、支援を円滑に行おうとする支援提供者側の事情がある。しかし、支援従事者の間でシェイクの評判は決して良好なものではない。これは、シェイクが、上記の役割を自分たちの益になるように行うことに起因している。今日では、シェイクは、支援機関が新たな支援プログラムを行おうとすれば、当然彼らを通じて行うものと考えており、もしそうでない場合、彼らから露骨にクレームや妨害さえ入る。

　確かに、シェイクは住民と最も関わりが深かった「伝統的統治システム」内の役職ではあったが、その役割は限られていた。元からのモルニの住民への聞き取りでは、ほぼ全員が土地は究極的にはウムダあるいはフルシャが管理していると考えていることが分かる。彼らのうち非マサリット人の住人でさえ、自分達が畑、住居用として使っている土地はマサリット人のフルシャの管理下にあると考えている。しかし、支援機関は、「受益者社会の伝統を尊重すべきだ」というあたかもローカル性を重視しているかのように見え実は一般的な考えのもと、「シェイクとは何か」ということを十分に考察することなくシェイクを窓口として登用した。実はシェイクは英国統治下、また独立後のスーダン政府に政治的に手を加えられながら存続してきた、作られた「伝統的統治システム」の最下位の役職に過ぎなかった。それにも関わらず、その可視性より支援機関により過度に尊重されてきた経緯がある。既述の通り、「統治的システム」と現在広く認識されているシステムにおいてでさえ、シェイクはその上位のウムダに承認されなければならないし、住民がウムダに提訴してシェイクを解任するという機能も備えていた。いわば、上、下双方からの監視機能が働いていたのである。しかし、住民が国内避難民化した今日、その監視機能はもはや以前のように機能していない。

　既述の通りモルニは、マサリット人の管理地内に位置する村である。モルニにはマサリット人の王スルタンのすぐ下位の位であるフルシャであるI一族が居を構えて、モルニおよび周辺の村々を管理している。Iの家族は、代々スルタンの下でこの役目を務めてきた。よって、その管理下からやってきた国内避難民にとっては、モルニへやって来たことで「伝統的統治システム」上の変化は生じなかった。

　しかし、その管理外からやってきた国内避難民にとって事情は異なる。国内避難民はシェイクに引率されてモルニに来ているので、住民とシェイクの間の繋がりは以前と同様である。しかし、シェイクとシェイク以上の役職者の繋がりはもはやない。アズーム川東岸よりアズーム川を越えてやってきたフール人の場合、

シェイク以上の役職者は彼らの出身村より東方に位置する町ザリンジにおり、モルニにはいない。つまり、「伝統的統治システム」においてシェイクを監視する役職者が不在なのである。さらに、下からの監視である一般住人によるシェイクの解任についても、シェイクより上位の役職者がモルニにおらず、一般住人が提訴する場所がないのが現状である。さらに、現在までに多数の国内避難民がキャンプ内外で移動している。もはやシェイクの近所に住んでいない人びとも多数存在しており、シェイクと国内避難民の間の関係も以前に比べ希薄になっていると考えられる。

　このような状態で、村での生活では見たこともないような物資が、大量にシェイク達の管理下に入ったら何が起こるかは想像に難くない。そして、今日このシェイク達は自分達が利益を得ることの出来ない支援には、その他大勢の受益者に誤った情報を与え煽動し、反対する。既述のとおり、支援機関は、その人員の少なさなどからシェイクの手助けを必要とした。しかし、その結果、シェイクは支援提供のシステムの中で特権階級の意識を持つにいたった。支援従事者の中には、シェイクの「ずるさ」を指摘する者が少なくない。しかし、シェイクを「ずるく」してしまった原因の一端は、支援の方法そのものにあったといえる。作られた「伝統的統治システム」中の役職者であるシェイクは、新しい役職と権力を付与され、今では支援をコントロールしようとしているのである。しかも、この権力に監視機能は働いていない。

　支援機関は、今後の活動の中でこれを修正していかねばなるまい。しかし、住民が国内避難民化して村から移動してしまったことにより、伝統的統治システム自体が弱体化している[42]。その中で一度歪められてしまったシステムを、元に戻すのは容易ではない。

4．近年のキャンプ社会

(1) 農作業、商業、出稼ぎの活発化

　国内避難民はモルニに畑を所有していないが、耕作を行っている者もいる。彼らは元からのモルニの住人の畑で、賃金労働者として農作業を行っているのである。また、モルニ近隣の村から移動してきた国内避難民の中には、日帰りで出身村へ帰り自分の畑を耕作するという場合もある。さらに、近隣出身の国内避難民が、より遠くから避難して来た国内避難民を雇用し、自分達の畑を耕作させる事

例も見られる。

　さらに、2010年農耕期には、これまでに見られなかった形態が観察された。それは、一時的に出身村へ帰り、農作業期間中継続して滞在し農作業をするというものである。この新しい農業形態は安全上の懸念はあろうが、比較的人口が少ない民族の中には[43]、遊牧民と自主的に交渉し、安全を確保するなどの動きもあるようだ。キャンプ内の噂によれば、遊牧民に対し護衛代のようなものを払っている人たちもいるという。国内避難民たちはそのような人びとを「裏切り者」と表現する。

　モルニでは、商業も活発になっている。日用品を売る雑貨屋は、数えきれない程ある。雑貨商の中にはトラックを所有する者さえおり、首都ハルツームや州都ジニナより商品を仕入れ、他の雑貨商へ転売する仲買業のようなこともしている。

　農作物販売にも変化が見られる。以前は、農作物を売る人びとは、政府が市場の内部に指定した場所に、政府に地代を払って定期市の日に限り出店していた。しかし、現在は、常設の店を持つ者の店舗の前などに、地代を払い毎日販売している者も多い。トマトやジルジル（ルッコラ）などの生鮮農作物は、農耕民が市のそばまで運び、仲買人がそれを買い、さらに小売を行う者へ転売している。農耕民は、この仲買システムを「換金に必要な時間が短縮でき、農作業の時間が削られない」と歓迎している。

　また、キャンプで生活実態調査を行うと、家長や息子が出稼ぎに行っているという家庭が少なくない。出稼ぎの場所は、ハルツームやダルフール内の都市であるジニナ、エルファシャール、ニャラ（Nyala）である。出稼ぎ者が稼ぎ出した現金は、地下銀行を通じてキャンプへ入ってくる。ヤングはこうした現金は、キャンプ内のキャッシュ・フローに大きな影響を与えていると指摘する[44]。

(2) 「他者」への認識の変化

　モルニの治安は、殺人などの重大犯罪が頻発しているほどではないが、良好とも言えない。国内避難民の保護を担当するUNHCRのモルニ事務所には、国内避難民が危険に晒されたという事件が毎日のように報告される。内容は、彼らが農作業や薪拾いに出かけた際、ロバや所持品が遊牧民により強奪されたというものがほとんどである。しかし、安全に関する事項は彼らにとって最大の関心事ではあろうが、国内避難民がキャンプに来る以前にも、このような事件は起きていた

と考えられる。WFPが遊牧民に対して食糧支援を行うことが国内避難民を不快にさせた出来事や、遊牧民との交渉の上で農作業をする者を裏切り者とする見方があることも紹介した。このような事例は、長期に及ぶキャンプ生活は、既に見た紛争前の遊牧民と今は国内避難民である農耕民の関係が生活様式の面だけでなく、互いをどのように認識するか、さらには「日常的平和」をどのように認識するかという面にも変化を及ぼしたことを示している。

　また、長引くキャンプ生活において、国内避難民同士の関係にも動きが見られる。特に数の面で他を圧倒する二大勢力であるフール人とマサリット人の関係が微妙になっている。国内避難民は、その移動の理由はどうであれ、他者の土地に住んでいるいわば占拠者とも言える。国内避難民は、難民キャンプのように、政府や国連機関が地元住民と合意のもとに設けた彼ら専用の場所に住んでいるわけではない。キャンプ生活が長期化する今日、国内避難民による長期占拠に疑問を持つ元からのモルニの住人は少なくない。

　この問題について、前出のモルニのフルシャであるIに日常会話の中で「あなたの管理するマサリットの土地に、外から人がやってきて住み着いているという現象は、管理上問題ないのか」と訊ねてみた。フルシャは、大笑いしながら明らかに回答を避けた。筆者は、彼がキャンプ内で元からのモルニの住民と、フール人国内避難民の間で起きた住居用の土地に関する問題を数件仲裁したということを知っていた。後に、筆者が質問した際にそばで聞いていたフルシャと親しく筆者の友人でもあるAは、筆者に「フルシャは、マサ（筆者の呼称）が質問した件をとても問題視している」と小声で教えてくれた。

おわりに

　モルニにおける今日までの人道支援は、国内避難民の生命を7年間守ったという点で評価されるべきである。生産手段がない場所で、食糧支援が行われなければ生活の状況、特に食糧安全保障[45]の面において国内避難民はさらに苦境に追いやられていたことは明らかである。

　本章では国際的な保護・支援の施行現場である国内避難民キャンプにおける人道支援とその周辺社会との関係の事例を見てきた。国内避難民キャンプ社会は外部者からは一見停滞しているように見えるかもしれない。しかしそこでは、「敵同士」とされるがその場に長い年月共生してきた農民と遊牧民の関係における変

化、「統的統治システム」内における権力の変化、国内避難民キャンプに国内避難民として同一視されてきた異民族間の関係の変化、キャンプの生活様式における変化など、さまざまな社会的変化が起きていることが確認できる。

　国内避難民やキャンプの発生自体がさまざまな社会変容の結果であり、キャンプ発生以前の状態に社会が戻ることは不可能であろう。しかし、国内避難民が発生し、人道支援が開始された後も国内避難民キャンプ内またその周辺でさまざまな社会的変化が起きており、人道支援もそれらと深く関係している。こうした人道支援の結果、その周辺の受益者、非受益者社会にもたらされた変化も、今日のダルフール人のアイデンティ形成に大きな影響を及ぼした植民地支配やスーダン国家成立のプロセス等の外部介入と同様に、人びとに影響を与え続けていくことが予想される。

　本章で見てきたように、モルニ国内避難民キャンプで起きている社会的変化は、国内避難民の発生とその原因、外部介入としての人道支援、さらにそれ以前にそこに存在していた社会システムなど様々な要因が複雑に絡み合って生じたものである。そして、それら変化は、国内避難民が国境を越えずに出身国に留まっているからこそ増幅された場合も多い。国外に逃げて難民となった場合には、それに応じた問題が生じよう。しかし、国内避難民の場合、難民と比較して避難の原因となった事象や、元からそこに存在する社会システムから分離している度合いは低いかもしれない。そうであるならば、そこで生じる変化についても、それらは難民社会とは異なり、国内避難民社会や周辺社会に特有のものとなるかもしれない。問題は、そうした側面が今日までの人道支援において加味されてこなかったということである。今後の国内避難民支援には、これまでの難民支援の経験も参考にしつつ、国内避難民のこうした特殊性への配慮も必要なのではないだろうか。国内避難民の将来にとって有益な支援を行おうとする際、国際的な保護、支援の枠組み形成の努力と同時に、ローカルな社会変化に関する情報、特に人道支援に起因するものの情報収集が必要となろう。さらに収集された情報と、その将来にわたる影響の分析を常に行いながら、その結果を柔軟に支援方法へ反映させていくことが求められている。

【補記】本章で表明されている見解は筆者のものであり、所属先の公式な見解を反映するもでは必ずしもない。

1 United Nations Security Council, 'Report of the International Commission of Inquiry on Darfur to the Secretary General', S/2005/6 (February 2005), p. 3. チャドと中央アフリカにおけるダルフール難民の保護については、本書第3部第9章の小澤論文を参照。
2 とりわけ、最近では保護の指針とされる「国内強制移動に関する指導原則」に着目した研究が発表されている。GPID日本語版作成委員会（代表：墓田桂）「国内強制移動に関する指導原則—日本語版」成蹊大学アジア太平洋研究センター編『アジア太平洋研究』第35号（2010年）149-166頁、墓田桂「『国内強制移動に関する指導原則』と国内避難民の国際的保護」『難民研究ジャーナル』第1号（2011年）、111-119頁。
3 例えば南スーダンをフィールドとする人類学者の栗本英世は、南スーダン出身者が多いケニア・カクマ難民キャンプでの人びとの生活に密着した研究を発表している。栗本は、管理されている難民自身がさまざまな制約の中で、難民キャンプを自分たちの居住に適した場所に作り替えようとする姿を描いている。栗本英世「難民キャンプという空間—ケニア・カクマにおけるトランスナショナリティの管理と囲い込み」大阪大学21世紀COEプログラム「インターフェイスの人文学」編『トランスナショナリティ研究』(2004年3月)、99-114頁。
4 都市に移動した国内避難民の生活に注目した研究例としては、飛内悠子「国内避難民とは誰か—スーダン共和国ハルツームにおけるククの人々の歴史・生活・アイデンティ」『Monograph Series』第8号（2011年）、幡谷則子「紛争と経済—コロンビアの国内避難民（IDP）問題をめぐるグローバル／ローカル・イニシアティブ」幡谷則子・下川雅嗣編『貧困・開発・紛争—グローバル／ローカルの相互作用』（上智大学出版、2008年）がある。なお、筆者は国際法による保護という側面や、都市へ移動した避難民という側面からの研究を軽んずる立場は当然とっておらず、さまざまな側面からの研究が国内避難民問題には必要であろうという立場である。
5 例えば、「難民と国内避難民の苦難には共通部分があり、統一した活動が最善な解決策である場合が多い」といった主張もある。レイ・ウィルキンソン「世界に推定2000〜2500万人もいる国内避難民を誰が守るのか」『難民—Refugee』2000年第2号（2000年）。
6 したがって、個々の国内避難民の脆弱性は一様ではなく、統計データのみでは国内避難民のうち誰が、最も保護や支援を必要としているのかが必ずしも判明しないといった指摘には説得力がある。A. Davies, 'Is Humanitarian Reform Improving IDP Protection and Assistance?', *Forced Migration Review*, No.29 (December 2007), p. 15.
7 国内避難民と国内避難民を受け入れた町、村の住人を含むため、国内避難民総数165万人を超過している。
8 人道支援従事者の間ではNFI（Non Food Item）と呼ばれており、具体的には屋根を葺くビニール・シート、水を汲むポリ容器、マット、毛布、炊事セットなどである。
9 「伝統的統治システム」の中で最下位の役職者であり、村単位の管理を行う。
10 川といっても水が流れているのは雨期である7月から10月の4カ月程度で、乾期は砂地となる。
11 フォー（Fur）族と表記される場合もあるが、本章においては「ダルフール」という地名とそこに住む民族との関連性を表現するため、フール人と表記する。
12 ダルフール地方には、3つの州、つまり南、北、東ダルフール州がある。
13 R.S. O'Fahey, *The Darfur Sultanate: A History* (London: Hurst & Company, 2008), p. 3 and p. 242.
14 Alex De Waal, 'Who are the Darfurians?: Arab and African identities, violence and external engagement', *African Affairs*, Vol. 104, No. 415 (2005), pp. 184-185.
15 外務省「スーダン—多様性に満ちた国」『分かる！国際情勢』第59号（2010年6月22日）。[http://www.mofa.go.jp/mofaj/press/pr/wakaru/topics/vol59/index.html, as of May 15, 2013]
16 De Waal, *supra* note 14, pp. 181-205.
17 F. Ibrahim, 'Introducing to the Conflict in Darfur/West Sudan', in A. Van Ardenne-van der Hoeven et al. (eds), *Explaining Darfur* (Amsterdam: Amsterdam University Press, 2006), pp. 9-18.

18 潘基文国連事務総長も同様の見解を示したことがある。Ban Ki Moon, 'A Climate Culprit in Darfur', *Washington Post,* June 16, 2007.
19 「ハクラ」は分配された土地のことを示すが、「ハクラ・システム」として土地分配の方法を示す言葉としても使われる。
20 S. Pautuliano, 'The Land Question: Sudan's Peace Nemesis', *Humanitarian Policy Group Working Paper* (London: Overseas Development Institute, December 2007), p. 7.
21 J. Tubiana, 'Darfur: A Conflict for Land?' in A. De Waal (ed.), *War in Darfur and the Search for Peace* (Boston: Global Equality Initiative, Harvard University Press, 2007), p. 70.
22 ダルフールの遊牧民は、主にラクダを飼育する遊牧民と牛を飼育する遊牧民がいる。さらにダルフールにて遊牧を開始した時期も、遊牧民間で差異があることが指摘されている。
23 スーダン政府より支援を受けて農耕民の村落を攻撃した遊牧民の民兵。
24 モルニの市は、以前は火曜日と土曜日であったが、国内避難民の流入による人口増加により現在は火曜日、木曜日、土曜日に開かれている。
25 G. Haaland, 'Nomadisation as an Economic Career Among the Sedentaries in the Sudan Savannah Belt', in I. Cunnison, W. James (eds), *Essays in Sudan Ethnography* (London: C. Hurst & Company, 1972), pp. 151-172.
26 今日ダバンガはダルフール人にとって平和のシンボルとなり、現在カタールのドーハより国内避難民向けの情報を流しているラジオ局は、ラジオ・ダバンガと命名されている。
27 Mは、筆者がモルニに勤務中に開始し、初めてシェイクを通さずに行なった学校給食プログラムの学校側の窓口を引き受けてくれており、筆者とMは日頃より交流があった。
28 F. Ibrahim, *supra* note 17, pp. 9-18.
29 H. Young, A.M. Osman, A.M. Abusin, M. Asher and O. Egemi (eds), *Livelihood, Power and Choice: the Vulnerability of the Northern Rizaygat, Darfur, Sudan* (Medford: Feinstein International Center, Tufts university, January 2009), p. 56.
30 ダムラとは、遊牧民が集団で生活している場所を指す。定住しているか、テントを張り短期間生活しているかを問わない。
31 ウムダは伝統的統治の中で、遊牧民、農耕民に関わらずシェイクの上位に位置する管理者の称号である。
32 筆者が周囲を見渡す限りでは、ウムダは大げさに話していると思われた。
33 United Nations, *United Nations and Partners Work Plan for Sudan,* 2005, p. 8.
34 Young et al., *supra* note 29, p. 8.
35 ダルフールにおいて土地所有と民族には複雑な例外が多々あるが、本章では、議論を明確にするために二大勢力であるマサリット人とフール人に関して議論を進めている。
36 フール人が住む地域は広大であるため、場所によってはスルタンとシェルタイの間にもう一段役職が置かれた場合もある。
37 当時マフディスト（Mahdist）と呼ばれるイスラーム急進派が勢力を拡大しており、マフディストの暴動を封じることが植民地政府の最大の治安課題であった。
38 De Waal, *supra* note 14, p. 192
39 M. Adbul-Jalil, A. Azzain and A.A. Yousuf, 'Future Prospects for Native Administration and Local Governance in Darfur', in De Waal (ed.), *supra* note 21, pp. 49-55.
40 *Ibid.,* p. 42.
41 婚姻などの理由で、キャンプ内で住む場所を移動するため。
42 Abdul-Jalil et al. *supra* note 39, p. 61
43 モルニ周辺の少数民族はタマ人やダジュ人などがいる。
44 H. Young, *Livelihood, Migration and Conflict: Discussion of Findings from Two Studies in West and North Darfur, 2006-2007* (Medford: Feinstein International Center, Tufts University, 2009), p. 18.
45 Food Securityの訳であり、有害な農薬が使われないといったような安全ではなく、量的確保の側面が。

Chapter 9 Protection of Refugees in 'Forgotten Crises': Deployment of International Peacekeeping Forces in Chad and the Central African Republic

第9章
「忘れられた危機」における難民保護
チャド共和国および中央アフリカ共和国における国際平和維持部隊の展開

小澤 藍 *Ai Ozawa*

キーワード：破綻国家、国連安全保障理事会、平和維持活動（PKO）、民軍関係、フランサフリック
Keywords: failed states, United Nations Security Council, peacekeeping operations (PKO), civil-military relations, Françafrique

「またもや私の前には跛行するこの人生、否、この人生ではなくこの死、意味も敬虔さもないこの死、偉大さがみじめにも座礁するこの死、この死の目を覆いたくなるほどの卑小さ、卑小さから卑小さへと跛行するこの死、征服者に群がるこの夥しいちっぽけな貪欲、偉大なる野蛮人に群がるこの夥しいちっぽけな下僕ども（中略）、そしてこれらすべての無意味な死」

エメ・セゼール[1]

はじめに

「史上最悪の人道危機」と称されているスーダン・ダルフール危機に国際的な注目が高まった頃、隣接するチャド共和国と中央アフリカ共和国へ数十万人規模のダルフール難民が流入した。両国では内戦により10万人余が国内避難民になっており、ダルフール難民の移動はさらなる人道的危機を発生させることになったが、チャドと中央アフリカにおける惨状はあまり知られていない。スーダンが資源大国であるのに対し、チャドと中央アフリカはアフリカ大陸の中でも最も開発が遅れた最貧国であり、度重なる紛争により中央政府の統治がきわめて脆弱な破綻国家である。国連安全保障理事会（安保理）ではダルフール危機に関する白熱した議論が行われ、国連とアフリカ連合（AU）合同の平和維持部隊（PKO）であるダルフール国連AU合同ミッション（United Nations and African Union Mission in Darfur: UNAMID）が派遣された。他方、チャドと中央アフリカにお

ける人道的危機は世界から「忘れられた危機（forgotten crisis）」[2]と呼ばれた。国際社会の政治的関心の偏りが顕著となる中で、安保理の懸念表明を受け両国へのPKO派遣を主導したのは、植民地が独立し50年が経過した今日でも権益を維持する旧宗主国フランスであった。仏軍主導のEU平和維持部隊（EUFOR Tchad/RCA）と国連中央アフリカ・チャド・ミッション（Mission des Nations Unies en République Centrafricaine et au Tchad: MINURCAT）は4年で撤退し、スーダンと国交を回復したチャドが任務を引き継いだ。本章は「忘れられた危機」への国際介入の構造を解明し、その背後にある関係諸国間の権益、および人道支援団体を巻き込んだ政治的な駆け引きの過程を論じるものである。

1. チャドと中央アフリカの「忘れられた危機」

(1) 「苦悩の三角地帯」における難民危機

2003年以降ダルフール危機が深刻化し、約27万人のダルフール難民が隣接するチャド東部と中央アフリカ北東部へ流入した。国境地帯はハルツーム、ンジャメナ、バンギの各首都から遠く離れた砂漠と灌木の辺境にあり、劣悪な人道状況により「苦悩の三角地帯」と呼ばれる（図1）[3]。中央政府の実効支配が及ばず、基本的なインフラさえ整備されていない状態で、3カ国の反政府武装勢力が相互に越境し基地を置き、武器取引や徴兵を行ってきた。そこではまた、武装盗賊団（bandits, 'coupeurs de route'）がはびこり、性暴力が横行し、不発弾が散乱し、無法地帯と化した。そのため住民の生活は疲弊し、国際人道支援機関は様々な障害に直面しアクセスを妨げられていた。その結果、「三角地帯」全体における国内避難民は1,160万人に上り、世界の国内避難民総数の4分の1を上回った[4]。

チャド東部には、ダルフール地方

図1　「苦悩の三角地帯」の三国関係

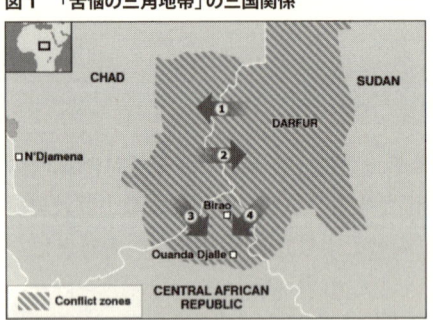

① チャド政府はスーダン政府に支援された反政府武装勢力がチャド東部の村を攻撃していると非難、20万人以上のダルフール難民がチャド東部に避難
② スーダン政府はチャド政府がダルフール反政府武装勢力を支援していると非難
③ チャド政府は中ア政府の反政府武装勢力抑圧を支援するため派遣すると表明
④ 中央アフリカ政府はスーダン政府が中アの村々を占拠し反政府武装勢力を支援していると非難

'Darfur Conflict zones map', BBC, 6 December 2006 [http://news.bbc.co.uk/2/hi/africa/6213202.stm#2, as of 15 September 2013]

と同じイスラム系住民が居住し越境交易が営まれ、難民とともに「正義と平等運動（Justice and Equality Movement: JEM）」等の反政府武装勢力が流入した。時期を同じく2004年頃から、チャドのI. デビー（Déby）大統領政権の長期化に反発した同国の「抵抗武装勢力連合（Union des Forces de Résistance: UFR）」がダルフールに拠点を設け、越境してチャド東部の村々を襲撃し、政府軍と抗戦しながら南西の首都へ侵攻した。2008年2月には大統領府クーデター未遂に至っている。2006年頃からは、スーダンからの空爆と武装集団「ジャンジャウィード（「騎乗の妖怪」という意味の現地住民による呼称）」の残忍な焼き討ち等の越境攻撃が激化し、チャド政府はスーダンのO. バシール（al-Basir）政権によるUFR支援を非難した。これに対しスーダン政府はチャド政府のJEM支援を非難し、非難の応酬が続いた。一連の戦闘によりチャド東部の住民約17万人が国内避難民となった[5]。

　その一方で、中央アフリカでも2006年頃から武装蜂起が繰り返された。チャドとともにダルフールと交易がある中央アフリカ北東部は、チャドとスーダンの反政府武装勢力に加え、軍事クーデターで権力を掌握したF. ボジゼ（Bozizé）政権から離反したいくつかの軍閥が台頭していた。度重なる武力衝突と略奪により住民は深刻な被害を受け、中央アフリカ政府はスーダン政府の関与を非難した。中央アフリカにおいてはフランス軍がボアリ作戦（Opération Boali）を展開し、中央アフリカ政府はフランス軍の支援を受けて反政府武装勢力の制圧を図ったが、こうした戦闘下において数万人の国内避難民が発生し、難民はチャドへ移動した[6]。

(2)　フランス主導の中部アフリカ安全保障

　ダルフール危機は国連安保理、AU、イスラム諸国等による調停に加え、スーダンに石油権益を有する諸大国がダルフール問題に関心を抱いた。一方で最貧国であるチャドと中央アフリカへの国際介入を人道的支援という観点から国際社会での議論の俎上にのせ、介入を主導したのは、両国に大きな権益を維持する旧宗主国フランスであった。フランスは、ダルフール危機が、チャドと中央アフリカの不安定化、内戦の激化、クーデターを助長し、イスラム過激派等の武装勢力を抱える近隣の仏語圏アフリカ諸国に波及し、親仏体制の維持を揺るがすドミノ現象を懸念していた（図2）[7]。東部戦線の激化に伴い、デビー大統領が緊急支援を要請したのは、国連でもAUでもなく、歴史的にチャドと防衛協定のあるフランスのN. サルコジ（Sarkozy）大統領（当時）であった。フランスは、チャド情勢への

図2　ダルフール危機のチャド・中央アフリカ波及地域と仏軍駐屯地

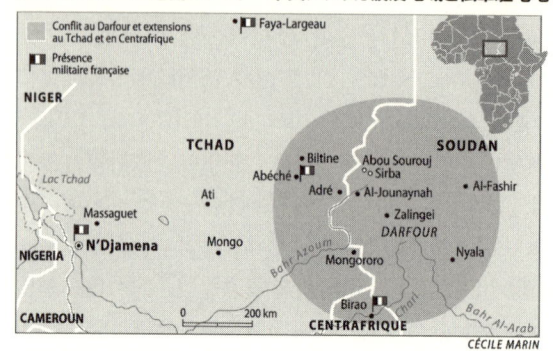

Cécile Marin, 'Darfur: un conflit qui déborde sur les pays voisins', *Le Monde Diplomatique*, mars 2008 [http://www.monde-diplomatique.fr/cartes/conflitdarfour, as of 15 September 2013].

懸念を示すサインとして、2007年6月、B. クシュネール（Kouchner）外務ヨーロッパ関係相（当時）[8]をチャド東部のフランス軍駐屯地（Kosseï）、ダルフール難民キャンプと国内避難民キャンプへ派遣している[9]。

チャドと中央アフリカが位置する中部アフリカは、アフリカ大陸で最も地域統合と経済開発が遅れている[10]。主に旧仏領赤道アフリカからなる中部アフリカ経済通貨共同体（Communauté Économique et Monétaire de l'Afrique Centrale: CEMAC）は域内経済格差が大きく[11]、産油国ガボンの故O. ボンゴ（Bongo）前大統領らが地域和平対話を主導したが、現在もフランスが大きな後ろ盾である[12]。スーダン、チャド、中央アフリカも加盟する地域共同体に、リビアの故M. カダフィ（Gaddafi）大佐が設立したサハラ・サヘル諸国共同体（CEN-SAD）があるが活発ではない。

　チャドと中央アフリカは内戦と軍事クーデターを繰り返し、隣接するリビア、スーダン、コンゴ民主共和国の紛争の影響を受けながらも、仏軍が介入し、治安が維持されてきた[13]。チャドでは、地雷が散乱するリビアとニジェールとの国境地帯からの武器取引も見られる。チャド仏軍部隊（Éléments Français au Tchad: EFT）は、マグレブ地域のアル＝カイダ（Al Qaida Maghreb Islamique: AQMI）に対する防塁となり、1980年代のチャド・リビア紛争時に展開したハイタカ作戦（Opération Épervier）が継続されている。中央アフリカは政権が脆弱な上、武力紛争が続くスーダン、チャド、コンゴ民主共和国から規律を逸した武装勢力が流入している[14]。冷戦終焉後、仏軍が首都周辺から撤退すると、フランスとEUの財政技術支援を受けた地域PKOであるCEMAC多国籍軍（Force Multinationale en Centrafrique: FOMUC）とその任務を継承したCEEAC多国籍軍（Force Multinationale d'Afrique Centrale: FOMAC）の平和安定化ミッション（Mission de la Consolidation de la Paix en République Centrafricaine: MICOPAX）が、国連中央アフリカ統合事務所（Bureau Intégré de l'Organisation des Nations

Unies en Centrafrique: BINUCA)と連携し、停戦監視と「武装解除・動員解除・社会復帰（DDR）」を行っている[15]。

しかし現地政府と地域PKOは、武力紛争下の文民、特に難民、国内避難民、女性、子どもたちなどの脆弱な人々の安全を確保できず、安保理はダルフールとチャドに視察団を派遣し、介入を検討した[16]。フランスは国際的な議論と国内世論を背景に、国際部隊を通じてチャドのデビー軍事政権を反政府武装勢力から守るとともに、中部アフリカ地域における自国の権益を維持し、かつその介入コストをEUと国連に分担させる政治的思惑があったのである。

(3) 国連安全保障理事会における議論
(a) 文民保護のための「多面的存在」

国連PKOは、冷戦後にミッションを多機能化してきた。1990年代の『平和への課題』[17]から予防外交・平和創造・平和維持・地域機関協力にわたる職務を確認し、2000年のいわゆる『ブラヒミ報告書』[18]で多様化した概念の範囲を再整理し、2008年の「キャップストーン・ドクトリン」[19]では兵力による文民保護の機能を強化した。中でもMINURCATは、「武力紛争下の文民の保護」に特化した民軍協力の一例である[20]。

ダルフール危機に際し、安保理は、国連スーダン・ミッション（United Nations Mission in Sudan: UNMIS）の拡大を準備するとともに[21]、チャドと中央アフリカにいる難民、国内避難民、文民の保護と国境地帯の治安改善のため調査団を派遣することをK. アナン（Annan）事務総長（当時）に要請した[22]。その後、視察報告を受けた潘基文事務総長（2007年1月1日就任）は、2007年2月23日付報告書（S/2007/97）において、チャドにおける国連展開の可能性を安保理で報告し、8月10日付報告書で設立を提案した。

同じ頃にフランスが主導した7月のEU理事会では、EUがチャドと中央アフリカに国際部隊を準備することが合意された。なお、EU諸国の多くは、フランスが主唱する国際部隊の真意は「文民の保護」の大義名分の下でデビー軍事政権を守り、旧フランス領アフリカの安全保障に必要な負担を欧州諸国に分担させることにあると考え、フランスが提案する国際部隊の派遣に対して懐疑的で、ドイツなどのように介入に難色を示した国もあった[23]。

一方、チャド政府も、国境管理を含む国際部隊の展開は内政干渉であると難色を示した[24]。チャド政府にとり、チャド東部に基地を置くダルフール反政府武装

勢力を支援し、国境地帯でチャド政府軍（Armée Nationale Tchadienne: ANT）の徴兵をおこなう便宜上、国際部隊が国境地帯に配備されることは不都合であった。またフランスにとり、政治的任務を除外し文民保護機能に特化することは、EU諸国の懐疑を払拭し参加を説得する上で好材料であった。こうしてチャド政府は、中央アフリカ政府とともに、人道的側面（難民、国内避難民、支援要員の安全確保）のみを担うPKOと文民警察による「多面的存在」をEUと国連が展開することで合意した[25]。

これを受け、安保理は、決議1778（2007）により、国連憲章第7章下で文民保護と人道支援を任務とするMINURCATの設立を全会一致で採択した[26]。その任務（マンデート）は、①チャド警察人道支援部隊の選抜、訓練、助言、支援の円滑化、②チャドと中央アフリカの国防軍、憲兵隊、警察、護衛隊、司法当局、刑吏との連携、③国境地帯のキャンプ移転に関するチャド政府とUNHCRとの協力、④スーダン政府、AU、AUスーダン・ミッション（AU Mission in Sudan: AMIS）、UNAMID、BONUCA、FOMUC、CEN-SADとの緊密な連携、であった[27]。

(b) 「脆弱な人々」の安全

安保理決議1778はチャドと中央アフリカの両国政府が自国領内の文民の安全に第一義的責任を負うことを喚起した[28]。同決議では武力紛争下の文民の中でも「脆弱な人々」が強く意識され、「難民の地位に関する条約」、「難民の地位に関する議定書」をはじめ、女性や子どもなどに関連する安保理決議も前文で言及された[29]。

難民の女性は、紛争下におけるさまざまな形態の暴力に加え、家庭内暴力や、薪拾い等日常生活においても暴行の標的となり、少女や孤児も保護が必要となる。また子どもの徴兵は世界的に深刻で、国連児童基金（UNICEF）等の国際社会が繰り返し懸念を表明している[30]。就学ができず肉親と引き離され残忍な戦闘を繰り返した子どもは、復員後もトラウマ（PTSD）を抱え、社会復帰も難題となっている。

2. MINURCATの展開

(1) EUFOR Tchad/RCA

安保理決議1778は、EUがEUFOR Tchad/RCAが国連憲章第7章の下で行動す

る権限を与えた。MINURCATの準備段階として、EUFOR Tchad/RCAは2008年1月から2009年3月まで、EU共通安全保障防衛政策（Common Security and Defence Policy: CSDP）の枠組みで展開した[31]。部隊はチャド駐屯部隊を増強した仏軍（1,700人）を中心に、EU軍（デンマーク、エストニア、ラトビア、マルタを除く23カ国）とEU非加盟国であるロシア、アルバニア、クロアチアが参加することに合意し、計

図3　EUFORの配置

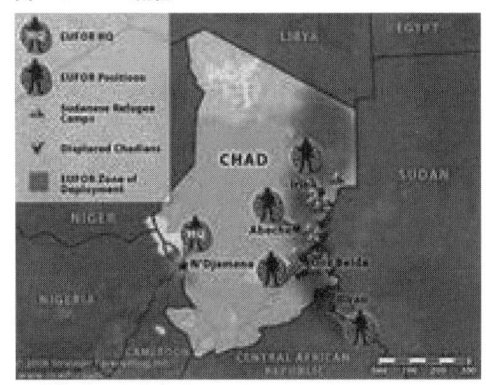

Marin de Clarence, 'EUFOR Positions' in 'Is the EU military operation in Chad appropriate?' Instituto de Estudios sobre Conflictos y Acción Humanitaria, 6 October 2008 [http://www.iecah.org/web/index.php?option=com_content&view=article&id=904:is-the-eu-military-operation-in-chad-appropriate&catid=15:articulos&Itemid=9, as of 15 September 2013]

3,700人規模となった。EUがアフリカ等各所に派遣した平和維持部隊の中で最も多国籍の構成となった[32]。

　マンデートは以下の通りである。難民と国内避難民を自主的、安全かつ恒久的な帰還に導くための安全保障上の条件をつくりだす補助をすること、チャド東部と中央アフリカ北東部の人道支援の供給を円滑に進め、地域復興と社会経済開発が可能となる状況を創出し、特に危険に晒された難民、国内避難民、文民を保護することである。基地は仏軍駐屯地アベシェを拠点に東部三州（北部イリバ、中部フォルシャナ、南東部ゴズベイダ・クク）と中央アフリカ北東部ビラオに設けられ（図3）、軍用機による移動が確保された。

　一連の兵站の立ち上げは、ドイツや英国などが非協力的な態度を示し、フランスがEU非加盟国のロシア等に参加を要請しても予定していた規模に至らなかった。フランスは戦闘が激化する乾期（11月から5月）を前に兵站の配備を完了することを考え、部隊の派遣を急いでおり、不本意ながら仏軍の兵員を急遽増やすこととなった。そのため仏軍の構成比は当初予定していた40％を超え、55％となり、ますます仏軍主導の作戦と見なされる結果となった[33]。要員の派遣が本格化した2007年末には、フランスのH.モラン（Morin）防衛相（当時）が軍幹部とともに基地を訪問している[34]。

　またEUFOR Tchad/RCAは二国間文民支援事業（Bilateral Civilian Assistant

Projects: BCAP）の分遣隊も擁していたが、これはかえって、反政府武装勢力、武装盗賊団、地元住民、難民たちにとって、多国籍の軍事要員と非武装文民要員、軍事支援と中立的な人道支援との区別を難しくし[35]、「外国人（les Blancs）」[36]の存在そのものを混同させることとなった。

(2) MINURCAT

安保理決議1861（2009）は、MINURCATがEUFORを引き継ぐ権限を与えた。MINURCATは国連憲章第7章の下で文民の保護、人権、法の支配、地域和平支援の幅広い任務を担い、チャド政府はMINURCATを補完する政府軍部隊（Coordination Nationale d'Appui au Déploiement de la Force Internationale à l'Est du Tchad: CONAFIT）を設置、O. ダガシュ（Dagache）将軍を任命した。

当初予定されていた要員は、最大定員数5,525人（兵士5,200人、軍事調整官25人、警察300人）であったのに対し、要員の到着が遅れ、2010年2月の時点での最大兵力は兵員3,814人（兵士3,531人、軍事監視員24人、警察259人）、文民422人、現地職員524人、国連ボランティア143人であった[37]。兵士の派遣国は49カ国、警察の派遣国は21カ国に拡大したものの、要員の配置が遅れたため、支援地域の治安の悪化が懸念された。

図4 チャド東部の主要都市と大規模難民キャンプ

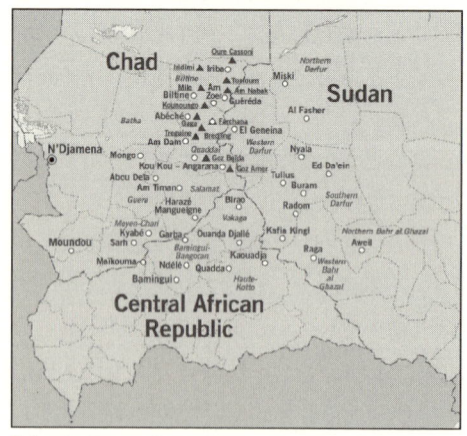

Église de Mongo, 'Les réfugiés et déplacés', [http://www.eglisemongo.org/spip.php?article108, as of 15 September 2013]

(a) 難民キャンプの治安確保

MINURCATが展開するチャド東部は12の主要な難民キャンプ（約25万人）と国内避難民キャンプ（約16万人）があり（図4）、チャド政府、UNHCRおよびその協力団体が難民と国内避難民の保護に携わってきた（図5）。

キャンプ運営は関係省庁が参加する難民受容社会復帰国家委員会（Commission Nationale d'Accueil et de Réinsertion des Réfugiés: CNAR）がUNHCRと協力し、難民の身分証明や出生登録

図5 チャド東部難民キャンプと国際人道支援団体の分布

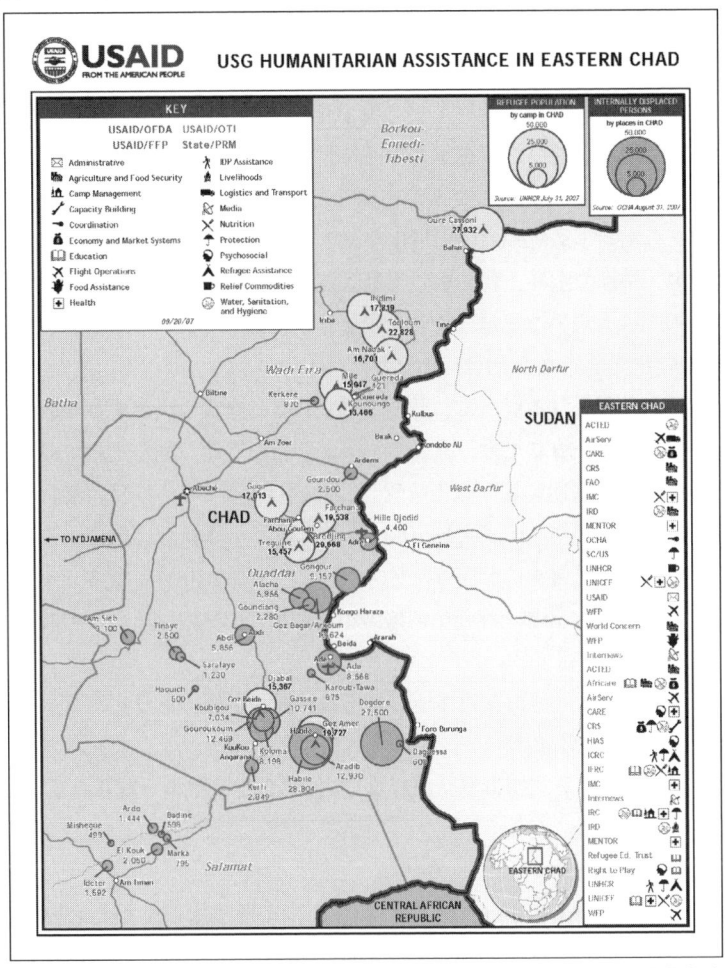

USAID, 'USG humanitarian assistance in Eastern Chad, as of September 2007', Reliefweb [http://reliefweb.int/map/chad/usg-humanitarian-assistance-eastern-chad-20-sep-2007, as of 15 September 2013]

等の行政事務を行い、井戸や土地の利用などで現地住民リーダー（村長、スルタン等）との交渉が必要な際にはCNARも同席した。UNHCRと協力機関は、緊急支援、水・衛生、医療、教育、環境（薪に代わるバイオ燃料や太陽光器具等）などを支援する。国境なき医師団（MSF）や国際医療団（IMS）が簡易診療所を設置したキャンプでは[38]、伝統呪術によらない応急手当、簡易手術、分娩、予防接種、栄養指導、HIV/AIDS注意喚起が行われる。大規模キャンプでは複数の学校で読み書

き、算数などが教えられ、これらの学校の中にはUNHCRやNGOが設備を支援したものもある[39]。

　北部イリバは産業に乏しい砂漠地帯で、ダルフールと同じイスラム系遊牧民が住む。難民は近郊の村から資材を集め簡易住居を建設し、食糧をロバで仕入れ、井戸から生活用水を運び、薪を集め生活を営むが、その際に井戸の利用権などを所有する現地住民リーダーと交渉が必要となる。UNHCRは全てのキャンプの代表にバイクを支給し意思疎通の円滑化を図るが[40]、難民数が住民の数倍になると、治安の悪化、物価の上昇、薪や水の不足は難民と地元住民との間の対立の要因となる。2010年は大規模な早魃により食糧価格が急騰し、政府の緊急統制に対して闇取引が横行し、人々の生活は逼迫した[41]。

　キャンプが設置される場所は、政府がUNHCRと協議し決定するが、その場合越境武装兵の流入を防ぐため、国境や集落から遠い不便な地が選ばれることが多い。2009年5月の国連監視団報告を受け、政府は国境から約15km離れた地域にあったウレカソニ・キャンプを約50km離れた地点へ移転し、拒否する難民に対してはスーダンに送還すると述べた[42]。同キャンプには2004年から5年間に難民2万8,000人がおり、盗賊、麻薬や武器の不法取引、JEMの徴兵などの問題が報告されていた。

　一方、南東部ククは河川と耕作地に恵まれ交通が至便であり、ゴズアメル・キャンプでは食糧や日用品はスーダンの商人により大型トラックで搬入され、キャンプ内ではプリペイド式携帯電話が普及し、簡易食堂や市場も見られる[43]。

(b)　人道支援要員の保護

　チャド東部ではPKOの駐屯にもかかわらず、支援団体を狙った武装強盗が多発し、最も多い時には月に25件の強盗事件が発生し、発生件数は2008年110件、2009年190件に上った。2009年10月、CNAR幹部で国境地帯ゲレダの難民支援責任者が公用車の襲撃により殺害された。同日、UNHCRと協力するフランス系NGOプルミエール・ユルジョンス（Première Urgence）の職員5名も車輛強奪事故で負傷した。一連の事件を受け、UNHCRは「武装強盗団は、国境地帯で支援要員の安全を脅かす最たるものである」という声明を出した[44]。

　しかし、人道支援活動の中立性を確保するため、治安当局による護衛を拒否する支援団体もあった。2009年8月、非武装の民間警備員が警備していたMSFの現地職員とギリシャ人職員が、スーダン国境地帯のアデで夜に武装集団に拉致さ

れた。現地職員は2日後、国際職員は9月に釈放された[45]。11月には、赤十字国際委員会（ICRC）の仏人職員がダルフールとチャド東部で連続して拉致され、犯行を行ったスーダンの武装強盗団「アフリカ解放の鷲」が身代金100万ユーロを要求した。拉致事件は地域全体の脅威とみなされ、ダガシュ将軍は治安当局に協力しない団体の活動を閉鎖すると警告し、国連人道支援調整事務所（UNOCHA）もチャド東部の約70の支援団体のうち一部の団体が活動を一時中断したと発表した。人質解放交渉は人質の国籍国政府が慎重に行い、J．ケレンベルガー（Kellenberger）ICRC総裁（当時）は、ICRCの支援活動は中立であり、特定国の権益と無関係であると強調した。人質の1人は翌年2月にダルフールで解放された。

中央アフリカでも同じ犯行団が2009年11月に北東部でフランス系NGOトリオングル（Triangle）の仏人職員2名を拉致し[46]、翌年3月にダルフールで解放した。2007年、中央アフリカは北東部に新たな反政府武装勢力である「正義と平和のための愛国者協定（Convention des Patriotes pour la Justice et la Paix: CPJP）」、コンゴ民主共和国から南東部へ拠点を移したウガンダ反政府武装勢力である「神の抵抗軍（Lord's Resistance Army: LRA）」などが、政府軍、憲兵隊、現地住民に対する襲撃を繰り返し、人口400万人中16万人が国内避難民となるなど、中央政府の実効支配が首都周辺以外に及ばない深刻な治安状況にあった。

EUFOR Tchad/RCAとMINURCATの限界が露呈したのは、皮肉にも地域最大の脅威であった武装盗賊団に対してであった。武装盗賊行為は、反政府武装勢力による国際人道法上の戦闘行為とは異なり、現地警察当局が管轄する刑事上の犯罪行為となるため、国際平和維持部隊のマンデートの法的権限には当てはまらない。人道支援に限定されたマンデートが付与されていた国際部隊は、一連の襲撃事件に対し、脆弱な現地政府と現地警察を訓練し補助することしかできなかった[47]。さらに、国際部隊の旗とロゴの下で国際人道支援に関与する者はすべて（非武装かつ中立な人道支援団体の職員であれ、一般住民であれ）襲撃の対象となり、かえって犯罪を誘発した。

(c)　不発弾の除去

チャド東部は不発弾の散乱も深刻である。2009年5月にUFR活動地域の爆発2件で子ども6名が死亡し、9月にアベシェ北方ビルティネで子ども2名が負傷しており、10月にファルシャナ近郊アスンガ地方カワで子ども4名が死亡した。

除去作業はMINURCATと提携関係にあるNGOが行い、UNICEFは犠牲者が全て子どもである事態を懸念し、継続的に注意喚起を呼びかけた[48]。MINURCATは同様に対人地雷に対する注意を喚起とともに、地雷除去作業も行った[49]。

(d) 司法支援

チャド東部に法の支配を浸透させる司法支援も文民警察の任務であった。しかし、伝統的生活を営む住民には国際人権基準に合致した司法制度は馴染み難い。裁判官がおらず、伝統的リーダーや警察官ら数名が行う調停においては、特に女性や子どもに対する暴力や差別が不処罰になるケースが見受けられる[50]。とりわけ家庭内暴力には司法が及びにくく、夫の暴力や過重労働の命令に背いた女性、家父長の決定（結婚の強制など）に背いた少女、薪拾い等の際に性暴力を受けた女性などが、「不品行」「一家の恥」として親族や共同体から追放されたり、公開処罰でかえって辱めを受けたりする場合もある。

(3) MINURCATの撤退

MINURCATのマンデートは当初2010年5月までであったが、同年1月、チャド政府は安保理に対して延長の拒否、東部の文民の安全にチャド政府が全面的な責任を負うと通告した。これを受け、1月以降、P. カマート（Cammaert）少将（当時）およびA. ルロワ（Le Roy）国連PKO局長（当時）が代表を務める国連PKO局代表団がンジャメナで非公開協議を重ね[51]、安保理決議1923において、MINURCATの撤退を前提とし、任務の引き継ぎ完了までの時間的猶予と法的地位を確保するため、マンデートを同年12月末日まで延長することが採択された。

決議では、チャド政府が東部地域の安全を守り、難民と国内避難民を保護し、人道支援の供給における支援要員と物資の移動の円滑化、支援要員の安全と移動の確保が強調された。またMINURCATがチャドの統合安全部隊（Détachement Intégré de Sécurité: DIS）の組織支援を継続すべきとし、難民キャンプを国境から離れた地点に移転する際の便宜供与、現地政府機関との連絡調整を行い、文民保護と法の支配を確立することに貢献することを確認した。

同年4月にはチャドとスーダンは、休戦と国交回復により国境封鎖を解除し、両国混合の国境警備軍を結成した。同月はY. マフムード（Mahmud）MINURCAT新代表（チュニジア）が就任、10月に兵力撤退が完了し、12月末日にマンデートが満了となり、翌1月末に残務処理が終了した。

3. MINURCAT撤退後の難民保護

(1) チャド統合安全部隊

　安保理決議に基づきMINURCATの任務はチャド政府DISに引き継がれた。チャド政府による人道支援警察部隊として構想されていたDISは、約1,000人が24時間体制で文民保護、難民、国内避難民、支援要員の警護を行い、夜間外出禁止時の安全確保、難民と支援要員の護衛車列の配置、関連支援機関との協議、難民キャンプや帰還した村々の巡回警備などを任された。

　任務の引き継ぎの最中にも、襲撃事件が発生した。2010年6月、国際NGOオックスファム（Oxfam）の英国人職員が拉致後に釈放され、仏人女性職員も拉致未遂に遭った。仏人職員はアベシェ南東クク地区アンガラナ宿営所責任者で、武装集団7名が未明に襲撃し車輌2台とともに拉致され、政府軍とDIS分遣隊が約4時間後に国境付近で保護した[52]。

　こうした事件はPKO撤退後の治安の維持と人道支援活動の継続を懸念させるものであった。しかし、チャド東部および国境地帯の治安は、徐々に落ち着きを取り戻して行った。その背景には、チャドとスーダンが休戦し国交を回復し、両国混合の国境警備軍とチャド治安当局（Agence Nationale de Sécurité: ANS）が拉致犯人や武装強盗団等についての情報交換を制度化したこと[53]、またチャド最大の反政府武装勢力連合であったUFRが内部対立により弱体化したことで、デビー政権が東部統治を回復し、武力衝突による緊張が激減したことが挙げられる。

　その後UNDPとUNHCRが共同でDISを運営し、DISは人道支援の調整、人権状況の監視、安全の確保を通して[54]、難民と国内避難民の安全、支援活動の継続のために不可欠な組織となっている[55]。国内の治安は2013年5月に小規模なクーデター未遂事件が発生したが、チャド政府軍により鎮圧されている[56]。

(2) 中央アフリカにおける混乱の継続

　中央アフリカはチャド政府と国連の協議に参加せず、北東部の治安の維持において重要な役割を持つMINURCATのマンデートや任期について発言せず、チャドと国連安保理の決定に従うのみであった。MINURCAT撤退後も、北東部等で武装勢力による武装蜂起と政府軍基地や地元住民に対する襲撃が続き、2013年には新たな反政府武装勢力連合（Seleka）が首都に侵攻した。南アフリカ軍PKO駐

屯部隊の協力を得ても政府軍はSelekaを抑止できず、Selekaは3月末に大統領府を占拠して憲法凍結を宣言した[57]。ボジゼ大統領は国外逃亡し、新たに数万人の難民が近隣諸国へ流出した。同国の治安は2013年11月現在でも大変な混乱が続いており、フランスは「ジェノサイド寸前の状況にある」として11月21日付で国連とAUに対し軍事介入の許可を求めた[58]。事態の悪化を受け、22日、フランスのJ.Y. ルドリアン（Le Dorien）防衛相は仏軍の大規模駐屯拠点のあるガボンを訪問し、アリ・ボンゴ大統領との会談の中で中央アフリカ情勢について大きな懸念を表明、新たに軍事介入を準備している。またAUは、22日付で3,700人規模の中央アフリカ国際支援部隊（Mission Internationale de Soutien à la Centrafrique: MISCA）を任命し、約1,200人規模の仏軍部隊が12月上旬からMISCAとの共同介入を主導する構えである。国連事務総長は約半年後を目処に6,000人から9,000人規模の国連PKO部隊に活動を引き継ぐ意向を発表しているが、今度は米国が介入の規模とコストの面から難色を示している[59]。

おわりに

　MINURCATについて国連事務総長は、2010年12月1日付安保理宛最終報告書の中で「文民保護に貢献する目的のみに専念し明確な政治マンデートがない点で独特かつ大変珍しい国連PKOであった。それは4年に満たない短期に計画、展開、撤退に至る各段階をくぐりぬけ逆境に持ち堪えた」と述べた[60]。しかし仏軍主導の駐屯自体が威圧となり、仏軍が後ろ盾するチャドの軍事独裁政権を強化する政治性までは拭えなかった[61]。また国力に差のある中央アフリカは、チャドと国連の決定に従うのみであった。PKOが展開した4年間に両国では大統領選挙など大きな動きがあり、人道支援の継続を意図した安保理と、チャド政府、中央アフリカ政府の思惑は同床異夢であった。権力抗争の絶えない現地政府、旧宗主国の強固な既得権益の上での国際介入、短期で異動する国際人道支援要員、ハイテク通信と武器を操る武装勢力は、伝統的な暮らしを営む住民と避難民から乖離したままである。

　民軍関係の視点からは、デビー軍事政権を支援するフランスが主導する国際部隊は、反政府武装勢力の反感を招き、武装盗賊団にとって格好の襲撃対象となった[62]。EUFOR Tchad/RCAとMINURCATは、限定された活動の中で、地域の最大の脅威であった武装盗賊団の前に限界を露呈し[63]、平和維持部隊としての存在意

義（raison d'être）を問われることとなった。

　さらに本事例は、安保理常任理事国である旧宗主国フランスが自国権益に及ぼす憂慮から国連とEUを主導して実現したものであり、世界各所の「忘れられた」危機で適用可能な展開とは言い難い[64]。チャドと中央アフリカの人道危機は、フランスが介入を主唱してなお各国から難色が示されたように、国際社会は消極的であった。人道的介入と表裏一体に、難民、国内避難民、現地住民の苦悩は、貧困と戦乱と厳しい言論統制の中で黙殺されている[65]。そしてその声なき訴えは、様々な思惑を持つ関係者により国際社会という前舞台に晒され、翻弄され[66]、忘れ去られる脆さを併せ持つ。

　チャドと中央アフリカはPKO撤退後もフランス、EU、国連の支援に頼り、難民、国内避難民、帰還民と住民の窮乏は長期化したまま依然改善していない[67]。旱魃、洪水、蝗害、飢饉、熱帯病、感染症などは脆弱な現地政府と地域機構による介入だけでは解決が困難であり、構造的な問題は山積したままである。いみじくも「国連は人々を天国に連れて行くのではなく、地獄に堕ちるのを防ぐために作られた」[68]と言ったのはD. ハマーショルド（Hammarskjöld）であったが、大国の利権抗争の支配構造に囚われる人々に、どのような発展が拓けるのだろうか。

【謝辞】本章の構想段階において、山下光・防衛省防衛研究所政策研究部グローバル安全保障研究室主任研究官よりいただいたご助言に深く感謝申し上げる。

【補記】筆者は2009年から2011年まで外務省在カメルーン日本国大使館専門調査員として勤務したが、本章で公開情報にもとづき表明されている見解は筆者のものであり、旧所属先の公式な見解を反映するものではない。なお、本章は2013年11月末日時点までの情勢を分析したものである。

1　Aimé Césaire, *Cahier d'un Retour au Pays Natal* (Paris: Présence Africaine, 2000) (première édition parue en 1939). 砂野幸稔訳『帰郷ノート/植民地主義論』（平凡社、2004年）。

2　Andrew Mitchel, 'Chad: the forgotten crisis', *The Telegraph*, 12 December 2008. ダルフールとチャド東部の紛争と難民のルポルタージュとして、以下参照。Tony Comiti, *Eyewitness Darfur*, TV France International, 2007. 白戸圭一『資源大陸アフリカ─暴力が結ぶ貧困と繁栄』（朝日文庫、2012年）。

3　Jennifer Giroux, David Lanz and Damiano Sguaitamatti, *The Tormented Triangle: the regionalisation of conflict in Sudan, Chad and the Central African Republic*, Working Paper no. 47, (Regional and Global Axes of Conflict, Center for Security Studies, ETH, and Swiss Peace, Crisis States Research Centre, April 2009).

4 Internal Displacement Monitoring Centre and Norwegian Refugee Council, 'Chad: prevailing insecurity blocking solution for IDPs', 2 July 2010.
5 当時のチャド情勢に関しては、以下参照。International Crisis Group, 'Tchad: vers le retour de la guerre?', le 1er juin 2006; International Crisis Group, 'Tchad: un nouveau cadre de résolution des conflits', le 24 septembre 2008; International Crisis Group, 'Tchad: la poudrière de l'est', le 15 avril 2009.
6 当時の中央アフリカ情勢に関しては、以下参照。International Crisis Group, 'République Centrafricaine: anatomie d'un état fantôme', le 13 décembre 2007. 難民の窮状に関しては、以下参照。UNHCRチャド国ゴレ事務所・石谷敬太職員「フィールド・エッセイ第27回」国連フォーラム・ホームページ。[http://www.unforum.org/field_essays/27.html, as of 20 October 2013] 中央アフリカの国内避難民保護に関する国際基準の整理としては、以下参照。Erin Mooney, 'Examen du cadre normatif de la République Centrafricaine relatif à la protection des personnes déplacées à l'intérieur de leur propre pays', Brookings Institution-University of Bern Project on Internal Displacement, février 2011.
7 'L'ONU hésitante aux portes du Darfour', *Le Figaro,* le 5 octobre 2007; 'Effet de domino au Tchad et au Soudan?', *Les Conflits dans le Monde 2006,* Université de Laval (Montréal, 2007), pp. 142-148.
8 国際NGO「国境なき医師団(MSF)」および「世界の医療団(MDM)」の創立者、医師、元国連高等職員。
9 'Au Tchad, Kouchner tente de sécuriser les camps de réfugiés du Darfour', *Libération,* 10 juin 2007.
10 域内では交通や通信が未整備であり、降雨や洪水で容易に停止する。地方では、武装盗賊団と追い剥ぎがはびこり、ヒト、モノ、サービスの自由な移動と交易を妨げている。また、各国首都間の直行路がなく、地域航空線が就航しているもののインフラが脆弱であるため、域外の主要国際線(モロッコ航空、ケニア航空、エチオピア航空、アンゴラ航空、南アフリカ航空等)または旧宗主国首都を経由した空路(エールフランス航空、ブリュッセル航空等)が移動手段として使用されている。
11 CEMACは、旧仏領赤道アフリカ(カメルーン、チャド、中央アフリカ、ガボン、コンゴ共和国)に旧スペイン領赤道ギニアと旧ポルトガル領サントメ・プリンシペが加わる。中部アフリカ諸国経済共同体(Communauté Économique des États de l'Afrique Centrale: CEEAC)は、CEMACに大湖地域(旧ベルギー領コンゴ民主共和国、ブルンジ、ルワンダ)が加わる。フランス統治時代の記録は、以下参照。André Gide, *Voyage au Congo* (Paris: Gallimard, 1927), *Le Retour du Tchad* (Paris: Gallimard, 1928). 河盛好蔵訳『コンゴ紀行』(岩波文庫、1988年)、杉捷夫訳『続コンゴ紀行』(岩波文庫、1988年)。
12 ガボンはセネガル、ジブチ、レユニオンと並ぶ仏軍の大規模な地域駐屯拠点である。なお、フランスのアフリカ介入の利権構造に関しては、以下参照。François-Xavier Verschave, *La Françafrique: le plus long scandale de la République* (Paris: Stock, 2003). 大野英士・高橋武智訳『フランサフリック—アフリカを食い物にするフランス』(緑風出版、2003年)。
13 大規模な介入としては、1979年中央アフリカ軍事クーデターの際に行われた「オニカマス作戦(Opération Barracuda)」がある。なお、冷戦後のフランスは、旧ユーゴスラヴィア紛争への介入、PKOとNATOとESDPの任務の拡大、国内世論等により、アフリカ問題を国連とEUでアジェンダ化するようになった。
14 コンゴ武装勢力「コンゴ解放運動(Mouvement du Libération du Congo: MLC)」が中央アフリカで犯した戦争犯罪として、ICCベンバ(Bemba)事件。ICC 01/05-01/08, The Prosecutor v. Jean-Pierre Bemba Gombo, a prosecution for a warrant of arrest on 9 May 2008.
15 同国には仏軍中心の国連PKOであるMINURCA (1998-2000) を継承したBONUCA (2000-2009) も展開された。MICOPAXの詳細は、以下参照。La Commission Européenne [http://ec.europa.eu/europeaid/where/acp/regional-cooperation/peace/peace-support-operations/micopax_fr.htm/, as of 15 September 2013]
16 ダルフール・チャド問題安保理視察団の記録として、以下参照。北岡伸一『国連の政治力学—日本はどこにいるのか』(中公新書、2007年)。国際社会による人道的介入と保護する責任(Responsibility to

Protect: R2P）の趨勢に関しては、以下参照。墓田桂「『恐怖からの自由』は保障できるか？　国際平和と安全に関する近年の政策議論―国内避難民の保護の観点から」『アジア太平洋研究』第35号（2010年）、千知岩正継「『保護する責任』を司るグローバル権威の正当性」『国際政治』第171号（2013年）、星野俊也「「保護する責任」と国際社会の正義」『国際政治』第171号（2013年）。

17 Boutros-Boutros Ghali, *An Agenda for Peace: preventive diplomacy, peacemaking and peace-keeping,* 17 June 1992 (A/47/277‐S/24111). 国連PKOについての回顧録として、以下参照。明石康『「独裁者」との交渉術』（集英社新書、2010年）。

18 Report of the Panel on United Nations Peace Operations, A55/305-S/2000/809 (21 August 2000).『ブラヒミ報告書』のPKO概念については、以下参照。山下光「PKO概念の再検討―『ブラヒミ・レポート』とその後」『防衛研究所紀要』第8巻1号（2005年10月）。

19 Department of Peacekeeping Operations, Department of Field Support, *United Nations Peacekeeping Operations: Principles and Guidelines* (New York: United Nations, 2008), Part I: the Evolution of United Nations Peace Keeping, pp. 17-43, Annex 1: United Nations Peacekeeping Doctrine Framework, '1000-series: Capstone Doctorine', p. 93.

20 PKOと住民との関係については、以下参照。Béatrice Pouligny, *Ils Nous Avaient Promis la Paix* (Paris: Presses de Sciences Po, 2004).

21 Report of the Secretary General to Security Council, S/2006/1019, 22 December 2006.

22 MINURCAT [http://www.un.org/en/peacekeeping/missions/minurcat/facts.shtml/, as of 15 September 2013]

23 Bjoern H. Seibert, 'Operation EUFOR Tchad/RCA and the European Union's common security and defence policy' (Strategic Studies Institute, October 2010), p. 10.

24 Seibert, Ibid., p.8; International Crisis Group, *supra* note 5, 'Tchad: un nouveau cadre de résolution des conflits', pp. 35-36.

25 Letter from the authorities of Chad dated 11 September 2007 (S/2007/540); Letter from the authorities of the Central African Republic dated 17 September 2007 (S/2007/551).「多面的存在」に関しては、以下参照。Japan Peacekeeping Training and Research Centre Joint Staff College, International Peace and Security Symposium 2011, Challenges in Multi-dimensional PKO and Integrated Peace Missions (Tokyo, December 7 and 8, 2011), post-symposium publication. [http://www.mod.go.jp/js/jsc/jpc/event/ images/English01.pdf, as of 20 October 2013]

26 S/RES/1778, 25 September 2007.

27 *Ibid.,* para. 2.

28 *Ibid.,* para. 6.

29 *Ibid.,* preamble, '*Reaffirming* its resolutions 1325 (2000) on women, peace and security, 1502 (2003) on the protection of humanitarian and United Nations personnel, 1974 (2006) on the protection of civilians in armed conflict', '*Reaffirming* its resolutions 1612 (2005) on children in armed conflict, taking note of the report of the Secretary-General on children and armed conflict in Chad（S/2007/400）and the recommendations therein, and *recalling* the conclusions regarding Chad subsequently adopted by its Working Group on Children and Armed Conflict（S/AC.51/2007/16）'

30 子ども兵士に関する映画として、Jean-Stéphane Sauvaire, *Johnny Mad Dog* (France-Belgique-Liberia, 2008), Kim Nguyen, *Rebelle* (Canada/DRC, 2011)（邦題『魔女と呼ばれた少女』）等がある。

31 CSDPのアフリカ介入に関しては、以下参照。Bruno Charbonneau, 'What is so special about the European Union? EU-UN cooperation in crisis management in Africa', *International Peacekeeping,* Vol. 14, Issue 4 (2009), pp. 546-561. EUFOR Tchad/RCAに関しては、以下参照。Dan Harvey, *Peace Enforcers: the EU military intervention in Chad* (Dunboyne: Book Republic, 2010); Winrich Kühne, 'The EU security role in Chad and the Central African

Republic', in Adekeye Adebajo and Kaye Whiteman (eds), *The EU and Africa: from Eurafique to Afro-Europa* (London: Hurst, 2012), pp. 295-313; European Commission [http://www.consilium.europa.eu/eeas/security-defence/eu-operations/completed-eu-operations/eufor-tchadrca.aspx?lang=fr/, as of 15 September 2013]; le Ministère de la Défence (France) [http://www.defense.gouv.fr/operations/autres-operations/operations-achevees/2008-eufor-tchad-rca/dossier/l-operation-eufor-tchad-rca/, as of 15 September 2013]

32 デンマークは国連PKO参加国だがESDPの参加は留保しており、MINURCATには参加した。
33 Seibert, *supra* note 23, p. 16.
34 'Morin au Tchad le 31 décembre', *Le Figaro,* le 20 décembre 2007.
35 Marine de Clarens, 'Is the EU military in Chad appropriate?', para. 6, Instituto de Estudios sobre Conflictos y Acción Humanitaria, 6 October 2008. [http://www.iecah.org/web/index.php?option=com_content&view=article&id=904:is-the-eu-military-operation-in-chad-appropriate&catid=15:articulos&Itemid=9/, as of 20 October 2013]
36 Blancsとは「白人」を意味するフランス語であるが、地元住民により、外国人一般（入植者、駐在者、旅行者等、白人に限らない場合もある）を指すくだけた表現として用いられる。
37 MINURCAT, *supra* note 22.
38 International Medical Corps (IMS)[https://internationalmedicalcorps.org/sslpage.aspx?pid=353/,as of 15 September 2013]
39 チャド東部難民初等教育支援に関しては、以下参照。Première Urgence [http://nethumanitaires.wordpress.com/2009/07/28/premiere-urgence-tchad%C2%A0-une-education-primaire-de-qualite-pour-les-enfants-refugies-deplaces-ou-hotes-dans-la-region-du-ouaddai-dans-l'est-du-tchad/, as of 15 September 2013]
40 HCR 'Chef de camps à Touloum: une vocation', le 19 décembre 2011.
41 AFP, le 20 octobre 2010. 首都ンジャメナで小麦粉100kgが2万FCFA（約4,000円）から2万5,000FCFA（約5,000円）に上昇し、1日1ドル以下で暮らす大半の国民を逼迫した。
42 HCR 'Est du Tchad: le camps de réfugiés soudanais d'Ouré Cassoni va être transféré', le 22 septembre 2009.
43 HCR 'Les réfugiés suppliant António Guterres de renforcer la sécurité dans l'est du Tchad' le 22 décembre 2006; 'Rapatriement de déplacés tchadiens avant la saison de pluie', le 6 juin 2011.
44 AFP, le 27 octobre 2009.
45 AFP, le 27 octobre 2009.
46 AFP, le 23 novembre 2009.
47 International Crisis Group, *supra* note 5, 'Tchad: un nouveau cadre de résolution des conflits', p. 37; Seibert, *supra* note 23, p. 37.
48 AFP, le 16 octobre 2009.
49 S/2010/611, *para,* 30. 地雷撤去作業は、共同で作業を行っていたチャド国家地雷除去センターに引き継がれた。
50 Baïwong Djibergui Amane Rosine, *Violence à l'égard des femmes: étude documentaire et analyse des violences subies par les femmes au Tchad, Intermon-Oxfam* (date de publication non précisée), UNFPA Tchad, pp. 21-51.
51 AFP, le 2 février 2010; AFP, le 23 mars 2010; AFP, le 23 avril 2010.
52 AFP, le 27 juin 2009.
53 International Crisis Group, 'Tchad: au-delà de l'apaisement', le 17 août 2010, p. 11.
54 「第13回UNDP職員リレーエッセイ『開発現場から』UNDPチャド事務所長・近藤哲生さん」UNDP駐日事務所。[http://undp.or.jp/activity/detail.php?id=188、2013年10月20日現在]
55 HCR Tchad, Profile d'opération 2013によれば、襲撃は現在も後を絶たない。

56 RFI, le 5 mai 2013.
57 AFP, le 26 mars 2013.
58 'France says Central African Republic on verge of genocide', *Reuters,* 21 November 2013; 'Unspeakable horrors in a country on the verge of genocide', *The Guardian,* 22 November 2013.
59 'Centrafrique: l'armée française attendue pour ouvrir la voie à la force africaine', RFI, le 26 novembre 2013.
60 S/2010/611, para. 73.
61 International Crisis Group, *supra* note 5, 'Tchad: la poudrière de l'est', p. 19.
62 de Clarence, *supra* note 35, para. 6.
63 International Crisis Group, *supra* note 5, 'Tchad: un nouveau cadre de résolution des conflits', p. 37; Seibert, *supra* note 23, p. 37.
64 例えばコンゴ民主共和国の内戦で忘れられた孤児のルポルタージュとしては、以下参照。Giselle Portenier, *Congo's Forgotten Children* (UK: Blakeway Productions, 2009).
65 Césaire, *supra* note 1. AFP元チャド特派員が語る手記としては、以下参照。Sonia Rolley, *Retour du Tchad: Carnet d'une Correspondante* (Paris: Actes Sud, 2010). 戦争で荒れた住民感情、国際介入、死別に苦悩するチャド人の父の声なき訴えとしては、以下参照。Mahamat Saleh Haroun, *Un Homme Qui Crie* (France/Tchad, 2010).
66 2007年10月、フランス系NGOゾエの箱舟（Arche de Zoé）が、ダルフール難民孤児の国際養子縁組を装い、チャド東部の孤児でない子ども103人を集団誘拐した密出国事件が起きた。事件によりチャドで反仏感情が高揚し、フランス人9人と他の関係者に禁固刑が言い渡された。
67 UNDP人間開発指標は2009年の場合、182カ国中チャドは175位、中央アフリカは179位であり、2013年では187カ国中チャドは184位、中央アフリカは180位であり、各分野の指標は向上していない。両国の難民の窮状に関しては、以下参照。UNHCR [http://www.unhcr.fr/pages/4aae621d56b.html/, as of 15 September 2013]
68 'The UN was not created to take mankind into paradise, but rather, to save humanity from hell.'

Chapter 10 Historical Aspects of the Palestinian Refugee Problem

第10章
パレスチナ難民問題の歴史的諸相

佐藤 寛和 *Hirokazu Sato*

キーワード：パレスチナ難民、ダレット計画、イスラエル、シオニズム、帰還権
Keywords: Palestinian refugees, Plan Dalet, Israel, Zionism, right of return

はじめに

　パレスチナ難民問題は、パレスチナ/イスラエル問題[1]のなかで最も解決が困難な事案とされてきた。その理由は、まさにアラブ・ユダヤ双方のアイデンティティとナショナリズムがぶつかり合う問題であり、妥協することは自らの歴史を否定しかねないような事柄を多分に含んでいることに起因している。イスラエルにとって難民発生の責任を受け入れることは、イスラエル建国の正当性や原罪性を問われかねない行為であり、そのような政治的決断は非常に高いハードルとなっている。他方でパレスチナは、難民発生の責任をイスラエルに課しており、帰還権や補償問題を含めて頑強な姿勢を崩していない。

　これまで両者は国際社会による仲介を含め、政治的解決の道を探ってきたものの、具体的な解決案を提示するには至っていない。パレスチナ難民の多くは帰還を希望し、その権利を国際社会は認めているものの、イスラエルは難民の帰還を拒んできた。難民の存在というひとつの事象をめぐる見解の相違は、両者の政治的立場と密接に関わり、共通の歴史認識を阻んできた。ヨーロッパのユダヤ難民および世界で迫害されていたユダヤ人の受け皿として建国されたイスラエルは、新たにパレスチナ難民を生みだすという皮肉の主体的存在となった。イスラエルの建国は、国連総会決議181(Ⅱ)、いわゆる国連パレスチナ分割決議案の可決によって国際的に承認されたと見なされ、シオニスト（Zionist、ユダヤ民族主義者）に正当性を付与することとなった。この点にパレスチナ難民問題の特異性と悲劇性が垣間見えるところであろう。

　2012年12月現在、国連パレスチナ難民救済事業機関（UNRWA）に登録されている難民数は500万人を超えている[2]。1948年戦争（第一次中東戦争）後の難民数

は約72万人と見積もられていることから、その数は増え続けている。彼らの多くはヨルダン、レバノン、シリア、ヨルダン川西岸、ガザ地区の難民キャンプで生活し、受け入れ国にとってはひとつのマイノリティ集団となっている。難民を巻き込んだ多くの紛争は、彼らの脆弱性を際立たせることになり、特に1982年のレバノン戦争では、多数のパレスチナ難民が虐殺されるという事件も発生した[3]。また2001年のアメリカ同時多発テロ以降は、パレスチナ人[4]の抵抗をテロリズムと断罪することでパレスチナ自治区に対するイスラエル軍の攻撃を容易にし、難民キャンプでは甚大な被害を受けた。パレスチナ難民は、イスラエルとパレスチナの間に現存する力の「非対称性」を体現する存在であり続けてきたのである。

これらの出来事は、難民に共通の記憶を呼び起こさせるものである。パレスチナ人は1948年の悲劇をアラビア語で大災難あるいは大破局を意味する「ナクバ（Nakba）」と呼び、自らの歴史と向き合ってきた。彼らにとって難民化の原因は、イスラエルによる強制的な追放の結果であった。現在に至るまで帰還を許されていない難民は、いまだナクバの途上であるともいえ、その体験は親から子、そして孫へと語り継がれてきた。それら子孫たちも難民としての生活を強いられてきたのである。このような歴史は、パレスチナ人の民族的アイデンティティ形成に強い影響を与え、近隣アラブ諸国のアラブ人と同一視することを不可能にしている。

本章は、パレスチナ難民問題の起源を、1948年戦争やイスラエルによる軍事活動はもとより、イスラエル建国の動因である政治的シオニズム（Zionism）の性質やパレスチナ分割構想の内実にも焦点を当てながら包括的に描くことを試みている。さらに帰還権に対するイスラエルの立場を分析することで、難民問題解決を阻んでいる構造も考察したいと思う。

1．政治的シオニズムと「移送」のアイデア

19世紀後半から20世紀前半にかけ、ロシア・東欧を中心に多くのユダヤ人が、パレスチナへと移民してきた。シオニストは、シオニズム実現のために、聖書に由来する領土を要求し、新たな民族主義運動の発祥として「エレツ・イスラエル（Eretz Yisrael、イスラエルの地）」を希求した。民族的覚醒として始まった近代シオニズムは、ユダヤ人国家建設の手段として「故国」の宗教的解放と歴史的紐帯を引き合いに出し、その目標の領土にパレスチナを選択したのである。

このような環境のなかで、シオニズム運動に重要な役割を果たすことになった人物が、T. ヘルツル（Herzl）である。ヘルツルは1896年に『ユダヤ人国家』を発表し、政治的シオニズムのイデオロギーの原型を提示した[5]。この原型とは、ユダヤ人はそれぞれの国家で同化するのは不可能であり、ヨーロッパでの迫害や差別からユダヤ人を救う唯一の解決法としてユダヤ人国家建設という政治的プランを実行するというものであった[6]。ヘルツルによると、ユダヤ人はユダヤ教だけで結束してきたのではなく、被疎外者意識、迫害された歴史によっても結束を保ってきた。ディアスポラ（Diaspora）のユダヤ人は、迫害の過去と歴史を共有するがゆえに「歴史的な集団」であり、この集団のための国家創設を求めたのである[7]。

ヘルツルは、ユダヤ人問題の歴史性を現実に即して理解していたために政治主義へと傾倒した。幻想を排するように努め、西欧列強の外交力・政治力の支援を得ることが、政治的シオニズムの根幹であった。そのため、政治的シオニズムは、西欧列強の帝国主義的政策と結合せざるを得ないという側面を持ち合わせることになった[8]。シオニズム運動は、こうして初めて観念の世界から現実の行動へと発展する基礎が築かれたのである[9]。

以上の議論でシオニストに欠けていたものは、原住民の存在をどのように認識するかであった。20世紀初頭、イギリスの作家 I. ザングウィル（Zangwill）がパレスチナに向けて定式化した、「土地なき民に民なき土地を」というシオニズムの標語はあまりにも有名であるが、もちろんパレスチナには1880年時点で約65万人のアラブ人を主体とする人々が居住していた。しかし政治的シオニストは、パレスチナのアラブ人を周縁的で瑣末な「他者」であると見なし、ユダヤ人国家創設という自らのイデオロギーを具現化させることに傾注した。そこで、ユダヤ人国家を創設するためには、アラブ人を他のどこかに「移送（transfer）」しなければならないという議論が登場したのである。「移送」のアイデアは、政治的シオニズムとほぼ同時期に誕生した[10]。それは、シオニズム運動の最終目標の論理的な帰結と言ってもいいであろう。その目標とは、入植と土地の獲得を通じて、すなわち国土の急激な民族的、宗教的、人口的変容を通じてユダヤ人国家を創設することであった[11]。

ヘルツルの死後、アラブ人移送論は、C. ワイツマン（Weizmann）、V. ジャボティンスキー（Jabotinsky）、D. ベングリオン（Ben-Gurion）らのシオニストに引き継がれ、シオニズム・イデオロギーの理論的構造とも深く結び付くようになっていく。

アラブ人移送論は、戦間期ヨーロッパの民族問題とも無縁ではなかった。第一次世界大戦後に独立した多くの民族国家は、国内に少数民族問題を抱えることになり、その効率的な解決策として、各地で住民移送・住民交換が実施されていた（トルコ・ギリシア間、ギリシア・ブルガリア間などが事例）。「他者」の存在を排除しようとするアラブ人移送論も、戦間期の国際情勢に、その思想的背景の一端を窺い知ることができると言えよう。

　政治的シオニズムは、パレスチナのアラブ人に関して、イギリスやシオニストが支配を及ぼすべき後進民族であるという創作された「空疎」な事実に依拠していた。このオリエンタリズム的視点は、パレスチナに居住しているアラブ人は大きなアラブ民族の一部であり、民族的願望を有する個別な民族集団に該当しないというイスラエルの見解を形成してきた。この意識は、イスラエルの帰還権解釈を含め、その後のパレスチナ難民問題にも大きな影響を及ぼすことになる。

　パレスチナへのユダヤ移民は、1917年のバルフォア宣言を経て、1930年代のナチスによるユダヤ人迫害と第二次世界大戦の影響により増大した。ヨーロッパ出身のユダヤ人は、パレスチナに居住していたアラブ人と外見はもちろん、言語、文化、宗教、習慣など、あらゆる意味で「異質」な存在となっていた。彼らは「イシューヴ(Yishuv)」と呼ばれるユダヤ人社会を構築し、独自の発展を遂げることになった。ユダヤ移民の存在は、パレスチナの人口構成に大きな変化をもたらした。シオニズム運動がパレスチナに文化的な中心地以上のものを創造したいと希求するならば、アラブ人とユダヤ人の闘争は不可避なものである[12]。このような状況下において、イギリスの委任統治政府は、次第にパレスチナでコントロールを喪失するようになり、ついに統治能力の限界を露呈することになった。こうして1947年2月にイギリスは、パレスチナ問題の処理を国連の討議に付託する方針を示し、実質上の委任統治の放棄という決断を下したのである。

2. 国連によるパレスチナ分割構想

　1947年5月に国連は、パレスチナ問題の解決を図るために国連パレスチナ特別委員会(United Nations Special Committee on Palestine: UNSCOP)を設置し、同委員会に両民族の紛争解決の提案を指示した[13]。我々が知るところのパレスチナ分割案は、このUNSCOPによって基礎となる草案が作成され、国連に勧告されたものである。肝心の勧告は、委員会の全員一致のものとならず、最終的に

分割案（多数派意見）と連邦案（少数派意見）の両論併記という異例の形式をとることになった[14]。分割案は、パレスチナをアラブ国家とユダヤ国家に分割して、ふたつの独立国家樹立を目的としたものであり、連邦案は、パレスチナをアラブ州とユダヤ州からなる、連邦国家樹立を目的としたものである。その後の国連での審議の結果、両民族の協調を基軸としながらもアラブ・ユダヤ双方に拒絶されていた連邦案はその実現性に疑問符をつけられ、分割案がパレスチナ問題解決のための最善策と見なされるようになった。

シオニストは、戦後ヨーロッパで緊急的課題となっていたユダヤ難民問題に触れながら、UNSCOPの道徳的良心に訴えるという巧妙な手法でユダヤ国家創設の必要性を説いた。対するパレスチナ・アラブは、分割案と連邦案の両案に反対しながら、単一なパレスチナ国家創設の主張を譲らず、その非妥協的な態度によってUNSCOPとの深い溝は埋まらないままであった[15]。UNSCOPの多くのメンバーは、四半世紀に及ぶ両民族の紛争を強烈な民族主義の衝突であると考え、単一国家の下での両民族の共存を不可能であると理解した。UNSCOPは、分割案こそが最も実現可能であり、両民族の自決権を満たすことのできる方策であると考えたのである。

> 「ユダヤ移民の問題は、単一国家における両者の協力を不可能にしているひとつの要因である。分割案によるユダヤ国家の創設は、この問題を解決できる唯一の希望である。（中略）両民族の政治的協力は困難であり、自発的な政治構造上の合意は見込めない。分割によってのみ両者の民族的願望は実現され、国連と国際社会において独立国としての地位を得られる。分割案は、パレスチナ問題解決に最も緊急に必要な決着を与える。」[16]

1947年11月29日、国連総会の場でパレスチナをアラブ国家とユダヤ国家に分割するパレスチナ分割決議案の採決が行われ、同議案は賛成多数で可決された（賛成33票、反対13票、棄権10票）。パレスチナ分割決議案は、パレスチナ住民の大多数の意思を顧みないまま、パレスチナの地にユダヤ国家の創設を事実上容認することになった。分割案を拒絶したパレスチナ・アラブとは対照的に、シオニスト指導者は分割案を了承した。ユダヤ人は、近代シオニズム運動の最大の目標であるユダヤ国家創設という民族的願望を叶えることに成功したのである。

パレスチナ分割案には、アラブ側の領土にとっていくつか不利な点が見られ

る。第1に、1947年当時のパレスチナ総人口約200万人のうち、ユダヤ人は約60万人で全面積の約6％の土地しか所有していなかったにもかかわらず、ユダヤ国家の面積が全体の約56％に相当した点である。約135万人のアラブ人は、約44％の領土をアラブ国家として与えられたが、人口比率の点から公平性を大いに欠くものであった。ちなみに、約20万人のアラブ・ユダヤ両民族が居住していたエルサレムは、国際管理地区として割り当てられた（全体の1％未満）。第2に、ユダヤ国家の人口構成は、ユダヤ人50万人に対してアラブ人（ベドウィンも含む）は51万人であり、アラブ人の方が多かった点である。アラブ国家の人口はアラブ人72万5,000人、ユダヤ人1万人とアラブ人が多かったものの、ユダヤ国家でユダヤ人が多いのはテルアヴィヴなど地中海沿岸部の一部地域に限られた。第3に、ユダヤ国家に組み入れられた土地が、農地に適した肥沃な沿岸部と内陸の平野部で構成されていた点である。これらの地は、柑橘類や穀物のほぼすべての生産地域を含んでおり、柑橘類の農地の半数と穀倉地の大部分は、アラブ人に所有されていた。主要産物の生産地域をアラブ国家となる地域から事実上疎外することは、それ自体で死活的な一撃と見なされた[17]。

　以上のような問題を含んだまま国境線が引かれたことで、多数のアラブ人がユダヤ国家に取り残される形となった。国連による分割案可決は、その後の戦乱と難民発生を間接的に後押しする重大な分岐点となり、パレスチナの将来に禍根を残すことになった。パレスチナの安定とユダヤ難民問題解決のために国連が採択したパレスチナ分割決議案は、ユダヤ国家創設の代償としてパレスチナ難民問題という新たな政治的課題を創出することになるのである。

3．パレスチナ難民の発生

　パレスチナ難民の多くは1948年戦争と時期を同じくして発生したものの、実際の難民流出はパレスチナ分割案の採決後に始まり、1949年に戦争が休戦するまでいくつかの段階を踏みながら続いた。難民流出の時期は次のように大きく4段階に分けられ、特に第2段階は難民流出において決定的な役割を果たした。

　　① 1947年12月〜1948年3月
　　② 1948年4月〜6月
　　③ 1948年7月〜10月
　　④ 1948年10月〜11月

第二次世界大戦直後からもパレスチナ全土において散発的な衝突は見られたが、分割案可決はアラブ・ユダヤ両民族の緊張を過度に高めるよう作用し、1947年末から本格的な内戦が両民族間で開始された。既に当時のユダヤ側の軍事力は軍備を整えるための経済力を含め、その質や組織力の面からパレスチナ・アラブ側を凌ぐものであり、両者の優劣は明白であった。その結果、指導者層を含めた中産階級以上のパレスチナ人は、自発的な避難を強いられることになった。この避難はドミノ現象のように多くの市民に影響を及ぼし、家族から隣人、隣人から街頭、そして街頭からその地域一帯へと続いた[18]。その先駆けとなったのは、ハイファ、ヤーファ、エルサレムなどの主要都市であった。これらの都市のパレスチナ人の多くは、ナザレ、ナブルス、ガザ（それぞれアラブ国家予定地内）、あるいはアンマン、ベイルート、カイロなどの国外に避難した。避難の要因は、ユダヤ国家に取り残された場合の失業や差別に対する恐れ、食糧不足、治安の悪化、パレスチナ・アラブ社会の構造的脆弱性などが挙げられる。

　国外に避難した中産階級以上のパレスチナ人は、自らの亡命を一時的なものであると考えていた。彼らはこの困難を乗り切るだけの資金を有しており、現地の富裕な親族の存在も避難を可能にした。他方、一般市民にとっての避難は、即時的な貧困を意味した。富裕層の避難はパレスチナ・アラブ社会と経済に深刻な影響を及ぼし、パレスチナに留まっていた貧困層や農民に動揺を与えた。両民族の混住した都市ではコミュニティ間の衝突が激しくなり、戦闘が長引くにつれ、移動、通信、失業、食糧配給の問題はその度合いを増していった。既に第1段階で、約7万5,000人のパレスチナ人が難民化したとみられている[19]。

　難民化の第2段階はシオニスト軍事組織による組織的攻撃が一段と激しくなった時期である。「ハガナ（Haganah）」[20]を始めとするシオニスト軍事組織は「ダレット計画（Plan Dalet）」を実行し、パレスチナ人の村の破壊や村民に対する虐殺行為など、多くの「蛮行要素」が難民化を促進することになった。そのなかでも特に有名なものが、デイル・ヤシーン村での大虐殺である。この事件は1948年4月9日に「イルグン（Irgun）」[21]を主体とするシオニスト武装集団がエルサレム近郊のデイル・ヤシーン村を襲撃し、女性や子供を含め無差別に襲撃したものである。デイル・ヤシーン村はシオニストの戦略的要衝地に位置したため、降伏を拒む反抗的なパレスチナ人は強制的な追放もしくはその場で虐殺された。虐殺された人数は、少なくとも100人以上にのぼると見られている。この事件は周囲のパレスチナ人の村にも心理的なパニック状態を及ぼし、一層の難民化に拍車をかけ

た。パレスチナ人が多く居住する都市では、都市そのものの一体的構造が蝕まれることになった。この頃には主要都市の混乱が地方部にも波及し、富裕層以外でも周辺諸国に避難する住民が増大した。1948年5月14日に初代首相ベングリオンがイスラエルの建国宣言を行うと、その翌日にはイスラエル建国に反対するアラブ諸国軍がパレスチナへと侵攻し、イスラエルとアラブ諸国による1948年戦争が勃発した。これ以降、両民族間の衝突は、さらに激しさを増すことになる。第2段階で発生した難民数は20万人から30万人と見られており、最も多くの難民を生み出した時期であった[22]。

　イスラエルの軍事的優位が決定的となった第3段階以降も、パレスチナ全域で断続的に難民が流出した。最終的に、1947年12月から1948年戦争が休戦した1949年7月までの間に、約72万人（UNRWAの算定）のパレスチナ難民が発生したとされている。避難したパレスチナ人の多くは永久的にパレスチナを離れる意志などなく、混乱が収束した折には帰還する心算であった。ところがイスラエルは、彼らの帰還を阻止するためにパレスチナ人の村の破壊とユダヤ人入植地の建設を進め、次第に難民の帰還の可能性は閉ざされてゆくことになる。国連やアメリカを調停役とする難民帰還交渉は、すべて失敗に帰した。破壊されたパレスチナ人の村は400カ所以上に及び、この数字はイギリス委任統治時代のパレスチナ人の村の約半数に相当した[23]。パレスチナ・アラブの生活の痕跡を抹消することに努めたイスラエルは1950年に「不在者財産の取得に関する法律」[24]を制定し、パレスチナ住民が残した多くの土地や建物を「合法的」に接収して国の管理下に置いた。

　シオニストが望んだものはあくまでユダヤ人がマジョリティとなる「ユダヤ人国家」であり、パレスチナ・アラブの分割案拒絶と戦争の勃発は、領土拡大とパレスチナ人追放のための大義名分をシオニストに与えることになった。イスラエルは分割案で指定された自国の領域を大きく拡張（パレスチナ全土の約77％）することに成功し、ヨルダン川西岸とガザ地区はそれぞれトランス・ヨルダン（現在のヨルダン王国）とエジプトの支配下に置かれた。その結果、軍事休戦ラインである「グリーンライン（休戦協定で記された地図の境界線が緑色であったことに由来）」がイスラエルの事実上の国境線と見なされるようになったのである。

4.「追放」は存在したのか──ダレット計画を事例として

　1980年代半ばまでパレスチナ難民問題に関する歴史的議論は、学術的な客観性に基づく実証的視点よりもむしろ政治的な信念に特徴づけられていた。これまでイスラエルとパレスチナでは1948年に発生した出来事について、互いに異なる歴史の「語り」が存在してきた。イスラエルでは1948年の出来事を「独立戦争」と呼び、パレスチナでは「ナクバ」と呼んできた。この2つの名称が彼らの対照性を表わしている。イスラエルは建国後、パレスチナ人追放の事実や追放政策の存在を否定してきた。難民化の要因は、パレスチナ・アラブ指導者の避難命令に起因したものであり、イスラエルが責任を負う事案ではないとした。1948年戦争はアラブ諸国によるイスラエル殲滅戦争であり、自国の行動は正当防衛であるとする国民的記憶が「語り」のなかで建国を正当化し、パレスチナ難民の問題とナクバの記憶を否定してきた。他方でパレスチナは、イスラエル建国によってパレスチナ・アラブ社会が破壊されたのであり、シオニストによる追放政策が大量の難民を生み出したとしている。シオニストは可能な限りイスラエルの「純化」を切望したのであり、この思考こそがナクバを引き起こした要因であるとする「語り」が存在してきた。このような議論は、難民発生の責任の所在という点に関心を集中させている。

　以上のような両者の「語り」を検討するうえで、非常に重要な作戦がイスラエル建国直前のシオニストによって立案されていた。それは「ダレット計画」と呼ばれるものである（ダレットはヘブライ語で「4番目」の意味）。ダレット計画とは、1948年3月にハガナが、アラブ人の攻撃に備え作成したとされる軍事計画である。ハガナの歴史書である*Sefer Toldot Ha-Haganah*（『ハガナの歴史』）は、ダレット計画の目的を次のように示している。

> 「ダレット計画の目的は、ユダヤ国家の領域を支配すること、そして、その境界を防衛することである。また、この計画は、ユダヤ国家の内外にある拠点から軍事行動をとるアラブ人の正規軍、准正規軍、小規模な兵力に備えて、ユダヤ国家の境界線の外部に位置したユダヤ人入植地とその密集地の領域を支配することも目的とする。」[25]

　このハガナの説明に従えば、ダレット計画は軍事上の防衛作戦であると考えら

れる。しかしながら、シオニストにとって防衛上重視した地域に隣接するパレスチナ人の村や町は、ダレット計画によって占拠されることを容認されていた可能性がある。ダレット計画は1948年4月から5月にかけて13の作戦を実行し、その間に多くの難民が発生した。ダレット計画で実行された13の全面的作戦のうち、8つの作戦が国連によってシオニストに与えられた領域の外部、つまりアラブ国家として想定された領域で実行された。前述の*Sefer Toldot Ha-Haganah*は、ユダヤ国家内に位置する敵対的なパレスチナ人の村は破壊されるべきであり、その住民はユダヤ国家の国境線の外に強制退去させられることを明記している。

> 「継続的支配の困難なアラブ人の村は放火、爆破、残骸に地雷を仕掛けることで破壊される。(中略) 抵抗がある場合、武装した敵兵は一掃されなければならず、またその住民はユダヤ国家の国境線の外に追放されなければならない。」[26]

ここにおいて多くのパレスチナ人の村が破壊され、村民の追放という事例が発生した。そのためダレット計画については、ユダヤ人自衛のための計画だったのか、それとも本質的にパレスチナ人追放のための計画であったのかという論争が繰り広げられてきたのである。

「新しい歴史家(new historians)」[27]の代表的存在であるB．モリス (Morris) はパレスチナ難民発生に関して「戦争原因説」を唱えた。モリスは、シオニストによるパレスチナ人追放のための組織的な計画やパレスチナ・アラブ指導者による避難命令の証拠は存在せず、ダレット計画に関しても自衛のための軍事的計画の域を超えるものではないと主張した。パレスチナ難民の発生は、あくまで戦争の混乱による随伴的帰結に過ぎないとしたのである。しかしながら、モリスにとってもダレット計画が結果的に難民発生の副次的要因になったことを認識している。

> 「ダレット計画は、パレスチナのアラブ人追放のための政治的な青写真ではなかった。それは軍事的な動機によって決定され、軍事的な目的を成し遂げることに連動していた。しかしながら戦争の本質と住民の混在を考慮すれば、実際問題として、ユダヤ国家の内部やその国境線を安全にすることは、敵対的な軍隊と非正規軍を受け入れた村の人口減少と破壊を意味した。(中略) ダレット計画は、村や町に征服や永久的な占領、もしくは破壊をもたら

第10章　パレスチナ難民問題の歴史的諸相

した。その村を包囲して、武器や非正規軍を捜索することが指示された。抵抗がある場合、その村の武装した兵士は殺され、その住民は強制追放された。」[28]

モリスの功績は、これまでイスラエル建国史の「語り」ではタブーであった、ユダヤ人による暴力行為・追放という事実に言及したことであった。その結果、イスラエル国家はパレスチナ・アラブの犠牲の上に成り立っているのか否かという、極めて倫理性を帯びた問題が、学界のみならず、イスラエル社会でも喚起されることになったのである。

モリス以上に、パレスチナ難民発生とダレット計画の関係性を強硬に主張したのが、I．パペ（Pappe）である。パペは、1948年を記述する新しい方法に「民族浄化（ethnic cleansing）」という視点を提起して「計画的追放説」を唱えた。パペは、多くの戦争が難民を生みだすという意味において、1948年戦争も歴史的な前例と違わないが、1948年戦争での難民問題の形成には他の事例と区別すべき２つの側面があるとした。第１に、パレスチナ人の流出は、シオニスト指導者の意図的な活動の結果であるということ。第２に、大多数のパレスチナ人は、戦争中にユダヤ人の軍隊によって占領された地域から強制的に退去させられたということである[29]。

「ダレット計画の青写真には、将来のユダヤ国家の地理的な範囲と、その領域に居住しているパレスチナ人の運命に関して、直接的な言及を含んでいた。それは、パレスチナ人の村を破壊することであり、抵抗がある場合、武装集団は一掃されなければならず、村民は国境の外に追放された。（中略）ユダヤ人の占有が意味しているのは、ひとつのことのみである。すなわち都市と農村の両方において、パレスチナ人の家屋、仕事場、土地から彼らを大量追放することである。」[30]

パペによると、パレスチナ人に対する残虐行為は、無計画に行なわれたものではなかった。これらの行為は、できるだけ多くのパレスチナ人をユダヤ国家から排除しようとするマスタープランの一部であった[31]。パペは1948年戦争を、まさにパレスチナ人を追放する「機会」であったと述べ、「追放」というアイデアがシオニストの思想に内在していたということを主張したのである。パペの議論で着

目すべきは、パレスチナ難民の発生とシオニズム・イデオロギーの不可分性を示したことにある。パペによると、ダレット計画で促進された難民創出は、単に1948年戦争の混乱から生まれたものではなく、イスラエル建国やダレット計画立案よりもはるか前からシオニズムに内在したパレスチナ人を非存在化する排他性に起因していた[32]。

モリスとパペの両者は、ダレット計画によってパレスチナ人の難民化が促進されたということに同意しているものの、ダレット計画のなかに「追放」のマスタープランが内在していたかについては意見の分かれるところである。「新しい歴史家」と称される者たちの間でも異なる解釈があることは注目すべきことであり、個々のスタンスに差異があることは難民の発生要因の複雑な側面を表している。

5．UNRWAの活動

戦後のパレスチナ難民の困窮した生活の改善を促すために、国連は緊急支援策を模索することになる。1949年12月8日の国連総会決議302(Ⅳ)によって設立された国連パレスチナ難民救済事業機関（United Nations Relief and Works Agency: UNRWA）は、パレスチナ難民の直接的支援を実施するため、その任務を1950年から開始した。アラブ諸国は、決議194に規定された難民の帰還権を脅かさないことを前提にUNRWAの活動を容認した。UNRWAはレバノン、シリア、ヨルダンの3カ国と、ヨルダン川西岸およびガザ地区の2地域で、教育、医療、社会福祉、職業訓練などの基礎的なサービスをパレスチナ難民に提供している。2012年現在、これらの地域で140万人以上のパレスチナ難民が58カ所の難民キャンプで暮らしており、その数は登録された難民の約30％に及んでいる。

UNRWAの定義によると、パレスチナ難民とは「1946年6月から1948年5月までパレスチナに居住していた者で、1948年戦争の結果として住居と生活の糧を得る手段を失い、UNRWAの活動地域に避難した者」[33]とされる。UNRWAのサービスを受けられる難民は、UNRWAに難民として登録した本人およびその子孫に限られており、なおかつレバノン、シリア、ヨルダンの3カ国と、ヨルダン川西岸およびガザ地区の2地域に住んでいる者に限られている。

UNRWAの事業区域を離れたパレスチナ難民のみ、国連難民高等弁務官事務所（UNHCR）の任務と1951年国連難民条約の対象となる。UNHCRと異なり、UNRWAの事業範囲には、その援助下にある難民のための恒久的解決策の模索は

含まれない。またUNRWAの主たる任務は生活に必要不可欠なサービスの提供にあり、UNHCRの活動の中核にある国際的保護の提供は権限外となる。さらに難民の帰還権や再定住のための支援も行っていない。

UNRWAの定義上、1948年戦争によって避難した者は「難民」と呼ばれ、1967年戦争（第三次中東戦争）で避難した者は「避難民（displaced persons）」と呼ばれている。そのため1967年の避難民は、UNRWAの登録難民に含まれていない。40万人以上に及んだ1967年戦争の避難民は、主にヨルダン川西岸やガザ地区からヨルダンやエジプトに避難した者を指している。彼らの境遇は、1948年難民でかつ1967年戦争を理由に再度避難した者や、1967年戦争で初めて避難した者など、様々な状態にあった。

UNRWAは主に健康管理、住居の提供、そして教育の機会を与えることで難民の将来性を発展させることに焦点を当てている。そのためUNRWAは、世界保健機関（WHO）や国連教育科学文化機関（UNESCO）と緊密な関係を構築し、健康・教育対策において最大限の効果を発揮できるよう努めてきた[34]。設立当初、UNRWAは時限的な機関と想定されていた。ところが難民問題の政治的解決が進展せず、難民数も増加していることからその需要も途絶えることがないため、現在も国連総会によって定期的にその存続が決議されている。

6. 帰還権をめぐるイスラエルの「論理」

1948年12月11日に国連は、パレスチナ難民に対する緊急的な支援の必要性から、イスラエルに対してパレスチナ難民の帰還と、帰還を望まない難民への補償を要請する国連総会決議194(Ⅲ)を可決した。決議194は、パレスチナ難民の帰還を承認しており、これを根拠にパレスチナは難民の帰還を受け入れるようイスラエルに求めてきた。パレスチナの立場は、「決議194は難民問題の公正な解決のための基本原則を明言している」という事実に基づいている。

> 「故国に帰り、隣人たちと平和裡に暮らすことを望む難民は、実現可能な最も早い時期に帰国を許されるべきであること、また帰国を希望しない者の財産に対しては補償されるべきである。」[35]

世界人権宣言第13条は「すべての人は、各国の境界内において自由に移転およ

び居住する権利を有する。(第1項)」、「すべての人は、自国その他いずれの国をも立ち去り、および自国に帰る権利を有する。(第2項)」と謳っている。パレスチナ難民が、この普遍的な権利を侵害されていると感じることは驚くに当たらないであろう。

　パレスチナ難民にとって、帰還権は正当に付与された「自然権」であると考えている。そのため、庇護国に「同化」することは、帰還権そのものの放棄に繋がりかねない。パレスチナ解放機構（Palestine Liberation Organization: PLO）も「同化」による解決策は、否定的であった。パレスチナ人としての民族的アイデンティティを維持することそれ自体が極めて重要な政治的課題であり、「同化」は自らのアイデンティティの喪失に繋がるからである。パレスチナ難民問題の特徴は、難民問題の解決方法のひとつである庇護国への「同化」という選択肢が否定的に捉えられている点にある[36]。

　一方でイスラエルは、「イスラエルはパレスチナ難民の母国ではない」という論法を用いながら帰還権の存在自体を否定してきた。その根拠として、イスラエルでは、国際法の視点から決議194の合法性に疑問を呈する主張が見られる。国際法において帰還権は、国家の成員である、もしくは成員であった個人に付与されるものであるという考えに基づいている。すなわち、イスラエルにとって、パレスチナ難民はイスラエル国家の市民でも、あるいは市民であったこともないため、帰還権に法的効力は存在しないという解釈も可能であるからだ[37]。

　イスラエルの難民問題に対する基本的な立場は、次のようなものである。

① 難民の発生は、避難命令を出したパレスチナ・アラブの責任であり、自発的に立ち退いた結果である。
② 決議194は、難民の帰還を強制していない。
③ 決議194の受け入れは、イスラエル社会にとって危険となりうる人物の入国を意味し、治安維持に現実的脅威を引き起こす。
④ 決議194の解決策は、帰還だけを要求しているのではなく、避難先での経済的支援も含意されている。
⑤ 1948年戦争時にイスラエルは中東諸国からのユダヤ難民を受け入れたのだから、ヨルダン以外のアラブ諸国もパレスチナ難民に定住を促し、市民権を付与すべきである。
⑥ アラブ諸国は、難民問題を政治的に利用するため、解決のための柔軟な姿勢を拒んでいる。

このような理由に加え、イスラエルには政治的かつ道義的な問題も抱えている。つまり、イスラエルが難民の帰還を容認すれば、それは同時にイスラエルにとって難民発生の責任の受諾を意味することになる。イスラエル建国が、多くの難民発生を伴う「不正」な企てであったならば、まさにイスラエル建国の正当性を剥奪されるに等しいことであり、このことは建国期の歴史ばかりでなく、イスラエル国家の存続を含めた将来的な問題にまで発展する可能性を秘めている。このような状況を踏まえるならば、イスラエルがパレスチナの要求を全面的に認め、難民の帰還を受け入れるとは言い難いであろう。
　これまでイスラエルが帰還権についての政治的議論を伝統的に避けてきた理由のひとつとして、イスラエル特有の「人口政策」や「移民政策」を挙げることができる。イスラエルの「民主主義」は、ユダヤ人がマジョリティであることを本質的に前提としており、人口比でのユダヤ人の優位性を不可欠な要素としてきた。そのため、大量のパレスチナ難民の帰還は、イスラエルでユダヤ人がマイノリティ化するのではないかという不安感を煽り、さらに「イスラエルはユダヤ人のものである」という性質の消滅は、シオニズム運動自体の敗北と捉えられかねないという潜在的恐怖を呼び起こすのである。
　イスラエルは、1950年に「帰還法」と称する法律を制定し、世界中のユダヤ人がイスラエルへ移民する権利を認めてきた。もちろんそのようなユダヤ人がイスラエル国家の市民となった経歴など存在しないことは明らかであり、「ユダヤ性」の存続がイスラエル国家にとっていかに重視されているかが見て取れよう。これらのユダヤ移民は、ユダヤ人であること以外に、文化的、歴史的、イデオロギー的関係性をほとんど有していなかった。そのためイスラエルは、国民統合という観点から社会的分裂を克服する必要があった。イスラエルは、集合的なイスラエル・アイデンティティ強化のために、また国家的ナラティブもしくは国家的エートス浸透のために、「ユダヤ人国家」たるイスラエル国家建国の正当性およびパレスチナの主張の不当性を国民に喧伝しなければならなかった[38]。
　帰還権は、パレスチナ/イスラエル双方にとって困難かつ複雑な政治的・人道的課題であり、その歴史に伴う複雑な感情を孕んでいることも影響して、効果的な解決を阻んできた。両者は、難民問題の相克を乗り越えるために、民族主義的イデオロギーに起因するゼロサム的な対応を慎まなければならない。パレスチナは、決議194に基づく帰還権の正当性を強調してきた。しかし、帰還の実現にはイスラエルとの合意が必要であり、パレスチナは原則論に固執するのではなく、柔

軟な譲歩策を提案しなければならない。他方でイスラエルは、マイノリティ化の恐怖を克服しなければならず、この心理的障害を取り除くことなしに難民の帰還が果たされることはないように思われる。イスラエルがユダヤ人の多数派というイデオロギーを堅持する限り、パレスチナ難民の帰還は困難であり、解決には将来のパレスチナ国家もしくはアラブ諸国を含めた第三国への再定住という選択も視野に入れなければならないであろう。

おわりに

　本章で述べたように、パレスチナ難民は、戦争の混乱、ダレット計画をはじめとするシオニストの軍事活動、国連が主導したパレスチナ分割構想の欠陥、政治的シオニズムに潜む排他性などが複合的に関係しながら発生した。また、イスラエルによる意図的で組織的な追放政策の有無に関しては、依然として議論の余地を残したままである。そのため、難民問題の責任の所在を明確化することは非常に困難であり、これまでも問題解決のための有益な対話を阻んできた。

　それでも2001年のエジプト・タバ交渉は、難民問題解決に最もこれまで合意に近づいた会談と言われている。イスラエルは、パレスチナ難民の苦痛に対して理解を示し、家族再統合プログラムとは別に、人道的配慮として一定の難民受け入れを提案した（イスラエル側の裁量により判断）。しかしながらイスラエルは、難民問題解決に向けて「貢献」を提言したに過ぎず、難民問題そのものの「責任」や「帰還権」に踏み入ることはなかった。最終的に両者間で合意に達するという具体的な成果を得られなかったが、今後の交渉進展に可能性を見出した意義は大きい。

　イスラエルは、人類史のなかでも極めて凄惨なホロコースト（Holocaust/Shoah）を生き抜いたユダヤ難民にとって安住の地となった。それでもユダヤ難民救済と引き換えに、パレスチナ人が祖国を追われなければならない正当な理由など存在しないであろう。イスラエルが自らの歴史に真摯に向き合うことを避け、排他的なイデオロギーに固執し続けるならば、難民問題の解決のみならず、中東地域での安全保障にとっても不安定要因であり続けることは確かである。他方でパレスチナは、一面的思考で短期的な利得を選択するのではなく、状況を多面的に見据えることが必要であり、極端な行動を自制しなければならない。イスラーム主義者による過激な振る舞いは、イスラエルの対パレスチナ強硬派を利す

るだけであり、両民族による殺戮と報復という負の連鎖は、信頼構築の足枷となってきた。パレスチナ/イスラエル双方が、難民問題の公正な解決に進んで協力しなければ、中東での恒久的和平のための機会も失われるだろう。難民問題は、中東和平構想の最優先課題であり、国際社会もこれまで以上に実現可能で適切な解決法の提供が期待されている。

1 パレスチナ/イスラエル問題の主な係争点は、難民問題の他に、聖地エルサレムの帰属、ユダヤ人入植地、水資源の配分、双方の国境線画定および最終的地位問題などが挙げられる。
2 UNRWAのホームページを参照。[http://www.unrwa.org, as of 21 April 2013]
3 1982年9月16日から18日までにベイルートのサブラ、シャティーラ両難民キャンプで2,500人以上のパレスチナ難民が虐殺されたとする事件。実行したのはイスラエルの「友軍」である、レバノンのキリスト教マロン派ファランジスト党の民兵であった。ベイルートに侵攻していたイスラエル軍の虐殺黙認は、イスラエル国内にも大きな衝撃を与え、当時のA.シャロン (Sharon) 国防相（後の首相）は辞職に追い込まれた。
4 本章では、分割案可決以前の記述では「アラブ人」と、分割案可決以降の記述では「パレスチナ人」と表記する。ただし、引用部は原文表記に倣うものとする。
5 Theodore Herzl, *Der Judenstaat* (Wien: Breitenstein, 1896).（テオドール・ヘルツル（佐藤康彦訳）『ユダヤ人国家―ユダヤ人問題の現代的解決の試み』（法政大学出版局、1991年）。
6 同上、28-34頁。
7 度会好一『ユダヤ人とイギリス帝国』（岩波書店、2007年）、137頁。
8 近代シオニズムには政治的シオニズムの他に、パレスチナへの直接の移民・入植を行うことで建国に導く実践的シオニズム（社会主義シオニズムもしくは労働シオニズムとも称される）、ヨルダン川西岸までユダヤ国家建国を目指した大イスラエル主義を標榜する修正主義シオニズム、パレスチナをユダヤ人の精神的センターとすることを主張した文化的シオニズム、ユダヤ教信仰の立場からシオニズム運動を進めた宗教シオニズムなどが存在する。これらの潮流は様々な社会思想から影響を受けたものであり、その理念は多種多様であった。
9 大岩川和正「パレスチナ問題とイスラエル建国」『国際問題』第155号（1973年2月）、18-19頁。
10 Nur Masalha, *Expulsion of the Palestinians: The Concept of "Transfer" in Zionist Political Thought 1882-1948* (Washington, D.C.: Institute for Palestine Studies, 1992), pp. 207-208.
11 *Ibid.*, pp. 1-2.
12 シオニストのすべてがアラブ人との共存を拒絶していたわけではない。そのなかでも哲学者、ユダヤ教神学者として著名なM.ブーバー (Buber) は、ノンセクトの個人活動家たちと、1942年に「イフード (Ihud)」と称する団体をエルサレムで創設し、ユダヤ人とアラブ人の和平的な関係がパレスチナの社会の安定に不可欠な要素であることを説き続けた。彼らの提案は、多民族の共存と協調を目指しながら、ユダヤ人とアラブ人が平等な政治上の権利を有する一元的なパレスチナ国家を創設するというものであった。このような考えがユダヤ人のなかで主流となることはなかったものの、二国家解決が進展しない現代においてイフードの提案を単に「理想主義」という言葉で片付けることは出来ないであろう。
13 国連はUNSCOPのメンバーとして、オーストラリア、カナダ、チェコスロバキア、グアテマラ、インド、イラン、オランダ、ペルー、スウェーデン、ウルグアイ、ユーゴスラビアの各国から11名と各々の代理人を選出した。それら諸国は政治的、地理的条件を考慮して慎重に選出されたと考えられている。以上のメンバーで構成されたUNSCOPは、1947年6月にパレスチナを訪問し、報告書を作成するために現地調査を開始した。
14 1947年8月31日に最終的な報告書が作成され、カナダ、スウェーデン、オランダ、チェコスロバキア、グアテマラ、ウルグアイ、ペルーの多数派は分割案を支持した。他方でユーゴスラビア、インド、イランの少数派は連邦案を支持し、オーストラリアは棄権した。

15 Elad Ben-Dror, 'The Arab Struggle against Partition: The International Arena of Summer 1947', *Middle Eastern Studies,* Vol.43, No.2 (2007), pp. 285-287.
16 UNSCOP Report to the General Assembly, Vol. I, p. 47.
17 Walid Khalidi, 'Revisiting the UNGA Partition Resolution', *Journal of Palestine Studies,* Vol.27, No.1 (1997), pp. 12-14.
18 Benny Morris, *The Birth of the Palestine Refugee Problem, 1947-1949* (Cambridge: Cambridge University Press, 1988), p. 286.
19 *Ibid.,* p.30.
20 ヘブライ語で「防衛」を意味する。ユダヤ移民によって創設された自警団およびイギリス軍の「ユダヤ軍隊」除隊者らを母体に組織されたイシューヴの軍事組織。イスラエル国防軍（Israeli Defence Forces: IDF）の前身となる。
21 正式名称は「イルグン・ツヴァイ・レウミ（Ha-Irgun Ha-Tzvai Ha-Leumi）」。ヘブライ語で「民族軍事組織」を意味する1931年に創設された右派系地下軍事組織。1943年には後の首相であるM.ベギン（Begin）が司令官となり、反英・反アラブ闘争に従事した。
22 Morris, *supra* note 18, p. 128.
23 パレスチナ人の村の破壊の全容を知るには、次の文献が有益である。Walid Khalidi, *All That Remains: The Palestinian Villages Occupied and Depopulated by Israel in 1948* (Washington, D.C.: Institute for Palestine Studies, 1992).
24 ここでの「不在者」の定義とは、1947年11月29日の分割案採択直後から1948年9月1日までにイスラエルの領域内外でイスラエル国家創設に反抗した敵対的人物、もしくはイスラエル建国後にイスラエルと交戦した軍隊に占領された地域に滞在したことのあるパレスチナ人を指している。さらに上記期間中に、戦争の混乱を避けることを目的とした近隣アラブ諸国への渡航、イスラエルによる追放、自発的避難の如何を問わず、一度でも自身の住まいを離れた者は「不在者」であり、彼らの財産は「不在者財産」と見なされた。他にも未耕作地を接収できる「未耕作地開拓のための緊急令」（1948年）、国防やユダヤ移民のために必要な土地を接収できる「緊急時における土地徴発法」（1949年）などが制定され、パレスチナ人の資産や土地は強制的に没収された。
25 Walid Khalidi, 'Plan Dalet: Master Plan for the Conquest of Palestine. APPENDIX B, Text of Plan Dalet (Plan D), 10 March 1948: General Section', *Journal of Palestine Studies,* Vol.18, No.1 (1988), p. 24.
26 *Ibid.,* p. 29.
27 イスラエル建国期の難民問題に関する研究を促進した要因は、イスラエルのアーカイブス史料の公開基準を定めた「国家アーカイブス法」によって実証主義的な史料研究が可能になったことに関係している。その結果、行政・外交関係文書は作成の30年後から、軍事関係文書の公開は原則50年後から閲覧可能になった。公開された史料を用い、実証的な研究を行なったイスラエル人研究者は「新しい歴史家」、あるいは「歴史修正主義者」と呼ばれ、イスラエルの建国史に批判的な視点を当てることになった。
28 Benny Morris, *The Birth of the Palestine Refugee Problem Revisited* (Cambridge: Cambridge University Press, 2004), pp. 164-165.
29 Ilan Pappe, *The Making of the Arab-Israeli Conflict 1947-1951* (London: I.B.Tauris, 1992), p. 87.
30 Ilan Pappe, *The Ethnic Cleansing of Palestine* (Oxford: Oneworld Publications, 2006), pp. 81-87.
31 Ilan Pappe, *A History of Modern Palestine,* Second edition (Cambridge: Cambridge University Press, 2006), p. 130.
32 Pappe, *supra* note 30, p. 49.
33 UNRWAのホームページを参照。[http://www.unrwa.org, as of 1 May 2013]
34 Paul McCann, 'The Role of UNRWA and the Palestine Refugees', *Palestine-Israel Journal of Politics, Economics and Culture,* Vol. 15, No.4 (2008) and Vol.16, No.1 (2009), pp. 85-86.

35 Article 11 of United Nations General Assembly Resolution 194(III), passed on December 11, 1948.
36 栗野鳳編『難民——移動を強いられた人々』(アジア経済研究所、1992年)、109頁。
37 Ruth Lapidoth, 'The Right of Return in International Law, with Special Reference to the Palestinian Refugees', *Israel Yearbook of Human Rights,* Vol.6, No.1 (1986), pp. 65-70.
38 Michal Ben-Josef Hirsch, 'From Taboo to the Negotiable: The Israeli New Historians and the Changing Representation of the Palestinian Refugee Problem', *Perspectives on Politics,* Vol.5, No.2 (2007), pp. 243-244.

Chapter 11 —Agenda Setting— Business and Refugee Assistance: Possibilities for a 'Human Security-Oriented Business'

第11章
[問題提起] ビジネスと難民支援
「人間の安全保障志向のビジネス」の可能性

佐藤 安信 *Yasunobu Sato* / 墓田 桂 *Kei Hakata*

キーワード：ビジネスと難民支援、人間の安全保障、CSR、ソーシャル・ビジネス、消費者の姿勢
Keywords: business and refugee assistance, human security, corporate social responsibility (CSR), social business, consumers' attitudes

はじめに

　難民支援において無視できない潮流を成しているのが、民間企業による種々の支援活動である。従来、難民支援の中核を担ってきたのは、国際機関や政府・自治体などの公的な機関、あるいは非政府組織に代表される市民社会であった。今でもその傾向は変わらないかもしれないが、そうした認識だけでは捉えきれないような新しい動きが起きている。

　たしかに、企業による慈善活動の歴史は古い米国においては、難民支援においても、自動車メーカーのフォードを母体とするフォード財団（Ford Foundation）が1952年に国連難民高等弁務官事務所（UNHCR）に対して290万ドルの寄付を行っている。UNHCRにとっては初めての大規模な活動資金となり、その後の活動の展開においても重要な役割を担ったことはすでに知られている[1]。過去にも民間企業（この場合は財団であるが）による支援は皆無ではなかった。しかしながら、従来、難民支援においては、公的機関および非政府組織の活動が突出しており、研究者や実務者の認識においても民間企業の役割は副次的と位置付けられてきたように思われる。

　ところが、市場経済のグローバル化とともに、こうした旧来の認識を変えていくかのような、あるいはグローバル化の負の側面を軽減するかのような動きが民間企業の側から起きていることは見落としてはならない。その背景には、「国連グローバル・コンパクト（UN Global Compact）」という国連の理念を共有

する企業との連携の進展や、国連人権理事会における「ビジネスと人権に関する指導原則」[2]の策定といった国連における一連の動き、さらには国際標準化機関 (International Organization for Standardization: ISO) による「社会的責任に関する国際規格」(「ISO26000」として知られる) の設定などがあげられよう。さらには国際的な公共政策課題として位置付けられ、日本政府も推進する昨今の〈人間の安全保障 (human security)〉概念の浸透も大きなうねりを作りだしていると言えるかもしれない。こうした世界的潮流の中で、日本においてもさまざまな民間企業が国内外で難民や避難民の支援に携わっているのである。

本章は、「人間の安全保障志向のビジネス (human security-oriented business)」の可能性を視野に入れながら、「ビジネスと難民支援」という新たな検討課題を提起するものである。ここでは企業の社会的責任 (Corporate Social Responsibility: CSR) 活動やソーシャル・ビジネスの一環として行われる難民支援を中心に考察するが、紙面の都合から要点のみを述べることとなる。以下、①CSRの定義、②UNHCRの方針、③企業の支援活動の具体例、④問題点と今後の課題について論じていきたい。

1. CSRの定義

企業による難民支援活動を考察するにあたり、まずはCSRについて検証する[3]。

企業の社会貢献と言えば、植林や古着のリサイクルなど、いわゆるボランティア活動のような印象を持つことが多いが、実際、企業はさまざまな形で社会と接点を持ち、社会に貢献している。松下幸之助のように、安価な電化製品の供給で社会を明るくしようという企業家の姿勢も十分に社会的である。そうした企業活動の社会的側面を概念化したのがジョージア大学教授のA. キャロル (Carroll) であり、概念化のモデルは「CSRピラミッド」と呼ばれることが多い。キャロルは、CSRを①経済的、②法的、③倫理的、そして④フィランソロピー (慈善) 的な責任を含む包括的な概念であると提示した[4]。すなわち、以下のとおりである。

① **経済的**：社会が求める商品やサービスを生産し、利益を得て売ること。
② **法的**：社会が求める法的条件の下でビジネスを行うこと。
③ **倫理的**：法として明文化されていないものの、社会の構成員として企業に求められる行為を行うこと。
④ **フィランソロピー (慈善) 的**：ここまでの3つとは異なり、より自発的な

活動を行うこと。法的にも倫理的にも要求されないが、社会的役割に関与したいという企業の欲求によるもの。善き企業市民となること（Be a good corporate citizen）。

　言うまでもなく、CSRピラミッドの中でいう「慈善活動」は国際協力に限定されるものではないが、こうした活動が国際協力や難民支援の世界にまで到達しているのは注視すべき現象である。また、企業がCSR活動を行うにあたっては、当該企業の専門分野において、あるいは専門分野・テーマに関連した協力を行う傾向が強い。つまり、企業活動の「延長線上」で行われるケースが一般的であるが、効率性を考えれば合理的な経営判断であろう。難民支援の場合においても、情報通信やアパレルといった企業活動の特性や優位性を生かした形で行われる傾向にある。

　加えて、CSRとは異なる概念だが、類似した考え方に、「社会的企業（ソーシャル・ビジネス）」があげられる。バングラデシュのグラミン銀行はその著名な例である。CSRの慈善的活動と共通項は多いが、ソーシャル・ビジネスは社会貢献や社会的役割を強く意識して興されたビジネスという側面が強い。難民との関連では、難民支援のためのビジネスを第三者が行うことに加えて、難民自身がビジネスを立ち上げ、自立する、言わば「セルフ・エンパワメント」としてのビジネスの可能性も指摘できるかもしれない。

　では、このような「難民支援とビジネス」の関係について、難民支援を使命としてきたUNHCRはどのような立場をとっているのであろうか。

2．UNHCRの方針

　UNHCRは、2010年8月31日に企業連携運営委員会（Corporate Partnerships Governing Board）という内部機関をつくり、民間セクターとの連携を推進してきた[5]。これは、国連グローバル・コンパクトなど、国連システム全体で、民間セクターとの連携によるビジネス界との戦略的な関係構築が近年重要性を増していることに呼応しているものと思われる。民間連携の目的は、組織運用上の課題への貢献である。とりわけ、UNHCRの活動資金の獲得、難民などの保護すべき人々の暮らしに関する問題提起と解決を見いだすための効果的な方法の模索、そしてより多くの人々や組織にこれらの人々を支援するための寄付を促すことを目的としている。

民間セクターとの連携には、UNHCRの活動の廉潔性と独立性を確保し、国連グローバル・コンパクトのような国際的な標準が守られるということが求められる。このため、連携する候補は、審査手続きを経て選抜されることになっている。この手続きをUNHCRの民間セクター資金調達部門（Private Sector Fundraising Service: PSFR）が指導し、調整する。

　第一次審査は、UNHCRの以下の審査基準に抵触する企業ではないことを確認する。すなわち、軍需産業や搾取的ビジネス、人々が移動を余儀なくされるような行為に関わっていないこと、または児童労働や強制労働、労働法違反を含む組織的人権侵害に関わっていないこと、国連による制裁を受けたことがないこと、その他、タバコ関連産業に関係していないことが候補の企業には求められる。また、サプライチェーンにおいて人権侵害を見逃さず、これを排除しようとすることに積極的であり、かつ責任ある対応をしたことがある企業は、審査の際にプラスに評価されることにもなっている。

　なお、提供される協力の総合的資産価値が10万ドル以上の場合には、この新設された上記運営委員会がより詳細な審査をすることになっている。この場面では、主に国際企業である民間セクターのパートナーとの連携に関する戦略的な決定が行われる。上記の審査基準に加えて、ビジネスセクターと国連の協力に関する国連事務総長のガイドラインも参照され、企業のリーダーシップや影響力、社会的責任における履歴、地域貢献、一般的イメージにかかる情報も評価されることになる。

　このように、UNHCRは、民間セクター、とりわけ企業との連携に前向きながらも、これまでの民間連携における審査基準に加え、新たな審査機関と手続きを設け、国連全体で定める民間連携の基準に依拠しながらも、難民支援機関として独自の配慮を行っている。企業による経済社会開発が難民の自立だけでなく、難民問題の根本的解決に具体的に貢献する可能性もある。市場経済のグローバル化による企業活動の影響力の拡大と相俟って、UNHCRは今後、企業とはますます戦略的な連携を進めていくことが予想される。

3．企業の支援活動の具体例

　UNHCRのこのような対応を踏まえて、「人間の安全保障志向ビジネス」といえ

るような企業の難民支援活動として具体的にはどのようなものがあるのか見ておきたい。以下、類型化の試みとして、①既存の企業が慈善・社会活動として難民支援に加わる「CSR型」、②難民支援のために新たなビジネスを立ち上げる「ソーシャル・ビジネス型」、③自立のために難民自身の起業を促す「セルフ・エンパワメント型」の3つに分けて紹介する。

① CSR型：既存の企業が慈善・社会活動の一環として難民支援に加わる

　ユニクロを運営する株式会社ファーストリテイリングによる古着の回収と提供を通じた難民支援や、富士メガネによる眼鏡の提供を通じた難民支援があげられよう。さらには、離散した難民の再統合を目的としたソーシャル・ネットワーク・サービス（SNS）であるレフュジー・ユナイテッド（Refugee United）に物的支援を行っているエリクソン（Ericsson）やフェデックス（FedEx）などのグローバル企業や、財政支援を行っているIKEA財団などの事例がある。こうした事例は枚挙に暇がない。

　ちなみに、ファーストリテイリングは、UNHCR東京事務所と提携して、従業員をUNHCRバングラデシュ事務所に半年派遣する事業を2012年9月から開始した。現地を見て、体験することで、問題点を把握し、より良い活動にしようとする試みとして注目される。

② ソーシャル・ビジネス型：難民支援のために第三者がビジネスを立ち上げる

　難民支援を目的として、難民以外の起業家やNPOがビジネスを興すというタイプの活動であるが、株式会社アルーシャ（代表は日本人）のネイルサービスを通じた難民の雇用支援があげられよう。ただし、難民との共同の起業も想定される（その場合は下記③と重複する）。

③ セルフ・エンパワメント型：難民自身がビジネスを立ち上げ、自立する（※上記②のソーシャル・ビジネス型と重複する部分もあるが、難民が主体的な運営者となる点で②とは差別化される）

　これは、「難民の、難民による、難民のためのビジネス」となるかもしれないし、その一方で、難民の手によるものであっても、必ずしも難民支援を目的としないかもしれない（起業した難民はエンパワーされたとしても、他の難民は恩恵を受けない）。現在、公益社団法人「難民起業サポートファンド（ESPRE）」が難民起業

家への支援活動を行っている。

　ちなみに、②と③の事例は、ビジネスを通じて日本における難民定住支援を目的とする新たな潮流として注目される。多文化共生を促すビジネス活動としても評価できるだろう。

4．問題点と今後の課題

　このような難民支援を目的とする活動は社会貢献のみならず、啓蒙においても大きな役割を果たす一方で、それゆえに社会的な影響も考慮しなければならない。特に大企業による支援の場合はそうであろう。紙面の都合上、ここでは企業のCSR活動に焦点を当てつつ、以下の２点のみを指摘しておきたい。なお、下記の指摘は小規模のソーシャル・ビジネスについても当てはまると思われる。

(1)　**無償援助が地元の貨幣経済に与える影響**

　企業活動が難民支援を行う際に、支援が行われる文脈としては無償援助が想起される。しかしながら、無償であるがゆえに地元の貨幣経済にもたらす影響を指摘せねばなるまい[6]。難民キャンプの現場を視察したある研究者からは、無償で提供されたと思しき衣料がキャンプ近辺のマーケットなどで売られ、洋裁や衣服の販売で生計を立てている地元の人たちが不平・不満を抱いていたことも伝えられている[7]。社会全体としてみれば、無償援助という贈与経済が市場経済の歪みを正すものだとしても、貨幣経済の枠内で自身の生計を立てようと努力している住民に悪影響を与えることがあってはならないだろう。CSR活動による難民支援は今後も促進するべきものと考えられるが、そうであればなおのこと、こうした指摘にも応えられる支援を目指していく必要があると思われる。

(2)　**社会的責任の包括的検証**

　CSR活動から一歩引いて、企業活動を包括的に見ると、さまざまな問題点が見えてくることもある。仮に、自社の従業員に対して劣悪な労働条件を課している企業がCSR活動と称して社会貢献活動に携わることもありえよう。そうした企業が「免罪符」的に慈善事業を行ったとしても、当該企業の経営の全体像に着目するならば、総合的に高い評価を下すことは難しいだろう。CSRピラミッドで言うと

ころの法的責任や倫理的責任が伴ってこそ、慈善的活動は正しく評価されよう。

当該企業が国内外でどのような経済的活動を行っているのか、またどのような経済的・社会的影響を及ぼしているのかを正確に理解したうえで、CSR活動を検証することが求められていると言えよう。

おわりに

本章ではCSR活動やソーシャル・ビジネスを通じて企業活動の積極的な側面を考察してきた。しかし、企業の社会的な影響は多種多様であり、積極的な側面と同時に負の側面にも留意する必要があることを強調しておきたい。例えば、土地収奪 (land grabbing) といった、地元住民の非自発的移動につながることのある企業による途上国での土地の買収と利用はその一例である。また、人身売買や密入国斡旋、さらには労働基準に抵触するような労働など、難民や移民を搾取する違法なビジネスの横行も利益追求の結果といえよう。そうした負の側面は、(もちろん全体ではないとしても) 一部の企業・商業活動の実際の姿であり、グローバル化する市場の影の面でもある。だからこそ、公正で持続可能なビジネスが求められる。〈人間の安全保障〉を確実にするためには、積極的な慈善活動のみならず、このような影の側面にも十分に目配りがなされるべきである。こうしたハードルを乗り越えて初めて「人間の安全保障志向のビジネス」が語られるだろう。

最後に消費者の姿勢について述べておく。消費者は消費行動を通じて特定のビジネスの支持者ともなれば、加担者ともなる。「倫理的な消費 (ethical consumption)」への関心の高まりに見られるように、消費者の社会的責任もまた共有され始めているように思われる。難民支援との関係においては、企業の慈善的活動やソーシャル・ビジネスを通じた支援の動きは、消費者、ひいては社会の理解も得つつ、今後も増えることが予測される。しかし、同時に、企業の難民支援活動は、より高い質が求められる段階に来ているのではなかろうか。無批判に称賛することもなければ、全面否定する必要もない。消費者の側も、企業の側もより良い支援を提供すべく、ともに知恵を絞っていくという姿勢が大切である。社会問題の解決における消費者と企業の有意義な連携として難民支援活動を捉えるなら、その中での消費者の役割は決して小さくないのである。

1　Gil Loescher, *UNHCR and World Politics: A Perilous Path* (Oxford: Oxford University Press, 2001), p. 67.
2　*Guiding Principles on Business and Human Rights: Implementing the United Nations "Protect, Respect and Remedy" Framework, Report of the Special Representative of the Secretary-General on the issue of human rights and transnational corporations and other business enterprises, John Ruggie,* UN Doc. A/HRC/17/31, 21 March 2011. 「ビジネスと人権に関する指導原則」の日本語訳はヒューライツ大阪のウェブサイトから入手可能。[http://www.hurights.or.jp/japan/aside/ruggie-framework/, as of 10 October 2013]
3　近年、企業活動においてはCSRという概念に加えて、あるいはそれに代わって、「環境・社会・ガバナンス (Environment, Society and Governance: ESG)」という用語が使われる機会が多い。しかし、CSRは企業活動の社会的、規範的側面を分析する上で有益な視点を提供していることから、本章ではCSRを分析枠組みとして用いることとする。
4　CSRのモデル化については次のキャロルの文献を参照のこと。Archie B. Carroll, 'A Three-Dimensional Conceptual Model of Corporate Performance', *The Academy of Management Review,* Vol. 4, No. 4 (1979), pp. 497-505; 'Corporate social responsibility: Evolution of a Definitional Construct', *Business & Society,* Vol. 38, No. 3 (1998), pp. 268-295など。また、日本語文献では、原田勝広・塚本一郎編著『ボーダレス化するCSR—企業とNPOの境界を越えて』(同文舘出版、2006年)、9-15頁など。
5　UNHCR, Inter-Office Memorandum No. 057/2010, Filed-Office Memorandum No. 057/2010, ADM-01-01 31 August 2010.
6　阪神淡路大震災においても同様の現象が起きたことはすでに指摘されている。毛布やタオル、食料といった援助物資が無償で提供されたことで、競合する地元の商店の売り上げが落ちた。こうした点は無償援助においては留意すべき点である。松永伸吾『減災政策論入門—巨大災害リスクのガバナンスと市場経済』(弘文堂、2008年)、114-115頁。
7　ある研究者の証言、2012年12月3日付メール。本人の研究遂行の都合もあり、匿名とした。

Chapter 12 Multifaceted Aspects of the IDP/Internal Displacement Issue: Towards the Human Mobility and Vulnerability Lens

第12章
国内避難民/国内強制移動問題の諸相
〈人の移動と脆弱性の視点〉へ

墓田 桂 *Kei Hakata*

キーワード：国内避難民、国内強制移動、概念化、移動、脆弱性
Keywords: internally displaced persons, internal displacement, conceptualization, mobility, vulnerability

はじめに

　現在、国内避難民（internally displaced persons: IDPs）問題、または国内強制移動（internal displacement）問題とは何を意味するのだろうか。今後、この問題への国際的な取り組みはどうあるべきだろうか。これが本章で扱うテーマである。

　政策課題としての国内強制移動問題は、国連などの国際場裡で「国内避難民に関する国連事務総長代表」（現在は「国内避難民の人権に関する特別報告者」。以下、それぞれ「事務総長代表」「特別報告者」と称す）[1]、ブルッキングス研究所[2]、さらにはノルウェー難民評議会[3]といったアクターによって提唱され続けてきた。これらの活動の後押しもあり、「国内強制移動に関する指導原則（Guiding Principles on Internal Displacement）」（以下、指導原則）[4]が1998年に策定され、2005年からは国連の保護クラスターでも確実な保護に向けた議論が重ねられている。こうした政策議論を通じ、領域国の第一義的な保護責任とともに、国際的な支援への認識がすでに広く定着したように思われる。

　その一方で、国際場裡でのアドボカシー活動や国内避難民をめぐる言説においては、紛争や一般化した暴力、人権侵害によって生じた避難民が中心的な位置を占めており、それ以外の要因で発生した避難民や移動者は副次的な扱いしか受けてこなかった。確かに自然災害は、2000年代中頃から国内強制移動の取り組みの中に位置付けられるようになったが、開発プロジェクトに伴う立退きや移転は、国内強制移動の主流の取り組みとは異なる場において、異なる扱いを受けてき

た。気候変動の影響が国内強制移動の文脈で論じられるようになったのも2000年代後半のことである。人びとに移動を強いることの多い人身取引についても、国内強制移動の取り組みの中で理解が形成されてきた訳ではない。このように、移動を強いられた人びとであっても、その背景によって政策上の取り組みは大きく異なる。言うなれば、「強制移動（displacement）」という共通項のある課題の間でも一種の分断状況が生じているのである。

　本章は、国内避難民に関するアドボカシーや研究、政策において主流を占めてこなかった、または取り残された課題に焦点を当てつつ、国内避難民/国内強制移動問題の現在の様相を明らかにし、その上で今後の方向性を論じるものである。具体的には、①開発プロジェクト、②災害、③気候変動、④人身取引の4つの要因による強制移動に着目し、それぞれの問題の概要と政策上の対応を横断的に考察する。こうした作業を通じて、現象としての国内強制移動と、政策課題として構築されてきた「国内強制移動問題」とのずれ、あるいは乖離を描きたいと考える。その上で、本章のもう一つの重要な論点として、この問題を論じる上でも、政策課題の方向性を考える上でも重要と思われる人の移動（mobility）と脆弱性（vulnerability）の2つの視点に言及する。そして、従来の概念や枠組みを補う分析枠組みとして、この2点を組み合わせた〈人の移動と脆弱性の視点（human mobility and vulnerability lens）〉を提言する[5]。

1. 「国内避難民」はどのように認識されているか――指導原則などの文言から

(1) 「国内避難民」とは何か

　これまで国連の場を中心に対応が図られてきた「国内避難民」問題とは、具体的に何を意味してきたのだろうか。また、どのような人びとを指してきたのだろうか。原発事故などで移動を余儀なくされた人びとが権利擁護の観点から「国内避難民」として論じられることがあるものの[6]、多くの場合、「国内避難民」として言及される人びととは紛争の文脈で生じた避難民を指すことが多い。そこで、まずは政策課題として語られる「国内避難民」の意味を知る手掛かりとして、国内強制移動の取り組みの中で生まれた文書の文言を検証してみたい。具体的には、初代の国連事務総長代表らによって策定された1998年の指導原則と、2009年10月に調印され、2012年12月に発効した「アフリカにおける国内避難民の保護と援助のた

めのアフリカ連合条約」(以下、条約が調印された都市の名前をとって「カンパラ条約」と称す)の2つの文書である。

まず、指導原則では、「国内避難民」を以下の描写をもって特定している[7]。

「特に武力紛争、一般化した暴力の状況、人権侵害もしくは自然もしくは人為的災害の影響の結果として、またはこれらの影響を避けるため、自らの住居もしくは常居所地から逃れもしくは離れることを強いられまたは余儀なくされた者またはこれらの者の集団であって、国際的に承認された国境を越えていないもの。」(序2)

指導原則で描写する国内避難民は、武力紛争のみならず、人為的災害としての原発事故の事例を含むものであるが、ここで注目したいのは上記の描写が語らない部分である。指導原則のこの描写は、武力紛争や暴力の状況、人権侵害、自然・人為的災害には言及するものの、その他の理由によって移動を強いられた人びとの存在までは明示していない。例えば、開発プロジェクトや人身取引によって移動を強いられた人びとはここでは触れられていない。この点に関しては、「特に」以下で示される事項はあくまでも例示であり、国内避難民はそれらに限定されるものではないと理解されている[8]。そのように理解するならば、明示されない人びととは必ずしも指導原則の射程から除外されている訳ではなく、場合によっては含まれるということになる。しかしながら、この描写の仕方が問題の一定の輪郭を描いてきたと筆者は考える。

拡大解釈が可能ではあるものの、指導原則の本文を読む限りでは、この文書が概念化する国内避難民は武力紛争や一般化した暴力の状況の影響を受ける人びとであると考えるのが妥当ではなかろうか。確かに、指導原則の原則6(2)(c)は開発プロジェクトによる強制移動の問題に言及しているが[9]、指導原則の全体の中では唯一の記述である。国内避難民が誰であるのかという箇所では開発による移動には触れず、その一方で、恣意的な移動の禁止を扱った箇所でわずかにこの問題に言及するという、やや不可解な状況が生じている。災害に関しても、指導原則が序2の描写の部分で触れるものの、本文では「ジェノサイド」や「処刑」(原則10(1))といったおぞましい状況を想定しており、災害よりも人道的危機の状況を強く意識した内容となっている。

他方、カンパラ条約は、条約の用語を定義する第1条のk項において、指導原則

第12章 国内避難民/国内強制移動問題の諸相　375

と同様の文言を用いて国内避難民を定義している。しかし、本文においては武力紛争に限らず、開発プロジェクトや災害、気候変動までも一応は視野に入れていることに留意したい。第5条「保護及び援助に関する締約国の義務」では、「締約国は、自然又は人為的災害（気候変動を含む。）により国内で移動を強いられた者の保護及び支援のための措置をとる」（同4項）と述べるなど、「災害」と「気候変動」を意識した文言を含んでいる。また、「プロジェクトによって生じる強制移動」を規定した第10条においては、「締約国は、可能な限り、公的又は私的な主体が行うプロジェクトによって引き起こされる強制移動を防止する」（同1項）旨定めている。これらの記述に鑑みれば、カンパラ条約においては指導原則よりやや広く「国内避難民」を概念化していると考えられる。

(2) 「国内強制移動」という訳語について

　続いて、internal displacementの訳語である「国内強制移動」について説明しておきたい。この問題を論じる際には、人としての「internally displaced persons」[10]とともに、現象としての「internal displacement」という言葉が用いられる。このdisplacementには一定の強制性の含意があるため[11]、日本語に訳す際には、英語では明記されない「強制」という語句を付けて「国内強制移動」としている。

　displacementが言及しうる事象は、危険を察知しての避難からその後の避難生活、人びとの追放や強制移送、居住権の剥奪などによって自らの土地を離れざるを得なくなる事態、さらには開発プロジェクトによる移転まで、実に幅広い。それゆえdisplacementは文脈に応じてさまざまに訳すことができる。その点では「難民化」や「難民状態」という訳が適しているように思われるが、異なる意味をもって概念化された「難民」という用語を「国内避難民」を指すのに使用するのは具合が悪い。しかし、displacementを単に「移動」と訳すとなると、本来の意味を訳出できない。

　その一方で、日本語で「強制」という語句を加えることも問題含みである。拉致のように身体を拘束されての移動を除けば、強制的（または非自発的（involuntary））と考えられる移動であっても、実際の移動の決定において一定の意識性が混在している可能性がある。銃を向けられての移動のように、強制性が支配的な状況においてそうした意識性を「自発的」と呼ぶのは確かに難しい。しかし、自然環境の異変に伴う生計手段（livelihood）の変化を受けての移住や、紛

争の初期の段階での予防的な移住など、強制的と自発的の境界線を引くのが難しく、事前対応型（proactive）とも言えるような移動もある。より丁寧に見れば、移動における強制性はそれぞれに異なるものである。にもかかわらず、それらを一律に「強制」と表現することは、対象者の権利を唱える上では有益だとしても、物事の一面しか反映していないことになる（「半強制」と訳したとしても同じであろう）。文脈に応じて「強制移動」「移動」と訳し分けるにしても、難しい判断を迫られるだろう。ただ、どのような形であれ日本語に訳す必要がある以上は、移動における強制性の差異を認識しつつも、displacementの含意を反映させた「強制移動」という訳語を用いるのが最善であると判断した。「強いられた移動」に比べれば、「強制移動」にはより強い意味が込められることも事実である。決して完璧な訳語ではないことを付言しておく。

2. 国内避難民/国内強制移動問題の諸相

(1) 開発プロジェクト

　立退きや移転を人びとに強いることがあるという点で、開発プロジェクトは、紛争や自然災害と同様に強制移動と結びつきの深い事象である[12]。しかし、開発には前向きな意味が与えられ、開発の名の下で多種多様なプロジェクトが実施される。住民自身が希望する開発プロジェクトであれば別であるが、開発プロジェクトが決定し、予算化され、土地の収用と住民移転が開始されると、その流れに抵抗するのは容易ではなくなる。自由意思で現地に留まる余地はなくなり、しかもプロジェクトが完成すると元の居住地への帰還は不可能となるのである。

　開発プロジェクトによって移動を余儀なくされる人びとは、一説には世界で年間1,500万人は発生していると推定される[13]。問題となりうるプロジェクトは、道路や鉄道、ダム、港湾、空港といった国土整備の根幹をなすインフラの建設に限らない。それら以外にも、都市空間の美化計画や大型イベント（オリンピックなど）のための施設建設・再開発、工場やパイプラインの建設、鉱山開発、計画的な国土・農村開発、基地や廃棄物処理場などの「迷惑」施設の設営、外資も入った大規模な土地利用、さらにはリゾート地区やゴルフ場の建設といったプロジェクトも含まれる。あるいは、「開発をしない」という逆説的な意味ではあるが、住民の移転を伴うことのある自然保護区等の設定もこの問題に含めることができるだろう。なお、開発プロジェクトが住民に移転を強いる可能性がある一方で、移転に

至らなかったとしても、対象地の住民が日常の移動に不自由をきたしたり、閉鎖状態に陥ったりする可能性があることにも留意しておきたい。

　開発プロジェクトに伴う移動の強制性は、立退きに際しての人権侵害や、移転と補償条件の不備、そしてM.チェルニア（Cernea）が指摘したような「貧困化」[14]といった形で現れることがある。対象地の住民が反対するにもかかわらず、強権的に土地が収用され、立退きが強いられる場合には、居住の尊重という基本的人権が侵されることになる。そして、圧倒的な政治力をもって推進されるプロジェクトは、不利益な移転や補償の条件を住民に課し、飲ませてしまいかねない。事実、不十分な補償額や、生計手段が伴わず貧弱な代替住居しかない土地への移転が住民に提示される事例が少なくない。そうした不利な条件下での移転が、人びとを脆弱にし、貧困状態に追い込む可能性があるのは明らかだろう。

　この問題が国際場裡で取り上げられるようになるまでには一定の時間がかかっている。その背景には、人類学者による粘り強い問題提起（特に参加型研究を通じて）、対象地の住民やその支援者らによる批判活動、さらには世界銀行で社会政策を扱ったチェルニアらによる精力的な政策提言があったことを指摘せねばなるまい。とりわけ世界銀行などの国際金融機関や二国間の開発援助機関が関与したダム建設などのプロジェクトに対しては、住民や国際的な運動体から厳しい突き上げが起こった。批判の高まりを受け、世界銀行は1990年にそれまでの業務マニュアルを発展させる形で非自発的再定住に関する「業務指令4.30」[15]を策定した（2001年に改訂）。さらには、1997年には広域の対話の場として「世界ダム委員会」が設けられ、2000年には報告書『ダムと開発―意思決定のための新たな枠組み』[16]が提出されている。関心の高まりに呼応して、周囲の環境や住民の経済活動、社会全般に対する影響からの保全（safeguard）を目的とする政策が編み出され、ガイドラインとして一般化されるようになったのである。

　その一方で、関係する国際機関や問題提起を行う研究者といったアクター間での棲み分けもあってか、国内強制移動問題のアクターが開発に伴う移動の問題に積極的に取り組んできたとは言い難い。現時点においてもこの問題は、国内避難民の人権に関する特別報告者やブルッキングス研究所にとっては周辺に、国連難民高等弁務官事務所（UNHCR）にとっては枠外に、それぞれ位置付けられていると言えよう。政策の立案やアドボカシー活動のみならず、研究の領域においても、これらの2つの問題は一種の分断状況にあり、このような現状に対してチェルニアらの論者は問題間の融和を訴えるのであった。しかしながら、一度発生した国

内避難民をいかに保護するかという、いわば「対症療法」的な国内強制移動の取り組みの発想では、開発プロジェクトの倫理性や実施における規範の遵守といった根源的な問題を扱うには不十分である。

　しかし、協働の可能性がまったくないとも言い切れない。例えば、開発プロジェクトにおける住民移転で培われたノウハウは、災害や気候変動の進展によって居住が不可能となった土地からの住民移転にも適用できるものである（モルディブなどの島嶼国における恒久的解決として論じられることがある）。一方で、近年では農地利用や投機などを目的とした土地の買収、いわゆる「土地収奪（land grabbing）」の問題が世界規模で拡大している。世界的な需要の高まりを背景とした農地開発の側面がある一方で、住民の立退きや社会紛争、時には武力衝突を伴うなど、問題を多く含んでいる。国際金融機関によって保全のためのガイドラインが策定されたとはいえ、これらの機関の融資とは関係なく行われる土地の買収やプロジェクトはガイドラインの射程外であり、問題が解決されているとは言い難い。土地収奪を含めた土地の利用に関する問題は、社会的な緊張を助長し、紛争へとつながる火種をはらんでおり、国内強制移動問題との関連においても注視が必要だろう。アクター間の棲み分けが進んでいるとはいえ、問題間に接点が見出せるのも事実である。

(2) 災害

　災害[17]は短時間にして広範囲に人的被害を及ぼす。2011年だけで世界で2億600万人が被災し、3,800億ドルの損失（このうち2,100億ドルは東日本大震災で生じた）を出したと伝えられる[18]。この年は日本を始め、オーストラリア（洪水）、ニュージーランド（地震）、アメリカ（竜巻や洪水）などの国で災害が発生しており、災害対策の比較的進んだ先進国であっても、災害が社会に大きな打撃を与えることがあらためて明確となった。

　災害は強制移動とどのように関連するのだろうか。被災者のすべてが避難者となる訳ではないが、一定の数で避難者は生じる。大まかに述べるならば、次のようになるだろう。災害発生時には、人びとが被災地域からの避難を余儀なくされる。その後、一時的な避難を経て、災害が終息した段階で元の住居に戻ることができるかもしれない。ただ、物理的に住居が破壊されてしまった場合には、再建を待たなければならず、避難生活が長期化する可能性がある。再建が不可能である場合や危険地域に指定されて居住が困難となる場合には、別の土地への移転を

余儀なくされることも考えられるだろう。加えて、生計手段を失ってしまえば、仕事が見つかる他の場所への移住を余儀なくされる（または決意する）かもしれない。しかし、「移動」という切り口で語るならば、逆説的に移動可能性（mobility）が制約される状況も想定されよう。すなわち、脆弱なため自力で避難できなかったり、取り残されたり（日本の消防用語で言うところの「逃げ遅れ者」となる場合など）、あるいは何らかの事情で別の場所に移住できないといった状況である。

　初期の国内強制移動の取り組みにおいては、災害がもたらす強制移動の問題が論じられることは少なかった。1998年の指導原則の本文を見る限り、自然災害は中心的なテーマとは位置付けられていない。指導原則が策定された1990年代当時の認識を示す扱いであろう。国内強制移動との関連で災害という要因が注視され、取り組みの主流に据えられるようになったのは、インドネシアのスマトラ島沖で発生した津波や、アメリカ・ニューオリンズ州でのハリケーン・カトリーナなど、巨大災害が発生した2000年代前半から中頃にかけてである。では、災害の主流化は何をもたらしたのか。

　減災を含めた災害対応の種々の施策は、すでに多様なアクターによってさまざまに議論され、可能なものから具体化されてきているが、そうした政策論議に国内強制移動問題のアクターが新規に参入したというのが実際のところである。そのうち国内避難民の人権に関する事務総長代表が関与したのが、被災者の人権保護であった。頻繁に指摘されるように、災害では人権が故意に侵害されるというよりも、対応の不備または過失といった理由で疎かにされるという側面がある[19]。それゆえ、災害後の状況で起こりうるさまざまな形の人権侵害を防ぎつつ、援助提供者（行政や援助機関など）による対応における人権保護、とりわけ弱者への配慮を確保していくことが重要と受け止められている。

　そのような認識とともに、事務総長代表は災害時の人権保護の実現に向けた国連内の動きに合流した。先述のスマトラ島沖での津波とハリケーン・カトリーナによる被災を踏まえ、国連機関などで構成される機関間常設委員会（Inter-Agency Standing Committee: IASC）と事務総長代表とが協働する形で、避難者を含めた被災者の人権保護への対応が図られた。2006年には「被災者を保護する──人権と自然災害に関するIASC活動ガイドライン」[20]が、また、2011年にはその改訂版である「自然災害時における人びとの保護に関するIASC活動ガイドライン」[21]が策定されている。IASC活動ガイドラインは指導原則の「自然災害版」とも言えるが、避難者のみならず、被災者全般の人権の保障を目的としたものである。

ちなみに、ガイドラインの原文では避難者はinternally displaced personsと記されており、これらの人びとは「国内避難民」であるとの認識を示している。ガイドラインは法的拘束力こそもたないが、法令整備や規範化において有用な文書である。国内強制移動問題での災害の主流化がもたらした有益な結果の一例と言えよう。

(3) 気候変動

近年、特に注目を浴びているのが、気候変動が人びとに与える影響、その中でも気候変動によって生じるとされる移動の問題である[22]。気候変動は、今後もさまざまな形で生活環境に影響を与えると予想されるが、現在発生している災害のすべてが気候変動に起因するものではないとしても、それによって災害が増加する可能性は織り込んでおくべきだろう。

気候変動と人の移動の問題は、居住環境への物理的な影響だけではなく、当事者の生計手段や移動可能性と密接に結びついていると認識するのが妥当であると筆者は考える。一般的に、環境に起因する人口移動は主に国内で生じ、少数の割合が隣国間で、そしてさらに少数が長距離を移動すると考えられている[23]。移動が生じうるシナリオは、極めて単純化するなら次のとおり整理できよう。まずは、住居地が物理的に影響を受け（住居が浸水したり、居住制限区域に設定される場合を含む）、居住が困難・不可能となり、別の場所への移動を余儀なくされる場合である。そして、住居地への物理的な影響の有無を問わず、災害の発生や気象条件の変化によって生計手段や通常の生活（子弟の通学を含む）を確保することが難しくなり、別の場所への移動が選択肢として認識される場合である。ちなみに、これらの移動の強制性はどう捉えたら良いだろうか。居住地が物理的な影響を受ける場合は強制性が高く、生計手段の改善を求めるような場合は自発性が高いように映るかもしれないが、断定するのは難しいだろう。あるいは、前者は事後対応型（reactive）、後者は事前対応型（proactive）の移動といった形で捉えることができるかもしれないが[24]、それも便宜的な整理でしかない。つまり、強制的/自発的、事後対応型/事前対応型などの概念的な区分はさほど明確なものではなく、相反するような要素が混在しうるのが実際のところだろう。

気候変動によるとされる人の移動はこれまで国内強制移動の取り組みにおいて顧みられることは少なかったが、こうした傾向に変化が見られるようになったのは2000年代後半のことである。気候変動については恐らく初めての言及であっ

たと思われるが、2008年に出された事務総長代表の報告書は新たな課題の出現として、「気候変動およびその他の要因の結果として増加する可能性のある自然災害の結果として移動を強いられる人びとの保護」に言及している[25]。この年にはIASCにおいてこのテーマに関する作業グループが設けられるなど、人道援助や開発援助に携わるアクターの間で気候変動が新たな政策課題として認識されるようになった。

　また、国内強制移動の取り組みの中で生まれた指導原則が、気候変動と人の移動の問題の中で脚光を浴びたことも興味深い事実である。例えば、2011年に採択された「ナンセン原則」[26]は、災害リスクの軽減を定めた2005年の「兵庫行動枠組」に言及しつつ、原則VIIIにおいて「国内強制移動に関する指導原則は、気候およびその他の環境に関連した国内強制移動から生じる保護の関心事項に対処するための適切な法的枠組みを提供している」と述べている。しかし、額面どおりに指導原則の有効性を信じて良いのだろうか。以下に述べるように、気候変動に起因すると考えられるものを含め、自然のハザード（「災害外力」とも言う）がもたらす問題は重層的な取り組みを必要としている。異なる文脈を想定して作られた指導原則は、この問題に対応するには部分的に有効であるかもしれないが、求められるものの全てに対応するには不備が多い。例えば、移動が人びとの対応策（coping strategy）となっているという側面がある。すでに説明したとおり、余儀なくされた移動であったとしても、自主的な判断に基づくことも多く、人びとは生き延びるための手段として移動を決意することがある。そうであるならば、国内外での移動の障壁を軽減し、移動の自由を確保することは極めて重要となる。それと同時に、現地に留まる人に向けた防災や生計手段に関する施策も必要となる。しかし、指導原則はこれらの点には明示的に言及していない。

　もちろん、指導原則で言及される「自然災害」を、いわゆる突発的災害と遅発的災害の双方を含むものと解釈すれば、気候変動を含めた自然のハザードによる移動に指導原則を適用することは可能である。しかしながら、気候変動が生活環境にもたらす影響や、人びとの移動可能性に対応するには指導原則だけでは不十分であり、先述のIASCガイドラインの策定のように、指導原則を出発点とした創造的な展開が必要となるだろう[27]。ただし、総合性が求められる災害対応に立脚すれば、気候変動という問題設定には一種の偏りがあり、その偏りがその他のハザードへの対応を希薄化させてしまう点に注意が必要である。

(4) 人身取引

　ここでは身体の自由を念頭に置き、人身取引のみならず、強制徴用も対象に含めて考察を進めたい。国境を越えた人身取引の被害者の問題は国際機関などによっても対応がなされてきたが、internal traffickingとも呼ばれる国内における人身取引の問題は、国際的対応が遅れている領域である。現在でもアジア諸国でこの問題が指摘されるなど[28]、発展途上にある国においては一般的な現象であると言っても良いだろう。多くの発展途上国では、周旋人が提示する金銭に惹かれた親や貧困にあえぐ親によって、子供が劣悪な条件の労働や望まない結婚に送り出されたり、性的搾取や臓器摘出を目的として取引されたりするといった現実が存在する。他方で、金銭や利益の接受を前提とした取引のみならず、例えば、紛争においては子供を対象にした強制的な徴用が起こりうることを意識しておきたい。

　強制移動との関係を考えてみたい。取引の対象となった者が取引相手の下へ有無を言わさず移動させられるような場合は、強制性の高い移動であると言えよう。また、甘言に乗せられ、当初は自らが同意した移動であっても、目的地に到着してから劣悪で非人道的な条件での労働を強いられ、身体の自由や移動の自由を剥奪される事例もある。身柄を拘束され、元の居住地に戻ることができないという意味では、「移動できない状態を強いられた（forcibly immobile）」人びとである。武力紛争において徴用され、移動を強いられる子供などの場合には、強制労働（この場合は金銭的な取引を超越した強制徴用）と強制移動との接点が鮮明に表れるだろう。生じる場面は異なっても、強制性の高い移動という観点から問題を検証することは可能であり、望ましいようにも思われる。

　この点をいち早く指摘したS.マーティン（Martin）は、「国内の人身取引は国内強制移動と多くの共通の要素を共有しており、国内の人身取引の被害者は国内避難民であると論じることができるだろう」と述べる[29]。確かに、国内における人身取引の問題には強制移動の要素が多かれ少なかれ含まれている。しかし、人身取引の被害者を「国内避難民」として概念化できるだろうか。また、人身取引は国内強制移動問題の一部となりうるだろうか。現実には、国際移住機関（IOM）や国際労働機関（ILO）といった国際機関の取り組みや、国際組織犯罪への国際的な対応において、人身取引の被害者と国内避難民はそれぞれ個別に理解が形成されてきた。そうした中で、両者の概念上の乖離を引き寄せることは難しいのではなかろうか。結局のところ、人身取引や強制労働の被害者は、国内強制移動問題との接点が見出せたとしても、完全に一致する形で「国内避難民」として概念化するこ

とは難しく、しかし、状況（例えば、紛争下の強制徴用）に応じては国内避難民の一部として概念化することは可能であると筆者は考える。もちろん重要なのは概念化ではなく、被害者の実効的な保護と予防措置の実施であるのは言うまでもない。

　国際的な規範としては、2000年の「国際的な組織犯罪の防止に関する国際連合条約を補足する人（特に女性及び児童）の取引を防止し、抑止し及び処罰するための議定書」が存在するが、適用範囲は、人身取引であっても「性質上国際的なものであり、かつ、組織的な犯罪集団が関与するもの」（第4条、傍点は筆者による）に限定されている。他方で、適用対象は18歳未満の児童に限定されるものの、ILOの「最悪の形態の児童労働の禁止及び撤廃のための即時の行動に関する条約（第182号）」が関連性の高い規範を提供している。この条約を活用しつつ国内における人身取引の予防と処罰を進めていくことが望まれるところだが、伝統的な風習が残存している社会においては、外部からは人身取引と映る行為であっても、それは長年の慣習としか認識されない場合もある。国内における人身取引の問題に国際社会が取り組むにあたっては、国内避難民との概念的乖離よりも、当地での認識と部外者の認識の乖離のほうが障壁となるのかもしれない。

3. 国内強制移動問題の再検証――移動と脆弱性の関わりの中で

(1) 問題の範囲

　ここまで、国内避難民として認識されてこなかった、またはそのように認識されることが少なかった人びととの事例を種々の対応とともに検証してきた。「移動」という極めて人間的な営為に着目したならば、たとえそれを「国内」や「強制」で切り分けたとしても、移動に関連した多様な事象がそこには見出せる。さまざまな問題が検証対象となるのは必然であろう。その一方で、狭義の国内強制移動という政策課題は、人の移動の多様な様態から抽出された部分を対象に設定されている。それゆえに、現象としての国内強制移動と、政策課題として構築された「国内強制移動問題」との間には乖離が生じる。では、政策課題としての国内強制移動問題の範囲をどう認識したら良いのか。この問いに対しては、「その範囲は不明瞭であり、『乖離』の中に見出せる課題群は国内強制移動問題にとっては一定の関連性のある、『不明瞭な輪郭の上にある課題』と捉えられる」と、ひとまずは答えられるのではなかろうか。

「不明瞭な輪郭の上にある課題」が国内強制移動問題の中心に位置付けられるかは今後の展開次第である。気候変動問題のように、国内強制移動の取り組みの中に入りつつある課題もある。もちろん、重要なのは問題の概念化がどう進んでいるかではなく、実際に解決が図られているかという点である。国内強制移動問題の取り組みにおいては周辺的な課題であったとしても、周辺とされるその場所で堅実な取り組みが別途進められているのであれば問題はない。しかしながら、世界的な広がりを見せている土地収奪問題のように、国内強制移動問題においては周辺的と認識されていても、実際には紛争と開発の両方にまたがる問題が存在する。問題に応じて、特別報告者がその他のアクターと共通の認識を醸成していきながら、共同の行動をとることも一案であろう。

(2)　問題の新たな認識へ

　しかしながら、旧来の問題群の枠を超えて、より根本的な部分で国内強制移動問題は再検証が求められる段階に来ていると思われる。人の移動という現象は複雑で多様であるがゆえに、政策課題としてすでに構築された国内強制移動の概念よりも広い視点で現象を観察することが必要である。そもそも英語のdisplacedやdisplacementという用語には、発生要因との時間的な直近性や、未解決性といった含意があるように思われる。このような含意があるためか、人の移動のさまざまな側面に言及するにはいささか窮屈な概念ではなかろうか。政策課題として構築されたinternal displacementの概念を従来どおりに用いていては、見落とす問題も多いだろう。

　それでは、forced migration（日本語では同じく「強制移動」と訳せるので、ここではあえて英語で記す）の枠組みを用い、その中の国内の動きに着目して、強制性が高いと考えられる移動の全体像を俯瞰してみてはどうだろうか。displacement（「強制移動」と訳してきたが、ここではあえて英語で記す）よりは幅広く現象を認識することが可能かもしれない。人身取引の問題はその好例だろう。しかし、forced migrationの概念を用いたとしても万全ではない。少なくとも次の2点が問題となる。一つは、「一定の強制性が働いた移動」を意味するこの概念では、自発性の高い移動を説明することが困難だという点である。もっとも、強制の状況にあったとしても人は行為能力（agency）を発揮しうるとの説明は可能だが、問題の境界線を形成してきた「強制（forced）」という言葉は、精確な理解を阻害する要素ともなりかねない[30]。もう一つは、移動を前提としたforced migrationやdisplacementの概念では、残留者（remainee）や逃げ遅れる人の状況を的確に描写するのが難しくなるという点である[31]。本来ならば、より脆弱であるかもしれない留まる人びとの状況こそ考慮すべきかもしれない。翻って、国内強制移動の取り組みはこの状況に十分な注意を払ってきただろうか。

　加えて、これらの概念を用いた従来の言説においては、移動先の周辺の事象が軽視されがちであったことも問題として指摘できるだろう。例えば、当初は郷里の周辺で移動を余儀なくされた避難者であっても、国内での人口移動の流れに合流するかのように、その後、都市部に流れ込むことがある。そうであれば、国内における人口移動とその帰結としての都市住民層への収斂（およびその過程での貧困化、あるいは経済的・社会的安定の獲得）への着眼が必要となる。事実、人口移動の集約地においては、さまざまな背景をもった移動者が集まる。途上国においては、紛争地からの避難者が都市部に移り住み、スラムや路上などで厳しい生活を経験するかもしれない。しかし、都市部に移住した避難者が経済的に安定した場合には、都市部の貧困層（とりわけ路上生活者）との格差が生じることもある。もちろん路上生活者の中には紛争を逃れた避難者が含まれることがある。そうした全体像への着眼は、支援における均衡（equity）を考える上で大切である。

⑶　〈人の移動と脆弱性の視点〉へ

　これまで述べたことを踏まえれば、displacementやforced migrationの概念は、字面通りに用いるだけではなく、人の移動に関するさまざまな条件や様態（移動しない状態を含む）、さらには移動先の周辺の事象も視野に入れた、逆説的かつ起点的な分析枠組みとして応用するのが望ましいと言えるだろう。そうすれば、これらの概念が経験に先立って用いられて視界を曇らせるようなこともなかろうし、国内強制移動問題の柔軟な再構築さえも可能になると思われる。

　さらに論を進めて、移動（mobility）と脆弱性（vulnerability）の視点の重要性を指摘するとともに、この２つの視点を組み合わせた〈人の移動と脆弱性の視点（human mobility and vulnerability lens）〉を提言したい。人の移動と脆弱性の視点は、これまでのforced migrationやdisplacementの概念や枠組みを補う、有効な分析枠組みになりうるのではないかと考える。これこそが序論で示唆したところの「次なる枠組み」であり、難民・強制移動研究に代わりうる新たな研究領域として筆者が提唱する〈人の移動と脆弱性に関する研究（Human Mobility and Vulnerability Studies）〉の概念的拠点である。英語のmobilityは多義的な

用語であり、社会における人びとの移動・流動という様態に加えて、本章でもすでに用いたように移動可能性という意味を含んでいる[32]。この概念を用いれば、*im*mobilityの状況、つまり移動できない状況も担保できるであろうし、「強制的な移動」であるか、「自発的な移動」であるかといった二項対立の議論も回避できると思われる。そしてこの移動の視点には脆弱性（および強靭性（resilience）[33]）という視点が加わる。すなわち、displacementやforced migrationが研究や政策上の課題として構築されてきたのは、こうした状況が対象者に一定の脆弱性をもたらすものと理解されてきたからである。そうであるならば、これらの用語に込められていた脆弱性を独立した用語でもって明確にし、含意として語られてきたものをより丁寧に検証することの意義は大きい。ただ、脆弱性は何も移動を強いられた者の専有物ではない。脆弱性に着目することによって、対象者の脆弱性のみならず、その強靭性や、さらには対象とされてこなかった者の脆弱性が表出するかもしれない。

　難民であれ、国内避難民であれ、移動行為によって可視化された脆弱な人びとや状況に対して、国際社会は保護の仕組みを整備してきた。しかし、その一方で、顕在化しないことによって問題が認識されず、課題設定の俎上に上らない状況は後回しとされてきた。だからこそ国内避難民の問題に接する際に、「移動（避難）した」という視点のみではなく、「移動（避難）できない、移動（避難）しづらい、移動（避難）しない」という点を含めた移動、そしてさまざまな状況に置かれた人びとの脆弱性という2つの観点で状況を考察することが大切である。そうして初めて、部外者の目には映らなかった重要な課題が把握され、より均衡のとれた政策と基準設定が実現するのではなかろうか。

おわりに

　本章では国内避難民/国内強制移動問題との関連で残された課題に着目し、この問題の諸相や今後の方向性を考察してきた。直前で述べたように、人の移動の全体像や「残留者」といった、これまでの取り組みで抜け落ちていた論点に着目することの重要性も説いた。「不明瞭な輪郭の上にある課題」や抜け落ちていた論点が、今後の国内強制移動の取り組みにおいてどれだけ考慮されるかは行方を見守るしかない。役割分担を適切に行いつつも、周辺に位置付けられる問題を意識し、場合によっては有機的に連携を図ることがいずれの場合も望まれよう。

しかしながら、「難民」という、すでに確立されたカテゴリーとの対比で、またはその異議申し立てとして広まった国内避難民/国内強制移動の言説は、方向性を問われる段階に来ているように思われる。誠意あるアクターによって取り組みが進んできた一方で、「国内避難民」という既存の視点に束縛され、物事の本質を見失っているようにも映るのである。従来の認識に基づく国内避難民への対応がこれからも求められるとしても、そのことによって近接する課題や、より深刻な課題への関心が閉ざされてはなるまい。自らが設定したカテゴリーの呪縛を離れ、移動と脆弱性に関連したさまざまな問題に着目してこそ、国内強制移動の取り組みは一層の価値をもちうるのではないだろうか。

　人道の理念やより好適な社会的条件を実現するにあたっては、〈人の安全 (*human security*)〉はもとより、その対極にある〈人の脆弱性 (*human vulnerability*)〉への着眼が至上命題であると考えるが、人の脆弱性を把握する一つの手段としても「移動」という観点は有益であろう。こうした点を念頭に置いた〈人の移動と脆弱性の視点〉は、すべての社会問題への解決策ではないにせよ、少なくとも国内強制移動問題の再構成 (リフレーミング) につながる創造的展開を可能にするものと思われる。

【補記】本章は、墓田桂「国内避難民/国内強制移動問題の諸相―〈人の移動と脆弱性の視点〉へ」『成蹊大学一般研究報告』第48巻 (2013年) の一部に加筆修正を行ったものである。

1　1990年代初頭、国連事務総長によってこの問題を扱う「代表 (representative)」のポストが設置され、F. デン (Deng) が「国内避難民に関する事務総長代表」に任命された。このポストは2004年に「国内避難民の人権に関する国連事務総長代表」と名称を変え、さらに2010年には「国内避難民の人権に関する特別報告者」となった。事務総長代表、特別報告者のいずれも国連の人権委員会およびその後継機関である人権理事会によって任命されてきた。このポストには、デン (1992年〜2004年)、W. ケーリン (Kälin) (2004年〜2010年)、C. ベヤニ (Beyani) (2010年〜) が就いている。
2　米国のシンクタンク。事務総長代表、続いて2010年からは特別報告者と共同でBrookings Project on Internal Displacementを運営してきた。
3　ノルウェーのNGOであり、情報提供サイトInternal Displacement Monitoring Centreを運営する。
4　法的拘束力をもたないものの、国内避難民の人権を促進し、保護するための主要な枠組みとして国際場裡で認識されている。日本語訳は、GPID日本語版作成委員会 (代表：墓田桂)「国内強制移動に関する指導原則―日本語版」成蹊大学アジア太平洋研究センター編『アジア太平洋研究』No.35 (2010年)、149-166頁を参照のこと。
5　この視点は、次の拙稿においても論じた。Kei Hakata, 'Mobility and Vulnerability of Migrants with Displacement Background: A Case of Metro Manila', *CDR Quarterly*, Vol. 8 (October 2013).
6　日本弁護士連合会が発表した「福島の復興再生と福島原発事故被害者の援護のための特別立法制定に

関する意見書」(2012年(平成24年)2月16日)は、「東日本大震災の被災者で避難を余儀なくされている者、とりわけ自然災害と人為災害の複合した原発事故による広範な放射性物質による環境汚染から逃れるために、自らの住居、常居所地から離れることを強いられている福島原発事故の被害者は正に『国内避難民』にほかならない」と述べる。

7 ここでは「定義」とせず、ケーリンの言う「描写的特定(descriptive identification)」の考えに従う。Walter Kälin, *Guiding Principles on Internal Displacement: Annotations (Revised Edition)*, Studies in Transnational Legal Policy, No. 38 (Washington, D.C.: American Society of International Law, 2008), pp. 3-4.

8 指導原則の作成に携わったケーリンは、「例示される諸例はすべてを網羅するものではない(the listed examples are not exhaustive)」と説明する。*Ibid.*, p. 4.

9 原則6(2)(c)は、「やむを得ないかつ優先的な公共の利益によって正当化されない大規模開発事業の場合」の強制移動は恣意的な強制移動として禁止されると述べる。

10 internally displaced personsに対する「国内避難民」という訳語も正確ではないが、すでに定着しているこの訳語を用いるのが現実的だろう。なお、displacementを「強制移動」と訳す以上は「国内強制移動民」という訳語で対応すべきかもしれないが、使いづらいという問題が残る。

11 2009年のカンパラ条約はその一例である。第1条1項は、internal displacementを以下のように定義する。「『国内強制移動』とは、国際的に認識されている国境内での個人又は集団の非自発的な又は強いられた移動、避難又は移転をいう。」("Internal displacement" means the involuntary or forced movement, evacuation or relocation of persons or groups of persons within internationally recognized state borders.)

12 開発プロジェクトの議論では「非自発的移動(involuntary displacement)」の用語が一般的に用いられるが、共通性を論じるためにあえて「強制移動」を用いる。「非自発的移動」という用語を否定するものではない。

13 Michael M. Cernea, 'Development-induced and conflict-induced IDPs: bridging the research divide', *Forced Migration Review*, Special Issue (December 2006), p. 26.

14 世界銀行でこの問題に携わったチェルニアは「貧困化の危険性モデル」を用いて説明している。すなわち、①土地を喪失した状態、②仕事を喪失した状態、③住居を喪失した状態、④周辺化(取り残されること)、⑤食料が十分に確保できないこと、⑥疾病率および死亡率の増加、⑦共有の財産・サービスの利用機会の喪失、⑧社会の解体である。Michael M. Cernea, 'Risks, Safeguards, and Reconstruction: A Model for Population Displacement and Resettlement', in Michael M. Cernea and Christopher McDowell (eds.), *Risks and Reconstruction: Experiences of Resettlers and Refugees* (Washington, D.C.: The World Bank, 1999), pp. 11-55.

15 Operational Directive 4.30, Involuntary Resettlement, June 1, 1990.

16 World Commission on Dams, *Dams and Development: A New Framework for Decision-Making, The Report of the World Commission on Dams* (London/Sterling: Earthscan, 2000).

17 ここでは、「コミュニティまたは社会の機能の深刻な混乱で、被災コミュニティまたは被災社会が自らの資源だけでは対処することができない、広範囲にわたる人的、物質的、経済的または環境的損失を引き起こすもの」と理解しておく。国連国際防災戦略(ISDR)の「防災用語集(UNISDR Terminology on Disaster Risk Reduction)」での定義。

18 Elizabeth Ferris and Daniel Petz, *The Year that Shocked the Rich: A Review of Natural Disasters in 2011* (Washington, D.C.: The Brookings Institution-London School of Economics Project on Internal Displacement, March 2012), p. xi.

19 *Report of the Representative of the Secretary-General on the human rights of internally displaced persons, Walter Kälin*, UN Doc. A/HRC/13/21, 5 January 2010, para. 44.

20 *Protecting Persons Affected by Natural Disasters: IASC Operational Guidelines on Human Rights and Natural Disasters* (Washington, D.C.: The Brookings-Bern Project on Internal Displacement, June 2006).

21 *IASC Operational Guidelines on the Protection of Persons in Situations of Natural Disasters* (Washington, D.C.: The Brookings-Bern Project on Internal Displacement, January 2011). 日本語版はブルッキングス研究所のウェブサイトから入手可能。[http://www.brookings.edu/research/reports/2011/01/06-operational-guidelines-nd, as of 15 October 2013]

22 この問題の全容を知るには次の文献が有益である。Etienne Piguet et al. (eds), *Migration and Climate Change* (Paris/Cambridge: UNESCO/Cambridge University Press, 2011).

23 IOM, *Migration, Climate Change, and the Environment: IOM's Thinking* (Geneva: IOM, 2009), p.1.

24 移動におけるreactiveとproactiveの要素は次の論文で論じられている。Anthony H. Richmond, 'Reactive Migration: Sociological Perspectives on Refugee Movements', *Journal of Refugee Studies*, Vol. 6, No. 1 (1993), pp. 7-24.

25 *Report submitted by the Representative of the Secretary-General on the human rights of internally displaced persons, Walter Kälin*, UN Doc. A/HRC/8/6, 24 April 2008, para. 15.

26 *Nansen Principles*, June 2011.「21世紀における気候変動と強制移動に関するナンセン会議（2011年6月6〜7日、オスロ）」の議長サマリーに所収。

27 一案であるが、1966年の「市民的及び政治的権利に関する国際規約」第12条（移動と居住の自由）の再評価あるいは焦点化は有効な試みとなるかもしれない。

28 次の報告書はアジア諸国内の人身取引の事例に言及する。United Nations Office on Drugs and Crime (UNODC), *Migrant Smuggling in Asia: A Thematic Review of Literature* (Bangkok, August 2012), p. 71.

29 Susan Martin, 'Internal Trafficking', *Forced Migration Review*, Vol. 25 (2006), p. 12.

30 この関連で興味深いのは、forced migrationからforcedを削除し、その上でforcedの含意のあるdisplacementを組み合わせたmigration-displacement nexusという概念である。「人口移動と強制移動の連結性」とでも訳せるであろうか。この概念に至る議論には本稿で示した認識と非常に近いものがある。Khalid Koser and Susan Martin (eds), *The Migration-Displacement Nexus: Patterns, Processes, and Policies* (New York/Oxford: Berghahn Books, 2011).

31 移動できない状態を強いられること（involuntary immobility）は、次の文献でも指摘されている。Stephen C. Lubkemann, 'Involuntary Immobility: On a Theoretical Invisibility in Forced Migration Studies', *Journal of Refugee Studies*, Vol. 21, No. 4 (2008), pp. 454-475.

32 mobilityは「移動可能性」の他にも「機動性」「移動性」「可動性」と訳せる。「モビリティ」とする場合もある。しかし、移動の社会的様態を含め、すべての意味を網羅し、既存の日本語で表そうとするならば「移動」と訳すしかないだろう。

33 強靭性は脆弱性の対の概念であるが、必ずしも相反するものではなく、同一人物の特定の状況において共存しうるものである。resilienceは「強靭性」の他にも「回復性」「復元力」などと訳される。「リ(レ)ジリエンス」とする場合もある。

第 4 部
難民の声、市民社会の声
Part IV Voices of Refugees and Civil Society: A Selective Review

Chapter 1　Voices of Refugees

第 1 章
難民の声

1. 解説

墓田 桂

　ここでは在日インドシナ難民を中心に難民の声を取り上げる[1]。

　1970年代のインドシナ半島は激動の時代であった。特に1975年は地域情勢の大きな転換点となった。ベトナムではアメリカとの戦争の後に南北ベトナムが統一、カンボジアではクメール・ルージュによって政権が奪取され、その後、大量虐殺が発生、そしてラオスでは社会主義革命が起きる。そうした政情の変化を受けて、インドシナ半島からは多くの人びとが近隣諸国や海外へと脱出した。陸続きに隣国に逃れた「ランド・ピープル」や、小舟で海外に逃れた「ボート・ピープル」と呼ばれる人たち──。そのボート・ピープルの一部が日本までたどり着いたのである[2]。

　インドシナ半島から日本に来た難民たちには一時滞在が認められた。日本を経由してアメリカなどの諸外国に渡ったインドシナ難民も少なくないが、引き続き日本で住むことを希望する難民に関しては定住が認められ、政府による支援が進められていく。しかし、政府の取り組みは手探り状態だったと伝えられる。政府の政策が大きく進展したのは1978年から1979年にかけてのことである。1979年にはインドシナ難民への公的な支援を行う機関として「難民事業本部」が設けられ、現在に至るまで活動を続けている（現在の活動対象はインドシナ難民に限定されない）。定住政策の拡充の過程では、政府に難民保護の重要性を訴えた奥野誠亮氏のような政治家が重要な役割を果たした。また、この問題にいち早く取り組んだカリタス・ジャパン、立正佼成会、天理教、救世軍などの民間団体や日本赤十字社による協力が、日本での保護と定住を可能としたことも特記すべきだろう。このようにさまざまな立場の人たちの尽力によって難民支援と定住は具現化されていく。なお、インドシナ難民への支援が市民活動の活発化を促したことは多くの論者が指摘するところである。

　1970年代末に日本政府が受け入れを決定して以来、二世、三世を含めて、日本

にはおよそ1万人のインドシナ難民が定住している。以下に紹介する難民の人たちのように、定住促進センターのあった神奈川県の大和市やその周辺の自治体に住むインドシナ難民は少なくない。ここで紹介できるのはごく一部のインドシナ難民の声であり、全体の声を反映したものでは必ずしもないが、それでも難民の経験を知る上では有益であると考える。

難民事業本部を中心として公的な支援が行われ、民間団体によっても草の根の生活支援が行われてきたものの、インドシナ難民が直面する問題は多々存在する。難民の定住（あるいは「社会統合」）は、①【機会】（教育や雇用、保健・医療、社会保障、行政サービスへのアクセス）、②【関係】（親族の扶助、コミュニティ内外の繋がり、本国を含めた海外との接点など）、③【理解】（難民による受入側の言葉の習得および文化の理解、受入側の難民への理解など）の3つの観点で捉えるのが良いと筆者は考えるが、これらに照らし合わせても日本での難民定住は試行錯誤の途中と言ったほうが適切かもしれない。とはいえ、定住難民は、激動のインドシナの歴史、さらには日本の難民受け入れの歴史の「生きた証人」でもある。数々の困難を乗り越えてきた彼らの体験談には人のもつ強靭さも感じられよう。そうした難民たちの声を読者の皆さんはどのように受け止められるだろうか。

1 ここで取り上げる人たちのように、インドシナ難民の多くは30年近くも日本に住み、中には帰化した人も少なくない。そうした人たちを「難民」と一括りにすることの是非は問われよう。ここではあくまでも便宜的に「難民」「定住難民」と呼ぶこととする。より正しくは、「難民背景をもつ人（person with refugee background）」と言うべきかもしれない。なお、ここで取り上げた事実関係については、難民事業本部のウェブサイトや広報資料を参照した。また、インタビューにあたっては、大原晋氏（難民事業本部）にお力添えをいただいた。日本での難民の受け入れについては、第2部第1章の石川論文も参照のこと。
2 後には近隣諸国に逃れたランド・ピープルの人たちも日本での定住の対象となった。

2．難民の声

インタビュー：墓田 桂
構成：小澤 藍・墓田 桂

(1) ベトナム出身Aさん（日本国籍）

今は区役所の外国人相談窓口をしながら、日本人にベトナム語を教えたり、難民の子どもの授業の手助けをしたりしています。一世の生活相談では日本語が不得意なために生じる問題が多いです。保険制度を理解せず重病を我慢する人もいます。日本で医師免許を取ったベトナム人もいるのですけどね。雇用の問題もあります。外国人は3カ月から1年の短期雇用が目立ちます。ベトナムに進出する

日本企業には日本語とベトナム語ができる二世をもっと登用してほしいのですが、なかなか難しいですね。

　ベトナム難民の発生のピークは1975年から1989年で、日本は1979年から受け入れを開始しました。父は南ベトナムの軍人でした。サイゴン陥落後、アメリカなどに逃れる人が多い中、私たち子どもが幼かったので、父は逃げませんでした。逃げようにも、警察が常に検問するので厄介でした。慎重に船での脱出計画を立て、途中、運良くオランダの貨物船に拾われて長崎の大村難民センターに行くことになりました。大村に3カ月間滞在し、政府の決定で新潟の難民向けの施設に行きましたが、当時は行政も対応に慣れておらず親族が離散してしまいました。その後、新潟から品川の国際救援センターに向かいました。そこで、6カ月間、自立のための日本語教育と社会適用のコースを受けました。日本の中学と高校でも学びましたが、ついていくのが大変でした。

　当時一緒だった人たちとはその後会っていませんが、カリフォルニア、フランス、カナダに移住した人が多く、日本には5世帯20人程度が残っています。日本の拠点は品川、大和、横浜、大阪、姫路などです。神奈川にはベトナム難民が多く住むので、旧正月には大和市で60人くらいが集まります。

　私が一番気にするのは教育です。自由を願って来日した私たちにとって、日本の無償の義務教育制度と言論の自由は素晴らしい。やはり次世代の子どもたちが一番大事です。私の弟は日本の高校で国語の教師を務めていますが、これからは外国人の子どもも少子高齢化の日本社会を支えていかなければなりません。ただ、勉強についていけない子どもがいても、親が日本の学校の仕組みがわからないという問題があります。子どもはベトナム人であることを隠したがり、カタカナの名前を嫌うこともあります。ところがアメリカではベトナム難民の二世は何のコンプレックスもなく自由にベトナム語も話しています。街でベトナム語を話しても驚かれることはありません。日本でも外国人の子どもを日本型に合わせるだけでなく、外国人の自らの文化とアイデンティティを残すような形で教育をしてもらえると良いのにと思うことがあります。

　来日した難民が就職し生活し帰化するまでにはかなりの時間がかかります。自立支援も少なく、保証人を探すのも大変でした。帰化手続きをしようにも、とにかく証明書が必要です。しかし、ベトナムのパスポートを持っていないので、ベトナム大使館では対応してくれませんでした。いろいろな書類を親戚に頼んだりと大変でした。日本の行政サービスは来庁者を「お客様」と呼ぶほど素晴らしいで

す。難民をめぐる制度が改善されていくことを願います。

(2)　カンボジア出身Bさん（日本国籍）

　来日して30年、カンボジア人の妻、高3と小1の息子がいますが、日本人は近所付き合いも希薄、家では宴会をしないとなると、どこで発散しているのかなと思うことがあります。公共施設の使用で、私たちに騒々しいと苦情があるのです。以前、葬儀のために団地内の集会場の使用を申請したら、日本人の係の方が私たちの名前を聞いただけで申請書を破ってしまったことがあります。「他の場所でやってくれ」と言われても経済的に厳しいのが現状です。

　カンボジアは、私が幼い頃から1975年までは平和でした。独立後もシアヌーク国王は「国民の父」として慕われてきました。しかし、75年に共産主義を掲げたポルポトが政権を取ると、首都プノンペンに武器や爆弾が散乱し、平等社会どころか格差がかえってひどくなりました。クメール・ルージュ政権下で、家族は田舎に強制移住させられました。「米軍が侵攻するから3日だけ」とのことでした。でも、実際は長引いて食糧も底をつき、極限の状態で何でも口にしました。学校も行けず、老若男女全員が強制労働。朝から晩まで歩いて耕作やダムの建設をさせられました。過酷な肉体労働で食事も満足にできません。母親に会うのも命がけでした。男性は女性への面会が規則で禁止されていて、見つかれば強制収容所行きでした。女性からは面会できたので姉がたまに会ってくれましたけど、私も日に日に栄養失調で歩けなくなり、兄は強制収容所で栄養失調で亡くなりました。自分も死ぬと思いました。大量虐殺の陰で実は栄養失調で命を落とす人が多くいました。20人程いた親戚で生き残ったのは2人です。

　20歳でプノンペンに戻ると焼け野原でした。居候しながら小売商でつないでいたら、警官に全財産をたかられて将来の希望も失いました。タイの難民キャンプへは命がけで逃れました。難民の中には身体検査で金品すべて没収され、真夜中の国境で地雷を踏んでしまう人もいました。タイのキャンプに逃れてからは、タイ兵に監視されながら7カ月、3食ずっと缶詰の食事でした。この時、学費がなかったので、キャンプの中の学校の窓越しに英語を学びました。

　1982年、22歳で来日しました。カンボジア人というだけで門前払いされる所もありますが、私は会社に恵まれました。金属加工の仕事で初月給12万円。嬉しくて、もっと電器製品について学びたくて、定時制の中学高校と原宿の日本語学校に通いました。日本語を覚えたい一心でした。高校で職業訓練も受けました。当

時はバブル景気で仕事がすぐに見つかる時代でした。退職したため学費も自己負担で大変でしたが、前の職場の社長が「戻ってこい」と言ってくれて、会社に復帰しました。それからの20年間はカーナビなどを扱う会社に勤務しました。

カンボジア脱出後に初めて帰国したのは、民放の番組を通じてでした。番組の経理と通訳の仕事で現地に1年間滞在しました。民放番組の寄付で井戸や病院の建設、地雷被害者の来院支援など行いました。この頃、日本国籍も取得しました。私はこれからも日本と母国をつなぐ役目を果たしたい、両国の役に立ちたいと思っています。

(3) ラオス出身Cさん（日本国籍）

日本に来て33年になります。とても時間が早く過ぎました。最初は言葉のギャップを感じて大変でしたが、新宿で行われていた難民のための日本語のレッスンに通いました。姫路市の定住センターで3カ月の研修を受けて、その後、神奈川県で機械関係の仕事を始めました。仕事のかたわら、片道2時間かけてボランティアの個人レッスンに足かけ3年間、通いました。今でこそ国際化が進む日本ですが、1980年代は政府も民間も試行錯誤で、ラオスのことを知っている人はほとんどいませんでした。でも、勤めていた会社はラオス難民を30人ほど受け入れてくれていました。その後1994年から通訳を始め、今は市役所でラオス人のための相談員をしています。神奈川県にはラオス人が多く住むのですが、愛甲というところにラオス文化センターを作りました。そのお世話もしています。

当時のラオスでは自由主義から共産主義の政権に変わったため、多くの人々が馴染みのない政権から逃れようと、国を脱出しました。私もメコン川を必死に泳ぎ、タイにたどり着きました。その後、タイの難民キャンプから日本にやってきました。

30年もいると、私たちにも日本人と同じ老後の問題が出てきます。80年代組はもう60代を過ぎ、故郷に帰りたくとも帰れない人もいます。ある程度、財力がないと帰国は難しいのが現実です。50代を過ぎると再就職も厳しく、面接で断られます。年金も貯蓄もなく、生活保護を受給している難民もいます。日本で学力のある難民は少なく、日本人に相談しようにもなかなか自信がもてない状況です。そうした中で愛甲のセンターは心の支えとなっています。月に一度は行事で皆が集まります。ラオスから定期的にお坊さんを招いています。すべてコミュニティの寄付でまかないます。

ラオス政府は、欧米などで教育を受けた難民二世、三世を人材として活用すべきです。でも帰国は容易ではありません。私たちのコミュニティでの会話もほとんど日本語になってきました。二世、三世の小中学生は日本語を一生懸命勉強しますが、ラオス語が話せない。学校や就職活動で自分のカタカナの名前を恥ずかしがる子もいます。でも、私の子どももそうだったのですが、ラオス語が出来ないことを後になって悔やみます。日本に帰化したラオス難民がいる一方で、多くは無国籍のままです。ラオス政府はラオス難民に国籍を認めない状況で、国籍の再取得は難しい。ラオス政府には国籍を認めてほしいと願っています。

Chapter 2　*Voices of Civil Society*

第2章
市民社会の声

1. 特定非営利活動法人 かながわ難民定住援助協会

桜井 弘子

　かながわ難民定住援助協会は、神奈川県内及び近隣に居住するベトナム、カンボジア、ラオスのインドシナ難民定住者を主とする外国人定住者などを対象に活動を行っています。原則として「自発性」「奉仕性」「無償性」を踏まえ、政治、宗教、思想に偏ることのないボランティア活動で彼らの自立に繋がる事業を行い、地域社会に寄与することを目的としています。主に以下の活動を行っています。

① 難民定住者対象の日本語教室の開催のコーディネート
② 日本語ボランティアの養成事業
③ 難民定住者対象の相談事業
④ 難民定住者とのイベント交流事業
⑤ 広報紙の発行
⑥ 人材紹介（講師・翻訳者・通訳者）

　紙面が限られていますので、ここでは日本語教室についてご紹介します。当協会では現在、傘下の19グループが県内21カ所で「日本語ボランティア教室」「学習室」「受験教室」を週1回（2時間）で実施しています。また、「日本語集中講座」を週5日（3時間）、「文法集中講座」を週4日（2時間）開催しています。対象者はインドシナ難民定住者（ベトナム、カンボジア、ラオス）に加えて、中国、台湾、ペルー、ブラジル、インドネシア、フィリピン、韓国、パキスタン、アメリカ、ドミニカなどの国の方々です。少ない教室で5～6名、多い教室では50名以上が毎週、各々、レベル別クラスで熱心に勉強しています。ボランティアの数は実働で230名ですが、常に人材難となっています。

　費用面では「日本語ボランティア教室」などは無料ですが、「日本語集中講座」は有料です。といっても、定住者の収入（失業者が多い）を考えると受講料はボランティア価格にならざるを得ず、赤字の状態です。日本語支援は外国人定住者にとっては特に必要とされるものですが、民間団体だけでは荷が重すぎるように感

じています。事業の企画実施などのソフト面のみならず、事業経費、拠点の確保といったハード面までもとなると、民間団体では財政的・人材的にも限界があります。

　日本語支援活動を続けている中で充実感を覚えることも多々あります。行政の担当者から神奈川県は外国人の数が多い割には外国人による大きな事件が起きていないが、これは県内に「日本語ボランティア教室」が多くあることが関係しているのではないかと言われました。外国人がコミュニケーション不足による孤独から精神障害を起こしたり、犯罪に走ったりというような事態の発生予防に寄与しているのであれば嬉しい限りです。目に見える成果としては、「日本語集中講座」で学んで、日本語の力をつけ、就職斡旋を受けたり、学校を受験して合格したり、会社でも生産現場から事務職についたりする人もいます。日本語支援を続けていてよかったと思います。

2．特定非営利活動法人 難民支援協会

石川 えり

　2,545人。2012年に日本で難民認定申請を行った人の数です。過去最多を更新しました。難民支援協会（JAR）は、日本に逃れてきた難民が、日本で自立した生活を安心して送れるよう支援するため、1999年に設立されました。これまで、難民への直接支援、国内外での政策提言・ネットワーク構築、広報活動の3つを軸に包括的な支援を展開し、今では難民から年間1万6,000件以上の相談を受けるまでに成長しましたが、その種となったのは、「難民の抱える苦しみを放っておけない」という数人の、しかしとても強い思いからでした。

　1990年代末、日本の難民を取り巻く状況には変化の兆しが見られていました。当時の難民申請者数は年間133人。年々増加傾向にあったのに対して、難民として認定される人の数は96年2人、97年1人と本当に少ない数でした。しかし、98年には、申請の結果を待つ人が300人にのぼったことが国会でも取り上げられ、過去10倍以上の16人が難民としての認定を受けました。難民申請者の急増に対応する市民社会の基盤は弱く、支援から取り残される難民が多く存在していました。当時、有志で難民支援に関わっていた数名がこの状況に問題意識を持ち、難民のニーズに総合的に対応できる「窓口」としての新団体をめざし、設立準備会を呼びかけ、立ち上げに至りました。机1つ、常駐スタッフ1人で活動がスタートしました。特に強い後ろ盾がないままの船出でしたが、厳しい現実に立ち向かう

関係者の強い信念と決意、難民の声、活動を支える多くの市民の支援があり、それは、日本社会の課題解決に向けて、市民が直接的な役割を果たしていく市民社会構築に向けたチャレンジの軌跡でもありました。

設立から14年が経過し、難民申請者の数は約20倍となりました。今では19名の常駐スタッフがそれぞれの専門性を高めながら、難民からの多岐に渡るニーズに応えるべく尽力しています。難民のために何ができ、そして難民とともにどんな社会を作っていくのか。私たちは、日本に逃れてきた難民が適切に保護されるよう支援するとともに、活動を通じて、様々な考えを持っている人にも参加していただき、ともに難民や社会のことを考え、歩んでいきたいと思っています。JARのチャレンジはこれからも続きます。

3. 特定非営利活動法人 なんみんフォーラム

石川 美絵子

特定非営利活動法人なんみんフォーラム（Forum for Refugees Japan: FRJ）は、日本に逃れた難民・庇護希望者を支援する団体のネットワークです。2004年にレフュジー カウンシル ジャパン（RCJ）という名前で創設されました。

当初は個々の団体がよりよく活動できるように必要な調整や支援を行うことを目的とし、①相談業務（庇護希望者・難民の相談窓口となり、適切なサービスにつなげる）、②広報（社会に向けて難民や支援団体の存在を伝える）、③パートナーシップの促進（多様な関係者との連携を目指す）の３点を中心に活動を展開しました。また、個別ケースの情報を（機密を保持しつつ）共有して支援の欠落と重複を防ぎ、円滑にサービス提供できるようにしました。これらは当時支援団体に共通していた課題であり、現在もまだ存在しています。しかし、定期会合を中心とする活動は徐々に発展し、2008年より国連難民高等弁務官事務所（UNHCR）の協力を得て、組織と活動の刷新が図られました。2009年に「なんみんフォーラム」と改名し、2012年２月には法務省入国管理局、日本弁護士連合会と覚書を交わして、難民行政や収容代替措置、市民社会の協力などに関する協議を行っています。

難民をめぐる問題にはさまざまな要素が関係し、保護から定住までの長い期間を見なければなりません。課題の解決には法律や福祉、教育、医療など各分野で高度な専門性が要求される一方で、ボランティアなどの草の根レベルの関わりも非常に大切です。いずれの課題も官民の連携、関係者間の協力なくして解決を図

ることは難しいでしょう。だからこそ、FRJは「対話」を通じた連携を重視し、難民保護の推進に努めています。

FRJ会員団体（2013年6月現在）
- アムネスティ・インターナショナル日本
- カリタス・ジャパン
- 難民・移住者労働問題キリスト教連絡会
- カトリック東京国際センター（CTIC）
- 名古屋難民支援室（DAN）
- 日本国際社会事業団（ISSJ）
- 難民支援協会（JAR）
- 日本カトリック難民移住移動者委員（JCaRM）
- 日本福音ルーテル社団（JELA）
- 全国難民弁護団連絡会議（JLNR）
- イエズス会社会司牧センター
- 在日難民との共生ネットワーク（RAFIQ）
- 難民自立支援ネットワーク（REN）
- 社会福祉法人さぽうと21
- 無国籍ネットワーク
- 国連難民高等弁務官駐日事務所（UNHCR。スペシャルメンバー）

4．難民ナウ！

宗田 勝也

「難民問題を天気予報のように」――。

これは、2004年2月に、京都のコミュニティFM局・京都三条ラジオカフェ（FM79.7MHz）で放送を開始した「難民ナウ！」という番組のキャッチコピーです。難民問題という、知れば知るほど難しくなるテーマを、「自分のこととして」考える機会を作りたい、という願いを込めています。

毎週土曜日19時から、わずか6分間という限られた時間ですが、日本で暮らす難民や、UNHCR、NGO、政府、地方自治体の職員、研究者、弁護士、学生、市民団体、アーティスト、映画監督など、500名を超える人たちに、インタビューを重ねてきました。当初は、3分間の番組でした。聴いた人の心に残るよう、UNHCR

が発表する世界の難民の数と京都の学生数を比較したり、京都の市民が一日に利用する水の量と、難民キャンプでのそれを並べて伝えたりしていました。

　ある日、難民支援に携わる方をスタジオに招いたとき、リスナーから、「やっぱり現場にいる人の声は響く」という感想が寄せられたことをきっかけにして、インタビュー番組に変えました。3分間では、肩書の沢山ある大学の先生などは、紹介している間に放送時間がなくなってしまう、という切実な課題もあったのです。6分間は決して十分な時間ではありませんが、ゲストもエッセンスを話してくださるので、伝えたいことの核心に迫ってきたと思っています。

　2005年からは、インターネットでも聴けるようになり、地域を超えたネットワークを広げてきました。でも、番組開始から10年目を迎え、思うことがあります。難民の存在が、私たちの日常生活の中で、どれくらい身近になったのか、ということです。圧倒的に多い、これまでは関わりがなかった人たちに、どれくらい「声」を届けることができたのか。自問を繰り返しています。そんな問いに対して、「学生と作る難民動画プロジェクト」を始めました。全国で、難民支援に取り組む8つの学生団体と、「そもそも難民って」という動画を作っています。熱意あふれる学生の皆さんと出会い、今までとは全く違う分野の人たちとの連携が始まるのではないかと期待しています。

　今後は、東日本大震災・福島原発の事故によって、長く暮らしてきた場所や、身近な人たちと引き裂かれた、「難民のような」状況に置かれた人たちの声も届けていくつもりです。番組を聴いた人が、「自分のこととして」関わりを考える機会を、これからも届けていきたいと思っています。

Institutions for Refugee and Forced Migration Studies: Short Introductions

研究機関の紹介

東京大学寄付講座「難民移民（法学館）」

山本 哲史

　東京大学は、人材育成を主たる業務とする（株）法学館からの寄付を受け、2010年4月より寄付講座「難民移民」を開始している。その事務局を担っているのがCDR（Documentation of Refugees and Migrants）である。

　CDRは、最先端の研究活動を活発に行うとともに、その内容を反映させた寄付講座「難民移民」を東京大学において開講している。恒例の「難民法サマースクール」（一般公開）の開催のほか、英文の学術ジャーナルCDR Quarterlyの発行（2013年10月まで8号を刊行）など、国内外への発信も活発である。難民法裁判官国際会議（IARLJ）をはじめとする諸外国の実務・研究組織との関係を前提に、これまで特に①出身国情報（Country of Origin Information: COI）の調査、②難民の再定住調査に注力している。出身国情報については、難民認定申請者の代理人や難民審査参与員からの個別の相談に応じ、民間企業（（株）レクシスネクシス・ジャパン）の協力を得た質の高い情報を提供している。

難民研究フォーラム

松岡 佳奈子

　難民研究フォーラム（Refugee Studies Forum: RSF）は、日本における恒常的な難民研究機関の不在、難民支援現場からの学術的ニーズなどを踏まえ、NPOと研究者の主導と宗教法人真如苑の助成により2010年に設立された難民専門研究機関である。事務局は特定非営利活動法人難民支援協会内に置いている。日本における難民研究の促進、難民研究を志す多様な研究者・実務者同士の連携推進を図るべく、主に以下のような活動を行っている。①国内外の難民状況及び難民研究に関する調査・文献収集・情報発信、②機関誌『難民研究ジャーナル』の刊行（年1回）、③多分野の難民専門家が集う難民研究会の開催（年6回程度）、④難民研究者を育成する若手難民研究者奨励事業、⑤公開シンポジウムにおける調査・研究成果の発表、⑥若手の難民研究（志望）者を中心とした難民勉強会の開催（年3回）。

　『難民研究ジャーナル』には論文・報告（特集/一般）に加え、通年報告として難民に関する国内外の動向分析、判例動向、判例評釈、文献紹介、関連文献一覧を掲載している。

オックスフォード大学 難民研究センター

副島 知哉

　英国オックスフォード大学の難民研究センター（Refugee Studies Centre: RSC）は、難民及び強制移動問題を専門的に扱う目的で、国際開発学部の下に1982年に設立された研究及び教育機関である。RSCにおける全ての研究は難民をはじめとする社会的弱者に資するものでなくてはならないという創設理念は、現在でも謳われる一貫した研究方針である。同センターでは、人類学、法学、政治学、国際関係学、社会学などの多様な学術分野にまたがる学際的な研究が行われている。併設する社会科学図書館には、同センターが収集した公刊、未公刊資料をはじめとする難民、強制移動研究に関する文献が、数多く所蔵されている。

　RSCは同大学院修士及び博士課程を運営し、専門誌*Forced Migration Review*を刊行している。また、難民や強制移動をはじめ、無国籍や市民権、中東、アフリカ等の各地域での保護の課題など、広範な研究課題に関する学内セミナーやシンポジウムも定期的に開催している。UNHCRをはじめとする国際機関や政府機関、NGOの実務家との交流も盛んで、難民及び強制移動問題に関して学術・実務の両分野からその貢献を認められている。

ヨーク大学 難民研究センター

杉木 明子

　難民研究センター（Centre for Refugee Studies: CRS）はカナダ・ヨーク大学の研究機関として1988年に設立された。前身は、1981年にヨーク大学に設けられた「難民ドキュメンテーション・プロジェクト（Refugee Documentation Project）」である。CRSでは世界の難民・強制移動に関する様々な研究が学際的に行われ、研究領域は法学、政治学、国際関係学、人類学、社会学、地理学、教育学など多岐に及んでいる。政府関係機関、州政府関係機関、NGO、UNHCR、研究・教育機関などと連携した教育・研究プロジェクトも盛んである。年２回学術雑誌であるRefugeも刊行されている。

　CRSでは難民・強制移動に関する諸問題に焦点をあてたセミナーが１カ月に２回ほど開催されるとともに、シンポジウムや特別フォーラムなどが適宜開催されている。現時点でCRSが独自に開講している学部や大学院レベルのコースはないが、CRSが指定した科目を履修し、所定の単位を修めた学生には難民・移民（移動）研究プログラム（Refugee and Migration Studies Program）修了証明書が授与される。毎年５月にはサマー・スクールが開講されている。

Post-Script

あとがき

池田 丈佑 *Josuke Ikeda*

　人は住まう。人は動く。その間には広大な地平がある。本書は、この地平の一角を切り取って眺めたものである。しかしそれだけではない。住まうのも動くのも人である。なにより、この本で扱った人びとは、住まうことと動くことの狭間にある。そして狭間は非常に不安定である。そこにおかれた人びとの状況は、歴史により、地域により、めまぐるしく変わる。しかし、自分がどこに属するのかが分からないという一点で、この人びとは共通の苦悩を背負う。所属が分からないとは、頼れるあてさえ分からないということである。自らの足元にあるべき「国民」や「国家」という拠り所は、当の国から拒否をされ、あるいは自ら拒否せざるを得なくなる。一方「人間」という拠り所は、自分の足元にある生活を支えるにはまだ未熟で、むらがある。かくして、住まうことと動くことの狭間を行き交う人びとは、国民と人間との狭間にも立たされる。2つの狭間が交差する一点に、多重の苦悩が生まれる。

　編者は、『難民・強制移動研究のフロンティア』という本に、日本においてこの分野の研究と実践を進めてゆく案内役を託そうとしている。その想いは、全4部・24章以上にのぼる、研究者、実務家、市民社会、そして難民をはじめとする当事者自身の知と経験、声とともに、読者の皆さんへ確実に伝わるものと思う。誤解があってはならないのだが、こうした試みがこれまで日本になかったわけではない。むしろ逆である。しかし、難民と強制移動という現象が、あるいはそれにかかわる人びととその実践が、社会のあらゆる側面へと広がり続けるとき、定期的な時間を設けてそれらを一旦ひとまとめにする作業はなおも有益である。その意味でいえば「フロンティア」とは、現代日本・世界で展開されている、難民と強制移動をめぐる知的・社会的動きの先端を集めたものにほかならない。本書にある知と経験、そして声が、読者の皆さんの次なる活動を案内し、逆に読者がそれらをもとに私たちを案内してくれることになれば、望外の喜びである。この過程こそが、「学び合い」だからである。

　ところで、「フロンティア」という以上、それは常に開かれていなければならない。時代が移り、社会が変わる以上、開かれたフロンティアへは常に新しい出来事や課題が飛び込んでくる。だがこの事実は、いきおいこの本自体が抱える限界へと行き着かざるを得ない。当然であるが、この本は決して、難民・強制移動研究の決定版ではないのである。だとすれば、どのような限界があるか。ここでは大きく4つ、挙げてみたいと思う。

　第1は捕捉をめぐる限界である。難民・強制移動と呼ばれる現象をどこまで包括的につかまえるか。網羅するという点から考えるなら、このことは、難民・強制移動をめぐって何を切り捨てるか、という問いにつながる。そして、強制的移動が、突き詰めれば各個人の暮らしぶりやアイデンティティに深く関わる限り、本来なら切り捨てるべきものはないはず

である。しかし、研究の便宜上、実践の都合上、そして日常生活における必要上、私たちはどこかで必ず線を引く。覚えられる危機があり、忘れられる危機がある。その意味でいえば、境界設定（boundary work）の恣意性から解放されて現象を捉えることは、まだ、そしていつまでも、この本に足りない要素となるだろう。ただ一方で、いったん枠の外に追い出されたはずのものが、新しい事実のもとふたたび私たちの眼前に現れることがある。移動ができない人びとは「強制移動民」か。移動を選ばない人びとが蒙りうる影響をどう考えるか。スレブレニツァやチェルノブイリ、そして福島でみられたのは、移動という尺度では判断できない人びとの状況であった。いきおい、そこでは、難民と強制移動をめぐる新しい尺度が求められることになる。網羅的とは違う意味で、どこまで難民と強制移動とを包括できるかという問いが立ちはだかる。さしあたって確実に言えることがあるなら、こうした「捉えそこない」をめぐる問題は、多くの人たちによる執拗なまでの追究と再編・再考察を通してしか善処できないということになろう。それも、いわば下るエスカレーターを上ってゆくような作業である。しかし、そうした追究がない限り、「難民・強制移動のフロンティア」は、私たちから遠ざかってゆくばかりになる。

　第2は、理論と実践をめぐる限界である。ほかの多くと同様、難民・強制移動という問題には理論と実践という側面が伴う。一方でこの問題は、人の命や暮らしぶりに直接かかわる。そのため、現場で何が起きているか、それがどのような形をとって現われ、人びとがその中でどう生きぬいているかということは、実践を重ね、実践に根付き、実践を通した知に拠らない限りどうしても分からない。しかし他方で、そのような実践が知として意味を持つためには、実践を飛び越えた地点からの位置付けが必要になる。難民の現状を知るためには、その場に張り付き、難民の日常に接し、人びとの葛藤を知る必要がある。にもかかわらず、こうした実践による知は、必ずしも実践から来たとは言いがたい「難民」「強制移動」という枠と、それによる位置づけなしには理解が難しい。「事件は会議室ではなくて現場で起こっている」という台詞には、「事件は現場ではなくて会議室で起こっている」という続きがあった。つまり両方とも間違っていないのである。だとすれば問題は、現場の実践知と、部屋の中の理論知とを、どこで結び合わせるかという点に尽きることになる。そしてこの本は、この問いに対してまだ限定的な答えしか与えられていない。

　第3は、人道主義をめぐる限界である。この本の冒頭に、本書全体を貫く糸は「人道の理念」であると指摘する一文がある。実際、この考えは、実践知と理論知をつなぐ一つの糸口である。そして、集められた論考を振り返る限り、人道を軸に実践と理論を紡いでゆく姿勢は一貫している。いかにも、難民や強制移動を前になされる営為の多くは、人間の尊厳に立脚し、それを損なうものに対して、時に力を伴ってでも抵抗するという姿勢に基づく。だからこそ私たちは、人道主義を尊重し、そこに実践と理論の接点を求めようとする。ところが、当の人道主義の前に私たちは一度となく裏切られる。それは、人か国かをめぐるせめぎ合いゆえであり、あるいは、人道主義を実現しようと作られた制度が「意図しない結果」をもたらすからである。本書の中でも、こうした点は触れられてきた。だが、それにも増して注目

すべきは、人道主義自身が必ずしも人道的でない事実である。M. バーネット（Barnett）が現代世界を「人間性の支配する帝国」と呼び[1]、B.S. チムニ（Chimni）が難民・強制移動研究にポストモダン的な権力の働きをみた[2]とき、そこでは「人道主義は人道的に打ち立てられない」というパラドクスが暴露されている。「難民」の誕生もまた、国家と国民からなる世界にあって、国籍やアイデンティティを失った異質な存在をどう扱うかという問題と不可分である。そこに人間性や人道主義をどこまで見出せるのか。もちろん、この事実は、人道主義自体を斥ける理由にも、また地域と世界の双方で進められる実践を斥ける理由にもならない。しかし、人道主義へ無条件に服従すべきだという理由にもならないのである。よりこの本に引きつけるなら、人道主義の限界は、批判的な難民・強制移動研究の必要へとつながる。そしてこの部分が本書ではまだ弱い。したがって、読者は若干醒めた目でも難民・強制移動という現象を捉え、自らの答えを導きだすことが求められる。

　最後は、難民・強制移動という現象を「捉える」そのこと自体についての限界である。おそらく、本書に携わり、また本書を読まれた人々で、自らが難民や強制移動を経験したという人は、多くないはずである。つまりこの本は、基本的に難民・強制移動という出来事の外側に立って、これらの現象を捉えているのである。この外部感覚と、難民や強制移動を経験した、いわば内部感覚との間にはかなりな開きがあるはずである。しかし、誤解を恐れずにいえば、日本という文脈において、この外部感覚は2011年の東日本大震災と東京電力福島第一原子力発電所の事故を経るまで相当有効にはたらいていたように思われる。一方今日、そのような考え方が通用しないことは、骨身にしみてわかっているはずである。ふたたびこの本に引きつけて言い換えるなら、この本には理論知や実践知が多い一方、経験に基づく知がまだまだ少ない。読者によっては、もっとも重要なのは、あるいは第４部に収めた声なのかもしれない。今後、難民・強制移動をめぐる研究は、理論知・実践知・経験知ができるだけバランスを取ったかたちで成り立ってゆく必要があろう。

　「あとがき」には、論文の結論と似たところがあって、できなかった話を盛り込むことが多い。しかしここで出てきた４つの限界は、課題というには重すぎる内容を抱えて私たちに迫っている。その背後には常に人々の生命があるからである。もちろん、このような切迫した限界があるにも関わらず、各章の執筆者、声を寄せてくださった方々は、本書に向けて、文字通りに全力を傾注してくださった。一方、編集の過程で、こちらからの要求ゆえに、参加を見送られた方が数名いらっしゃったことも率直にお示ししておかなければならない。ただ、執筆の如何を問わず、ご協力を下さったすべての方に対して、編者を代表して深甚なる謝意を申し上げたい。わけても、難民研究フォーラムの筒井志保さんと松岡佳奈子さん、執筆者のお一人でもある赤星聖さんには特段の感謝を申し上げたい。筒井さんと松岡さんには、本書が出来上がる過程で様々なサポートを頂いた。赤星さんは、入稿直前の段階で実にきめ細かい点検をして下さった。その上で最後に、この『フロンティア』を切り拓く先頭に立ってくださった、現代人文社の北井大輔さんに、心からのお礼を述べて「あとがき」を終わりたいと思う。残されるのは、ただ、フロンティアだけである。

1 Michael Barnett, *The Empire of Humanity: A History of Humanitarianism* (Ithaca: Cornell University Press, 2013).
2 B.S. Chimni, 'The Birth of a Discipline: From Refugee to Forced Migration Studies', *Journal of Refugee Studies,* Vol. 22, No. 1 (2009), pp. 11-29. チムニはポストモダン的手法を駆使した難民研究の代表格である。一方でこうした批判的研究は必ずしもポスト・コロニアルな意味での批判とまだ十分に符合しておらず、知的西洋における批判的手法の域を出ていない限界もうかがえる。

編者・執筆者紹介
(所属は2013年11月現在)

〔編者〕

墓田 桂	成蹊大学准教授
杉木 明子	神戸学院大学教授
池田 丈佑	OPジンダル・グローバル大学（インド）准教授
小澤 藍	政策研究大学院大学専門職

〔執筆者〕（五十音順）

赤星 聖	日本学術振興会特別研究員（DC）/ 神戸大学大学院法学研究科博士後期課程
池田 丈佑	OPジンダル・グローバル大学（インド）准教授
石川 えり	特定非営利活動法人難民支援協会（JAR）事務局長
小澤 藍	政策研究大学院大学専門職 / 慶應義塾大学ジャン・モネEU研究センター共同研究員
加藤 雄大	東北大学大学院法学研究科博士後期課程
金児 真依	国連難民高等弁務官（UNHCR）駐日事務所法務アソシエイト
柄谷 利恵子	関西大学教授
小池 克憲	UNHCRバンコク事務所准保護官
小坂 順一郎	UNHCR駐日事務所シニア・リエゾン・アソシエイト
佐藤 寛和	岡山大学大学院社会文化科学研究科博士後期課程
佐藤 安信	東京大学教授 / 弁護士
杉木 明子	神戸学院大学教授
副島 知哉	UNHCRダダーブ事務所（ケニア）コミュニティー・ユース・オフィサー
滝澤 三郎	東洋英和女学院大学教授 / 特定非営利活動法人国連UNHCR協会理事長
舘 葉月	日本学術振興会特別研究員（PD）
中尾 秀一	アジア福祉教育財団難民事業本部（RHQ）関西支部支部長代行
新津 久美子	東京大学寄付講座「難民移民」事務局（CDR）リサーチャー / 明治学院大学・慶應義塾大学非常勤講師 / 難民審査参与員（法務省）
墓田 桂	成蹊大学准教授 / 難民審査参与員（法務省）
橋本 直子	国際移住機関（IOM）駐日事務所プログラム・マネージャー
堀江 正伸	早稲田大学大学院社会科学研究科博士後期課程 / 国連世界食糧計画（WFP）駐フィリピン事務所プログラム・オフィサー
松岡 佳奈子	東京大学大学院総合文化研究科博士後期課程 / 難民研究フォーラム（RSF）事務局・研究員
森谷 康文	北海道教育大学准教授 / 精神保健福祉士
山本 哲史	東京大学特任准教授 / 難民審査参与員（法務省）

※　本書に掲載された原稿はいずれも執筆者個人の資格で書かれたものであり、所属先の公式な見解を反映するものでは必ずしもない。

New Frontiers in Refugee and Forced Migration Studies

Edited by Kei Hakata, Akiko Sugiki, Josuke Ikeda and Ai Ozawa

CONTENTS

Contents (in Japanese)
Glossary

Preface   Refugee and Forced Migration Studies: New Agendas and Challenges
                                                                                              Kei Hakata

Introduction   The Ideas of Asylum and Protection
                                                        Josuke Ikeda

Part I   Evolving Schemes and Institutions Relating to Refugees and Forced Migration

Chapter 1   The Early History of International Refugee Protection: Challenges of the League of Nations and the Birth of the 'Refugee'
                                                 Hazuki Tate

Chapter 2   In Search of the Institutional Origins of 'Migrant' and 'Refugee' Regimes
                                                 Rieko Karatani

Chapter 3   Statelessness and UNHCR's Work
                                                 Mai Kaneko

Chapter 4   UNHCR and the Origin of the International Assistance for Internally Displaced Persons
                                                 Sho Akahoshi

Chapter 5   UNHCR and the Protection of Internally Displaced Persons: the Policy Making Process for the Cluster Approach
                                                 Tomoya Soejima

Chapter 6   —Policy Review— UNHCR-NGO Partnership for Refugee Protection
                                                 Junichiro Kosaka

Part II   Regional Developments of Refugee Protection

Chapter 1   The Situation of Refugees in Japan and the Challenges in Their Integration
                                                 Eri Ishikawa

Chapter 2   The Pilot Refugee Resettlement Programme in Japan: Why Is It Facing Difficulties?
                                                 Saburo Takizawa

Chapter 3   South Korea's Refugee Policy: The Refugee Act 2012 and the Settlement Policy for North Korean Defectors (Refugees)
                                                 Kanako Matsuoka

Chapter 4   Refugee Protection in Thailand
                                                 Katsunori Koike

Chapter 5   Latin American Tradition of Asylum and the International Protection of Refugees
Yuta Katoh

Part III   Salient Issues Related to Refugees and Forced Migration

Chapter 1   International Responses to Protracted Refugee Situations and Refugee Hosting Countries in Africa: Searching for International Burden-Sharing and Solidarity
Akiko Sugiki
Chapter 2   Voluntary Repatriation and Reintegration
Shuichi Nakao
Chapter 3   Situations of Mass Refugee Influx: International Law Perspectives
Satoshi Yamamoto
Chapter 4   Mixed Migration Flow: Trafficking-Asylum Nexus
Naoko Hashimoto
Chapter 5   Ensuring Appropriate Treatment of Detainees and Prevention of Human Rights Violations in Immigration Detention Centres: Practices in the UK, France and Japan
Kumiko Niitsu
Chapter 6   Health Problems of Refugees and Asylum Seekers: the Viewpoint of Social Determinants of Health
Yasufumi Moritani
Chapter 7   Analysis of Livelihood Assistance for Refugees in Dadaab Refugee Camps, Kenya
Tomoya Soejima
Chapter 8   IDP Camp as a Dynamic Living Space: Case Study on Morni IDP Camp, West Darfur, Sudan
Masanobu Horie
Chapter 9   Protection of Refugees in 'Forgotten Crises': Deployment of International Peacekeeping Forces in Chad and the Central African Republic
Ai Ozawa
Chapter 10   Historical Aspects of the Palestinian Refugee Problem
Hirokazu Sato
Chapter 11   —Agenda Setting—   Business and Refugee Assistance: Possibilities for a 'Human Security-Oriented Business'
Yasunobu Sato and Kei Hakata
Chapter 12   Multifaceted Aspects of the IDP/Internal Displacement Issue: Towards the *Human Mobility and Vulnerability Lens*
Kei Hakata

Part IV   Voices of Refugees and Civil Society: A Selective Review

Chapter 1   Voices of Refugees
1. Background
2. Voices of Refugees (collected from Indochinese Refugees Settled in Japan)

Chapter 2   Voices of Civil Society
1. Association for Supporting Refugees' Settlement in Kanagawa   Hiroko Sakurai
2. Japan Association for Refugees (JAR)   Eri Ishikawa
3. Forum for Refugees Japan (FRJ)   Mieko Ishikawa

4. Nanmin Now! (Refugee Now!, a radio programme)   Katsuya Souda

Institutions for Refugee and Forced Migration Studies: Short Introductions

Post-Script   Josuke Ikeda

About the Editors and Contributors

Contents (in English)
About the Editors and Contributors (in English)

ABOUT THE EDITORS AND CONTRIBUTORS
(as of November 2013)

Editors
Kei HAKATA	Associate Professor, Seikei University
Akiko SUGIKI	Professor, Kobe Gakuin University
Josuke IKEDA	Associate Professor, O.P. Jindal Global University, India
Ai OZAWA	Professional Staff, National Graduate Institute for Policy Studies (GRIPS)

Contributors (listed in the Japanese alphabetical order)
Sho AKAHOSHI	Research Fellow (DC), Japan Society for the Promotion of Science / Ph.D. Student, Graduate School of Law, Kobe University
Josuke IKEDA	Associate Professor, O.P. Jindal Global University, India
Eri ISHIKAWA	Secretary General, Japan Association for Refugees (JAR)
Ai OZAWA	Professional Staff, GRIPS / Associate Researcher, Keio Jean Monnet Centre of Excellence for EU Studies
Yuta KATOH	Ph.D. Student, Graduate School of Law, Tohoku University
Mai KANEKO	Legal Associate, United Nations High Commissioner for Refugees (UNHCR) Representation in Japan
Rieko KARATANI	Professor, Kansai University
Katsunori KOIKE	Associate Protection Officer, UNHCR Bangkok Office
Junichiro KOSAKA	Senior Liaison Associate, UNHCR Representation in Japan
Hirokazu SATO	Ph.D. Student, Graduate School of Humanities and Sciences, Okayama University
Yasunobu SATO	Professor, The University of Tokyo / Attorney-at-law
Akiko SUGIKI	Professor, Kobe Gakuin University
Tomoya SOEJIMA	Inter-Community Youth Relationships Officer, UNHCR Sub-Office Dadaab, Kenya
Saburo TAKIZAWA	Professor, Toyo Eiwa University / Chairman of the Board of Directors, Japan Association for UNHCR
Hazuki TATE	Research Fellow (PD), Japan Society for the Promotion of Science
Shuichi NAKAO	Deputy Director, Branch Office for Kansai, Refugee Assistance Headquarters (RHQ), Foundation for the Welfare and Education of the Asian People
Kumiko NIITSU	Researcher, Documentation of Refugee and Migrants (CDR, Secretariat of Human Mobility Studies), The University of Tokyo / Lecturer, Meiji Gakuin University and Keio University / Refugee Examination Counsellor (Ministry of Justice)
Kei HAKATA	Associate Professor, Seikei University / Refugee Examination Counsellor (Ministry of Justice)
Naoko HASHIMOTO	Programme Manager, International Organization for Migration (IOM), Tokyo Country Office
Masanobu HORIE	Ph.D. Student, Graduate School of Social Sciences, Waseda University / Head of Programme, World Food Programme (WFP) Philippines
Kanako MATSUOKA	Ph.D. Student, Graduate School of Arts and Sciences, The University of Tokyo / Secretariat and Researcher, the Refugee Studies Forum (RSF)
Yasufumi MORITANI	Associate Professor, Hokkaido University of Education / Psychiatric Social Worker

Satoshi YAMAMOTO Project Associate Professor, The University of Tokyo / Refugee Examination Counsellor (Ministry of Justice)

Note: The views expressed in each chapter are those of the contributors writing for their own and do not necessarily represent those of the organization to which they belong.

成蹊大学アジア太平洋研究センター叢書
難民・強制移動研究のフロンティア
2014年3月31日　第1版第1刷発行

編著者	墓田桂・杉木明子・池田丈佑・小澤藍
発行人	成澤壽信
編集人	北井大輔
発行所	株式会社 現代人文社
	〒160-0004
	東京都新宿区四谷2-10八ツ橋ビル7階
	Tel 03-5379-0307　Fax 03-5379-5388
	E-mail henshu@genjin.jp（編集）　hanbai@genjin.jp（販売）
	Web www.genjin.jp
発売所	株式会社 大学図書
印刷所	株式会社 平河工業社
装　幀	Malpu Design（清水良洋）
装　画	きたざわけんじ

検印省略　Printed in Japan
ISBN978-4-87798-578-3 C3031

◎本書の一部あるいは全部を無断で複写・転載・転訳載などをすること、または磁気媒体等に入力することは、法律で認められた場合を除き、著作者および出版者の権利の侵害となりますので、これらの行為をする場合には、あらかじめ小社または著者に承諾を求めて下さい。
◎乱丁本・落丁本はお取り換えいたします。

New Frontiers in Refugee and Forced Migration Studies
Edited by Kei Hakata, Akiko Sugiki, Josuke Ikeda and Ai Ozawa
©2014 Seikei University Center for Asian and Pacific Studies